수업장학과
수업분석

변영계 · 김경현 공저

Instructional supervision and
instructional analysis

학지사

학교행정가에 의한 수업장학

◀ 수업장학을 위한 관찰전 협의
회와 수업준비

◀ 수업의 관찰과 기록
▼

◀ 수업장학의 관찰후 협의회

교원양성기관에서의 수업장학과 수업분석

◀ 수업장학에 관한 이해와 팀티칭을 위한 관찰전 협의회

◀ 수업의 관찰과 분석
▼

◀ 관찰·기록된 자료를 활용한 관찰후 협의회

동료장학과 수업분석

◀ 동학년 협의회를 통한 수업연구의 계획과 준비

◀ 수업참관을 통한 수업분석

◀ 동료중심의 수업연구 협의회

수업개선을 위한 다양한 자율장학

◀ 전문가 초빙 워크숍

◀ 동료교사들의 실무연수
▼

◀ 자기장학

컴퓨터를 활용한 수업분석

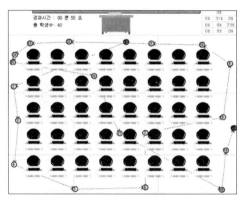

◀ 변영계 · 김경현의 교사 자리
이동분석 프로그램

◀ 변영계 · 김경현의 학생 과업
집중분석 프로그램

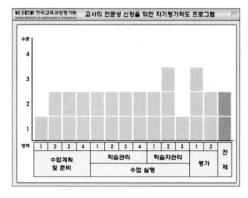

◀ 한국교육과정평가원(KICE)의
자기수업진단 프로그램

|머|리|말|

이 책은 수업방법과 수업기술 개선에 관심이 있는 교사, 교육행정가, 또 장차 교사가 될 분을 위해서 썼다. 수업자들은 누구나 자기가 하고 있는 수업을 멋지고 효율적으로 하고 싶은 기대와 욕망을 갖고 있다. 그리고 장학사나 학교행정가들은 어떻게 하면 교사들의 수업기술을 향상시킬 수 있을 것인가에 남다른 관심을 갖고 있다. 이러한 관심과 열정은 그동안 수업연구, 수업장학, 임상장학, 교내자율장학, 동료장학, 자기장학 등 수를 헤아리기 어려울 정도로 많은 방안들을 소개하여, 학교현장에 접목시키려는 시도로 이어졌다. 그러나 지금까지 시도해 왔던 어느 방법도 수업자나 장학을 담당하는 분들의 기대와 요구를 담보할 수 없었다.

이와 같은 필요에 따라 이 책은 수업자나 수업장학을 담당하는 분들이 쉽게 적용할 수 있고, 또 수업기술을 실제적으로 향상시킬 수 있는 두 가지 조건을 충족시킬 수 있도록 쓰여졌다.

이 책은 크게 4개 부로 구성되어 있다. 제1부에서는 수업개선과 수업장학의 필요성 및 이에 관련된 이론을 종합하여 제시하였다. 제2부에서는 수업장학의 절차를 간소화시켜, 세 단계의 수업장학모형과 함께 각 단계마다의 장학기법과 유의점을 제시하였다. 제3부에서는 수업장학의 수행에서 가장 중요한 교수-학습과정을 관찰·분석하여 객관적이고 사실적(facts)인 데이터를 얻을 수 있는 여섯 가지의 수업관찰 및 분석기법을 구체적으로 제시하였다. 마지막으로 제4부에서는 오늘날 세계적으로 강조되고 있는 자기장학의 기법을 컴퓨터 프로그램으로 수행할 수 있는 방안을 제시하고, 또 수업장학의 미래에 대한 방향을 제시하였다.

독자들이 이 책을 읽음으로써 프로야구 선수들이 타율을 향상시키기 위해서 동계훈련을 하고 타격 코치로부터 타격기법에 대한 지도를 받듯이, 수업기술을 향상시키기 위해 끊임없이 노력하고 새롭게 시도하기를 기대한다.

이 책의 가장 두드러진 특징으로는 ① 수업장학의 절차를 학교현장에서 적용하기 쉬운 방안으로 고친 점, ② 수업장학을 수업자 중심의 자기장학 기법으로 전향시킨 점, ③ 수업의 관찰과 분석을 통해 객관적인 데이터를 확보하여 이 데이터를 근거로 장학협의회를 하도록 한 점을 들 수 있다. 그리고 컴퓨터 프로그램을 활용하여 수업의 관찰과 분석을 수행할 수 있는 방법을 세계적으로 처음 개발하여 제공한 점을 들 수 있다.

이 컴퓨터 프로그램은 수업자나 이 분야에 관심을 갖고 있는 사람들이 약간의 노력과 관심을 기울이면 쉽게 익숙해지고 숙달되어, 혼자서 또는 동료교사들과 함께 활용할 수 있을 것이다. 이렇게 자신있게 말할 수 있는 것은 지금까지 많은 교육청, 교육연수원, 대학원에서 이 프로그램을 시범적으로 활용하여 그 효용성을 확인하였기 때문이다.

이 책의 내용과 프로그램을 계속적으로 발전시키기 위해 여러 선생님들이 이 책과 프로그램을 활용한 경험에 따른 문제점과 개정을 위한 아이디어를 기탄없이 쏟아내기를 바란다. 이 책과 프로그램은 저자들만의 것이 아니라 수업개선에 관심을 갖고 있는 많은 선생님들과 함께 계속적으로 만들어가는 것이기 때문이다.

끝으로 이 책이 나오기까지 귀중한 수업 사진자료를 수집하고 촬영하느라 도움을 주신 송지용, 김상민 선생님, 탁월한 학교 현장 감각으로 귀중한 아이디어와 수업분석 방법을 제공해 준 한국교육학술정보원의 송규영 박사님, 빠른 시일 내에 이 책이 햇볕을 볼 수 있도록 고생하신 편집부 직원 여러분, 항상 저자들에게 연구하고 책을 쓰도록 용기를 주며 아낌없는 지원을 해 주신 학지사의 김진환 사장님께 다시 한 번 감사의 뜻을 표한다.

2005년 2월
저자 일동

| 차 | 례 |

제 1 부
수업장학의 이론적 기저

제 3 부
수업활동의 관찰 · 분석 기법

수업장학의 이론적 기저

제 1 장
수업의 효율성과 수업기술

교육의 질은 교사의 질을 넘어설 수 없고,
수업의 효과는 교사의 수업기술에 달려 있다.

수업의 효율성/ 수업의 효율성에 관한 연구
수업의 효율성과 수업변인/ 수업기술의 학습
수업자의 수업기술 발전단계

수업의 효율성을 이야기할 때 수업의 효과는 수업자의 자질에 따라 크게 달라진다는 점이 강조된다. 이것은 수업자, 즉 교사들이 전공분야와 가르치는 방법에 대한 충분한 자질을 갖추고 있고 동시에 열성적으로 가르치면 그 수업의 효과가 높아질 것이라고 믿기 때문이다. 이와는 반대로 전공과목에 대한 체계적인 지식이 부족하고 가르치는 수업기술도 떨어지는 수업에서는 그 효율성을 기대하기 힘들 것이다. 이처럼 수업의 효과는 수업을 하는 교사의 자질과 높은 상관이 있다.

교사의 자질 중 수업의 효과와 가장 밀접한 관계를 갖는 것은 수업기술이다. 수업기술이 탁월한 교사는 그렇지 않은 교사에 비하여 적은 시간으로 높은 수업효과를 얻을 수 있다. 그런데 이 수업기술은 타고나는 것이 아니라 학습되는 것이며, 숙달시킬 수 있는 것이다. 특히 학교교육에 있어서 수업의 효과를 제고시키는 데는 여러 가지 관련 요인이 있지만, 그중에서도 수업자의 수업기술을 향상시켜서 교육의 효과를 제고하려는 노력들은 바로 이러한 관계를 믿기 때문이다.

이 장에서는 수업의 효율성이 무엇이며, 그 효율성을 높이는 데 있어서 수업자의 요인은 어떠한 관계가 있는지를 개략적으로 언급하려 한다.

이 장의 학습목표는 다음과 같다.

---

1. 수업의 효율성을 바르게 정의할 수 있다.
2. 수업의 효율성에 대한 연구과정을 세 단계로 나누어 설명할 수 있다.
3. 수업의 효율성 연구 중 '과정-산출연구'의 특징을 설명할 수 있다.
4. 수업의 효과와 관련이 높은 수업자의 수업행동 네 가지를 설명할 수 있다.
5. 수업자의 질문과 수업효과와의 관계를 설명할 수 있다.
6. 수업과정을 의사결정의 과정으로 보는 이유를 간략히 설명할 수 있다.
7. 새로운 수업기술의 학습과정을 '인지 → 연습 → 피드백'으로 나타낼 경우 이 세 요인 간의 관계를 설명할 수 있다.
8. 수업자의 수업기술 발전과정을 세 단계로 나누어 설명할 수 있다.

1. 수업의 효율성

우리 주위에는 가르치는 일(授業)이 마음만큼 잘 되지 않아 고민하는 교사가 의외로 많다. 그만큼 잘 가르친다는 것은 어렵기도 하지만, 잘 가르치는 방법을 터득하는 것 또한 결코 쉬운 일이 아니기 때문이다.

가르치는 일이 결코 쉽지 않음을 피부로 느껴본 교사들의 마음속에는 어떻게 하면 능률적인 수업을 할 수 있을 것인가? 학생들의 학습이해도를 극대화할 수 있는 비법이 무엇인가? 효과적인 수업전략은 무엇인가? 등을 밝혀내려는 열망으로 가득차 있다. 그래서 그 방법을 터득하기 위해 일생을 통해 부단한 노력을 아끼지 않는다.

일반적으로 교육 연구에서는 이러한 수업에 대한 '능률', '비법', '효과' 등을 '수업의 효율성'으로 통칭하며, 수업의 효율성이란 학습자의 학업성취 수준을 최대한 높여주기 위해 수업에 투입되는 활동이나 절차 또는 동원되는 자원이 수업의 목표에 가장 적합하고, 최소한의 투입으로 최대한의 성과를 거둘 수 있는 수업 방법으로 정의한다(김진희, 2001).

한편 세계 각 나라에서는 1960년대부터 수업의 효율성 제고를 위한 연구를 꾸준히 해왔는데, 이 과정에서 수업의 효율성 요인을 무엇으로 보느냐는 항상 중요한 문제로 대두되었다. 이에 대해 학자들은 대개 다음 세 가지 관점으로 이야기하고 있다.

첫째, 수업의 효율성을 수업자에 국한시켜 교사 효과(teacher effectiveness)로 보는 입장이다. 이는 수업자들이 지니고 있는 인성, 성품, 전공분야의 지식과 기술 등이 수업의 효율성과 어떠한 관계가 있는지에 초점을 두는 것이다. 둘째, 수업자의 수업행위 또는 수업기술을 주요한 요인으로 보는 입장으로, 이 관점에서는 수업행위와 수업기술을 세분화하고 이를 토대로 한 체계적인 수업분석 활동이 강조된다. 마지막으로, 수업의 범위를 좀 더 넓혀서 수업의 효율성에 영향을 주는 수업의 지원체제까지를 포함하는 입장으로, 교수매체, 수업환경, 자원인사, 학교환경 등에까지 관심영역을 확대하고 있다.

한편 수업의 효율성 제고를 위한 지금까지의 연구(예: 김호권, 1970; 문은식, 김충희, 2003; Coleman et al., 1966; Jencks et al., 1972; Porter & Brophy, 1988; Shunk, 1994; Martin, 2000 등)를 분석해보면, 앞서 언급한 세 관점은 시대가 처한 상황과 요구 및 학자의 성향에 따라 달리 논의되어 왔음을 알 수 있다.

초기의 연구들은 효율적인 교사란 장학하는 사람들이 높게 평가한 사람들을 지칭하면서 그들의 인성적 특성이 어떠한가에 초점을 두었다. Barr(1961)의 연구에 의하면 이 분야의 많은 연구자들은 장학사들이 높게 평가한 교사들은 성격이 쾌활하고 협조적이고 정서적으로 안정되어 있으며, 표현력이 풍부하고 활동적이며 사리판단이 분명하다는 점 등을 찾아내어 이러한 특성이 수업의 효과를 높일 수 있다고 하였다. 이러한 분야의 연구들은 1960년대 중반까지 계속되어 왔으나 그 결과들은 만족스럽지 못했다. 왜냐하면 이러한 인성적 특성 중 어느 것도 우수한 교사라고 평정받은 사람들 사이에서 일관적으로 발견되는 요소를 규명해내지 못했기 때문이다. 따라서 많은 연구자들은 인성적 특성 이외에 다른 요인이 있어 그것이 우수한 교사를 결정지을 것이라는 생각을 하게 되었다.

1960년대에 들어와서 수업의 효율성 변인을 규명할 수 있는 생산적인 연구가 몇 가지 있었다. 가장 대표적인 것으로 Coleman과 그의 동료들(1966)에 의해서 이루어진 '교육기회 균등에 관한 연구'를 들 수 있다. Coleman과 그의 동료들은 학생들이 어느 학교에 다니느냐에 따라 학업성취 면에서 확실한 차이가 나타난다고 하였다. 즉, 학생들의 학업성취가 다르게 나타나는 것은 학교가 위치하고 있는 지역과 학생들의 사회경제적 지위가 중요한 변인이라는 것이다. 이 결과는 많은 교육자들에게 놀라움과 실망감을 동시에 안겨다 주었다. 지금까지는 학습자들의 학업성취는 학급의 조직, 교과서의 질, 학교의 시설, 교사의 자질 등에 달려 있다고 믿어 왔는데, 이 연구는 이러한 것들은 학습자들의 학업성취에 그다지 큰 영향을 주지 못한다고 하였기 때문이다. 최근 이와 비슷한 연구로 우리나라의 문은식과 김충회(2003)도 학부모의 사회경제적 지위가 다른 여러 변인들보다도 학생의 학업성취에 더 큰 영향을 준다고 밝힌 바 있다.

　그러나 이러한 연구결과에도 불구하고 많은 교육자들은 학생들의 학업성취는 교사가 어떻게 가르치느냐의 요인이 더 크다고 믿었으며, 학생들의 사회경제적 지위에 따라 결정된다는 연구결과에 많은 회의를 갖게 되었다.

　이러한 의문점은 2000년대 이후 통계분석 기법의 비약적인 발달 및 체계적인 수업분석법의 개발로 점차 풀리게 되었는데 이를테면, 수업기술과 학업성취와의 관계(Ormrod, 2000), 교사의 수업행위와 학습효과 간의 상관관계(Glickman, 2002) 등의 연구에서와 같이 교사의 수업기술(또는 수업행위)이 학습효과와 매우 밀접한 상관이 있음을 밝히게 되었다. 이러한 연구들은 효율적인 수업자란 교사의 인성적 요인이나 학생(학부모)의 사회경제적 지위보다 교사가 수업을 통해서 학생들을 어떻게 가르치느냐에 따라 결정된다는 점을 강조하고 있다.

　이상과 같이 수업의 효율성이란 시대와 학자에 따라 그 관점이 상이하기도 하고 강조점이 다르지만, 학습자들의 학습과제의 성취에 가장 큰 관심을 두어야 하며, 학습과제의 성취는 수업으로 인하여 산출되는 직접적인 효과에 초점을 두어야 한다는 점에는 대략적으로 일치하고 있음을 알 수 있다.

　그리고 최근의 연구들은 이러한 산출에 영향을 주는 요인으로 수업자의 인성적 특성 또는 학생(학부모)의 사회경제적 지위보다 교수–학습의 과정활동과 교사의 수업기술에 더 많은 비중을 두고 있다.

2. 수업의 효율성에 관한 연구

지금까지 이루어져 온 수업의 효율성에 관한 연구는 수업자의 인성적 특성에 초점을 둔 연구, 새로운 수업방법에 초점을 둔 연구, 학습자의 적극적인 학습참여에 초점을 둔 연구로 구분할 수 있다.

1) 수업자의 인성적 특성에 초점을 둔 연구

수업의 효율성 제고에 있어 수업자의 자질이나 인성적 특성에 초점을 둔 연구(Charters & Waples, 1929; Barr & Emans, 1930; Hart, 1934 등)는 수업의 효율성에 관한 연구의 시초로서 대략 1930년대부터 본격적으로 시작되었다. 이들 연구에서는 교사의 인성적 특성과 학생들의 학업성취 간의 인과관계를 전제로, 어떤 교사가 더 잘 가르치는가를 학생들을 대상으로 탐문하여, 교사의 어떤 특성이 학생들의 학업성취에 가장 큰 영향을 미치는지를 규명하려고 했다. 그러나 학생들의 상식적인 의견이나 판단에 근거하여 얻어진 결과는 수업의 효과를 예언하는 데 큰 도움이 되지 못했다. 이로 인해 신뢰로운 관찰자로서 교육행정가, 장학사, 동료교사 등의 평정을 바탕으로 교사의 인성적 특성과 수업의 효율성을 밝히려는 노력으로 이어졌다.

그 후 1940년대부터 교사의 인성적 특성과 학생들의 학업성취와의 관계를 밝히려는 연구들이 꾸준히 이루어졌다. 이에 대한 대표적인 연구로는 Ryans(1960)의 대규모 조사연구를 들 수 있다. 이 연구결과에 의하면 교사의 온화함, 열성, 과업중심적 태도, 교과 전문지식 정도 등은 학업성취와 밀접한 상관을 보인다고 하였다. 비슷한 연구결과로 우리나라의 장두기와 김인식(1999)도 '수업자의 성격특성과 학업성취와의 관계 연구'에서 인성특성(활동성, 안정성, 객관성, 사려성, 사회성)이 높은 교사가 지도한 학생들의 학업성취 수준이 유의미하게 높아짐을 보고하였다.

그러나 이러한 연구들을 검토한 이 분야의 연구자들은 대체로 연구결과에 불신을 표시했다. 그 대표적인 사람으로, Gage는 "이 단계의 연구결과들은 만족스럽지 못하다. 교사특성변인과 산출변인 간의 상관관계는 대체로 통계적 의의 수준에 도달하지 못했으며, 통계적으로는 의의 있는 것으로 보고된 연구에서도 변인간의 관계가 연구자간에 일관성이 떨어진다"라고 반박하였다. 또 Wragg (2000)와 Harris(2002) 역시 "거의 반세기에 걸친 방대한 연구결과에도 불구하고 교사의 인성적 특성과 학습자의 학업성취 간에 어떠한 관계가 있는지 우리가 알고 있는 바는 거의 없다"라고 진술하면서 이 단계의 연구결과 및 연구방식에 대하여 문제점을 지적하였다.

2) 새로운 수업방법에 초점을 둔 연구

1960년대부터 수업의 과정을 관찰하여 교사의 수업행동과 학생들의 학업성취 간의 관계를 밝히려는 연구가 많이 이루어졌다. 이들 연구특성은 한마디로 과정-산출모형(process-product model)이라고 할 수 있는데, 이들 연구의 기본 가정은 교사의 수업 스타일이나 수업방법 등과 같은 비교적 안정성이 있는 행동특성과 학생의 학업성취 간에 인과관계가 있다는 것이었다(Flanders, 1960; Gage, 1963; Rosenshine & Furst, 1973). 이와 같은 연구유형은 1950년대 Flanders와 Gage 등에 의하여 시도된 이후 근래에 이르기까지 교수효과 탐색을 위한 연구의 전형적인 방법으로 광범위하게 응용되고 있다. 이 연구유형은 몇 가지 점에서 선행연구들과 뚜렷하게 구별된다. 첫째, 연구의 초점이 교사와 학생 상호간에 이루어지는 구체적인 행동과 학업성취와의 상관관계를 탐색하는 일에 두어졌다. 둘째, 교사나 학생의 행동을 체계적으로 관찰하기 위하여 복잡하고 정교한 행동관찰도구를 개발하고 사용하였다. 마지막으로, 이 유형의 연구들은 그 측정이 보다 객관적이라고 할 수 있는 학업성취 정도를 교수효과의 준거로서 채택하였다.

우리나라에서도 1970년대 초부터 김종서(1970)의 수업형태분석법을 기초로 수업자의 수업언어의 사용에 따른 수업 분위기 개선이나, 교사와 학생의 언어상호작용과 수업의 효과와의 관계를 밝히는 연구가 많이 이루어졌다.

3) 학습자의 적극적인 학습참여에 초점을 둔 연구

수업의 효율성에 관한 연구는 교사의 수업행동에 관한 연구에서 한 걸음 더 진보하여, 어떻게 하면 학습자들이 학습과제에 보다 밀도 있게 참여할 수 있을 것인가에 관심을 갖고 그러한 방안들을 규명하려고 노력하였다. 이에 대하여 Rosenshine(1979)은 효율적인 수업을 위해서는 교사의 수업행동도 중요하지만 교사의 수업행동과 학생의 학업성취 간에는 빠뜨릴 수 없는 중간 매개변인, 즉 학생이 있다는 점을 강조하였다. 이러한 교사행동은 중간 매개변인을 변화시키게 되고 그 결과는 학생들에게 영향을 줌으로써 학생의 학업성취를 높일 수 있다는 점이 우리나라의 연구 (정범모, 이성진, 1987)에서도 밝혀졌다.

Rosenshine과 Furst(1971)는 교수 효과를 높일 수 있는 주요 변인으로 ① 수업에서 다루어진 학습내용, ② 학생이 학습하는 데 사용한 시간의 양, ③ 학생의 수업참여도를 높이는 학급 분위기를 지적했다. 여기에서 첫 번째나 두 번째 변인은 학생과 직접적으로 관련된 변인이고 세 번째는 여전히 교사의 행동과 관련된 변인이다. 이러한 연구들이 다른 연구들보다 우월한 것은 바로 위에서 제시한 변인들, 즉 학생이 배운 수업내용이나 학습한 시간량이 어떠한 교사변인(교사행동들)보다도 학생들의 학업성취와 높은 상관관계를 보여주고 있다는 점이다.

3. 수업의 효율성과 수업변인

수업의 효율성에 관한 연구의 몇 가지 공통적인 특성들을 묶어 보면 ① 수업자가 결정하는 수업행동, ② 교수–학습활동의 구조화, ③ 수업자와 학습자의 상호작용, ④ 수업자의 순시와 감독으로 분류할 수 있다.

1) 수업자가 결정하는 수업행동과 수업의 효과

수업자가 어떤 유형의 수업행동을 선택하느냐에 따라 수업 후 학생들의 학업성취 수준은 현저히 달라질 수 있다. 이들 수업행동 중 일관성 있게 학습자의 학업성취를 높일 수 있는 것은 다음 다섯 가지로 압축될 수 있다.

(1) 과제지향적 수업행동

수업자가 학생들의 학업성취에 지속적으로 관심을 가지고 학습분위기를 과제지향적이 되도록 하면 학습자의 학업성취는 높아진다. 이때 과제지향적 수업행위란 가급적이면 놀이·장난감·수수께끼 등 비학문적인 수업활동이나 상호작용을 최소화하며, 학습과제에 직접적으로 관계있는 수업활동을 최대화하는 것을 의미한다.

(2) 적극적인 수업행동

학습자가 학습에 참여하는 분위기는 수업자가 얼마나 적극적으로 학생들을 이끌어내느냐에 따라 달라지고, 이것은 학생들의 학업성취와 직결된다. 적극적인 수업행동은 수업자가 학생들의 비학구적인 행동을 줄이고 수업내용이나 교수–학습활동의 선택에 수업자가 얼마나 주도적인 역할을 하느냐에 따라 달라진다.

(3) 학업성취에 대한 관심

수업자가 학생들의 학업성취와 학문적인 발전에 관심을 가지고 학생들이 높은 수준의 학업성취를 이룰 것으로 기대하면 학업성취는 높아진다.

(4) 협동과 책무성을 강조

학생들에게 학습활동 중 성공과 실패의 주요한 원인이 자기 자신에게 있다고 믿게 하는 것은 매우 중요하다. 그리고 학습활동 중 학습자들끼리 서로 협동하여 학습하도록 할 때 학업성취가 높아진다.

(5) 민주적이고 온화한 분위기

민주적이고 온화한 분위기가 학습자들의 학업성취를 높이는 데 유익하다는 일관된 연구결과는 없지만, 비민주적이고 경직된 학습분위기는 학업성취에 부정적인 영향을 준다.

2) 교수-학습활동의 구조화와 수업의 효과

Rosenshine(1987)은 수업의 효율성에 관한 연구들을 종합 분석한 결과, 교수-학습이 구조적으로 수행되었을 때 그 효과가 높다는 것을 지적하였다. 이때 주요한 수업활동으로는 ① 수업목표를 간략히 설명, ② 과거 학습의 상기, ③ 학습내용을 단계적으로 제시하고 이에 대한 학생의 연습, ④ 분명하고 구체적인 질문을 통해 학습자들의 이해 정도를 점검, ⑤ 학습의 초기 단계에서 친절한 안내와 지도, ⑥ 체계적인 피드백, ⑦ 요약 설명을 하거나 학습부진 학생에 대한 지도, ⑧ 성취 수준에 도달할 때까지 계속적이고 충분한 연습 기회를 제공할 것을 강조하였다. 또한 분명한 학습목표나 학습하게 될 내용의 개요를 도입단계에서 제시하면 학습자들은 그 학습에 보다 능동적으로 참여하며, 따라서 학업성취도 높아진다고 하였다.

교수-학습활동의 구조화와 관련하여 두 번째로 고려해야 할 것은 교수-학습의 전개활동 중에 학습자들은 학습 습관이나 학습하는 방법에 대하여 얼마나 잘 훈련되어 있으며, 훈련한 그대로 학습하고 있는가 하는 점이다. 학습자들이 과거의 학습활동을 통해서 학습훈련이 잘 되어 있다면 그 수업은 불필요한 시간을 최대한 줄일 수 있어 효율적으로 진행될 수 있을 것이다.

마지막으로, 교수-학습의 종결 시에 학습한 내용을 어떻게 정리해 주고 학습한 것에 대하여 얼마만큼의 연습기회를 주느냐도 수업의 효율성과 밀접한 관계가 있다.

3) 수업자와 학습자의 상호작용과 수업의 효과

교수-학습의 과정에서 수업자와 학습자는 계속적으로 상호작용을 하게 된다. 수업자가 이끌어 나가는 수업은 전형적인 설명식 수업, 문답법, 토론법 또는 개별학습법 등 다양하지만 어느 경우든지 수업자와 학습자 사이에는 언어적 · 비언어적인 상호작용이 이루어진다. 이때 상호작용의 정도나 유형에 따라 학습자들의 학업성취가 달라진다. 그리고 이러한 상호작용 형태는 교과목에 대한 단순한 지식의 획득뿐만 아니라 교수-학습 중 학습자들의 학습참여도를 높이며, 고차적 사고력과 교과목에 대한 긍정적인 태도를 향상시키는 데도 영향을 준다. 수업자와 학습자의 상호작용이 학습자의 학업성취에 어떠한 영향을 주는지에 관한 연구는 주로 수업자의 질문, 그 질문에 따른 학습자의 반응, 학습자의 반응 뒤에 제공되는 수업자의 피드백으로 나누어 이들 요인과 학습자들의 학업성취와의 인과관계를 밝히려는 데 초점을 두었다.

한편 수업자의 질문 수준과 수업의 효과와의 관계를 규명하려는 많은 연구들이 진행되었는데, 이들 연구에서 수업자의 질문의 양, 수준, 질문과 반응의 기술이 수업의 효율성과 밀접한 관련이 있음을 일관되게 제시하고 있다. 이러한 연구결과를 요약하면 다음과 같다.

① 수업자는 수업 중에 가급적 질문을 많이 할 필요가 있으며, 질문 수준에 있어서 너무 확산적인 질문의 수는 줄이고 수렴적 질문을 더 많이 해야 수업의 효과를 높일 수 있다.

② 질문을 한 다음 약 3초 정도 여유를 두고 지명을 하는 것이 좋으며, 수업자의 질문 난이도는 학습자의 약 75% 정도가 답할 수 있는 수준이 적당하다.

③ 학생이 수업자의 질문에 대답을 하고 수업자가 학습자의 대답을 긍정적으로 수용하면서 보다 정확한 대답이 나오도록 유도하는 수업기술은 학습의 효과를 높이는 데 도움을 준다. 이와 반대로 학생들의 대답에 무관심하게 반응하거나 비판적인 피드백을 주게 되면 부정적인 영향을 준다.

4) 수업자의 순시 · 감독과 수업의 효과

교수–학습의 과정에서 학습자들은 개별적 또는 소집단으로 나뉘어 다양한 학습활동을 하게 된다. 여러 학습자들이 각기 다양한 학습활동을 할 때 수업자가 학습자들이 무슨 일을 어떻게 하고 있는지를 정확하고 계속적으로 파악하는 일은 매우 중요하다. 이러한 수업자의 수업활동을 순시와 감독이라고 규정한다. 수업자가 순시와 감독을 하는 수업의 경우, 학생들이 학습과제를 수행하는 데 소비하는 시간량이 순시와 감독을 하지 않은 수업의 경우보다 훨씬 많은 것으로 알려져 있다. 특히 이러한 결과는 학습자들이 개별적으로 학습과제를 수행하는 수업에서 잘 나타나고 있다. 수업자의 순시와 감독은 학습자들의 실제학습시간량(Actual Learning Time: ALT)을 증대시키는 일과 밀접한 관계가 있다. Carroll(1963)이 완전학습이론에서 제기했듯이 학습에 실제 소비한 시간량은 학습자들의 학업성취에 직접적으로 영향을 준다.

4. 수업기술의 학습

수업을 이야기할 때, 수업 그 자체를 의사결정과정으로 정의하기도 한다. 이는 수업을 하는 과정에서 수업자는 매순간 어떻게 가르쳐야 하는지를 판단하여 즉각적으로 대처해야 하는 일이 많기 때문이다. 물론 수업자는 가르쳐야 할 내용을 학생들에게 어떻게 풀어낼지 사전에 문서 또는 머리 속에 계획하고 교실에 들어간다. 그러나 교수-학습의 상황은 매우 역동적이기 때문에 예상하지 못했던 일이 벌어지기도 하고, 예상은 했더라도 보다 세부적인 문제에 대해서는 수업을 진행하면서 상황에 따라 임기응변식으로 대처해야 하는 경우도 많다. 어떤 질문을 해야 할지, 누구에게 질문을 해야 할지, 질문의 수준은 어떠해야 하는지 등 수업을 하면서 수업자가 판단하고 결정하여 수업행동으로 나타내야 할 일들이 너무나 많다. 그래서 수업의 과정을 의사결정과정으로 보는 것이다.

수업자가 올바른 의사결정을 하여 알맞게 대처하려면 수업기술과 관련된 많은 시나리오를 갖고 있지 않으면 안 된다. 수업 중에 의사결정을 해야 할 상황은 매우 다양하고 복잡하다. 그리고 설령 올바른 판단과 결정을 했다고 해도 결정된 방법에 따라 정확하고 노련하게 수업행동으로 수행하지 않으면 안 된다. 예를 들어, 수업을 하다가 학생들에게 학습문제에 대하여 질문을 하는 상황이 생겼다고 가정하자. 이 문제와 관련해서 어떠한 내용에 대한 질문을 할 것인지, 어떤 종류의 질문을 할 것인지, 어떤 학생에게 질문할 것인지, 그 학생의 대답이 맞을 경우 혹은 틀렸을 경우 어떠한 반응을 나타낼 것인지 등 헤아리기 어려울 정도로 다양한 의사결정의 순간이 있다. 이러한 각각의 의문 상황에서 수업자는 적재적소의 방안을 순간적으로 선택하여 반응해야 한다.

이러한 문제를 수업에 대응시켜 보면, 수업의 시작단계에서부터 여러 가지 결정해야 할 일이 많다. 결정의 주요한 내용으로는 어떠한 방법으로 학습자들의 동기를 유발시킬 것인가? 학습자들의 동기를 유발시키기 위해 새로운 방안을 계획하여 그대로 했는데도 학생들이 별로 관심을 보이지 않을 경우에는 그대로 넘어가야 하는가? 아니면 새로운 다른 방안을 대안으로 제시해야 하는가? 등일 것이다.

만약 수업자가 설명을 하고 있는데, 학생들의 표정이 수업자의 설명을 잘못 이해하는 것 같다고 느껴진다면 수업자는 일방적으로 계속해서 설명을 해야 하는가? 아니면 학생들이 무엇을 알고 무엇을 모르는지를 알아보기 위해 질문을 해야 하는가? 또는 설명했던 내용을 다시 보충 설명해야 하는가? 수업 중 아이들이 지루해한다면 어떻게 분위기를 바꾸어 주어야 하는가? 등도 주요한 고려사항이다.

수업의 과정은 수업자에게 여러 가지 상황마다 최적의 선택과 판단을 요구하는 과정이라고 할 수 있다. 이러한 복잡한 상황에서 순간순간마다 얼마나 최적의 선택을 할 수 있느냐의 여부는 잘 가르칠 수 있느냐와 직접적인 관계가 있다. 이를 위해서 수업자는 수업기술에 대한 다양하고 풍부한 레퍼토리를 갖고 있어야 한다. 흔히 경험이 많고 숙달된 교사들이 교수-학습의 상황에서 적절한 선택과 판단을 하여 알맞은 수업행위를 구사할 수 있는 것은 수업기술에 대한 다양한 경험을 많이 갖고 있기 때문이다. 교사들이 여러 종류의 방안을 가지고 그중에서 가장 알맞은 방법을 선택하여 수업을 잘할 수 있다면, 이러한 수업자를 '수업기술이 좋다'라고 말할 수 있다.

수업기술은 학습되는 것이다. 앞에서 예를 들어 언급한 세부적 수업기술들은 여러 가지 방법에 의해서 배우고 숙달시킬 수 있는 것이다. 많은 교사들이 옛날 자신이 선생님들이 가르치던 방법을 모방하여 자신의 수업기술로 활용하곤 한다. 또 교사양성기관에서 배운 대로 가르치는 교사도 있고, 교사가 되고 난 후 동료교사들의 수업을 참관하거나 그들의 지도조언에 따라 새로운 수업기술을 배우는 교사도 있다. 이와 달리 여러 가지 자료나 책을 통해서 새로운 수업방법이나 수업기술을 스스로 학습하고, 본인 자신이 그 방법대로 몇 번이고 연습하고 자기평가의 과정을 거쳐 숙달시키기도 한다. 이처럼 수업기술을 숙달시키거나 새로운 수업기술을 획득하게 되는 것은 교사의 입장에서 새로운 학습을 하는 과정이라고 할 수 있다. 따라서 수업기술의 학습은 교사 자신의 의욕적인 노력과 전문가의 체계적인 도움이 있을 때 최대의 효과를 거둘 수 있다.

그러면 교사들은 이렇게 복잡한 수업기술을 어떻게 획득하여 자기 것으로 만들 수 있을까? 수업자들이 새로운 수업기술을 숙달시켜가는 과정은 대개 세 단계를 밟는 것으로 알려져 있다.

첫 번째 단계는 새로운 수업방법의 인지 단계다. 즉, 새로운 수업기술을 배우려는 사람은 그가 배우게 될 수업기술이 어떠한 것인지에 대해 알아야 한다. 우선 교사들은 그 수업기술이 어떠한 경우에 효과를 발휘할 수 있는지와 그것을 획득했을 경우 자기가 하는 수업에 어떠한 이점이 있는지를 분명히 알 필요가 있다. 이를 위해서 교사들은 획득하려는 수업기술이 포함하는 하위 기술 하나하나를 알아야 하고, 이것들을 어떠한 절차나 방법으로 수행해야 의도한 대로 되는지를 알아야 한다. 따라서 이 인지 단계를 새로운 수업기술을 배우는 데 있어서 '개념화시키는 단계'라고 부르기도 한다. 새롭게 배우게 될 수업기술이나 방법이 포함하고 있는 개념을 이해하고 이들 개념이나 방법들이 어떠한 관계를 형성하고 있으며, 또 자기가 이미 알고 있는 지식을 새롭게 배우게 될 수업기술의 개념이나 방법과 적절히 관련짓도록 하는 일들을 이 단계에서 하게 된다.

두 번째 단계는 수업기술의 획득을 위해 연습하는 단계다. 새로운 수업기술과 그 기술을 유연하게 할 수 있는 방법을 아는 것과 그것을 완벽하게 수행하는 것과는 다르다. 연습을 통해서만이 새로운 수업기술을 획득할 수 있고 또 노련하게 숙달시킬 수가 있다. 더욱이 새로운 수업기술이 복잡한 것이라면 정확한 절차나 방법에 따라 반복해서 연습해야 한다. 이는 수영선수가 되려면 수영하는 기법을 먼저 배우고 그 다음에 그 기법의 구체적 요령에 따라 정확한 동작으로 계속 연습해야 하는 것과 같다. 연습시간량에 따라서 수영기술의 숙달 정도는 다르다. 또한 반복 연습은 체계적으로 행해야 한다. 이는 자동차 운전기술이 연습량에 비례

하여 숙달되지만 누구에게 어떠한 방법으로 배워서 연습하느냐에 따라 더 빨리 배울 수 있기도 하고 더 노련하게 배울 수 있는 것과 같다. 복잡한 기술일수록 연습은 필수적이다.

세 번째 단계는 이러한 복잡한 기술의 숙달을 효과적으로 달성하기 위해서 학습결과에 대해 피드백을 받는 과정이다. 복잡한 기술을 획득하기 위해서 연습은 필수불가결하지만, 자기가 획득하고 있는 수업기술이 제대로 숙달되어가고 있는지를 아는 것도 중요하다. 따라서 연습의 효과를 최대화하려면 연습하고 있는 것에 대하여 적절한 피드백이 있어야 한다. 이러한 문제는 학교에서 학생들을 가르칠 때 피드백이 주어질 경우와 그렇지 않을 경우 어느 쪽이 더 효과적인가에 대한 수많은 실험연구들이 확실한 대답을 주고 있다. 특히 기능이나 기술을 습득시키는 학습에서 피드백은 중요하다. 언제 어떠한 방법으로 피드백을 주느냐에 따라 기능의 학습효과는 현저하게 달라진다.

이처럼 복잡한 수업기술을 효과적으로 숙달시키기 위해서는 우선 수업기술에 대한 지식을 획득해야 하고, 그 다음에는 그 수업기술을 계속적으로 연습해야 한다. 그리고 이 연습의 과정에서는 피드백이 제공되어야 한다. 이를 수업기술의 숙달을 위한 3단계라고 한다. 그리고 수업자의 수업기술 연수를 위한 프로그램 만들거나 자료를 개발할 경우에도 이러한 세 가지 요인을 고려해서 프로그램의 설계에 포함시켜야 한다.

5. 수업자의 수업기술 발전단계

교사의 수업기술은 하루 아침에 숙달되는 것이 아니다. 어떤 면에서는 수업기술의 향상은 교직에 발을 딛고 난 이후 교직을 떠날 때까지 평생 동안 연마해야 할 만큼 어려운 과업이다.

그래서 어떤 사람은 교사의 수업기술 향상을 포도주의 숙성에 비유하기도 한다. 포도주는 통나무에 넣어서 숙성시키는 햇수만큼 술맛이 좋아지듯이, 수업자들의 수업기술도 어느 정도 연륜이 쌓여야 숙달된다는 뜻이다. 그런데 문제는 세월이 흘러도 초임교사로 교단에 섰을 때와 똑같이 수업기술이 전혀 개선되지 않은 상태로 있는 교사들도 많다는 것이다.

많은 전문가들이 보여주는 탁월한 기술이나 재능은 모두가 오랜 세월 동안 꾸준히 노력한 결정체다. 예를 들어, 세계적인 운동선수들도 처음에는 아직 발현되지 않은 타고난 잠재능력을 보유하고 있었을 뿐이다. 20, 30년에 가까운 세월 동안 꾸준히 연습하고 노력했기 때문에 재능이 발현되어 세계적으로 유명한 운동선수가 될 수 있었을 것이다. 이러한 경지에 도달하는 과정에서 각자는 심신의 고통과 아픔을 참고 오직 연습에만 몰두한 것이다.

훌륭한 수업기술을 숙달시키는 일도 이와 비슷한 맥락이라고 할 수 있다. 이를 위해서는 먼저 자기의 수업기술을 누구보다도 훌륭하게 숙달시키려는 의욕이 있어야 한다. 그리고 그 수업기술은 몇 가지의 노력이나 몇 시간의 시간만 투입하면 성취되는 것이 아니라 장구한 세월을 요한다는 생각을 가져야 한다. 아울러 자기의 수업을 끊임없이 비판하고 분석여 그것을 토대로 자신의 고유한 수업방법을 정착시켜 나가야 한다.

어떤 의미에서는 이러한 발달과정은 인간발달과정과도 같다. 인간의 인지구조는 환경과의 상호작용을 통해 점차적으로 변화하며 이 변화는 단순한 상태로부터 점차 복잡한 상태로 단계를 밟아서 발달하게 된다. 이때 인지구조의 변화는 자동적으로 발달되는 것이 아니라 환경과의 상호작용을 통해서만 가능하다. 이처럼 교사들의 수업기술도 여러 가지 제공된 환경과 상호작용하면서 점진적인 단계를 거쳐 발달하게 된다.

이러한 수업자의 수업기술 발달과 관련하여 초임교사가 노련한 교사로 변모하는 과정을 몇 개의 단계로 나누어 연구한 결과는 매우 흥미롭다. 미국 텍사스 대학의 Fuller는 교사들이 가르치는 기법을 배워 나가는 과정을 세 단계로 나누었다.

첫 단계는 초임교사 시절로, 교사들 자신이 수업을 무사하게 끝내는 데 최고의 관심을 쏟는 단계다. 대개의 초임교사들은 수업보다는 자신이 학생들에게 인기가 있고 장학사나 학부모가 자기를 좋아하게 될 것인가에 관심을 갖게 된다. 그리고 수업 중에 학생들이 자기의 말을 듣지 않고 산만하거나 엉뚱한 행동을 하면 어쩌나 하는 걱정을 하게 된다. 그래서 초임교사 기간 중 많은 교사들은 잠이 들면 통제 불능의 수업장면을 꿈꾸기도 하고 잠꼬대로 고함을 지르기도 한다.

그 다음 단계로는 자기가 하는 수업에 관심을 돌리게 되는 단계다. 교직경력이 약 5년 정도 경과하면 학생들 속에서의 생존에 신경을 썼던 초임교사 시기를 지나게 된다. 이때가 되면서부터 교사들은 가르치는 일에 조금씩 자신감을 갖게 되며, 그들의 관심과 노력을 가르치는 일 자체에 투입할 수 있게 된다. 따라서 이 단계의 교사들은 가르칠 내용에 비하여 수업시간 수가 적다든지 수업자료가 수업내용에 적합하지 않다든지, 개별지도를 어떻게 해야 하는지 등 수업활동 자체에 관심을 갖고 그 문제를 해결하려는 마음의 여유를 갖게 된다.

마지막으로, 앞의 생존에 관심을 두는 단계와 수업개선의 문제에 관심을 두는 단계를 무사히 거친 교사들은 드디어 완숙한 교사로 변모하게 된다. 이 단계에 도달한 교사들은 학생들의 사회적·정서적 감정이나 요구를 헤아릴 줄 알고, 수업방법이나 학습자료를 적시적소에 활용할 줄 알며, 학생들의 개인차를 고려한 독특한 처방 등도 효율적으로 활용할 줄 알게 된다.

이와 비슷한 연구로, Feiman-Nemser의 수업자의 수업기술 발전에 대한 3단계 연구를 들 수 있다. 그는 수업자의 수업기술은 ① 초기 생존단계(beginning survival stage), ② 통합의 단계(consolidation stage), ③ 완숙의 단계(mastery stage)로 점차 발전한다고 하였다.

이 연구에 의하면 초기 생존단계에서의 교사들은 햇병아리와 같이 교직경험을 처음하는 사람들로, 이들의 수업방법에 관한 정보는 주로 자신들이 학교 다니던 시절에 듣고 배웠던 단편적인 지식에 국한된다. 앞에서 언급한 Fuller의 주장처럼 이때는 교실에 들어가는 것이 두렵고, 긴장된 상태에서 매 시간의 수업을 수행하게 된다.

그 다음 단계인 통합의 단계에 이른 교사들은 가르치는 일에 대한 자신의 능력에 자신감을 갖게 되고, 학생들을 통제할 줄도 알고 요령껏 다룰 수 있게 된다. 그리고 이 단계쯤 되면 교사들은 자신의 교육관, 교육의 목표 등에 대해서 나름대로 일가견을 갖게 되고 학급관리나 수업은 별로 힘들이지 않고 요령껏 해낼 수 있게 된다.

마지막으로, 완숙의 단계에 이르면 교사들은 수업방법과 학습관리나 학생관리를 유연하게 처리할 수 있게 된다. 물론 수업기술은 효율성을 높일 수 있는 기술의 수준으로 잘 숙달되어 있기 때문과 노련한 숙련공이 일하듯 유연하게 할 수 있게 된다. 또 학생들의 관심이나 요구 등을 한눈에 잘 알고 있으며, 수업방법에 대한 레퍼토리도 다양하게 갖추게 되어, 잘 가르치려는 마음만 먹으면 언제든지 수업을 훌륭하게 수행할 수 있게 된다. 이 단계에 이르기까지는 대략 10년 정도의 세월이 요구된다고 한다.

요 약

1. 수업의 효율성이란 학습자의 학업성취 수준을 최대한 높여주기 위하여 수업에 투입되는 활동 또는 동원되는 자원의 투입을 최소화하여 최대한 의 성과를 거둘 수 있는 수업방법이라고 정의할 수 있다.

2. 수업의 효율성 제고를 위한 연구는 3단계로 나눌 수 있다. 제1단계에서 는 수업자의 인성적 특성에 초점을 두고, 제2단계에서는 새로운 수업방 법을 개발하는 연구에 관심을 두며, 제3단계에서는 학습자의 적극적인 학습참여의 정도를 최대화하는 수업기술에 초점을 둔다.

3. 수업자의 인성적 특성과 수업의 효율성의 관계를 규명하는 연구들은 두 요인과의 상관관계를 통해, 그 정도에 따라 수업자의 특정한 인성적 특성이 수업의 효율화와 관계가 있는지를 밝히려고 하였다.

4. 새로운 수업방법의 연구·개발에서는 실험집단과 비교집단과의 실험 결과를 비교하는 실험연구가 많이 활용되었다.

5. 새로운 수업방법의 개발이나 수업자의 수업기술과 수업의 효율성과의 관계를 밝히려는 연구에서는 '과정-산출연구'를 많이 활용하였다.

6. 수업의 효율성과 관계있는 수업자의 행동특성으로는 ① 과제지향적 수 업행동, ② 적극적인 수업행동, ③ 학업성취에 대한 관심, ④ 민주적이 고 온화한 수업행동으로 밝혀졌다.

7. 수업 중 수업자의 질문의 양과 수준은 수업의 효과와 높은 상관이 있다. 그리고 수업자의 질문에 학습자들이 대답한 후에 수업자가 어떠한 반 응을 하느냐는 학습자들의 학습효과뿐만 아니라 학교 학습에 대한 자 아개념 형성에도 크게 영향을 준다.

8. 수업자들은 자기의 수업기술을 ① 새로운 수업방법의 인지, ② 새로운 수업기술의 획득을 위한 연습, ③ 획득된 수업기술에 대한 피드백의 과 정을 통해 발전시켜 나간다.

연습문제

1. 수업의 효율성을 가장 바르게 설명한 것은?
   ① 학습자의 학업성취 수준을 최대화하기 위한 수업자의 수업기술 정도
   ② 수업의 효과를 극대화하기 위해 투입을 최소화시키는 정도
   ③ 수업의 목표, 내용, 방법에 관련된 요인들의 통합 정도
   ④ 학습자와 수업자의 교수-학습활동 중 상호작용의 정도

2. 수업의 효율성에 관한 연구의 관심을 시대적으로 바르게 나열한 것은?
   ① 수업자의 인성적 특성 규명 → 학습자의 학습참여 정도 → 수업방법의 구안
   ② 수업방법의 구안 → 수업자의 인성적 특성 규명 → 학습자의 학습참여 정도
   ③ 학습자의 학습참여 정도 → 수업자의 인성적 특성 규명 → 수업방법의 구안
   ④ 수업자의 인성적 특성 규명 → 수업방법의 구안 → 학습자의 학습참여 정도

3. 수업활동을 관찰·분석한 특성과 학습자의 학업성취와의 상관을 밝히려던 연구는 다음의 어느 것과 가장 가까운가?
   ① 수업자의 자질에 관한 질문지법
   ② 수업과정과 산출과의 관련 연구
   ③ 학습자의 적성 측정과 수업자 특성과의 상호작용 연구
   ④ 교수-학습과정에 관한 수시평가를 통한 피드백 연구

4. 수업자의 질문과 학습자의 학업성취와의 관계를 가장 바르게 진술한 것은?

① 고차원의 질문을 많이 할수록 학업성취는 높아진다.
② 단순한 질문을 많이 할수록 학업성취는 높아진다.
③ 질문의 수준이나 양은 학업성취와 관련이 없다.
④ 수업의 목표나 내용에 따라 질문의 수준은 달라져야 한다.

5. 수업을 의사결정의 과정에 비유하는 가장 알맞은 이유는?
   ① 수업은 가능한 한 여러 사람이 협의하여 결정할수록 효과적이기 때문에
   ② 수업활동은 학습자들의 의사를 최대한 고려해야 하기 때문에
   ③ 수업활동의 과정에는 선택과 결정을 해야 할 상황이 계속적으로 이어지기 때문에
   ④ 수업의 효율화를 위해서는 다양한 요인을 최대한 활용해야 하기 때문에

6. 수업자가 새로운 수업기술을 획득하는 과정을 바르게 나타낸 것은?
   ① 인지 → 연습 → 피드백   ② 인지 → 피드백 → 연습
   ③ 연습 → 인지 → 피드백   ④ 연습 → 피드백 → 인지

7. 수업자가 결정하는 수업행동으로 수업의 효율성을 높일 수 있는 요인으로 적당하지 않은 것은?
   ① 과제지향적 수업행동
   ② 적극적인 수업행동
   ③ 민주적이고 온화한 분위기
   ④ 비학문적인 수업활동 최대화

제 **2**장
수업장학과 수업개선

수업자들은 형식적이고 권위적인 장학보다는 상호호혜적이고
수업기술 향상에 초점을 둔 장학을 원한다. 이것이 바로 수업장학의 관심사다.

수업장학/ 임상장학/ 일반장학/ 수업장학의 기본 가정
수업장학의 원리/ 동료장학/ 자기장학/ 약식장학/ 자체연수

학교현장에서 이루어지고 있는 장학활동에 대하여 장학담당자나 장학지도를 받는 교사들은 여러 가지 불만을 갖고 있을 수 있다. 그 가운데 가장 대표적인 것은 현행 장학활동이 교사들의 수업과 관련된 전문적 자질을 향상시키는 데 실제적인 도움이 되는가 하는 것이다. 교직의 전문성은 수업의 전문성을 의미하며, 수업의 전문성은 수업에 대한 양질의 피드백을 바탕으로 계속적으로 배우고 숙달시킬 때만이 습득이 가능하다.

바로 이러한 이유에서 수업장학이 필요하다. 수업장학은 일반장학과 달리 교사와의 사전협의, 정보 및 자료의 교환, 개선점 모색하기 등 교사와 장학사의 협력관계로 이루어지는 것이 특징이다. 이러한 과정에서 교사는 자기가 평가받는 것이 아니라 자신의 수업기술을 공개하고 교정적 도움을 받는 과정으로 인식하게 되는 것이다. 이 장에서는 최근 활발히 논의되고 있는 수업장학의 개념과 성격, 그 종류와 특징에 대해서 알아본다.

이 장에서 다루어질 구체적인 학습목표는 다음과 같다.

1. 수업장학의 성격과 필요성에 대해서 설명할 수 있다.
2. 수업장학의 개념을 정의할 수 있다.
3. 수업장학과 임상장학의 특징을 비교하여 설명할 수 있다.
4. 수업장학의 기본 가정을 열거할 수 있다.
5. 수업장학의 유사 개념을 비교 · 설명할 수 있다.
6. 수업장학과 일반장학을 비교할 수 있다.
7. 수업장학의 대상과 방법을 간략히 설명할 수 있다.

1. 수업장학의 성격 및 정의

1) 수업장학의 필요성

교사들은 스스로 교직을 전문직으로 여기고 있다. 그렇다면 교직이 전문직이고 교사들이 전문가로 대접받기 위해서 무엇을 전문적으로 할 수 있다고 표방하여야 할까? 또 어떤 것을 전문가답게 해낼 수 있다고 자신있게 이야기할 수 있어야 할까?

국가나 사회에서 교사를 전문가로 인정하고 기대하는 역할에는 여러 가지가 있겠지만, 그중에서 '수업'을 전문가답게 하기를 기대하는 것을 첫 번째로 꼽을 수 있을 것이다. 그리고 교사 자신도 전문직으로서의 확고한 지위를 확보하고 주변 사회로부터 인정받기 위해서는 무엇보다도 수업을 '전문적'으로 할 수 있어야 한다고 믿고 있다. 그런데 과연 수업을 전문가답게 하고 있는가? 또는 그렇게 할 수 있는가라고 반문할 때 자신있게 '그렇다!'라고 대답할 수 있는 교사는 많지 않을 것이다.

수업을 전문가답게 한다는 의미는 무엇일까? 이는 한마디로 말해, 학생들에게 성취시키려고 하는 수업목표를 보다 효율적으로 가르칠 수 있음을 뜻한다. 여기에서 '효율적'이란 말이 좀 모호하고 추상적이지만, 이는 '보다 적은 투입으로 보다 많은 산출'을 낳게 하는 것을 의미하는 것이다.

이를 학교의 상황에 비추어 이야기해 보자. 학부모나 다른 직종에 종사하는 사람이 학생을 가르칠 경우에는 다섯 시간이 걸려야(투입) 주어진 수업목표에 도달하게 될 것을, 전문가인 교사는 세 시간 만에 같은 수준의 성취를 달성할 수 있었다면, 투입된 수업시간의 양에 있어서 '효율적이었다'고 할 수 있다. 또한 다른 사람이 가르칠 경우에는 교육의 단위경비가 5천원이 들어야 하는 것을 교사가 가르칠 경우에는 그 돈의 절반으로도 목표를 성취했다면 그 수업은 '효율적이었다'고 할 수 있다.

그리고 수업의 과정이나 활동에 있어서 일반인이 가르칠 경우에는 학생들이 그 수업에 흥미를 갖지 않거나 그 수업시간을 지긋지긋한 것으로 생각하는 데 반하여, 교사가 수업을 했을 경우에는 보다 많은 학생들이 수업에 흥미를 갖고 적극적으로 참여하게 되고, 그 결과 대다수 학생들이 수업에 만족하게 되었다면 그 교사의 수업이 효율적이었다고 할 수 있을 것이다.

이와 같이 수업의 효율성이란 투입을 적게 하고 효과는 최대한으로 하는 것이다. 따라서 수업의 효율성을 높이기 위해서는 가르칠 교과목에 관한 전문적이고 해박한 지식, 가르치는 방법에 대한 튼튼한 이론적 지식, 이러한 지식을 바탕으로 매 시간의 수업을 능숙하게 해낼 수 있는 숙달된 수업기술이 요구된다.

교직에 종사하는 사람들이 수업의 전문가가 되기 위해서는 가르칠 교과목의 내용에 관한 지식을 잘 갖추는 것이 중요하다. 그러나 이는 잘 가르치기 위한 필요조건은 될 수 있으나 충분조건은 될 수 없다. 가르치는 일이란 학생들이 모르던 것을 보다 쉽게 이해시키거나, 할 수 없던 것을 잘 할 수 있도록 도와주는 과정이다. 그렇기 때문에 가르치고 있는 학생들로 하여금 보다 짧은 시간에 보다 높은 수준의 것을 성취하도록 돕기 위해서는 또 다른 지식과 기술이 요구된다. 이는 의사에 비유해 보면 쉽게 알 수 있다. 그들은 새로운 의학적 지식을 갖추고 있어야 하는 것은 물론이고, 환자를 정확하게 진찰하고 처방하기 위해 실무경험에서 쌓은 숙달된 기술이 요구된다. 또 각종 새로운 의료기기를 정확하게 활용하는 기술이 있어야 한다. 만일 의과대학에 각종 병리학이나 의료기술에 관한 지식만을 배우고 한 번의 임상경험도 없는 의사가 있다면, 우리들은 그 사람을 전문인으로 여기지 않을 것이고, 또 그러한 의사에게 자기의 맹장염 수술을 부탁하려고 하지 않을 것이다.

이처럼 잘 가르치기 위해서 새로운 지식을 체계적으로 갖추는 일도 중요하지만 어떻게 가르칠 것인가에 관한 지식과 그 지식을 정확하게 수행할 수 있는 전문적 기술도 가져야 한다. 수업을 옛날 자신이 학교에 다닐 때 가르쳐주던 선생님들이 하던 그 방식대로만 하거나 혹은 이렇게 하면 될 것이라는 막연한 짐작이나 상식으로 진행한다면 곤란하다. 그러한 방식은 전문가로서의 교사가 취할 방법이 아니며, 수업이 상식적인 생각이나 어림짐작으로 이루어지는 것이라면 이것은 전문가인 교사뿐만 아니라 성인이면 누구나 할 수 있는 것이다. 또 대학을 졸업하고 어느 정도 교과목의 지식을 갖춘 사람이면 누구나 교사가 될 수 있다고 생각할 것이다. 단지 대학을 졸업했다고 해서 누구나 교사가 될 수 없다고 생각하는 것은, 교사는 가르치는 방법에 있어서 다른 사람들이 쉽게 흉내낼 수 없는 독특한 수업기술을 갖고 있어야 한다고 믿기 때문이다. 그러한 기술과 자질을 갖추었기 때문에 교사를 전문가로서 인정하는 것이다. 교직이 전문직으로 대접받기 위해서는 무엇보다도 교직에 종사하고 있는 교사들이 수업을 전문가답게 하지 않으면 안 된다. 교사로서 다른 여러 가지 역할도 중요하지만 자기가 가르치는 교과목의 수업을 전문가답게 할 수 없다면 전문가로서의 대접을 받기 어렵다.

  아울러 전문인으로서의 교사가 되기 위해서는 꾸준한 자기 노력이 요구된다. 교사양성기관을 통해서 얻은 여러 가지 경험도 중요하지만 교사로서 부임한 이후 꾸준한 자기노력이 더욱 중요하다고 할 수 있다. 또한 새로운 수업이론이나 지식도 알아야 하고, 수업을 멋지게 하는 동료교사의 수업을 자주 관찰할 수 있는 기회를 가져야 하며, 아울러 자기가 하고 있는 수업이 어떠한지를 정확하게 되돌아볼 수 있는 기회도 가져야만 한다. 거울에 자기의 얼굴을 비추어 보며 옷매무새를 고치고 화장을 고치듯이, 자기의 수업을 과학적이고 체계적인 방법으로 분석하여 어떠한 점이 장점이며 어떠한 점이 약점인지 파악하여 장점은 계속적으로 키워 나가고 약점은 부단한 노력으로 개선해 나가는 활동이 요구된다. 왜냐하면 이러한 활동을 통해서 수업기술을 꾸준히 개선시키지 않으면 전문가로서의 자질을 유지하기 힘들기 때문이다.

  이와 유사한 예를 스포츠에서 찾아보자. 유능한 프로 스포츠 선수들이 자기의 능력과 기술을 향상시키기 위해 하고 있는 여러 가지 활동을 생각해 보면 그것이 수업개선과 관련하여 우리 교사들에게 주는 시사점을 찾을 수 있다. 예를 들어, 야구 선수는 명타자가 되기 위해서 유연성과 근력을 강화하기 위한 체육이론을 비롯하여 타격을 하는 데 관련이 있는 물리학에 이르기까지 많은 이론을 배운다. 또 다른 우수한 타자들이 배트를 휘두르는 자세를 유심히 관찰하거나 각종 비디오 분석을 통해 여러 우수한 타자들의 배팅 자세를 관찰하여 그들의 강점을 모방하여 자기화하려고 한다. 그리고 어떤 타자들은 자기의 배팅 자세를 코치나 다른 동료선수에게 관찰·분석하게 하여 어떠한 점이 문제가 있는지를 파악하고 그 문제점을 개선시켜 나가는 피나는 노력과 연습을 한다. 명타자일지라도 자기의 타율을 높이기 위하여 이와 같은 활동을 멈추지 않고 있으며, 다른 종목의 운동에서도 우수한 선수가 되기 위하여 위와 비슷한 노력과 활동을 경주하고 있는 것은 익히 알려진 사실이다.

교직에 있는 사람들은 자신의 수업기술을 전문화하기 위해 과연 어느 정도 노력하고 있는가? 또, 교사들의 수업기술을 향상시켜야 하는 역할을 부여받은 학교행정가나 장학사들은 이러한 일을 위하여 무엇을 하고 있는가? 이 질문에 대한 답변 중의 하나가 바로 수업장학의 출발이다. 즉, 수업장학은 교사들의 수업기술 향상에 초점을 두고 그에 따른 구체적인 전략을 구안하는 것이다. 종전의 일반장학이 보다 광범위한 교육문제를 다루어 온 데 비하여, 수업장학은 교사들이 교실에서 수행하고 있는 수업행위, 즉 수업기술의 향상과 개선을 주된 목적으로 하고 있다.

2) 수업장학의 성격

1980년대부터 우리나라의 교육학계나 학교현장에서는 교사들의 수업기술을 향상시킬 수 있는 새로운 방법으로 수업장학을 소개하고, 그 필요성과 방안을 제시하기 시작하였다(강영삼, 1982; 주삼환, 1983, 2003; 한국교육개발원, 1983, 1984, 1990; 변영계, 1984, 1997; 장이권, 1989; 이윤식, 1999 등). 이들 연구에서 수업장학의 주된 관심은 수업자의 수업기술을 개선시킴으로써 학습의 효과를 제고시키는 데 있다. 즉, 교수-학습의 과정에서 교사의 수업방법과 기술을 어떻게 향상시켜 줄 것인가에 그 목적을 두었다. 특히 우리나라의 학교상황에서는 수업의 효과를 결정하는 데 있어서 교사의 변인을 매우 중요하게 다루고 있다(주삼환, 2003).

그러나 교사의 변인(특히, 수업기술)이 중요함에도 불구하고 우리나라의 교원양성기관이나 현직연수 프로그램을 분석해 보면, 수업자들의 수업기술을 향상시킬 수 있는 구체적인 방안이 제시되지 않은 사례가 많은 것으로 보고되고 있다(김경현, 2004). 더구나 대부분의 학교현장에서 교사들의 수업기술이나 방법을 향상시켜 줄 임무를 맡은 장학담당자들이 제 역할을 수행하지 못하는 것으로 지적되고 있다. 최근 학교에서 이루어지고 있는 현장장학과 관련한 장학실태를 분석한 연구에 의하면 장학이 아직도 권위주의적이며, 수업자가 필요로 하는 문제보다는 장학을 하는 쪽에서 미리 결정하여 확인·평가하는 방식으로 이루어지고 있는 등 여전히 장학의 부정적인 면이 많이 발견되고 있다는 연구결과는 이러한 우리나라의 장학 현실을 잘 설명하고 있다고 하겠다(허병기, 1997; 박은혜, 김명순, 2002; 최대섭, 2003; 김명오, 2004 등).

또한 이들 연구에서 밝혀진 것은 학교에서 실제 수업을 하고 있는 교사들은 학교 외부로부터의 장학지도를 원하지 않는다는 사실이다. 그리고 장학을 담당하는 사람들은 교사가 지도받기를 원하는 수업기술 측면보다는 교실관리나 학교의 일반적인 행정중심의 장학을 하고 있다고 지적하고 있다. 아울러 장학담당자가 교사들의 수업기술을 향상시켜 줄 수 있는 구체적인 절차와 방법에 대한 지식이 부족하고, 장학을 할 수 있는 자질이 부족하다는 점도 함께 지적하고 있다. 따라서 이와 같은 문제점을 해결하고 수업자의 수업기술을 향상시켜 학습의 효과를 증대시키기 위해서는 수업장학에 대한 구체적인 절차와 방법의 구안이 시급히 요청된다고 하겠다.

3) 수업장학의 정의

장학의 개념은 학자들에 따라 여러 가지로 정의되고 있다. 이러한 다양한 정의가 나오는 이유는 역사적으로 장학의 목적과 기능이 사회의 변화에 따라 그 성격을 달리하여 왔으며, 각 학자들이 장학의 목적, 장학의 기능, 장학사의 역할 등에 대하여 상이한 초점을 갖고 정의하고 있기 때문이다.

그러나 장학은 일반적으로 그 목적과 기능에 따라 일반장학(general supervision), 수업장학(instructional supervision), 임상장학(clinical supervision)으로 구분할 수 있다.

먼저 일반장학의 개념부터 살펴보면, 일반장학을 '*Dictionary of Education*(1959)'에서 다음과 같이 정의하고 있다.

> 장학은 교사의 전문적 성장과 발달의 촉진, 교육목적 · 수업자료 · 교수방법 등의 선택과 개정, 수업평가 활동 등을 포함하여 수업개선을 목적으로 교사와 다른 교육 종사자에게 지도력을 제공하기 위한 교직원들의 계획된 모든 노력이다.

또 일반장학의 주요 목적과 영역으로는 대개 ① 교육과정의 개발과 개선, ② 수업의 계획과 준비, ③ 교원의 확보, ④ 학습자료의 확충, ⑤ 교원의 현직연수, ⑥ 신임교원의 오리엔테이션, ⑦ 새로운 교육정보의 제공, ⑧ 교원의 평가 등을 들고 있다(Wiles, 1967; Harris, 1975 등). 그리고 Cogan(1973)은 일반장학을 ① 교육과정의 제정과 교정, ② 수업 단원과 자료의 준비, ③ 학부모에게 통지하는 과정과 도구의 개발, ④ 교육 프로그램의 평가 등을 뜻한다고 하였다. 이와 같이 일반장학은 관리행정적인 측면을 포함한 광범위한 활동을 포함하고 있음을 알 수 있다.

다음으로 수업장학에 대한 정의를 살펴보면, Harris(1975)는 수업장학을 학생들의 학습을 촉진하기 위해 교수-학습과정을 재설계하는 방법으로, 여기에는 인적 · 물적자원을 유지 · 변화시키는 활동이 포함된다고

하였다. 또 Lovell(1967)은 수업장학을 학생의 학습 촉진과 조직의 목표
달성을 위해 교사의 행동에 직접적인 영향을 주는 조직에 의해 공식적
으로 계획된 활동으로 정의하였다. Alfonso와 그의 동료들(1975)은 이러
한 Lovell의 개념을 분석하여 다음과 같은 세 가지 핵심적인 요소로 나
누어 설명하고 있다.

- 수업장학은 공식적으로 계획된, 조직의 필요와 공식적인 권위에 기
  초하여 이루어지는 활동이다.
- 수업장학은 직접적으로 교사의 행동에 영향을 미치는 활동이다. 다
  시 말해, 학교조직에 대해서는 중요한 것일지라도 교사의 행동체제
  에 직접적으로 영향을 미치지 못하는 장학담당자의 활동은 수업장
  학활동으로 간주할 수 없다는 의미를 내포하고 있다.
- 수업장학의 궁극적인 목적은 학생들의 학습을 촉진시키는 것이다.
  수업장학은 교사의 행동 변화를 통해 궁극적으로 학습을 개선시키
  는 활동이다.

그리고 Goldhammer와 그의 동료들(1980)도 수업장학을 교사의 행동
변화를 통해 수업을 개선하려는 교직원들의 모든 노력으로 보았다. 이와
같은 몇 가지의 정의와 주장들을 종합해 볼 때 수업장학의 성격과 목적
은 다음 세 가지로 압축할 수 있다.

- 수업장학은 그 성격과 방법에서 일반장학과 구별되며, 일반장학의
  하위 개념으로 볼 수 있다.
- 수업장학은 수업자의 수업방법과 수업기술을 개선시킴으로써 학습
  자들의 학습효과를 높이는 데 초점이 맞추어져 있다.
- 수업장학의 대상은 특정한 교사가 아니라 모든 교사들이며, 특히
  교사(수업자)의 수업행동의 개선과 향상에 직접적으로 영향을 주려
  는 활동이다.

즉, 수업장학은 이제까지의 일반장학이 해 오던 학교의 시설·설비의 마련, 인사제도의 변화, 학교분위기 개선과 같은 관리행정적 업무를 제외한 장학의 궁극적 목적인 교수-학습의 개선을 위해 대두된 장학의 한 형태다.

그러나 수업장학 역시 개념, 과정, 기능 및 기법에 있어서 명확하지 못하고 애매한 성격을 띠고 있다는 비판을 받고 있다(Dewitt, 1977; Goldhammer et al., 1980; Alfonso et al., 1984 등). Goldhammer와 그의 동료들은(1980) 임상장학이 이러한 수업장학의 애매성을 명확히 해주며, 장학담당자의 역할 역시 더욱 뚜렷하게 해준다고 주장하였다.

임상장학은 1950년대에 하버드 대학의 Morris Cogan과 그의 동료들에 의해 교사 지망생들의 수업방법 개선을 위한 하나의 방법으로 개발되었다가 후에 교사의 직전교육뿐만 아니라 현직교육의 한 방법으로 발달된 장학이다(Sullivan, 1980). 임상장학의 창시자인 Cogan(1973)은 임상장학을 다음과 같이 정의하고 있다.

> 임상장학은 학급에서 교사의 행동을 개선하기 위해 계획된 일련의 실제적인 과정을 의미한다. 임상장학의 기본 자료는 학급사상(事象)으로부터 추출해내며, 이러한 자료의 분석과 피드백은 교실에서 교사의 행동을 개선시켜 줌으로써 궁극적으로 학생들의 학업성취를 향상시킨다.

그리고 Cogan(1973)은 'clinical' 이라는 단어에 거부감을 느낄지 모르나 이것은 학급관찰, 학급사상의 분석에 초점을 두고 교사와 학생의 학급에서의 상호작용에 초점을 맞출 필요성에 의해 채택되었다고 말하고 있다. 이 외에도 Sergiovanni와 Starratt(1983)는 임상장학이란 수업의 개선과 교사의 전문성 성장을 향상시킬 목적으로 장학사와 교사가 직접 만나 상호작용하는 과정으로 보았으며, Flanders(1970)는 임상장학을 교수의 질을 개선하기 위해 최소한 두 사람(그중 한 사람은 수업개선의 연구대상이 되는 교사)이 만나 형성하는 특수한 교수상황에서 교수방법에서의 변화를 자

극하고, 새로운 수업방법과 낡은 수업방법을 비교하여 교사로 하여금 수
업과정에 대하여 통찰을 얻게 하는 과정으로 정의하였다.

그리고 Neagley와 Evans(1980)는 임상장학을 교실수업에서 교사와 학
생들의 행동에 대한 직접적인 관찰을 통해 교수-학습을 개선시키려는
학급 내의 활동으로 정의하고, 장학협의회를 임상장학의 중요한 과정으
로 보았다. Cogan과 함께 임상장학의 개발에 참여하였던 Goldhammer
와 그의 동료들(1980)은 임상장학을 실제 교수상황으로부터 직접적인 관
찰을 통해 자료를 수집하고 교수활동의 분석과 수업개선 활동을 함에 있
어서 교사와 장학사 간의 대면적 상호작용을 포함하는 수업장학의 한 국
면으로 보았다. 이와 같은 여러 학자의 정의를 바탕으로 임상장학의 성
격을 다음과 같이 규정할 수 있다.

첫째, 임상장학의 궁극적 목적은 교수-학습의 개선에 있다.

둘째, 임상장학의 주요한 관심은 교수-학습의 과정에 직접적인 영향
을 주는 교사의 수업활동에 집중된다. 이는 수업장학과 유사한 성격으
로, 일반장학이 포함하고 있는 관리행정적인 업무를 제외한 교사의 수업
행동 변화에 직접적인 영향을 주는 활동만을 임상장학으로 간주한다는
의미를 담고 있다.

셋째, 임상장학의 활동범위를 학급 내에서의 활동으로 제한하고 있다.
즉, 교실 내에서의 수업과정 중 교사가 직면하는 문제를 해결해 주는 활
동으로 제한하고 있다.

넷째, 임상장학은 '수업관찰 → 분석 → 평가 → 협의회' 등 순환적이고
계속적인 장학 절차를 통해 문제 해결에 접근하고 있다. 이와 관련하여
순환과정에 따라 조금씩 다르기는 하지만 계속적인 순환과정을 통해 문
제 해결에 접근해야 한다는 생각에는 다수의 학자들이 동의하고 있다
(Cogan, 1973; Goldhammer et al., Sullivan, 1980; Acheson & Gall, 1987 등).

다섯째, 임상장학은 교사와 장학사 간의 대면적 만남 속에서, 위계적
관계가 아닌 동료적 관계 속에서 문제 해결을 위한 상호협력을 강조하고
있다. 임상장학에서는 장학활동이 효과적이기 위해서는 교사와 장학사

간의 동료의식이 전제되어야 한다고 본다. Acheson과 Gall(1987)은 이러한 임상장학을 지시적이기보다는 상호작용적이고, 권위적이기보다는 민주적이고, 장학사중심이기보다는 교사중심인 대안적인 장학형태로 기술하고 있다.

이와 같이 임상장학은 목적이나 장학의 대상에서 수업장학과 많은 공통점을 갖고 있다. 그러나 Goldhammer와 그의 동료들(1980)이나 Neagly와 Evans(1980), 그리고 김흥원(1983) 등은 임상장학의 활동 영역이 학급 내에서 교사의 수업문제 해결에 제한되어 있다는 측면에서 임상장학을 수업장학의 하위 개념으로 보았다. 특히 Kery와 그의 동료들(1977)은 임상장학을 넓은 의미에서 수업장학의 한 가지 방법으로 보기도 하였다.

그러나 임상장학과 수업장학을 같은 의미로 보는 학자도 있다. 임상장학은 수업장학과 그 수준에 있어서 약간의 차이는 있지만 목적이나 장학의 방법이 같아서 굳이 구분할 필요가 없다는 것이다(변영계, 1984). 또 Denhan(1977) 역시 임상장학과 수업장학은 모두 학급 내에서 장학담당자와 교사와의 직접적인 상호작용을 포함하고 있다는 측면에서 수업장학을 넓은 의미로 보기보다는 임상장학과 같은 수준에서 이해되어야 한다고 주장하고 있다.

2. 수업장학의 원리와 방법

1) 수업장학의 원리

교사는 학생들의 학습지도를 효과적으로 하기 위해서 학습이론이나 수업원리를 알고 그 원리에 더하여 수업을 해야 하듯이, 수업장학에서도 반드시 고려되어야 할 원리가 있다. 수업장학의 적용을 위해 필요한 원리들 중 몇 가지 중요한 것을 제시하면 다음과 같다.

(1) 교사들은 가르치는 일에서 전문적 성장을 하려는 의욕을 갖고 있으며, 또 자기의 전문성이 성장하고 있다고 느낄 때 가르치는 일에 더욱 보람을 느낀다.

인간은 외부로부터 체벌이나 압력을 받지 않더라도 자기의 문제를 스스로 해결하려는 본성이 있다는 McGreger의 Y이론은 이러한 가정을 잘 뒷받침하고 있다. 그리고 Maslow의 이론에서도 인간은 궁극적으로 자아실현의 욕구가 있다고 하였다. 특히 전문적인 교육을 받고 또 각 개인의 자주성과 자율성이 비교적 높게 허용되고 있는 교사들 또한 자기 직업에 대하여 전문적인 성장을 하려는 태도와 욕구를 갖고 있다고 보아야 할 것이다. 이 점이 바로 수업장학의 첫 번째 가정이자 원리이다.

(2) 교사의 가르치는 기술이나 능력은 타고나는 것이 아니라 후천적으로 학습되는 것이다.

인간의 많은 능력, 기술, 지식 등은 학습을 통해서 획득되며, 교사들의 가르치는 능력이나 기술도 학습을 통해서 길러지는 것이다. 특히 교사로서의 태도는 그들이 초등학교부터 대학을 다니는 동안에 그들을 가르친 선생님으로부터 모방하게 된다고 한다. 그리고 교사의 수업행동을 변화시킬 수 있다는 기본 가정 때문에 교원양성 프로그램이나 교사가 되고 난 후의 현직교육 프로그램이 존속하는 것이다. 특히 가르치는 수업행동은 교수–학습의 과정에서 다양하게 표출되겠지만, 교사 개개인에 따라 독특한 유형이나 패턴이 있다. 이 패턴은 관찰·기술이 가능하며, 어떠한 중개변인으로 처치했을 때 그 패턴은 변화, 즉 개선이 가능하다고 본다.

(3) 교사들은 가르치는 일의 전문가로 자주성과 존엄성이 인식될 때 수업장학에 적극적으로 참여한다.

전문가집단은 어느 직종의 사람들보다 자기존엄성을 강조하고 협동적인 노력을 통해서 자기의 문제를 해결하려고 한다. 교사 또한 가르치는 일을 보다 능률적이고 효과적으로 할 수 있는 잠재적인 가능성을 지니고 있으며, 그 잠재력을 자기 스스로 혹은 협동적으로 키워 나가려는 욕망과 자질을 지니고 있다. 따라서 교사가 속해 있는 체제나 조직은 각 교사들의 무한한 잠재력을 교사 자신이 성장시킬 수 있는 여건과 분위기를 조성해야 한다. 이를 위해서는 무엇보다도 교사의 전문성, 자주성, 존엄성을 인정해야 한다.

(4) 교사 스스로가 수업장학이 자기의 수업개선에 도움을 줄 것이라는 긍정적 태도를 갖고 있을 때 그 효과가 크다.

새로운 것의 혁신과 보급에서 가장 중요한 것은 고객이나 소비자가 그 방법이 자기 자신에게 이득이 있을 것이라는 확신을 갖는 것이다. 또 그들이 그 방법에 관하여 흥미를 갖거나 자기에게 이득이 될 것이라는 긍정적 태도를 가질 때 그것을 수용하려고 하며, 그 과정에 보다 능동적으로 참여하게 된다. 이처럼 수업장학이 아무리 우수하고 효과적인 것일지라도 그것을 이용하는 교사가 그 방법이나 목적을 바르게 이해하지 않으면 의도했던 효과를 달성하기 어렵다.

(5) 수업장학은 교사와 장학담당자 간에 상호존중의 관계가 형성될 때 효과적이다.

전통적으로 장학을 담당하는 사람과 장학을 받는 사람은 평가자 대 피평가자, 가르치는 사람 대 배우는 사람 혹은 상하의 종속적 관계를 형성하였다. 그렇기 때문에 교사들은 언제나 장학사의 방문을 싫어하고 장학을 받는 일에 대해 부정적인 태도를 갖는 경우가 많았다. 일방적으로 평가를 하거나 받고 혹은 지시를 하고 지시를 받아 그 지시대로 수행하여야 하는 관계 속에서는 올바른 수업장학이 이루어지기 힘들다. 서로의 인격적 존엄성은 말할 것도 없고 주어진 업무의 전문성과 자율성을 인정하는 분위기를 조성하지 않는다면 수업장학 역시 지금까지 실시해 온 장학의 형식성을 탈피하기가 어려울 것이다. 수업장학의 목적을 분명히 알고, 건전한 신뢰감을 갖는 동료적 관계가 형성될 때 수업장학은 바라는 바의 효과를 가져올 수 있다.

(6) 교사가 가르치는 수업행동이나 기술은 그 요령을 이해하는 것으로
　　끝나는 것이 아니라 계속적인 시연을 통해 숙달되어야 한다.

수업 개선을 위해서 수업자는 지적 능력과 행동적 기능을 숙달시키지
않으면 안 된다. 이 지적 능력과 행동적 기능은 수업장학을 통해 숙달시
켜야 한다. 대부분의 경우 새로운 수업방법에 대해 어떤 이론가가 그 적
용을 위한 요령을 교사들에게 이해시키면 교사들은 자동적으로 그 요령
대로 현장에 적용할 것으로 가정하는데, 이것은 잘못된 견해다. '이해한
다는 것'과 '실제 시연하는 것' 사이에는 상당히 큰 차이가 있기 마련이
다. 이것은 연주가가 악보를 읽고 연주하는 요령을 아는 것으로 끝나지
않고, 반복적으로 연습하여 숙달의 정도를 높이지 않으면 좋은 연주를
할 수 없다는 점을 생각하면 쉽게 이해할 수 있다. 그렇기 때문에 새로
운 수업기술이나 수업행동의 패턴을 개선하기 위해서는 무엇보다 반복
적인 실습을 하게 하고 그 결과를 객관적이고 정확한 자료로 피드백하여
점차 개선시켜 나가야 한다.

(7) 교사들은 자기의 수업결과에 대한 구체적인 자료가 제시되고 강화가
　　주어질 때, 보다 적극적으로 자기의 수업을 개선하려고 노력한다.

학습에서 강화이론은 오랜 시간이 지난 지금까지도 효과적인 것으로
인정받고 있다. 교사들의 수업개선도 하나의 학습과정이다. 그렇기 때문
에 교사들이 수행한 수업에 대하여 잘못을 지적하여 비난하기보다는 좋
은 점을 찾아 긍정적으로 강화해 주는 것이 더 효과적이다. 그리고 수업
결과를 이야기할 때 애매하게 말하거나 장학사의 주관적인 가치판단을
지나치게 포함하기보다는 좋고 나쁨의 판단을 가능한 한 삼가고 사실중
심의 자료를 제시하여 수업자 자신이 평가하게 하는 것이 효과적이다.
그렇게 때문에 장학을 담당하는 사람은 자기가 관찰한 수업의 결과를 객
관적인 자료로 제시하여야 한다.

(8) 수업장학은 지속적으로 이루어질 때 효과를 높일 수 있다.

교사의 수업기술이나 행위를 변화시키기 위해 한 번에 너무 많은 목표치를 설정하면 오히려 실패로 이끌고 갈 가능성이 높다. 우선 교사 자신이 문제를 느끼는 영역이나 행동을 택하고 그 가운데서도 가장 급한 것을 선택하여 변화·개선해야 한다. 이때 변화시키려고 하는 목표는 분명한 진술문이 되도록 명확하게 다듬어야 한다(학습지도를 할 때처럼). 그리고 한 번의 장학으로 끝내지 말고 계속적으로 계획 → 실시 → 평가하여 문제의식을 느꼈던 교사 자신이 만족할 만한 수준에 도달할 때까지 지속적으로 수행해야 한다.

(9) 수업장학의 효과를 증대시키기 위해서는 장학을 담당하는 사람부터 수업장학의 효과를 확신하여야 한다.

성공적인 수업장학을 수행할 수 있으려면 무엇보다도 장학담당자 자신이 수업장학의 필요성을 확신하여야 한다. 그리고 수업장학이 교사의 수업을 개선시킬 수 있다는 확실한 근거 속에 긍정적 태도를 가져야 하며, 수업장학의 절차나 방법에 대한 전문적인 지식과 자질을 갖추고 있어야 한다. 특히 교사들과 의사소통하는 데도 세련된 기술을 갖고 있어야 한다.

(10) 수업장학의 과정을 통해서 장학의 업무를 담당한 사람도 지속적으로 장학방법을 개선시켜 나가야 한다.

수업장학을 효과적으로 실시하기 위해서는 처음부터 필요로 하는 자질을 갖춘 충분한 수의 장학사 혹은 역할을 부여받은 사람들이 있어야 한다. 또한 수업장학을 담당하는 장학사도 자기의 장학기술이나 행위를 타인에게 관찰하게 하여 계속적으로 장학방법을 개선해 나갈 필요성이 있다.

2) 수업장학의 방법

수업장학은 1958년 미국 하버드 대학에서 Cogan과 그의 동료들에 의

해 구안되고 체계화되었다. 처음에 그들은 장차 교사가 될 대학원 학생
들에게 수업방법과 수업기술을 연마시키기 위하여 수업이론에 관한 세
미나와 함께 실제 수업을 하고, 그 수업을 여러 사람이 관찰·분석하여
토의하는 형식으로 출발하였다. 그러다가 횟수를 거듭함에 따라 점차 그
틀이 잡혔다. 즉, 수업을 하기 전에 관찰전협의회를 하고 그 다음에 수업
을 관찰하며, 마지막으로 관찰된 자료나 정보를 토대로 장학협의회를 하
는 형태를 취했다. 그 후 이러한 형식의 수업장학은 많은 사람들에 의해
서 더욱 체계화되었으며, 구체적인 전략과 방법이 세분화되었다. 이러한
수업장학에서 그 전략으로 행해지고 있는 절차는 크게 네 가지로 나눌
수 있다.

첫째, 수업장학의 실시를 위한 관찰전협의회다. 둘째, 수업장학을 맡은
사람이 해당 교사의 수업을 직접적으로 관찰하며 필요한 자료나 정보를
수집하는 단계다. 셋째, 수집된 자료를 가지고 해당 수업을 분석하고 수
업자와 어떻게 협의회를 개최할 것인가에 관한 계획과 전략을 수립하는
단계다. 넷째, 그야말로 처음에 제기된 문제를 중심으로 관찰·분석된
자료를 놓고 해당 교사의 수업개선을 위한 장학협의회를 갖는 단계다.
이러한 네 가지의 활동은 학자들에 따라 계획 → 관찰 → 협의의 세 단계
로 줄기도 하고, 5~8단계로 더 세분되기도 하였다.

그럼 이러한 기본 절차를 가지고 있는 수업장학을 현장에 적용할 경우
예상되는 몇 가지 질문을 생각하며 그 해답을 찾아보자.

(1) 수업장학은 누가 할 것인가?

전통적으로 장학은 제도적으로 장학의 임무를 부여받은 장학사에 의
해서 수행되어 왔다. 그러나 수업장학에서는 장학의 업무성격상(교사의
수업개선) 주로 교감 혹은 부장교사가 장학사의 역할을 수행하는 것이 바
람직하다. 이는 시간·공간적 측면이나 인력확보의 문제와도 관련이 있
지만, 장학을 받은 사람과 장학을 하는 사람이 상하관계에 놓여 있다고
생각하는 경우보다는 서로가 동등하고 동료적인 관계에 놓여 있다고 생

각할 때 보다 효과적이기 때문이다. 그리고 한 번(cycle)의 장학을 위해서만도 최소한 3회 이상을 서로 만나야 하는 수업장학은 교육청에 있는 장학사들이 매일 학교를 방문하여야 하는 현실적 문제를 생각할 때 지금의 장학사들이 이를 수행하기는 많은 어려움이 따른다. 따라서 수업장학에서 장학을 하는 사람은 같은 학교의 울타리 속에 있는 사람이 수행하는 것이 보다 효과적이라고 할 수 있다. 또 동료교사에 의해서도 장학의 과정을 밟을 수 있다.

(2) 수업장학은 누가 받는가?

물론 수업을 담당하고 있는 교사라면 모두가 해당된다. 그러나 반드시 모든 교사들이 그 대상일 필요는 없다. 대개 초임교사가 우선적으로 해당되며, 학교장이나 교감이 교내순시나 수업연구 등을 통해 수업장학이 필요하다고 생각하는 교사를 그 다음으로 생각할 수 있다. 그러나 여기에서 우리가 생각할 수 있는 것은 대개의 교사들은 자기의 수업을 공개하기를 싫어하며, 특히 학교장이나 다른 교사들이 자기의 수업을 관찰하고 이야기하는 것을 아주 싫어한다는 사실이다. 그렇기 때문에 많은 연구물을 보면 교사들은 수업장학 받기를 거부하는 경우가 많다고 한다. 또 많은 경우에 수업을 잘 하는 교사들은 자기의 수업을 공개하고 지도받기를 원하나, 그렇지 못한 교사들은 더욱 수업장학을 싫어하는 경우가 많다고 한다. 따라서 수업장학에서는 어떻게 하면 수업장학이 자신의 수업개선, 즉 교사의 전문성 신장을 위해 '꼭 필요한 것'이라는 점을 교사들에게 이해시킬 수 있을 것인가가 특히 중요한 과제다.

(3) 어떠한 문제가 수업장학의 대상이 되는가?

수업장학은 그 출발을 교사의 수업행위, 즉 수업기술의 개선에 두고 있기 때문에 수업장학의 관심은 자연히 교실에서 수업을 할 때 외형적으로 나타나는 교사의 수업행위다. 즉, 수업과 직접적으로 관련되는 언어적 · 비언어적 행위가 여기에 해당된다. 예를 들어, 수업자가 사용하는 질문의 종류, 수준, 기법, 학생들이 질문하거나 선생님의 질문에 학생이 대답을 했을 경우 수업자의 응답형태, 새로운 수업방법의 시연요령과 숙달 정도, 수업 중 의도적으로나 무의식적으로 나타내는 체언(예: 표정, 몸짓) 등이 모두 수업장학에서 관심의 대상이 된다. 또 학습자료와 매체의 사용법도 해당된다. 그러나 수업자 자신이 자기의 수업에서 어떠한 점에 문제가 있을 것 같다고 느끼고 고민하던 문제를 수업장학을 통해 수업자와 장학담당자가 공동으로 해결하기 위해서 출발하는 것이 가장 이상적이다. 만일 수업장학을 시작하는 초기 단계인 관찰전협의회 때 수업자가 "나의 수업에서 이러이러한 점이 제대로 안 되는 것 같은데, 이 문제를 잘 관찰하여 개선방안을 제시해 주십시오"라고 했다면 그 문제를 분석하여 양자간의 합의를 보아 해결의 방안을 찾도록 하는 것이 좋다.

(4) 주로 어떤 방법이나 절차가 사용될 수 있을까?

앞에서 언급했지만 수업장학의 기본 전략은 교사(수업자)로 하여금 자기가 하고 있는 수업행위를 정확하게 알 수 있도록 하는 것이 가장 중요하다. 이를 위해 수업장학을 맡은 사람은 수업을 관찰·기록하거나 녹음(혹은 녹화)하여 정확하고 객관적인 자료를 제공하여야 한다. 이러한 작업을 위해 여러 가지 관찰기록법이 활용될 수 있으며, 이 과정에서 녹음기나 녹화기 등의 기자재도 활용될 수 있을 것이다.

3. 수업장학의 유형

Glatthorn(1984)이 제시한 선택적 장학(differentiated supervision)은 수업장학의 유형을 잘 반영하고 있다. 선택적 장학은 효과적인 장학의 방법을 선택하는 데 있어 교사의 경험이나 능력을 포함한 개인적 요인에 대한 고려가 있다는 것이다. 한편 선택적 장학은 교사들의 능력에 따라 임상장학

(clinical supervision), 협동적 장학(cooperative professional development), 자기
장학(self-directed development), 전통적 장학(administrative monitoring)의 방
법을 선택적으로 사용할 수 있다.

여기서는 Glatthorn의 선택적 장학에서 제시된 몇 가지 방법을 중심으
로 살펴보고자 한다.

1) 임상장학

임상장학은 장학담당자와 교사가 일대일의 대면적인 관계 속에서 수
업관찰계획 수립 → 수업관찰 → 관찰결과에 대한 협의의 과정을 거쳐
수업지도에 관한 전반적인 문제를 해결하고 수업기술 향상을 도모하는
체계적인 지도·조언의 과정으로 볼 수 있다.

주(主) 장학담당자는 교장과 교감이며, 외부 장학요원과 외부 전문가가
포함된다. 주로 교장과 교감이 주도하는 수업연구를 통해서 실시되며,
마이크로티칭(microteaching) 방법을 통해 교사가 장학담당자와 협의를
하여 자신의 수업방법의 개선점을 파악한 후, 이를 실제 수업에 적용하
기 전에 일정한 과정에 따라 교수 → 평가 → 재교수의 단계를 거쳐 수업
의 개선을 도모한다. 이 장학방법은 최소의 경비와 시간으로 특정한 학
습기술을 익혀 교사의 자질을 높일 수 있는 장점이 있다.

임상장학의 대상은 갓 교단에 서는 초임교사나 경력이 있는 교사 중에
서도 수업기술 향상의 필요성을 느끼는 교사가 좋다. 임상장학은 장학담
당자와 교사 간의 계획된 관계 속에서 공식적으로 이루어진다.

임상장학의 주요 특징은 다음과 같다.

- 교사의 수업기술 향상이 주된 목적이다.
- 교사와 장학담당자 간의 대면적 관계와 상호작용을 중요시한다.
- 교실 내에서의 교사의 수업행동에 초점을 둔다.
- 일련의 체계적이고 집중적인 지도·조언의 과정이다.

2) 동료장학

동료장학은 동료교사들간에 교육활동의 개선을 위하여 공동으로 노력하는 장학의 과정으로 볼 수 있다. 단위학교 내에서 실시되는 동료장학은 동료교사간의 협조를 토대로 그들의 전문적 발달, 개인적 발달, 그리고 그들이 근무하고 있는 학교의 조직적 발달을 도모한다. 동학년단위 또는 동교과단위로 수업연구과제의 해결이나 수업방법의 개선을 도모하기 위한 수업연구(공개)활동, 공동 관심사나 공동과제, 공동문제의 해결이나 개선을 위해 협의하는 것들이 동료장학의 전형적인 형태다. 또한 상호간에 정보, 아이디어 또는 충고, 조언을 주고받는 공식적·비공식적 행위도 넓은 의미의 동료장학으로 볼 수 있다.

동료장학의 주요 특징은 다음과 같다.

- 교사들의 자율성과 협동성을 기초로 한다.
- 교사들 간의 동료적인 관계 속에서 서로 가르치고 배우는 활동이다.
- 학교의 형편과 교사들의 필요와 요구에 기초하여 다양하고 융통성 있게 운영된다.
- 교사들의 전문적 발달뿐 아니라 개인적 발달, 학교의 조직적 발달까지 도모할 수 있다.

3) 자기장학

자기장학은 교사 개인이 자신의 전문적 발달을 위하여 스스로 체계적인 계획을 세우고 이를 실천하는 과정이다. 교사는 전문직 종사자로서 자기성장과 자기발전을 위한 끊임없는 노력을 경주해야 한다는 당위성에서도 자기장학의 의미는 크다고 할 수 있다.

장학담당자의 지도가 없이도 스스로 자신의 전문성 향상을 위하여 노력할 수 있는 의지와 능력이 있는 교사들에 대해서는 자기장학을 하도록 유도하는 것이 바람직하다.

학교현장에서 활용될 수 있는 자기장학의 주요 방법은 다음과 같다.

- 스스로 자신의 수업을 녹음 또는 녹화하고 이를 분석하여 자기반성과 자기발전의 자료로 삼는 방법
- 자신의 수업이나 생활지도, 특별활동지도, 학급관리 · 경영 등과 관련하여 학생들과의 면담이나 학생을 대상으로 한 의견 조사를 통해 자기발전과 자기반성의 정보를 수집하는 방법
- 교직활동 전반에 관련된 서적이나 전문자료를 탐독 · 활용하여 자기발전의 자료로 삼는 방법
- 전공교과 영역, 교육학 영역 또는 관련 영역에서 대학원과정(4년제 대학과정, 방송통신대학과정, 사이버 대학원 등 포함) 수강을 통해 자기발전을 도모하는 방법
- 교직전문단체, 연구기관, 학술단체, 대학 또는 관련 사회기관이나 단체 등 전문기관을 방문하거나 전문가와의 면담을 통하여 자기발전의 자료나 정보를 입수하는 방법
- 각종 연수, 교과연구회, 학술발표회, 강연회, 시범수업 공개회에 참석하거나 학교 상호방문 프로그램에 참여하여 자기발전을 도모하는 방법
- TV나 라디오 등 방송매체가 제공하는 교원연수 프로그램이나 교원연수 관련 비디오, 동영상 등의 시청을 통하여 자기발전을 도모하는 방법

4) 약식장학

약식장학은 단위학교의 교장이나 교감이 간헐적으로 짧은 시간 동안 학급순시나 수업참관을 통하여 교사들의 수업 및 학급경영활동을 관찰하고 이에 대해 교사들에게 지도 · 조언을 제공하는 과정이다.

이러한 약식장학은 교장이나 교감의 계획과 주도로 전개되는 비공식

적인 성격이 강한 활동으로서 다른 형태의 장학에 대하여 보완적이고 대
안적인 성격을 갖는다.

약식장학의 일반적인 특징은 다음과 같다.

- 원칙적으로 학교행정가인 교장이나 교감의 계획과 주도로 전개된다.
- 간헐적으로 짧은 시간 동안의 학급순시나 수업참관을 중심 활동으
  로 한다.
- 다른 장학형태에 대하여 보완적이고 대안적인 성격을 갖는다.

5) 자체연수

자체연수는 교직원들의 교육활동 개선을 위하여 그들의 필요와 요구
에 기초하여 학교내·외의 인적, 물적자원을 활용하여 단위학교 자체에
서 실시하는 연수활동이다.

자체연수에는 교장, 교감, 교사뿐만 아니라 행정부서 직원도 참여할
수 있다. 교사들과 행정부서 직원들의 공동관심사나 공동과제에 대한 연
수 또는 교사들의 이해와 협조가 요구되는 행정부서의 특정 업무와 관련
된 소개와 연수는 교사들과 행정부서 직원들 간의 상호 이해와 협조를
높일 수 있다는 점에서 의미가 있다.

자체연수는 학교의 형편과 교직원들의 필요와 요구를 바탕으로 교직
원들의 전문적 발달, 개인적 발달, 학교의 조직적 발달을 지향하며 교장,
교감, 부장교사, 교사를 포함하여 교내외의 교직원 또는 외부 전문가나
장학요원들이 연수담당자가 되어 진행한다. 교직원들 간의 체육활동, 취
미활동, 종교활동 등도 넓은 의미에서 자체연수에 포함되는 활동으로 이
해할 수 있다.

수업장학의 다섯 가지 기본 형태를 개념, 주된 장학담당자, 영역, 형태,
대상, 공식성 정도 등의 기준에 비추어 비교·정리하면 〈표 2-1〉과 같다.

표 2-1 ▪ 수업장학의 유형

기본 형태	개념	주(主)장학 담당자	영역	형태	대상	공식성
임상 장학	교사들의 수업기술 향상을 위해 교장(외부 장학요원, 전문가)이 주도하는 체계적이고 개별적인 지도·조언 과정	교장, 교감 (외부 장학 요원, 전문가 포함)	교사의 전문적 발달	수업 연구 (교장, 교감 주도), 마이크로티칭	초임교사, 수업기술 향상의 필요성을 느끼는 교사	공식적
동료 장학	동료교사들간에 교육활동의 개선을 위하여 공동으로 노력하는 과정	동료교사	교사의 전문적·조직적 발달	동학년 협의회, 동교과 협의회, 동료 간 수업연구	전체 교사, 협동적으로 일하기를 원하는 교사	공식적 + 비공식적
자기 장학	교사 개인이 자신의 발달을 위하여 스스로 체계적인 계획을 세우고 이를 실천하는 과정	교사 자신	교사의 전문적 발달	자기수업 분석, 대학원 수강, 각종 자기 연찬	전체 교사, 자기분석, 자기지도의 기술을 갖고 있는 교사	비공식적
약식 장학	교장, 교감이 간헐적으로 짧은 시간 동안의 학급순시나 수업참관을 통하여 교사들의 수업 및 학급경영활동을 관찰하고 이에 대해 교사들에게 지도·조언을 제공하는 과정	교장, 교감	교사의 전문적 발달	학급순시, 수업참관 등	전체 교사	비공식적
자체 연수	교직원의 교육활동 개선을 위하여 그들의 필요와 요구에 기초하여 학교내외의 인적·물적 자원을 활용하여 단위학교 자체에서 실시하는 연수활동	전 교직원	교사의 전문적·개인적 발달·조직적발달	각종 교내연수 등	전 교직원	공식적

요약

1. 수업장학이란 학생의 학습 수준을 향상시키고 학교의 교수-학습과정을 유지 또는 개선하기 위하여 교사의 교수행위에 직접적으로 영향을 줄 수 있도록 학교가 공식적으로 제공하는 제반 활동을 의미하며, 학교장을 중심으로 한 교내장학을 말한다. 임상장학은 교사의 수업능력을 향상하기 위해 계획된 이론과 실제다.

2. 동료장학은 동료교사들간에 교육활동의 개선을 위하여 공동으로 노력하는 과정이며, 단위학교 내에서 실시되는 동료장학은 동료교사간의 협조를 토대로 그들의 전문적 발달, 개인적 발달, 그리고 그들이 근무하고 있는 학교의 조직적 발달을 도모한다.

3. 자기장학은 외부의 강요나 지도에 의해서가 아니라 교사 스스로가 자신의 전문적 신장을 위해 스스로 계획을 수립하고 실천해 나가는 것을 말한다.

4. 약식장학은 단위학교의 교장이나 교감이 간헐적으로 짧은 시간 동안 학급순시나 수업참관을 통하여 교사들의 수업 및 학급경영 활동을 관찰하고 이에 대해 교사들에게 지도ㆍ조언을 제공하는 장학활동이다.

5. 자체연수는 교직원들의 교육활동의 개선을 위하여 그들의 필요와 요구에 기초하여 학교내ㆍ외의 인적, 물적자원을 활용하여 단위학교 자체로 실시하는 연수활동이다.

6. 종래의 일반장학은 교육과정의 개발, 학교지도, 인사, 교원의 평가 및 감독, 수업지도 등 다양하고 광범위한 영역을 포함하지만 수업장학은 교사의 수업기술 향상에 초점을 맞춘 것이 주요한 특징이다.

연습문제

1. 다음 중 일반장학의 기능이라고 볼 수 <u>없는</u> 것은?
   ① 지도성을 발휘한다.　　　　② 조정하는 일을 한다.
   ③ 평가하는 일이다.　　　　　④ 통제하는 일을 한다.

2. 장학담당자의 지도가 없이도 스스로 자신의 전문성 향상을 위하여
   노력할 수 있는 의지와 능력이 있는 교사들에게 적합한 수업장학의
   유형은?
   ① 임상장학　　　　　　　　② 자기장학
   ③ 약식장학　　　　　　　　④ 자체 연수

3. 다음 중 수업장학과 일반장학의 가장 중요한 차이점이라고 볼 수
   있는 것은?
   ① 교사의 수업기술에 대한 관심　② 교원의 평가에 대한 관심
   ③ 학교지도에 대한 관심　　　　④ 인사문제에 대한 관심

4. 다음은 수업장학의 일반적인 원리를 설명한 글이다. <u>적합하지 않은</u>
   것은?
   ① 교사들은 가르치는 일에서 전문적 성장을 하려는 의욕을 갖고
   　있으며, 또 자기의 전문성이 성장하고 있다고 느낄 때 가르치는
   　일에 더욱 보람을 느낀다.
   ② 교사들은 가르치는 일의 전문가로 자주성과 존엄성이 인식될 때
   　수업장학에 적극적으로 참여한다.
   ③ 교사의 가르치는 기술이나 능력은 후천적으로 학습되는 것이 아
   　니라 선천적으로 타고나는 경향이 강하므로, 교과내용의 전문성
   　신장에 주력하는 것이 바람직하다.
   ④ 수업장학의 과정을 통해서 장학의 업무를 담당한 사람도 지속적

으로 장학방법을 개선시켜 나가야 한다.

※ 다음의 질문에 대해 간략히 답하시오(5~6).

5. 동료교사들간에 교육활동의 개선을 위하여 공동으로 노력하는 장학
   활동을 무엇이라고 하는가?

6. 수업장학의 기본 요소 세 가지를 제시하고 약술하시오.

제 3 장
수업장학의 모형과 절차

사람마다 입맛이 다르고 선호하는 색상이 다르듯이
교사의 장학에 대한 필요와 요구에 따라
적합한 수업장학의 모형을 선택할 필요가 있다.

Cogan의 모형/ Goldhammer의 모형/ Acheson과 Gall의 모형
수업장학의 세 가지 기준/ 수업장학의 절차/ 수업장학의 단계별 기능
수업장학의 단계별 주요 기법/ 수업장학의 단계별 유의사항

수업장학은 장학담당자와 수업자의 일대일의 대면적인 관계 속에서 수업관찰계획 수립, 수업관찰, 관찰결과에 대한 협의의 과정을 거쳐 수업자의 수업 전반에 대한 문제점을 해결하고 수업기술 향상을 도모하는 체계적인 지도·조언의 과정이다. 따라서 교수-학습의 질 향상과 개선에 실질적으로 기여하기 위해서는 수업장학이 필요하다고 볼 수 있다.

그런데 효과적이고 효율적인 수업장학을 실행하기 위해서는 우선 수업장학 전반에 대한 이해가 요구되며, 이를 위해 수업장학의 모형에 대한 탐색이 선행되어야 한다. 이 장에서는 먼저 수업장학모형의 고전이라고 할 수 있는 Cogan, Goldhammer, Acheson과 Gall 등이 제안한 각 모형의 성격과 단계별 활동을 살펴보고, 현재 학교현장에서 많이 활용되고 있는 수업장학의 3단계 절차와 각 단계의 기능과 주요 기법, 유의사항을 알아볼 것이다.

이 장의 학습목표는 다음과 같다.

1. Cogan 모형의 8단계를 순서대로 지적하고, 각 단계의 활동을 약술할 수 있다.
2. Goldhammer 모형의 5단계를 순서대로 지적하고, 각 단계의 활동을 약술할 수 있다.
3. Acheson 모형의 3단계를 순서대로 지적하고, 각 단계의 활동을 약술할 수 있다.
4. 효율적인 수업장학을 위한 세 가지 기준을 지적하고 각각에 대해 약술할 수 있다.
5. 수업장학 절차를 세 단계로 구분하고 각 단계에 관하여 약술할 수 있다.
6. 수업장학 각 단계의 기능과 주요 기법을 열거할 수 있다.
7. 수업장학 각 단계의 유의사항을 세 가지 이상 기술할 수 있다.

1. 수업장학의 제 모형

1) Cogan의 수업장학모형

Cogan의 수업장학모형은 교실 외부에서 일어나는 일반 행정 장학과 교실 내부에서 교사의 수업기술 개선에 초점을 두고 있는 수업장학을 구분하기 위하여, Cogan이 하버드 대학의 프로그램에 직접 참여하여 거기에서 얻은 수업장학과정을 근거로 삼고 있다.

Cogan은 수업장학의 전 과정을 8단계로 나누었으며, 각 단계들은 장학담당자의 관계에 따라 변경하거나 생략할 수 있는 일련의 순환과정이라고 하였다.

(1) 교사와 장학담당자 간의 원만한 인간관계 수립

이 단계의 주요 활동은 교사와 장학담당자 간의 원만한 인간관계를 수립하는 것이다. 장학담당자와 교사의 관계를 위계조직에서의 상급자와 하급자 혹은 상담자와 피상담자의 관계로 보아서는 안 된다. 장학은 상담에서 지향하고 있는 것처럼 인성의 변화를 꾀하는 것이 아니기 때문이다. 장학담당자는 자신과 교사 간에 원만한 인간관계를 수립하고, 교사를 도와 수업장학과 그 결과에 대한 개선책을 함께 발견하도록 해야 하며, 교사가 장학에서 새로운 역할과 기능을 갖도록 만들어야 한다. Cogan은 원만한 인간관계를 수립하기 위하여 다음의 세 가지를 유의할 것을 강조하였다.

- 동료관계 수립을 위한 이론적 근거를 확실히 이해한다.
- 여기에 적합한 행동을 보인다.
- 동료관계의 필요성을 이해시키는 행동을 하는 데 집중적으로 노력한다.

(2) 교사와 장학담당자가 함께 학습활동 계획

이 단계의 주요 활동은 장학담당자가 교사와 함께 학습활동을 계획하는 것이다. 수업목표에 따라 교수-학습활동을 계획하고 수업에서 예상되는 문제들, 수업자료와 전략, 학습과정, 피드백과 평가 등을 상의하여 계획한다.

(3) 수업관찰전략 계획

이 단계의 주요 활동은 수업관찰전략을 계획하는 것이다. 장학담당자는 관찰과 자료수집의 목적과 방법, 그리고 물리적이고 기술적인 절차 등을 계획한다. 관찰 시 장학담당자의 역할을 구체화하고 교사도 관찰계획을 수립하는 데 참여하여 수업장학의 과정에 점차로 익숙해지도록 해야 한다. 장학담당자는 수업자와 협의하여 수업자의 어떤 수업행동을 관찰할 것인지를 분명히 합의해야 한다. 관찰내용에는 교사의 수업행동뿐만 아니라 교사나 학생의 학습행동도 포함시킬 수 있다.

(4) 수업관찰

이 단계의 주요 활동은 수업을 실제로 관찰하는 것이다. 장학담당자는 수업을 직접 관찰하거나 다른 관찰자와 공동으로 관찰하기도 한다. 관찰한 것을 기록하는 데는 다양한 기법을 활용할 수 있다. 그리고 관찰대상에는 교사와 학생들의 언어적 상호작용만이 아니라 비언어적 혹은 정의적 영역의 행동까지 포함해야 한다. 관찰한 행동에 대한 객관적인 기록자료 없이는 전체 수업장학의 과정이 왜곡되기 쉬우므로, 최적의 기록을 위해 교육적 식견과 교육비평의 기술이 잘 갖추어진 훈련된 관찰자와 과학적인 수업분석 도구의 지원이 필요하다.

(5) 교수-학습활동 분석

이 단계는 수업 관찰자료를 가지고 교수-학습과정을 분석하는 활동이 이루어진다. 관찰 후 교사와 장학담당자는 관찰자료를 통해 수업 중 교사와 학생들의 상호작용과 활동들을 분석한다. 주로 장학담당자가 혼자서 수행하나, 경우에 따라서는 교사와 함께 분석할 수도 있고 다른 분석자를 포함시킬 수도 있다. 또 이 단계에서는 학습활동 계획에서 수립했던 학습목표를 학생들이 얼마나 성취했는지를 밝혀보는 학습결과 분석과, 학습과정의 분석 혹은 예상하지 못한 학습활동에 대한 분석이 이루어져야 한다.

(6) 협의회전략 계획

이 단계의 주요 활동은 협의회를 위한 전략을 계획하는 것이다. 대체로 장학의 시작 부분에서는 제반 계획을 장학담당자가 단독으로 수립한다. 그러나 전체 계획이 완성된 후에 세부적인 협의 내용은 교사와 장학담당자가 함께 하는 것이 좋다. 장학담당자는 교수–학습과정 분석단계에서 나온 결과들을 중심으로 주요 활동과 교사의 행동유형, 학습결과 등에 대한 자료들을 쉽게 찾을 수 있도록 잘 정리해 두어야 한다.

(7) 장학협의회 실시

이 단계에서는 앞서 준비한 관찰후 협의회 계획에 따라 장학협의회를 실시하는 단계다. 협의회 참가자들은 주로 장학담당자와 교사다. 그러나 필요한 상황에서는 다른 사람들도 참여할 수 있다. 협의 시 교사가 회의 초기에 느낄 수 있는 불편한 느낌을 덜어줄 수 있는 방안으로, 수업자가 자신의 수업에 대한 평을 먼저 하도록 배려하는 것이 좋다.

(8) 차기 장학계획 재수립

협의회 결과 수업방법이나 장학방법에서 개선이 필요한 부분이 나타나면 이를 위하여 새로운 수업장학 계획을 재수립하는 단계다. 이 단계에서 수업자와 장학담당자는 다음 수업장학에서 수업자가 개선해야 할 수업기술이나 새롭게 시도할 수업형태 등에 대하여 계획을 다시 수립해야 한다.

이상에서 살펴본 Cogan의 수업장학모형의 특징은 교사의 수업행위를 개선하기 위해 필요한 자료들을 수업사태에서 얻는 데 있다. 그러나 그 단계가 너무 복잡하고 중복되는 부분이 있어 실제 적용에 어려움이 많다.

2) Goldhammer의 5단계 수업장학모형

Goldhammer는 이전의 수업장학모형이 전통적인 일반장학에 대한 교사의 이해 부족과 부정적인 태도 때문에 성과 있는 장학이 되지 못했다고 보고, 이러한 문제점을 개선할 수 있는 대안으로서의 수업장학모형을 제시하였다. Goldhammer는 수업장학이 교육의 제반 문제를 완전히 해결할 수는 없지만 다른 장학보다는 가장 적절하고 유용하다고 지적하였다. Goldhammer의 수업장학모형은 다음의 5단계로 이루어져 있으며, 그의 사망 후 동료들에 의해서 구체적인 기법이 다듬어졌다.

(1) 사전 협의회

첫 번째 단계는 사전 협의회 단계다. 흔히 관찰전 협의회라고도 하는데, 추진해야 할 장학의 절차에 대한 이해를 갖게 하는 단계다.

사전 협의회 단계에서의 주요 기능과 활동은 다음과 같다.

① 교사와 장학담당자의 신뢰감을 조성한다.

② 교사와 장학담당자 모두 수업내용과 활동에 대하여 이해를 갖게 한다. 즉, 교사는 자기가 의도한 교수목표와 교수방법에 대해 명확히 알수록 능숙하게 수업을 할 수 있고, 장학담당자는 교사가 의도한 내용을 정확히 알아야 교사의 수업관찰과 분석을 통해 수업장학을 하는 데 도움을 줄 수 있다.

③ 이 단계에서 교사와 장학담당자는 보다 철저한 교수활동을 위한 예행연습을 한다. 이것은 교사가 교수활동의 유연성을 높일 수 있을 뿐만 아니라 질문의 재구성과 새로운 질문에 효과적으로 대처할 수 있게 한다.

④ 수업 지도안을 최종적으로 수정할 수 있는 기회를 제공해 준다.

⑤ 교사와 장학담당자가 수업장학의 공동목표를 달성하기 위해 수업장학을 위한 구체적인 문제에 대하여 합의한다. 사전에 분명한 합의가 없이 실시하는 장학은 형식적인 과정에 불과하기 때문이다.

(2) 수업관찰

사전 협의회를 거친 다음 두 번째 단계는 실제 수업관찰에 임하는 단계다. 수업관찰단계의 기능은 수업장면에서 일어난 사실을 가능한 한 그대로 재구성하기 위해서 수업시간 동안에 상세하고 객관적인 자료를 정확하게 수집하는 것이 중요하다. 이때 장학담당자는 앞 단계에서 협의한 원칙이나 합의사항에 따라 수업을 관찰해야 한다. 장학담당자는 수업 중 보고 들은 것을 가능한 한 자세하게 사실중심으로 기록한다. 관찰기록의 객관성과 정확성은 분석단계에 매우 중요한 의미를 가진다.

(3) 협의회전략 계획

세 번째 단계에서는 수업을 관찰하고 난 후 객관적인 자료를 바탕으로 분석을 하고 장학협의회가 어떻게 이루어져야 할 것인지 전략을 세운다.

관찰자료의 분석은 장학담당자가 모든 장학자료를 검토하고 교수-학습활동 중 반복되는 행동의 유형을 찾아서 관찰자료에 의미를 부여하는 것이다. 그리고 장학담당자는 이후 실시될 장학협의회(사후 협의회)가 어떻게 이루어져야 하는가를 결정하고, 관찰결과에 입각해서 이 협의회를 진행시켜야 한다. 이 점에서 Goldhammer의 모형은 장학담당자에게 상당한 재량권을 주고 있다고 볼 수 있으며, 장학담당자는 협의회 때에 수업자와 공동으로 관찰자료를 분석할 수도 있다.

(4) 사후 협의회

네 번째 단계는 사후 협의회를 실시하는 것이다. 이 단계에서는 관찰자료를 바탕으로 수업사태에 야기된 실제 문제들을 검토하고, 발견된 유형들과 수업효과와의 관계를 분석·토의하게 된다. 그리고 앞으로 수업에 대한 결정을 하고 장학활동의 전 과정을 검토하여, 필요하다면 수업장학방법을 수정한다. 교사는 이러한 협의회 과정에 적극적으로 참여함으로써 점차로 자기장학에 관심을 갖고 익숙해지게 된다.

(5) 사후 협의회 내용 분석

마지막 단계는 사후 협의회 내용을 분석하는 과정이다. 이 단계에서는 장학담당자가 장학과정의 어떤 부분에서 변화와 개선을 필요로 하는가를 알고 자신의 장학기법을 자세히 검토하는 것이 핵심이다. 이를 위해서 장학담당자는 선행 단계에서 수집된 다양한 자료를 활용한다.

Goldhammer의 수업장학모형은 Cogan이 실시한 8단계 수업장학과정 이론을 축소, 수정 및 보완한 모형이라고 할 수 있다. 특히 일반장학의 문제점을 해결하기 위한 대안을 제시하여 발전시킨 것으로서 장학체제 뿐만 아니라 자기장학을 위해 실제적인 도움을 줄 수 있는 모형이라고 할 수 있다.

3) Acheson과 Gall의 3단계 수업장학모형

Acheson과 Gall의 수업장학모형은 계획협의회, 수업관찰, 피드백협의회의 3단계로 구성되어 있다. 이 모형은 교사들의 수업을 관찰하고 피드백을 제공함으로써 수업의 문제점을 진단하고 해결하며, 수업전략기술을 개발시키는 데 강조점을 두고 있다. 그리고 교원 인사평가를 위한 객관적인 자료수집과 교사평가를 위한 공통 기준을 제시하여 교사의 전문성 향상과 역량계발 등에 활용할 수 있는 수업장학 모형이다.

(1) 계획협의회 단계

첫 번째 단계는 계획협의회를 갖는 것이다. 계획협의회에서는 효과적인 수업장학을 위한 제반 문제를 전체적으로 계획한다. 즉, 장학담당자에게 교사의 관심을 확인시키고 그것을 관찰 가능한 행동으로 바꾸는 기회를 제공하는 것이다. 특히 교사가 수업에서 봉착하게 되는 문제가 무엇인지를 확인하고 이러한 문제를 해결하기 위한 최선의 방안을 수립한다. 수업장학의 첫 단계인 계획협의회의 내용과 분위기를 통해 수업자는 장학담당자의 입장이나 주장을 믿게 되기도 하고, 처음부터 수업장학을 회피하게 될 수도 있기 때문에 이 단계는 매우 중요하다.

다음은 성공적인 계획협의회를 운영하기 위해 결정되어야 할 사항들이다.

- 수업에 대한 교사의 관심 확인
- 교사의 관심을 관찰 가능한 행동목표로 바꾸기
- 교사의 수업개선을 위한 절차 확인
- 수업개선을 위한 개인적인 목표 설정
- 수업관찰 시간 결정
- 관찰도구와 관찰행동 선정

(2) 수업관찰 단계

두 번째 단계는 수업을 관찰하는 단계다. 수업관찰의 주된 목적은 수업 중에 진행되는 일련의 상황을 관찰하고 기록하는 데 있다. 장학담당자는 수업 중에 발생하는 상황을 기록할 수 있는 자기 나름의 기록법을 개발하여 정확하게 기록하는 것이 중요하다. 일반적으로 수업관찰방법은 부분적인 정확한 기록방법(선택적 축어식 기록방법), 좌석표에 의한 관찰기록, 이동약식, 광각렌즈방법의 네 가지 방법이 적용된다. 각각의 구체적인 내용은 다음과 같다.

① 부분적인 정확한 기록방법(선택적 축어식 기록방법)

수업에 대한 부분적인 행동이나 절차를 기록하는 방법으로서 교사의 발문, 교사의 피드백 방법, 교사의 제시와 구조적 진술방법 등이 있다.

② 좌석표에 의한 관찰기록

교사와 학생의 행동을 관찰하는 다양한 방법 가운데 좌석표를 이용하여 관찰하는 방법이 있다. 이런 부류의 관찰도구를 때로는 좌석표에 의한 관찰기록이라 부르기도 한다. 좌석표에 의한 관찰기록은 과업집중,

언어흐름, 이동양식 등으로 대상이 구별될 수 있다.

③ 이동양식방법

이동양식(movement patterns)방법은 수업 중 교사와 학생의 이동을 관찰하는 방법으로, 장학담당자는 주어진 시간 동안 교사와 학생이 교실의 한 부분에서 다른 부분으로 어떻게 움직이는지를 기록하는 것이다. 많은 상황에서 교사의 움직임은 학습통제와 학생의 주의력에 영향을 주게 되며, 학생들의 이동양식을 분석함으로써 수업시간 중 학생들이 과업에 얼마나 집중하는지를 알아낼 수 있다.

④ 광각렌즈방법

수업장학에서 광각렌즈를 이용한 수업관찰방법은 일화기록과 녹음 및 녹화기록방법이 있다. 일화기록은 광각렌즈로 수업 중에 일어나는 주요한 상황에 대해 간단한 노트를 하는 것이다. 이것은 비공식성을 암시하고 또한 교사와 장학담당자가 기록한 것은 완전하기 않다는 것을 상기시켜 주기 때문에 이와 같은 방법을 묘사하기 위하여 일화기록방법을 사용한다. 녹음과 녹화는 가장 객관적인 관찰방법이다. 이것은 학생들이 교사를 보는 것처럼 교사가 자신들을 볼 수 있도록 도와준다. 관찰 도중 장학담당자는 두 개 이상의 자료기록방법 도구를 적용하고, 되도록 수업에 방해되지 않고 눈에 띄지 않게 기록하는 것이 중요하다.

(3) 피드백협의회 단계

세 번째 단계는 피드백협의회 단계다. 교사와 장학담당자는 객관적인 관찰자료를 놓고 수업에서 일어난 일에 대한 상호협의회를 갖는다. 대개의 피드백협의회는 차후의 수업과 관찰을 위한 계획협의회로 이어진다.

다음은 성공적인 협의회를 위한 방법이다.

- 객관적 관찰자료를 사용하여 교사에게 피드백해주기
- 교사의 추측과 의견, 느낌을 끌어내기

- 대안적 학습목표, 방법, 이유를 고려하도록 교사를 격려하기
- 교사에게 연습과 비교의 기회를 제공하기

Acheson과 Gall의 모형에서 장학담당자는 구체적이고 지적인 행동적 기술에 대한 피드백을 제공해야 하며, 교사와 장학담당자는 동료적인 입장에서 전문적이고 논리적이며 상호존중의 관계가 되도록 해야 함을 강조하고 있다. 또한 지도의 실제 면에서는 교사의 인성을 변화시키는 데 있는 것이 아니라, 객관적이고 과학적인 수업장학 절차에 의해 교사의 수업기술을 실제적으로 개선시키는 데 주요한 목적이 있다.

〈표 3-1〉은 이상의 세 모형을 비교하여 정리한 것이다. 물론 세 모형들은 명칭상의 구분은 있지만 공통된 단계도 있으며, 각 단계들을 크게 몇 부분으로 묶을 수도 있다. 그리고 어느 모형이든지 처음 장학활동을 시작하는 부분에서는 장학담당자와 교사 간의 신뢰하는 분위기 조성이 가장 중요하며, 수업관찰에서는 객관적인 관찰자료를 수집해야 한다는 것, 그것을 위해서는 다양한 관찰기법과 관찰상황에 적절한 방법을 이용해야 한다는 점, 마지막으로 잘못된 점을 지적하는 관계보다는 수업문제에 대한 솔직한 의사교환을 통해 상호발전적인 관계가 정립되어야 한다는 점을 공통적으로 강조하고 있다.

표 3-1 ▪ 수업장학모형 비교

Cogan	Goldhammer	Acheson과 Gall
① 동료관계 수립 ② 학습활동 계획 ③ 관찰전략의 계획	① 사전 협의회	① 계획협의회
④ 수업관찰 ⑤ 교수-학습 활동 분석	② 수업관찰	② 수업관찰
⑥ 협의회 전략 계획 ⑦ 장학협의회 실시 ⑧ 차기 장학계획 재수립	③ 협의회 전략 계획 ④ 사후 협의회 ⑤ 사후 협의회 내용 분석	③ 피드백 협의회

2. 수업장학의 절차

1) 수업장학의 3단계

수업장학의 절차와 방안은 기본적으로 체계성, 간단성, 그리고 현실성 이라는 세 가지 기준에 부합되어야 한다. 이 세 가지 기준은 수업장학의 효율성과 관계되며, 동시에 학교현장에서의 활용가능성을 제고할 수 있는 기준이 된다.

첫째, 체계성은 수업장학이 기본적으로 수업의 관찰을 통한 협의회에 초점이 주어지는 활동이어야 한다는 것이다. 이를 위해서는 계획 → 실시 → 협의라는 기본적인 절차에 따라야 한다.

둘째, 간단성은 수업장학의 적용과 실행에 있어서 편리성을 만족시킬 수 있어야 한다는 것이다. 수업장학의 과학성과 체계성을 지나치게 강조하면 적용방법이 매우 복잡해진다. 그러나 수업장학이 학교중심인 점을 전제로 한다면, 수업개선에 관심있는 교사라면 누구나 쉽게 활용할 수 있는 간단한 절차와 방법이어야 한다.

셋째, 융통성과 현실성은 수업장학이 적용되는 상황에 따라 그 절차와 세부방안이 변용될 수 있는 여지가 고려되어야 한다는 것이다. 학교급별, 학교 구성원 또는 수업장학의 필요성 등에 의해 그 절차와 방법은 달라질 것을 기본적으로 가정하고 있는데, 이러한 가정에 기초하여 수업 장학모형은 융통성 있게 적용될 수 있는 것이어야 한다.

위에서 제시한 몇 가지 기준에 기초하여 구안된 수업장학의 절차는 ① 관찰전 협의회, ② 수업의 관찰과 분석, ③ 관찰후 협의회라는 세 단계의 주요한 활동으로 구성된다. 그리고 이러한 활동은 서로 의존적이며 상호 보완적인 관계를 가지고 있어야 한다. 이것은 각 활동이 서로 일관된 관계 속에 놓이며, 선행되는 활동의 결과는 후행되는 활동의 성격과 방향을 규정 내지 한정시키는 관계에 있는 것이다. 따라서 이러한 세 활동들

을 절차적인 측면에서 바라보면 순차적이고 순환적인 성격을 지니고 있
다. 이러한 모형의 기준과 성격에 바탕을 두고 구안된 수업장학의 모형
을 간략하게 제시하면 [그림 3-1]과 같다.

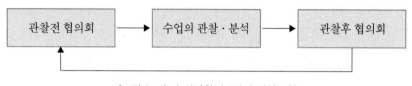

[그림 3-1] 수업장학의 3단계 절차모형

(1) 관찰전 협의회

관찰전 협의회 단계는 수업장학의 시발점으로, 장학담당자와 수업자가
서로 원만한 인간관계를 형성하며, 그들이 공동으로 수행하게 될 수업장
학에 대한 세부적인 활동을 계획하는 것이다. 이 단계에서는 수업장학을
위한 세부 계획 및 후속될 제반 활동에 대한 협의가 이루어져야 하며,
필요한 경우에는 쌍방간에 약정을 체결하는 일이 이루어져야 한다.

이 단계에서 수행하여야 할 주요한 활동으로는 수업자와 장학사 사이
의 상호 호혜적인 인간관계를 형성하는 일, 수업자에게 수업장학의 필
요성·주안점·교사에게 주는 이점 등을 이해시켜 교사로 하여금 수업
장학을 받으려는 태도를 갖게 하는 일, 관찰할 수업안을 상호 검토하여
확정하는 일, 수업자의 어떠한 점을 변화 내지 개선시킬 것인가에 관하
여 확정하는 일, 수업관찰을 위하여 '언제', '어떠한 점'을, '어떤 방법'
으로 할 것인가에 대하여 협의하는 일 등이다. 이러한 협의내용을 중심
으로 수업장학 실시를 위한 약정을 체결하는 일이 이 단계에서 이루어
져야 한다.

(2) 수업의 관찰·분석

이 단계는 1단계에서 체결한 약정에 기초하여 장학담당자가 수업자의

학급을 방문하여 해당 수업을 관찰하며, 수업분석을 위해 필요한 정보와 자료를 수집하는 것이다. 수업의 관찰을 통해서 얻어진 정보와 자료가 다음 수업장학협의회에 제시될 것이므로 관찰자, 즉 장학담당자는 앞단계에서 수업자와 합의한 문제에 초점을 맞추어 정확한 자료를 수집하여야 한다.

이 단계에서 자료를 수집하기 위해서는 관찰체계표와 각 수업분석방법 등에 따라 해당 수업을 관찰할 수도 있고 녹음기, 녹화기 혹은 사진기 등으로 수업의 전체나 특정 부분을 녹음하거나 녹화할 수도 있다.

기록·수집된 각종 정보와 자료들은 후속될 관찰후 협의회를 위해 체계적으로 분석되고 정리되어야 한다. 단순히 기록된 자료만으로는 수업개선에 큰 시사점을 줄 수 없으며 오히려 협의회의 초점을 흐리게 하기 때문에 기록된 자료는 체계적인 분석과 정리가 필요한 것이다.

따라서 이 단계에서는 관찰기록된 원자료로부터 해당 수업자의 수업방법과 기술에 있어 어떠한 특징이나 유형이 있는지를 도출하는 일과 수업장학협의회를 어떻게 진행할 것인가에 대한 계획을 수립하는 일이 주요 활동으로 고려되어야 한다. 수업의 분석을 위해서는 수업형태의 분석법, 수업내용의 분석법, 수업활동의 분석법, 질문과 대답기술의 분석법 등을 이용하여 수업자의 수업행동이나 수업기술을 양적 혹은 질적으로 분석할 수 있다.

(3) 관찰후 협의회

관찰후 협의회 단계에서는 수업장학을 위한 협의회가 본격적으로 이루어진다. 수업을 관찰·기록·분석하여 그것을 토대로 수업자와 수업장학을 담당한 쌍방이 문제점을 밝혀 개선의 방법을 찾는 주요한 활동이 일어나는 단계이다.

따라서 수업자와 장학사가 해당 수업을 관찰, 분석한 결과를 놓고 처음에 밝혀보려고 했던 수업자의 수업기술이나 수업행위가 어떠한 모습이었는지 혹은 어떻게 변했는지 등을 잠정적으로 협의하는 일을 이 단계에서

하게 된다. 여기에는 구체적으로 수업자에게 자기의 수업에 대하여 새로운 통찰을 할 수 있는 기회를 마련해 주기 위해, 수업자에게 용기와 격려를 주기 위해, 수업자에게 수업방법의 개선을 위한 새로운 정보를 주기 위해, 이후의 수업장학을 어떻게 할 것인가 등에 관한 협의가 이루어진다. 또 장학사 혹은 장학의 업무를 담당했던 사람은 자기의 장학기법을 반성하고 개선을 위한 자료와 정보를 얻기 위해서 이 단계를 활용해야 한다.

이 모형에서 중요한 특성의 하나는 이 수업장학이 '순환'의 과정을 요구하고 있다는 점이다. 수업장학에서는 단 한번으로 소기의 성과를 달성할 수는 없다. 어떤 수업기술을 새롭게 숙달시키거나 개선시켜야 할 경우 '관찰전 협의 → 수업의 관찰 · 분석 ｜ 관찰후 협의'라는 기본 흐름이 순환적으로 이루어져야 한다. 따라서 이 모형은 마지막의 관찰후 협의회의 결과 여하에 따라 다시 처음부터 제 활동을 반복적으로 거치는 순환적 과정을 따르고 있다.

2) 단계별 기능과 주요 기법

전술한 바와 같이 수업장학의 기본 모형으로 ① 관찰전 협의회, ② 수업의 관찰 · 분석, ③ 관찰후 협의회의 3단계 주요 활동이 있다. 이러한 모형이 효율적으로 적용되기 위해서는 각 단계에서의 주요 활동과 수업장학자와 수업자들이 '무엇을, 어떠한 방법'으로 수행하여야 하는지에 관한 세부적인 계획이 요구된다. 각 단계에서의 주요 기능과 활동, 수행방법 및 기타 유의점은 다음과 같다.

(1) 관찰전 협의회

관찰전 협의회 단계에서는 우선 수업자와 장학담당자 간에 신뢰감을 형성하는 것이 중요하다. 수업자는 대개 수업을 공개하는 것에 대하여 부정적인 감정을 느낄 수 있기 때문에 장학담당자는 장학활동을 통하여 함께 고민하고 해결점을 찾으려 하는 동반자임을 알려주어야 한다. 이 단계에서 이루어질 수 있는 활동과 주요 기법, 보다 좋은 결과를 얻기 위해 알아야 할 유의사항은 다음과 같다.

① 주요 기능과 활동내용
- 수업자와 장학담당자 간의 신뢰로운 관계를 형성한다.
- 수업자에게 수업장학의 필요성을 이해시키고 긍정적으로 생각하게 한다.
- 수업장학의 과제(무엇을 변화 또는 개선시킬 것인가?)를 확정한다.
- 관찰할 수업에 대한 수업관찰자의 이해를 높인다.
- 수업관찰을 위하여 '언제', '어떠한 점'을, '어떠한 방법'으로 할 것인가에 대해 합의한다.

② 주요 기법 및 요령
- 수업과 관련한 수업자의 관심과 문제점을 수시로 확인한다.
- 수업자의 관심사항을 관찰 가능한 진술문으로 표현하게 한다.
- 수업자 자신이 자기의 개선방법을 선택하여 결정하게 한다.
- 수업관찰의 시기, 형태, 방법은 쌍방간의 합의가 이루어진 다음에 한다.
- 수업관찰의 계획에 있어서 관찰대상을 명세화하고 필요한 것만 관찰기록한다.
- 관찰기록을 위한 도구의 선택은 획득될 정보나 자료가 무엇인가에 따라 선택해야 한다.
- 장학담당자는 수업의 관찰기록에 숙달되어 있어야 한다.
- 학교는 수업장학을 위한 연간계획을 수립하고, 교사들에게 수업장학의 이해와 방법을 위한 연수를 계속적으로 실시한다.

③ 유의사항
- 관찰전 협의회는 대개 20~30분 정도로 하며, 장소는 서로가 부담을 느끼지 않는 곳이 좋다.

- 관찰전 협의회를 통해 수업장학을 계획할 때 단 한번으로 모든 문제를 해결하려고 해서는 안 된다.
- 외부에서 내방하는 장학보다는 동학년중심 또는 같은 교과목중심의 동료교사에 의한 장학으로 점진적으로 변화시켜 나간다.
- 처음부터 완벽한 수업장학을 기대하지 말고 점진적으로 수업장학의 범위와 수준을 높여 나가도록 한다.
- 수업장학은 수업자와 장학을 담당하는 자가 일대일의 수평적인 관계가 될 때가 더욱 효과적이다.

(2) 수업의 관찰·분석

관찰전 협의회 단계를 원활하게 마친 후, 장학담당자(수업관찰사)는 수업자와 합의를 본 수업행동을 관찰하기 위하여 가장 적절한 수업관찰 도구로 수업을 관찰해야 한다. 수업관찰에서 장학담당자는 차후 교사가 납득할 수 있도록 객관적인 자료를 수집하도록 노력해야 하며, 관찰 후 수집한 자료를 분석·정리해 두는 것도 중요하다. 이 단계에서의 활동은 다음 단계인 관찰후 협의회를 위한 준비단계의 역할을 한다.

① 주요 기능과 활동내용
- 수업에 참관하여 관찰하고 기록하는 일
- 수업의 관찰과 기록을 분석하고 정리하는 일
- 관찰후 협의회를 위한 자료를 준비하는 일

② 주요 기법 및 요령
- 수업의 관찰이 일상적인 수업을 다른 모습의 수업으로 변화시켜서는 안 된다.
- 수업의 관찰과 기록은 관찰전 협의회에서 수업자와 합의한 내용이나 대상에 주요한 관심을 두고 관찰해야 한다.
- 수업의 관찰과 기록을 위해서는 다양한 방법과 기법이 고려되어야 한다.

- 수업의 관찰기록에 있어서는 수업자의 수업언어뿐만 아니라 비언어적 수업행동(체언)도 관찰의 대상이 되어야 한다.
- 수업의 관찰기록은 가능한 한 수업상황을 그대로 재생시킬 수 있는 방법(기법)이어야 한다(예: VTR, 녹음기, 사진, 컴퓨터 등).

③ 유의사항
- 일상적인 수업관찰을 위해서 수업관찰자는 관찰대상 학급의 학생들과 친숙하게 지내는 것이 중요하다.
- 장학담당자는 수업자의 수업언어 관찰에 대해 질문, 피드백 요령, 설명의 내용과 방법, 교사와 학생의 상호작용 등이 효과적으로 관찰되고 기록될 수 있는 수업분석 도구의 사용에 숙달되어 있어야 한다.
- 수업관찰에서 양적 관찰법뿐만 아니라 질적 관찰법(기술적)이 병행될 때 관찰의 결과는 더욱 의미있다.
- 관찰후 협의회를 위해서 장학담당자는 가능한 한 객관적이고 사실중심의 정보나 자료를 준비하여야 한다.

(3) 관찰후 협의회

수업자와 장학담당자는 해당 수업을 관찰·분석한 자료를 바탕으로 실제 개선시키고자 한 행동이 어떻게 변화되었는지를 확인하고, 개선을 위한 구체적인 방법과 격려를 주고받는다. 특히 이 단계에서는 다음 수업장학을 어떻게 수행할 것인지에 관한 계획이 이루어진다.

① 주요 기능과 활동내용
- 수업장학의 과제(문제)를 수업의 관찰·분석자료를 활용하여 개선방안을 탐색한다.
- 수업방법 개선을 위한 대안적 방안을 탐색하고 결정한다.
- 차기 수업장학을 위한 협의를 한다.
- 수업장학 자체의 평가와 수업장학기법에 대하여 평가한다.

② 주요 기법 및 요령
- 수업관찰자(장학담당자)는 수업관찰 및 분석결과를 평가나 비판없이 사실중심으로 제시한다(거울을 보고 옷차림을 고치듯이 수업자의 실제를 정확하게 되보여주는 일).
- 수업관찰 분석의 결과로 나타난 특징은 그것이 일어난 원인을 분명히 밝혀 해석하여야 한다.
- 수업관찰자는 관찰결과를 분석하여 수업자에게 제시하고 문제의 규명과 대안의 탐색은 수업자 자신이 하도록 권장한다.
- 장학담당자는 수업자의 입장을 이해하려고 노력함과 동시에 수업장학의 과정에 수업자가 만족과 기쁨을 더 많이 느끼도록 해야 한다.
- 수업장학을 담당한 사람도 자신의 수업장학 기법을 개선시키기 위해 상대방으로부터 솔직하고 객관적인 정보를 얻도록 해야 하며, 이를 자신의 수업장학 기법 개선에 반영시켜야 한다.
- 관찰후 협의회를 통해서 수업자는 가르치는 일에 대한 전문성이 성장되고 있음을 스스로 확신할 때 이후의 수업장학에 계속적으로 참여하려고 하게 된다.

③ 유의사항
- 관찰후 협의회는 대개 30~40분 정도가 적당하며, 장소는 두 사람만이 이야기할 수 있는 곳이 좋다.
- 본 협의회에서는 수업자가 자기의 수업에 대한 소감을 먼저 이야기하고, 수업장학의 과제를 객관적인 자료에 비추어 비교하는 활동이 뒤따라야 한다.
- 장학을 담당한 사람의 개인적 주장이나 선호하는 방법으로 수업을 개선하도록 요구하는 일은 지양되어야 한다.
- 수업기술의 개선에 있어서 객관적이고 양적인 변화를 제시했을 때 수업자는 자기의 수업개선에 더 강한 관심을 가진다.

요 약

1. Cogan의 고전모형은 교사와 장학담당자 간의 관계 확립, 학습활동 계획, 관찰전략 계획, 수업관찰, 교수-학습활동 분석, 협의회전략 계획, 장학협의회 실시, 차기 장학계획 재수립 등 8단계로 구성되어 있다.

2. Cogan의 고전모형의 특징은 교사의 수업행위를 개선하기 위해 고안된 이론적인 근거과 실천에 관련된 주요한 자료들을 수업사태에서 얻는다는 점이다.

3. Goldhammer의 모형은 사전 협의회, 수업관찰, 협의회전략 계획, 사후 협의회, 협의회 후 분석 등 5단계로 구성되어 있다.

4. Goldhammer의 모형은 전통적인 장학의 대안으로서뿐만 아니라 자기장학을 위해 습득해야 할 태도, 신념, 형태 등의 중요성을 강조하고 있다.

5. Acheson과 Gall의 모형은 계획협의회, 교수관찰, 피드백협의회 등 3단계로 구성된다.

6. Acheson과 Gall의 모형은 수업에 대한 피드백을 활성화하고 수업의 문제점을 진단 및 해결, 수업전략기술을 개발하도록 돕고, 교원 인사평가를 위한 객관적인 자료수집과 교사평가를 위한 공통 기준을 제시하여 교사의 전문성 향상과 역량계발 등에 활용될 수 있는 모형이다.

7. 수업장학은 효율성과 활용 편의성을 높이기 위하여 체계성, 간단성, 현실성을 만족시켜야 한다.

8. 수업장학의 주요 절차는 관찰전 협의회, 수업의 관찰·분석, 관찰후 협의회 단계로 이루어지는데, 이러한 활동은 서로 순환의 관계를 가진다.

9. 관찰전 협의회 단계에서는 장학담당자와 수업자가 원만한 인간관계를 형성하고 장학을 위한 세부적인 활동을 계획한다. 필요한 경우 쌍방간의 약정을 체결하는 활동도 포함한다.

10. 수업의 관찰·분석 단계에서는 수업관찰 도구를 이용하여 객관적이고 실질적인 수업자료를 수집하고 이를 분석·정리해야 한다.

11. 관찰후 협의회 단계에서는 쌍방이 문제점을 밝혀 개선방법을 모색하는데, 이때 수업자뿐만 아니라 장학담당자도 자신의 장학방법에 대한 평가를 하고 개선점을 찾는 활동이 이루어진다.

연습문제

1. Cogan의 수업장학 단계를 순서대로 나열하면?

> ① 교사와 장학담당자가 함께 학습활동 계획
> ② 자료를 가지고 수업분석 및 정리
> ③ 교사와 장학담당자 간의 원만한 인간관계 형성
> ④ 협의회전략 계획
> ⑤ 새로운 수업장학을 위한 계획 수립
> ⑥ 실제 수업관찰
> ⑦ 수업관찰전략 계획
> ⑧ 장학협의회 실시

2. 다음은 각 수업장학모형에 대한 설명이다. 알맞은 것을 모두 고르면?

> ① 각 수업장학모형에서는 수업자와 장학담당자의 원만한 인간관계 형성을 가장 중요한 출발점으로 보고 있다.
> ② Cogan에 따르면, 수업장학의 객관성과 전문성을 보장하기 위해 장학활동에는 수업자와 장학담당자만이 참여하는 것이 좋다.
> ③ Goldhammer는 실제 수업장학 전에 교사와 장학담당자의 철저한 예행연습의 필요성을 강조한다.
> ④ Acheson과 Gall의 수업장학모형에서는 다른 것과 달리 장학담당자에게 상당한 재량권을 부여하고 있음을 알 수 있다.
> ⑤ 수업관찰은 내용분석의 간편성을 위하여 한 가지 수업관찰도구를 이용하는 것이 적합하다.

3. 수업자와 장학담당자 간의 '동료관계'를 가장 알맞게 설명한 것은?

> ① 수업자와 장학담당자간에 배우는 자와 가르치는 자의 관계가 형성될 때 가장 효과적인 장학이 이루어질 수 있다.
> ② 수업장학의 어원에 비추어 볼 때 피상담자와 상담자의 관계가

가장 적절하다.

③ 동료관계란 친구관계를 의미하며, 단지 일상적인 수업문제에 대해 상호 의견을 자유롭게 교환할 수 있는 수준의 관계를 의미한다.

④ 직장의 상하관계가 아니라 수업 관련 문제를 함께 고민하고 해결하고자 하는 관계이며, 여기서 수업장학 담당자의 전문적인 권위는 존중된다.

4. 다음 수업관찰방법을 알맞은 것끼리 연결하면?

① 부분적인 정확한 기록방법   • 일화기록과 녹음 및 녹화기록

② 좌석표에 의한 관찰기록방법   • 과업집중, 언어흐름, 이동양식

③ 광각렌즈방법   • 교사의 발문, 피드백, 재지시와 구조적 질문

5. 다음은 수업장학의 주요 기법이다. 이 내용은 수업장학 절차의 어느 단계에서 이루어지는가?

> • 수업관찰에 필요한 때와 상황, 방법들에 대해 합의한다.
> • 관찰기록을 위한 도구를 선택한다.
> • 학교는 수업장학을 위한 연간계획을 수립하고, 교사를 대상으로 연수를 실시한다.
> • 수업과 관련한 수업자의 관심과 문제를 수시로 확인한다.

6. 다음 중 관찰후 협의회의 효과성을 높이기 위해 고려해야 할 사항을 모두 고르면?

① 장학담당자는 수업관찰 분석의 결과를 가급적 객관적인 사실 그대로 전달하도록 해야 한다.

② 시간은 대개 20~30분이 가장 적당하며, 너무 긴 시간은 쌍방간 부담을 가중시킨다.

③ 장학을 담당한 사람의 개인적 선호나 주장은 배제하는 것이 좋다.

④ 수업기술 개선에 있어서 양적인 변화보다 질적인 변화를 제시하면 수업자는 자신의 수업개선 정도를 보다 실감 있게 체감할 수 있다.

⑤ 수업자의 발언을 먼저 유도하는 것이 장학의 분위기를 부드럽게 할 수 있는 방법이다.

제2부

수업장학의 실제

제 **4** 장
수업장학의 단계 1 : 관찰전 협의회

수업장학은 수업자가 자신에게 도움된다고 확신할 때 성공할 가능성이 높다.

관찰전 협의회의 개념/ 관찰전 협의회의 목적 및 필요성/ 외부장학에서의 관찰전 협의회
약식장학에서의 관찰전 협의회/ 동료장학에서의 관찰전 협의회

수업장학을 보다 효율적으로 하기 위해서는 사전준비를 철저히 해야한다. 이러한 사전준비가 바로 관찰전 협의회다. 이때 가장 중요한 것은 교사와 장학담당자가 신뢰로운 관계를 형성하는 것이며, 이러한 관계가 잘 이루어지지 않으면 장학은 형식적이고 경직된 분위기가 되고 만다.

이 장에서는 먼저 관찰전 협의회의 개념과 목적, 그리고 필요성에 대해 언급하고, 외부장학과 약식장학, 동료장학에서의 관찰전 협의회의 주요 활동내용과 방법 등을 알아본 후, 마지막으로 관찰전 협의회의 수행에 있어서 유의점에 대해 설명하고자 한다.

이 장을 끝낸 후 다음과 같은 학습목표의 성취를 기대한다.

1. 관찰전 협의회의 개념을 설명할 수 있다.
2. 관찰전 협의회의 목적 및 필요성을 설명할 수 있다.
3. 관찰전 협의회의 활동내용과 기법에 대해 각각 세 가지 이상 열거할 수 있다.
4. 약식장학의 관찰전 협의회 활동을 설명할 수 있다.
5. 동료장학의 관찰전 협의회 활동을 설명할 수 있다.
6. 관찰전 협의회를 실시할 때의 유의점을 세 가지 이상 열거할 수 있다.

1. 관찰전 협의회의 목적 및 필요성

관찰전 협의회는 수업장학의 시발점으로 장학담당자와 교사가 서로 원만한 인간관계를 형성하여 그들이 공동으로 수행하게 될 수업장학에 대한 세부적인 활동을 계획하는 단계다. 따라서 이 단계에서는 수업장학에 대한 세부 활동 및 후속될 제반 활동에 관한 협의가 이루어져야 하며, 필요한 경우에는 쌍방간에 약정을 체결하는 일이 이루어져야 한다.

관찰전 협의회에서 수행해야 할 세부적인 활동으로는 교사와 장학담당자 사이의 신뢰로운 인간관계를 형성하는 일, 교사에게 수업장학의 필요성·성격·이점 등을 이해시켜 교사가 수업장학을 받으려는 긍정적인 태도를 갖게 하는 일, 관찰할 수업안을 서로 검토하여 확정하는 일, 개선해야 할 수업과제 확인, 수업관찰의 시기와 방법 및 목적을 합의하는 일 등이다.

이러한 관찰전 협의회의 활동을 크게 네 가지로 분류하면, 첫째, 신뢰로운 관계 조성, 둘째, 수업연구과제 선정 및 개선방향 논의, 셋째, 학생과 수업에 대한 정보 교환, 넷째, 수업관찰 계획 수립으로 나눌 수 있다.

1) 신뢰로운 관계 조성

관찰전 협의회의 첫 번째 활동은 장학담당자와 교사 간에 원만한 인간관계를 조성하는 것으로, 이 과정에서 수업장학의 특징과 절차에 대한 이해를 높이고 교사와 장학담당자 간의 신뢰롭고 부드러운 관계를 조성하기 위한 활동을 만드는 것이 중요하다.

교사의 학급 내 행동의 변화를 촉진하기 위하여 장학담당자는 변화를 위한 동등한 책임감을 교사가 공유할 수 있도록 해 주는 활동과 그에 따른 장학절차를 마련해야 한다. 이러한 활동의 목표는 교사가 그의 행동 변화의 필요성을 인식하고 그러한 변화를 원하도록 자극하며, 그렇게 함으로써 만족감을 얻도록 하는 데 있다.

교사와 장학담당자 간에 신뢰로운 동료관계가 수립되지 않은 채 실시한 수업장학은 실패할 가능성이 매우 높다. 따라서 교사와 장학담당자 간의 신뢰로운 관계는 수업장학의 필수조건이며, 실제로 수업장학의 전체 과정을 통해서 계속 유지되어야 한다. 예를 들어, 의사와 환자의 관계에서 환자가 의사로부터 도움만 받으려 하면 스스로를 치료할 수 없을 뿐만 아니라 심리적으로도 의존적인 태도를 가지게 되지만, 환자가 자신을 다스릴 수 있는 의지를 가질 때는 병을 고칠 수 있는 가능성이 높아지게 된다. 즉, 환자의 병은 의사가 고쳐주는 것이 아니라 의사와 환자가 함께 협력해서 치료할 수 있다. 이와 마찬가지로 장학담당자와 교사의 관계는 공동의 협력자로서 장학과정에 함께 참여하는 신뢰로운 동료관계가 가장 바람직하다.

2) 수업연구과제 선정 및 개선방향 논의

두 번째로는 수업연구과제 선정 및 개선방향의 논의가 이루어져야 한다. 교사가 수업과 관련한 수업연구과제를 선정하거나 수업개선을 위한 지원이 필요하면 이를 장학담당자에게 상세히 설명하고 개선방향과 구체적인 실행에 대해 충분히 논의해야 한다.

한편 교사는 연구과제나 도움이 필요한 사항을 확인하기 위하여 수업활동에 대한 자기평가를 실시할 수도 있는데, 이것은 교사와 장학담당자 서로가 합의하는 준거에 의해야 한다. 뿐만 아니라 객관적으로 조사된 것을 통하여 관찰 가능한 행동특성으로 구체화시킬 수 있어야 한다. 이러한 확인된 문제점을 바탕으로 수업연구과제 또는 수업개선과제를 구체화하고 이에 대한 개괄적이고 잠정적인 해결 및 개선방안에 대하여 협의한다.

3) 학생과 수업에 대한 정보 교환

교사가 학습자들의 학습능력, 학습태도, 학습의욕 등을 비롯한 학습자에 대한 제반 사항을 장학담당자에게 설명하고 의견을 교환한다. 학습자와 수업에 대한 정보와 의견을 교환함으로써 장학담당자는 앞으로 관찰하게 될 학습자에 대한 사전지식과 이해를 갖게 된다.

4) 수업관찰 계획 수립

수업관찰 계획을 수립할 때 먼저 고려해야 할 것은 관찰시기인데, 수업지도안 작성에 필요한 시간적 여유를 포함하여 교사와 장학담당자, 그리고 학교의 일정을 고려하여 편리한 시간을 정한다. 그 다음으로는 관찰내용을 가장 잘 나타낼 수 있는 수업장면을 확정한다. 장학담당자가 학급을 관찰한다고 할 때에는 그는 교사를 관찰하는 것이 아니라 교사의 수업행동을 관찰하는 것이다. 따라서 장학담당자가 교사와 함께 관찰전략을 계획할 때 구체적으로 교사의 어떤 수업행동을 관찰할 것인지를 확정지어야 한다. 교사의 수업행동의 범위와 종류는 넓고 많으며, 이를 모두 관찰할 수도 없을 뿐만 아니라 관찰할 필요도 없기 때문에 어떠한 종류의 정보를 얼마만큼 기록할 것인지를 선택해야 한다. 세 번째로, 관찰행동에 적합한 관찰방법을 결정한다. 관찰방법에는 체계적 관찰법, 평정척도법, 비체계적 관찰법, 녹음법이나 녹화법 등의 다양한 자료수집방식이 있다. 마지막으로, 수업관찰 계획을 서면으로 정리하여 상호확인한 후, 관찰후 협의회의 시간, 장소, 참석자, 절차 및 방법 등의 계획까지 논의한다.

2. 관찰전 협의회의 활동 및 기법

장학의 주요 목적은 교사의 교실수업 개선을 도와주는 것이다. 이를 위해 관찰전 협의회에서 사용하는 주요 기법은 크게 일곱가지로 나누어 볼 수 있다. ① 수업개선에 대한 교사의 관심 영역 확인하기, ② 교사의 관심을 관찰 가능한 행동적 용어로 바꾸기, ③ 교사의 수업개선을 위한 절차를 확인하기, ④ 교사로 하여금 자기개선의 목표를 설정하도록 돕기, ⑤ 수업관찰의 시간을 결정하기, ⑥ 기록할 관찰도구와 관찰행동을 선정하기, ⑦ 자료기록을 위한 수업장면의 명료화 등이 그것이다.

이와 같은 일곱 가지 기법들은 관찰전 협의회의 주요 내용이 되는데, 이 기법의 제시 순서대로 진행하는 것이 효과적이다. 그러나 여기에 제시된 기법들이 관찰전 협의회에서 일어날 수 있는 모든 기법들을 포함한 것은 아니다. 따라서 이 중에서는 사용되지 않거나 혹은 추가로 필요한 기법도 있을 수 있으므로 상황에 따라 장학담당자의 판단이 필요하다.

1) 수업개선에 대한 교사의 관심 영역 확인하기

이 기법은 교사가 개선하고자 하는 수업의 영역을 확인하는 것이다. 물론 교사들 중에는 자신의 수업에 전혀 문제가 없다고 믿는 사람도 있지만, 면밀히 분석해 보면 어떤 수업도 개선의 여지는 있기 마련이다. 그러므로 장학담당자는 교사가 수업의 문제점을 정확히 파악할 수 있도록 도와주어야 할 필요가 있다. 예를 들어, 다음과 같은 질문을 통해 교사의 문제점을 파악할 수 있다.

"선생님의 수업은 어떠했습니까?"
"특히 어떤 부분에서 보다 성공적이었다는 것을 발견했습니까?"
"우리의 목적은 가능한 한 가장 훌륭한 수업을 할 수 있도록 도와주는 것입니다. 우리가 특별히 살펴보아야 할 수업의 측면은 없을까요?"

이때 장학담당자는 특히 교사가 거부감 없이 실제로 자신의 문제점을 밝힐 수 있도록 신뢰로운 인간관계를 형성하는 것이 중요하다. 왜냐하면 일반적으로 교사는 추궁이나 지시, 핀잔 등으로 수업장학에 거부감을 느낄 때는 안전하다고 생각되는 문제만을 밝히려 하거나 혹은 침묵할 가능성이 높기 때문이다.

만약 어떤 교사가 자신의 수업은 전혀 문제점이 없다고 주장할 때, 장학담당자는 해당 교사의 수업을 녹화하여 관찰후 협의회에서 그 교사와 미처 파악하지 못했던 개선 부분을 함께 밝혀낼 수도 있다. 이 경우 장학담당자는 교사에게 정중하게 부탁하여 교사가 꾸밈없이 평소처럼 수업할 수 있도록 해야 한다.

또한 개선 영역을 확인하는 다른 방법으로 체크리스트를 활용할 수 있다. 교사에게 수업을 점검하는 데 사용되는 체크리스트를 주고 각 항목을 검토해 보게 할 수 있다. 이때 장학담당자는 다음과 같은 질문을 할 수 있다.

"선생님은 어느 영역에 강점이 있다고 생각하십니까?"
"어느 영역을 개선할 영역이라고 보십니까?"
"어떤 수업방법이나 수업기술에 관심이 많으십니까?"

2) 교사의 관심을 관찰 가능한 행동적 용어로 바꾸기

교사의 관심을 관찰 가능한 구체적인 행동적 용어로 바꿀 수 있도록 교사를 돕는 일은 관찰전 협의회를 성공적으로 이끌어가기 위한 중요한 기법 중의 하나다. 막연한 고통을 가지고 찾아온 환자에게 의사가 진찰을 통하여 병의 진단에 따라 처방을 내리듯이, 장학담당자도 추상적이고 모호한 교사의 관심을 관찰 가능한 구체적인 형태로 진술될 수 있도록 도와주어야 한다.

이를 위해 장학담당자는 추상적이고 모호하고 일반적으로 진술되는 교사의 단어와 구절에 귀를 기울일 필요가 있다.

"나는 온정을 베풀지 못하는 게 두려워요."
"나는 학생들에게 너무 비판적인 것 같아요."
"문제학생들을 어떻게 지도해야 할지 모르겠어요."

이러한 교사의 모호한 표현들을 장학담당자는 관찰 가능한 형태로 진술될 수 있도록 도와주어야 한다. 이때 장학담당자는 교사에게 다음과 같은 질문을 함으로써 교사가 관심사를 구체적으로 진술하도록 도울 수 있다.

"온정을 베푸는 교사를 보았습니까? 그 교사가 어떻게 하던가요?"
"지도하기 힘든 학생이 있습니까? 어떤 점에서 문제학생입니까?"

이러한 형태의 질문만이 유용한 것은 아니다. 장학담당자는 교사로 하여금 추상적 용어에 초점을 맞추고 그 의미를 명백하게 할 수 있도록 하는 다른 질문이나 방법을 사용해도 좋다.

수업에서 자주 사용되는 주요 개념의 의미를 분명히 하기 위한 몇몇 연구가 진행되어 왔다. 이 중 Bush와 그의 동료들(1982)은 명료성의 개념을 강조하는 다음과 같은 관찰 가능한 행동을 밝혀냈다.

- 예를 들고 그것을 설명한다.
- 학생들이 이해하지 못하면 질문과 설명을 반복한다.
- 학생들로 하여금 질문하게 한다.
- 낱말을 또렷하게 발음한다.
- 교사가 가르치고 있는 주제와 관련된 것만 말한다.
- 공통적인 용어를 사용한다.
- 중요한 것은 칠판에 쓴다.
- 교사가 가르치고 있는 것을 실생활과 관련짓는다.
- 교사가 말한 것을 학생이 제대로 이해했는지를 알기 위하여 질문을 활용한다.

3) 교사의 수업개선을 위한 절차 확인하기

이 기법은 앞의 두 가지 기법에서 확인된 문제점을 개선하기 위한 수업의 절차를 정하는 것이다. 수업장학을 통하여 파악된 문제점에 대해 새로운 개선과제를 수립하였다면 이 목표를 달성시키기 위하여 어떠한 변화를 가져와야 하는가를 정하고, 변화를 가능하게 하는 절차를 정한다. 몇 가지 예를 들어 설명해 보면 다음과 같다.

첫째, 자신의 수업이 지루하고 무기력하고 열정이 부족하다고 걱정하는 수업자에게 장학담당자는 수업 시 자신의 행동을 체크할 수 있는 체크리스트를 곁에 놓고 수시로 체크하도록 할 수 있다. 둘째, 교사가 자료의 부족으로 고민한다면 자료목록을 제공해 주고 교육연구원의 자료이용 방법에 대해 조언해 줄 수 있고, 더 나아가 자료 개발과 관련된 연수 수강을 권장할 수도 있다. 셋째, 교사의 관심이 학생의 행동을 변화시키는 것이라면 여러 가지 절차나 과정이 필요하다. 학생이 토의수업에서 주의집중하지 않는 것에 대해 교사가 관심을 가졌다면 장학담당자는 우선 교사로 하여금 주의집중을 일련의 관찰 가능한 행동(교사의 질문에 조심스럽게 대답하기, 다른 학생이 말할 때 경청하기, 적절한 논평과 질문을 시도하기)으로 정의하도록 돕는다. 다음으로 주의집중하는 행동이 일어나도록 수업절차를 개선하고, 끝으로 교사는 계획된 수업절차가 완성될 때까지 이러한 과정을 반복 연습한다.

요약하면 학생의 행동변화를 가져오기 위해서는 다음과 같은 3단계가 필요하다.

- 교사가 학급에서 사용하고자 하는 구체적 학생행동을 확인한다.
- 학생의 행동을 유발하기 위해서 사용할 필요가 있다고 생각한 수업절차를 확인한다.
- 수업절차를 배우고 연습하기 위한 전략을 확인한다.

4) 교사로 하여금 자기개선의 목표를 설정하도록 돕기

이 기법은 교사로 하여금 수업개선을 위한 교사 자신의 개인적 목표를 설정할 수 있도록 돕는 것이다. 예를 들어 무질서하게 말하는 학생들에 대하여 관심을 가지는 교사인 경우에, 장학담당자는 교사로 하여금 이 문제를 반영해 주는 몇몇 관찰 가능한 학생행동을 확인하고 이러한 학생들의 행동을 변화시키기 위한 절차를 수립하도록 도와주어야 한다. 이 과정에서 장학담당자는 교사에게 부여된 개선과제가 '학생의 언어습관을 바르게 형성시키기 위한 것'임을 분명히 하고, 이러한 목표를 달성하기 위해 세부적인 목표를 행동적인 용어로 구체적으로 진술하도록 한다. 그렇게 함으로써 교사와 장학담당자는 둘 다 이후의 수업장학이 나아갈 방향을 분명히 이해할 수 있게 된다.

이러한 기법은 '장학담당자는 내가 어떠한 점을 도움받기를 기대하는지 모르고 있다'고 생각하는 교사의 혼돈상태를 막아줄 수 있다. 장학담당자나 교사 누구나 이 목표를 진술할 수 있으나, 누가 진술하든지 상대편이 목표를 동일하게 이해하고 또 그 목표에 동의하는지 확인해야 할 필요가 있다.

5) 수업관찰의 시간 결정하기

이 기법은 수업을 직접 관찰하기 위하여 계획하는 첫 번째 단계로, 장학담당자가 수업자의 교실방문을 위해 서로 편리한 시간을 정하는 것이다. 어떤 이유에서든 수업자가 장학담당자의 수업관찰을 원하지 않는 수업이 있을 수 있고 장학담당자도 시간적인 문제 때문에 관찰할 수 없을 때가 있을 수 있다.

수업관찰에 서로 편리한 시간을 정하는 것은 또 다른 이유에서 중요하다. 장학담당자가 예고없이 교실에 들어오게 되면 교사들은 불쾌하게 생각할 수 있다. 따라서 장학담당자들은 교사들을 전문가로 또 자기 학급에 대한 일차적 책임을 지고 있는 사람으로 대우해 준다고 느끼게 할 필요가 있다. 그런데 만일 장학담당자가 원하는 때는 아무 때나 '들이닥친다면' 교사들은 정당한 대우를 받고 있다고 느끼지 못할 것이다.

6) 기록할 관찰도구와 관찰행동을 선정하기

관찰전 협의회는 교실에서 발생하고 있는 것에 대한 교사의 생각과 지각에 바탕을 두고 있다. 이러한 지각은 교실에서 실제 일어나고 있는 사실과 일치하거나 아니면 다를 수도 있다. 교사가 지각한 것에 대한 객관적인 체크를 해 주고 교사가 주의를 기울이지 못했던 수업현상을 기록해 주기 위해서 수업관찰과 관찰결과 자료가 필요하다. 이 과정에서 중요하게 고려되어야 할 점은 '어떤 종류의 수업관찰 자료가 수집할 가치가 있는 자료인가?' 등을 결정하는 것이다.

이를 위해 먼저 관찰도구가 교사의 관심과 일치해야 한다. 예를 들어 교사가 자기의 비언어적 행동에 관심을 가진다면 비디오 녹화가 알맞을 것이다. 반면 교사의 관심이 학급 내 문제학생에 대한 것이라면 일화기록이 도움이 될 것이고, 교사가 학급 내 소란 정도에 대하여 관심이 있다면 학생의 이동양식을 기록하는 것이 좋다.

둘째, 관찰방법의 선정은 수업에 대한 교사의 생각을 보다 더 구체화해 줄 수 있는데, 만일 교사와 장학담당자가 단지 수업에 대한 대화만을 위해서 협의회를 한다면 대화는 모호한 일반적인 이야기와 추상적인 이야기로 끝나고 말 것이다. 따라서 관찰도구의 선정은 교사로 하여금 교실수업의 관찰 가능한 현실에 주의를 기울이도록 초점을 맞추어 줌으로써 '현실 세계'에 발을 붙이게 해 준다.

장학담당자나 교사 중 누구나 수업관찰을 위한 적절한 관찰방법 및 도구의 사용을 제안할 수 있다. 만일 교사가 수업관찰방법에 대하여 잘 모르면 장학담당자가 여러 제안을 주도할 필요가 있다. 반면 교사가 수업관찰 방법에 대해 일정 수준 이상의 식견을 갖고 있다면 교사가 제안을 주도하도록 격려해 주어야 한다.

교사와 수업관찰 도구 및 방법에 대하여 토의할 때 장학담당자는 이 도구와 방법들에 대해 이후 관찰후 협의회에서 검토할 수 있고, 교사들의 자기교수의 효과성에 대하여 스스로 판단할 수 있게 해 주는 비평가적·객관적 자료들을 수집하도록 고안된 것이라는 점을 강조한다.

7) 자료기록을 위한 수업장면 명료화하기

"내가 관찰하게 될 수업은 무엇에 관한 것입니까?"
"이 수업에서 학생들이 배우기를 기대하는 것은 무엇입니까?"
"어떤 전략을 사용할 것입니까?"
"선생님께서 그 수업을 할 때 내가 알아야 할 특별한 것이 있습니까?"

이러한 질문은 장학담당자가 교사의 관점에서 교사의 세계를 이해하고자 노력한다는 것을 교사에게 암시해 주고 있다. 교사는 장학담당자의 이러한 수업장면 명료화를 통해 장학담당자가 자신의 수업개선과제에 대해 명확히 파악하고 있다고 생각하기 때문에 수업 중 장학담당자가 교실에 있어도 괜찮다고 생각하게 된다.

한편 수업장학을 할 때 한 번에 한두 영역에만 관심의 초점을 맞추는 것이 좋다. 한 번의 수업에서 너무 많은 측면을 보려고 하면 교사는 혼란을 느끼기 쉽다. 장학담당자의 수업관찰은 주로 교사의 열의, 학급운영 방법, 학생의 과업에 대한 행동 등에 초점을 두어야 한다.

3. 약식장학에서의 관찰전 협의회 방법

약식장학은 단위학교의 교내자율장학 책임자인 교장이나 교감이 간헐적으로 짧은 시간 동안의 학습순시나 수업관찰을 통하여 교사들의 수업 및 학습형태 등을 관찰하고 이에 대해 교사들에게 지도조언을 제공하는 장학활동이다. 이러한 형태의 장학은 일반적으로 계획 수립, 실행, 결과 활용 등의 3단계로 구성된다. 여기에서는 관찰전 협의회에 해당되는 약식장학의 계획수립 단계를 살펴보고자 한다.

제1단계인 약식장학의 계획수립에서 교장이나 교감은 가능한 한 공동으로 학급순시나 수업참관을 위한 계획을 수립한다. 그리고 전체 교사들로 하여금 약식장학에 대한 이해를 높이며, 수립된 학급순시와 수업참관 계획을 전달하고 이해시키기 위하여 교사들과 대화를 갖는다.

1) 학급순시 및 수업참관 계획 수립

교장과 교감은 가능한 한 공동으로 학급순시나 수업참관을 위한 대상 교사 및 학급, 시간과 일정, 그리고 관찰 중점사항 등을 포함하는 개괄적인 계획을 수립한다.

이때 동일 교사에 대한 학급순시나 수업참관이 교장과 교감 간에 필요 이상으로 중복되지 않도록 하여야 한다. 교장과 교감이 서로 중복되지 않도록 일정을 조정하여 각기 일정 기간(대체로 주 단위)에 학년별로 또는 교과별로 해당 교사들을 대상으로 장학활동을 실시한다.

2) 교사와의 의사소통

교장과 교감은 전체 교사들을 대상으로 하여 평상시에 자체연수를 통하여 약식장학의 개념, 영역, 형태, 방법 등에 관하여 충분한 이해를 갖도록 한다. 특히 약식장학의 의미와 방법에 대하여 충분한 연수를 실시하여 약식장학에 대한 교사의 이해를 높이고 불필요한 부담감이나 오해가 없도록 한다.

교장이나 교감은 수립된 학급순시나 수업참관에 관한 개괄적 계획(예: 첫째주 화요일에서 금요일 기간 중에 하루, 오후수업 시간에 교장이나 교감이 학급순시나 수업참관을 할 계획임)을 해당 교사들에게 전달하고 교사들이 궁금해하는 사항에 관하여 대화를 갖는다.

교사와의 대화는 가능한 한 협의 및 계획 수립을 할 수 있는 별도의 쾌적하고 안락한 장소에서 하는 것이 좋다. 이때 학급순시나 수업참관 대상 교사들로부터 발전적인 의견이나 제안이 있으면 이를 참고하여 이미 수립된 계획을 수정할 수도 있다.

교장이나 교감은 계획된 기간 중에 진행 중인 수업을 방해하지 않고 교실에 출입할 수 있도록(예: 교실 뒷문 개방 등) 교사들에게 사전협조를 구한다.

4. 동료장학에서의 관찰전 협의회 방법

동료장학은 동료교사들간에 그들의 수업활동의 개선을 위하여 공동으로 노력하는 과정이라 할 수 있다. 동학년 교사들, 동교과 교사들, 그리고 관심 분야가 같은 교사들이 모임을 이루거나 경력교사와 초임교사가 짝을 이루어 상호간에 수업을 공개 관찰하고 의견을 교환함으로써 수업 연구과제의 해결이나 수업방법의 개선을 도모하거나, 공동 관심사나 공동과제의 해결과 개선을 위해 협의하는 형태이다.

현재 학교현장에서 이루어지고 있는 동료장학의 형태는 크게 두 가지로 나누어 볼 수 있다.

첫째, 동학년단위 또는 동교과단위로 많이 실시되고 있는 수업연구 또는 수업공개를 중심으로 한 동료장학 형태가 있다. 둘째, 동학년 협의회, 동교과 협의회, 동부서 협의회, 다양한 형태의 공식적 또는 비공식적 교사모임을 통해 공동 관심사나 공동과제에 대한 협의를 진행하거나 관련된 경험, 정보, 아이디어, 도움, 충고, 조언 등을 주고받는 동료장학 형태가 있다. 이를 협의중심의 동료장학이라 한다.

1) 수업연구중심 형태

수업연구를 중심으로 한 형태는 외부장학의 형태와 기본적으로 유사한 점이 많다. 외부장학의 기본적인 절차를 근간으로 하여 동학년 교사들 또는 동교과 교사들이 공동으로 수업공개를 계획하고 수업을 관찰하며, 이에 대한 의견을 교환하는 것이다. 이러한 수업연구(공개)는 계획수립, 수업관찰, 환류협의 등의 절차를 엄격하게 따르지 않으면서 교사들 상호간에 부담없이 서로의 수업을 보여주고 그에 관하여 의견을 나누는 것이다.

계획수립 단계에서는 필요에 따라 협의를 통하여 동료교사들간의 자율적이고 협력적인 분위기를 조성하고 수업공개자를 선정한다. 그리고 수업연구과제 또는 수업개선과제를 확인·선정하고, 이에 대한 개략적이고 잠정적인 해결 및 개선방안에 대하여 논의하며, 수업상황에 대한 정보를 교환한다. 이후 수업관찰 이전까지 서로 사전 교재연구를 진행하고 수업지도안에 대한 협의를 기초로 수업지도안을 완성하며 필요한 수업환경을 조성한다.

이와 같은 과정은 원칙적으로 동료장학에 참여하는 전체 교사들간의 공동작업으로 진행되고 필요한 경우에 교장, 교감이 동료장학의 계획 수립에 참여할 수도 있다.

(1) 자율적이고 협력적인 관계 조성하기

자율적이고 협력적인 분위기를 조성하기 위해서는 협의회에 앞서 오리엔테이션을 갖는 것이 좋으며, 이러한 과정을 통해 교사들로 하여금 동료장학의 개념, 영역, 형태, 과정 등에 관하여 충분한 이해를 갖도록 한다.

경력교사와 초임교사가 짝을 이루어 동료장학을 실시하는 경우 경력교사는 초임교사에게 최대한 편안한 분위기를 만들어 주도록 노력해야 하며, 가능한 한 별도의 쾌적하고 안락한 장소에서 협의를 갖는 것이 좋다.

(2) 수업공개자 선정하기

동료교사 모임에서 시범수업이나 일반수업을 공개할 교사를 협의하여 선정한다. 경력교사와 초임교사가 짝을 이루어 동료장학을 실시하는 경우에는 가능한 한 경력교사가 먼저 시범적으로 자신의 수업을 초임교사에게 공개하고, 이에 대한 환류 협의를 가진 후에 초임교사가 편안한 상태에서 자신의 수업을 공개하는 순서를 밟는 것이 좋다.

(3) 수업연구과제 선정하기

수업연구를 하는 교사가 수업과 관련한 문제점을 발견해 보고자 하는 사항이나 수업개선을 위해 도움을 필요로 하는 사항이 있으면 이에 관하여 의견을 교환하여 수업연구과제 또는 수업개선과제를 선정한다. 이때 수업을 공개하는 교사의 의견이 최대한 존중되는 것을 원칙으로 한다.

수업연구를 하는 교사는 연구과제나 도움을 필요로 하는 사항을 확인하기 위하여 수업활동에 대한 자기평가를 실시해 볼 수 있다. 또한 수업연구과제를 구체화하고 이에 대한 개괄적이고 잠정적인 해결 및 개선방안에 대하여 동료교사와 충분히 협의한다.

(4) 학생에 대한 정보 교환하기

수업연구를 할 교사는 담당 학생들의 학습능력, 학습태도, 학습의욕 등을 비롯한 학생에 대한 제반 사항을 동료교사들에게 설명하고 의견을 교환한다. 그리고 그동안의 수업진도, 수업내용, 수업방법 등 수업관찰과 분석에 필요한 수업 제반 정보를 사전에 충분히 제공한다.

(5) 사전 공동 교재연구를 통한 의견과 정보 교환하기

수업연구과제가 선정되면 이에 대한 해결 및 개선방안에 대하여 동료장학에 참여하는 모든 교사들은 교재를 연구하고, 정보와 아이디어를 수집하여 이를 수업연구를 할 교사에게 제공하거나 상호간에 의견을 교환하는 활동을 한다.

교재연구를 하는 동안에 유익한 정보나 아이디어를 상호 교환하기 위하여 필요한 경우에는 수시로 동료장학에 참여하는 교사들이 전체적으로 또는 개별적으로 모임을 가질 수 있다.

(6) 해당 수업지도안 협의 및 작성하기

동료교사들간의 사전 협의를 참고로 하여 수업연구를 할 교사는 수업지도안 작성에 착수한다. 특히 동학년 교사나 동교과 교사들과 수업지도안을 공동으로 작성하면 각 교사들의 지혜를 모아 보다 짜임새 있는 수업지도안을 개발할 수 있다. 이때 수업연구를 할 교사의 의견이 최대한 존중되는 것을 원칙으로 한다.

작성된 수업지도인은 수업관찰 단계 이전에 유인물로 만들어서 동료장학에 참여하는 교사들은 물론 필요할 경우에는 교장과 교감을 비롯하여 다른 교사들에게 배포하여 참고자료로 사용하도록 한다.

(7) 수업관찰을 위한 역할분담과 관찰계획 수립하기

수업연구를 할 교사와 동료교사들은 관찰내용, 관찰기록방법(서술식 기록, 약어·부호사용 기록, 체크리스트 기록, 녹음기·녹화기 사용 등), 관찰시기, 시간, 관찰장소, 관찰위치 등에 관하여 협의한다.

수업관찰을 효율적으로 실시하기 위하여 동료장학에 참여한 교사들은 관찰내용, 관찰기록방법, 녹음기·녹화기의 조정과 사용 등에 있어서 각자가 담당해야 할 역할을 구분한다. 또한 수업관찰 당일에 필요한 수업환경 조성(녹음기·녹화기 등 기자재 준비, 관찰좌석 정비 등)과 관련하여 필요한 역할을 분담한다.

역할분담과 수업관찰 계획은 서면으로 정리하여 공동으로 확인하도록 하고, 환류협의에 대한 계획(시간, 장소, 참석자, 절차 및 방법 등)도 함께 논의한다.

2) 협의중심 형태

협의중심의 동료장학은 동료교사들간에 공식적이거나 비공식적인 일련의 협의를 통하여 어떤 주제에 관하여 경험·정보·아이디어·도움·충고·조언 등을 교환하거나, 공동과제와 공동 관심사를 협의 또는 공동과업을 추진하는 활동을 의미한다. 학교현장에서 흔히 볼 수 있는 동학년 협의회, 동교과 협의회, 동부서 협의회 등이 협의중심 동료장학의 대표적인 형태다.

협의중심의 동료장학에서 다루어질 수 있는 협의주제 영역은 교사의 전문적 발달, 교사의 개인적 발달, 학교의 조직적 발달 등 전반 영역이다.

수업연구중심의 동료장학이 교사의 전문적 발달 영역 중 교과지도에 초점이 주어져 있다고 한다면, 협의중심의 동료장학은 교과지도 이외에도 교사의 교육철학이나 교직관, 교육목표·계획, 생활지도, 특별활동지도, 교육기자재 활용, 학급관리·경영, 교육정보·시사, 학부모·지역사회와의 유대, 각종 교육문제의 이해 등 협의주제가 다양하다. 뿐만 아니라 교사의 신체·정서적 건강과 성격이나 자아개념, 교사의 가정생활 및 사회생활과 관련한 관심사, 교사의 취미나 흥미, 그리고 교사의 종교 등을 포함하는 교사의 개인적 발달 영역에 관해서도 동료교사들간의 공식적 또는 비공식적 접촉을 통하여 서로 도움을 주고받을 수 있다.

또한 학교경영 계획수립과 학교경영 결과평가, 학년배당·학급배당·업무배당 등을 포함하는 학교경영 조직, 교직원 인사관리, 교직원간의 인간관계, 교직원간의 의사소통, 의사결정, 학교의 분위기와 조직풍토, 학교재정·사무·시설관리, 그리고 학교의 대외적인 관계 등을 포함하는 학교의 조직적 발달 영역의 여러 주제와 관련하여 서로 경험, 정보, 아이디어, 도움, 충고, 조언 등을 주고받을 수도 있다.

동료장학과 관련하여 교장과 교감은 동료교사들간의 각종 공식적, 비공식적인 협의와 접촉을 조성하고 지원하며, 이것이 교사의 전문적 발

달, 개인적 발달, 학교 전체의 조직적 발달에 긍정적인 방향으로 연결되
도록 합리적이고 민주적인 지도성을 발휘해야 한다. 특히 학교 내 동료
교직원들간의 인간관계를 중심으로 자연발생적으로 형성되어 있는 여러
가지 비공식 조직들에 대한 이해와, 그들 조직들이 서로 조화로운 관계
가 유지될 수 있도록 하기 위한 노력이 요구된다.

요약

1. 관찰전 협의회는 수업장학을 시작하는 시발점으로, 수업장학의 세부적인 활동에 대한 협의가 이루어져야 한다.

2. 관찰전 협의회가 성공적으로 이루어지기 위해서는 교사와 장학담당자의 신뢰로운 인간관계 형성이 중요한데, 이것이 이루어지지 않으면 권위적이고 경직된 장학이 될 수 있다.

3. 관찰전 협의회의 활동은 크게 신뢰관계 조성, 수업연구과제 선정 및 개선방향 논의, 학생과 수업에 대한 정보 교환, 수업관찰 계획 수립으로 나누어 볼 수 있다.

4. 관찰전 협의회의 기법은 일곱 가지로 나누어 볼 수 있다.
   ① 수업 개선에 대한 교사의 관심 영역 확인하기
   ② 교사의 관심을 관찰 가능한 행동적 용어로 바꾸기
   ③ 확인된 관심이나 문제점을 개선하는 절차를 확인하기
   ④ 교사로 하여금 수업개선을 위한 개별 목표를 설정하도록 돕기
   ⑤ 수업관찰에 편리한 시간을 결정하고 관찰할 수업을 선정하기
   ⑥ 교사의 수업연구에 적합한 도구와 관찰방법 선정하기
   ⑦ 많은 영역을 한 번에 관찰할 수 없으므로 자료기록을 위한 세부적인 영역을 명료화하기
   이와 같은 일곱 가지 기법들은 관찰전 협의회의 주요 내용이 되는데, 이 기법의 제시 순서대로 진행하는 것이 효과적이다.

5. 약식장학의 관찰전 협의회에서 교장이나 교감은 가능한 한 공동으로 학급순시나 수업참관을 위한 계획을 수립한다. 그리고 전체 교사들로 하여금 약식장학에 대한 이해를 높이며, 수립된 학급순시 및 수업관찰 계획을 전달하고 이해시키기 위하여 교사들과 충분한 대화를 갖는다.

6. 동료장학의 형태는 크게 수업연구중심의 형태와 협의중심의 형태로 나누어 볼 수 있다.
   수업연구중심의 형태의 관찰전 협의회에서는 자율적·협력적 관계 조성과 수업공개자 및 수업연구과제를 선정하고, 학생이나 수업에 대한 정보교환, 상호 사전 교재연구, 수업지도안 협의 및 작성, 역할분담과

수업관찰 계획을 수립한다.

7. 협의중심 동료장학의 관찰전 협의회에서는 동료교사들간에 공식적이 거나 비공식적인 일련의 협의를 통하여 어떤 주제에 관하여 경험, 정보, 아이디어, 도움, 충고, 조언 등을 교환하거나, 공동과제와 공동관심사 를 협의하거나 공동과업을 추진하는 활동을 한다.

8. 효과적인 관찰전 협의회를 위해서는 다음과 같은 유의점이 있다.

① 관찰전 협의회는 20~30분 정도로 하고, 서로 부담을 느끼지 않는 장소가 좋다.

② 한 번의 수업장학으로 모든 문제를 해결하려고 해서는 안 된다.

③ 장기적으로, 외부로부터의 장학보다는 동학년이나 같은 교과목의 동료교사로부터의 장학으로 변화시키는 것이 바람직하다.

④ 처음부터 완벽한 장학을 기대하지 말고 전진적인 개선을 추구한다.

⑤ 수업자와 장학담당자는 일대일의 신뢰로운 동료적인 관계가 효과적 이다.

연습문제

1. 수업장학의 시발점으로 세부적인 활동을 계획하는 단계는 무엇인가?
   ① 관찰후 협의회   ② 관찰과 분석
   ③ 후속 계획   ④ 관찰전 협의회

2. 관찰전 협의회의 주요한 활동내용이라 할 수 없는 것은?
   ① 장학담당자와 교사의 신뢰로운 인간관계 형성
   ② 관찰방법 선정
   ③ 수업의 관찰과 분석
   ④ 수업관찰 계획의 수립

3. 약식장학의 관찰전 협의회에 대한 내용이라 할 수 없는 것은?
   ① 약식장학의 주요 형태는 학습순시나 수업관찰이다.
   ② 주로 학교의 교장, 교감에 의해서 이루어진다.
   ③ 교장과 교감은 가능한 한 별도로 학급순시나 수업관찰을 계획하
   　는 것이 효과적이다.
   ④ 동일 교사에 대한 순시나 관찰은 중복되지 않는 것이 좋다.

※ 다음 내용을 읽고 맞으면 ○, 틀리면 ×를 하시오(4~8).
   4. 수업장학의 세부적인 활동계획을 수립하는 단계는 관찰후 협의
   　회 단계다. ┄┄┄┄┄┄┄┄┄┄┄┄┄┄┄┄┄┄┄┄┄┄┄┄┄┄┄ (　　)
   5. 관찰전 협의회에서 가장 중요한 것은 래포 형성이다. ┄┄ (　　)
   6. 관찰전 협의회에서 장학담당자는 권위적이고 일방적으로 도움을
   　주는 위치에 있다. ┄┄┄┄┄┄┄┄┄┄┄┄┄┄┄┄┄┄┄┄┄┄┄ (　　)
   7. 공식적 비공식적 교사모임을 통해 각각의 관심사나 공동과제에
   　대한 협의를 진행하거나 관련되는 경험·정보·아이디어·충고
   　등을 주고받는 동료장학의 형태는 협의중심의 동료장학이다.

··· ( )

8. 장기적으로, 수업장학의 형태는 동료장학이나 교내장학의 형태
  에서 외부의 장학 전문가가 실시하는 형태가 효과적이다.

··· ( )

※ 다음의 질문에 대해 간략하게 답하시오(9~11).
  9. 수업연구중심 동료장학에서 이루어지는 관찰전 협의회의 활동내
    용을 세 가지 이상 열거하시오.

  10. 관찰전 협의회의 목적과 필요성을 약술하시오.

  11. 현재 우리나라에서 관찰전 협의회가 활발히 실시되지 못하고
    있는 이유가 무엇이라고 생각하는지 약술하시오.

제5장
수업장학의 단계 2 : 수업의 관찰과 분석

우리는 거울을 보며 화장을 고치기도 하고 옷깃을 바로잡기도 한다.
거울에 비친 자기의 실체를 볼 때 무엇을 고쳐야 할지 알 수 있듯이,
수업의 관찰과 분석은 수업자의 수업행위와 기술을 되보여주는 거울이다.

수업관찰의 필요성과 목적/ 수업관찰 결과 분석의 목적/ 체계적 관찰법
비체계적 관찰법/ 기호체계법/ 범주체계법/ 수업의 녹음과 녹화법/ 마이크로티칭
수업분석실을 이용한 분석법

수업관찰과 분석단계는 앞단계에서 체결한 약정에 기초하여 장학담당자가 수업자의 학급을 방문하여 해당 수업을 관찰하고 분석하여, 수업컨설팅에 필요한 정보와 자료를 수집하는 단계다. 수업의 관찰을 통해서 얻어진 정보와 자료는 이후에 이어질 수업장학 협의회에서 제시될 것이므로 관찰자, 즉 장학담당자는 전(前) 단계에서 교사와 합의한 문제에 초점을 맞추어 정확한 자료를 수집하도록 노력해야 한다. 이때 수업형태와 관찰대상에 맞는 적절한 관찰 방법과 도구를 선정하는 것이 중요하다.

이 장에서는 우선 수업관찰의 필요성과 목적, 수업분석이 필요한 이유에 대하여 살펴보고, 나아가 효과적인 수업관찰의 방법 및 이를 위해 필요한 여러 기록방법과 분석방법에 대하여 알아볼 것이다.

이 장의 학습목표는 다음과 같다.

1. 수업관찰의 필요성과 목적을 말할 수 있다.
2. 수업분석의 목적을 설명할 수 있다.
3. 일반장학의 방법상의 문제점을 지적할 수 있다.
4. 수업장학 시 효과적인 수업관찰 요령을 설명할 수 있다.
5. 수업관찰의 기록방법과 특징을 설명할 수 있다.
6. 수업관찰 기록의 분석방법을 말할 수 있다.
7. 수업분석실을 이용한 분석법에 대하여 간략히 설명할 수 있다.

1. 수업관찰과 분석

1) 수업관찰의 필요성과 목적

장학담당자는 수업을 분석하기 위해서 수업자와 수업을 관찰해야 한다. 이를 위해서는 교실수업의 상황을 가장 효과적으로 나타낼 수 있는 수업관찰과 분석방법의 선정이 중요하며, 수업의 관찰과 분석은 앞단계에서 확정된 문제점들을 중심으로 새로 얻어진 정보나 자료를 획득해야 한다. 또한 획득된 정보나 자료는 최대한 사실적이고 정확한 데이터가 수집될 수 있도록 해야 하며, 만일 관찰을 통해 수집된 데이터가 수업상황을 충분히 반영하지 못한다면 그 자료의 활용가치는 현저하게 떨어지게 된다. 그 이유는 수업장학의 가장 큰 강점이 객관적인 데이터에 의해서 수업자의 수업기술을 개선시키려는 데 있기 때문이다. 사실중심의 수업관찰은 성공적인 수업장학의 핵심 요소로서, 그 내용이 정확할수록 보다 나은 장학이 가능해진다. 따라서 관찰결과로 얻어진 데이터는 후속되는 수업장학의 근거자료가 된다.

한편 이때 수집된 정보나 데이터는 수업자의 수업개선에 직접적으로 관련이 있는 것이어야 한다. 만약 획득된 정보나 데이터가 수업자에게 의미가 없거나 다음의 수업장학과 관계가 없는 것들이라면 그 수업관찰은 아무런 도움이 되지 못한다. 오히려 이러한 경우는 수업자로 하여금 수업장학을 기피하게 만들거나 수업장학에 대하여 조금의 기대도 갖지 않게 만들 것이다. 이 점이 앞 단계에서 수업자와 장학담당자가 '무엇'에 관하여 '어떠한' 데이터를 수집하기 위해서 관찰을 해야 하는지를 계획해야 하는 근거가 된다.

장학담당자가 쌍방간의 합의에 따라 수업을 관찰해야 하는 첫 번째 이유는 수업자는 관찰자만큼 자기의 수업에서 일어난 제반 사항을 잘 알 수 없기 때문이다. 관찰자의 눈을 통하면 더 많은 데이터를 수집할 수 있다. 또 다른 이유는, 관찰자가 수업의 관찰에 정성을 다하고 관심을 기울여 줌으로써 교사는 후속되는 장학협의회 때 자신이 도움을 받을 수 있을 것이라는 확신을 갖게 된다. 그리고 이러한 관찰활동을 통해 얻어진 데이터중심의 장학협의회는 객관적 증거중심의 협의회가 될 수 있기 때문에 수업자는 자기 수업의 강점에 대하여 강한 사회적 강화를 받게 된다. 또 장학담당자가 수업을 직접 관찰하게 되면 앞단계에서 약정된 수업관찰의 방법과 수업개선의 방안에 관하여 수업자를 도울 수 있는 구체적이고 실제적인 근거를 마련할 수 있게 된다. 만일 직접적인 수업관찰을 통해서 얻어진 정보나 데이터가 사실적이고 구체적이라면, 수업관찰전 단계에서 수업자와 합의된 수업개선의 문제를 해결하는 데 중요한 근거자료가 될 수 있다. 그리고 이 데이터는 쌍방간에 미처 예상하지 못했던 수업자의 수업개선과 관련된 문제를 찾을 수 있게 하고, 또 그 문제를 개선시키는 방안을 찾는 데 활용될 수도 있다.

이처럼 수업관찰을 통해서 얻어진 정보나 데이터는 수업자의 수업개선과 관련하여 제기된 문제점에 대하여 구체적인 해결책을 제시하는 데 도움을 준다. 즉, 어떤 문제가 생기게 된 원인을 밝혀내기 위해서는 현상이나 상황을 관찰하여 데이터를 수집하듯이, 수업의 문제점을 규명하려면 수업상황을 직접적으로 관찰하고 이를 통해서 정확하고 사실적인 데이터를 수집해야 한다. 이러한 데이터를 근거로 하여 원인과 결과관계를 밝힐 수 있는 것이다.

한편 타인(장학담당자 등)에 의한 수업관찰은 부수적인 효과도 얻을 수 있다. 교사들에게 수업의 관찰을 위한 목적이나 기법을 가르쳐주면 교사는 그 방법을 다른 수업자의 수업을 관찰하는 데도 사용할 수 있다. 그리고 보다 직접적인 효과로는 수업관찰을 위해 사용되는 체계적인 관찰방법을 배울 수 있고, 이 방법에 따라 수업자는 자신의 수업의 분석을 위해서 광범위한 자료를 혼자서도 수집할 수 있다.

일반적으로 타인에 의한 수업관찰과 분석결과를 통해, 수업자는 자신이 스스로의 수업에 대해 바라보는 견해와의 차이 또는 일치된 점을 발

견할 수 있는 새로운 기회가 된다. 많은 학자들이 지적하고 있듯이, 수업
장학은 교사들이 자율적으로 자기의 전문성을 향상시키려고 할 때 그 효
과는 최대가 될 수 있다. 이러한 경우 교사들이 자주적으로 자기의 수업
을 객관적으로 분석할 수 있으려면 다양한 수업관찰 기법에 숙달될 필요
가 있다. 그리고 교사들은 장학담당자가 자기의 수업이 잘 되었는지 잘
못 되었는지에 대해 제시하는 의견에 지나칠 정도로 관심을 갖기 때문에
장학담당자는 수업에 대하여 주관적인 이야기가 아닌 타당한 근거에 기
초하여 수업컨설팅을 수행해야 한다. 즉, 수업자는 수업에 대한 장학담
당자의 의견이 제시되었을 경우, 그 이야기가 과학적이고 객관적인 수업
관찰을 통해서 얻어진 자료에 근거했다고 믿을 때, 장학담당자의 이야기
에 귀를 기울이며 분석의 결과를 적극적으로 수용할 수 있게 된다. 이와
같이 수업장학에서는 수업자의 수업을 체계적으로 관찰하고 최대한 객
관적인 자료를 수집하는 일이 매우 중요하다.

2) 관찰결과의 분석목적

분석활동은 대개 두 가지 목적을 갖고 있다. 첫째는 관찰된 데이터를
통해 수업의 특징이나 문제점을 분석하고, 둘째는 후속될 장학협의회의
실시를 위한 전략을 수립하기 위해서다. 즉, 어떤 논쟁점이 거론되어야
할지를 결정하고, 이를 위해 어떤 데이터가 활용되어야 하는지, 협의회
에서 중요하게 논의되거나 제안할 사항이 있는지, 그리고 누가 무슨 일
을 해야 하는지에 대한 전략을 수립하기 위해서는 반드시 관찰결과가 체
계적으로 분석되어야 한다.

지금까지 학교현장에서 이루어진 장학은 수업개선 의지를 지닌 교사
의 자발성에 기초하기보다는, 경력 순위에 밀려 어쩔 수 없이 하게 되거
나 학교장학에 대비하기 위해 우수 교사의 모범수업을 보여주는 형태로
진행된 경우가 많았다. 따라서 장학방법에 있어서도 체계적이고 객관적
인 방법에 의하기보다는, 장학담당자(주로 장학사)가 학교를 방문하여 학

교 전체나 수업을 대충 둘러보고는 교사들을 집단으로 모아놓고 둘러본 소감을 강평하는 수준이었다. 이러한 장학방법은 대체로 다음과 같은 문제점을 야기시키게 된다.

첫째, 극히 일부일 수 있지만 장학담당자는 수업의 극히 피상적인 면(예를 들면, 게시판 관리, 유리창 닦기, 자세, 음성, 사투리 등)에만 관심 가질 수밖에 없기 때문에, 자신이 잘 알고 있는 것에 대해서만 한정하여 이야기를 나누거나 즉흥적이고 임의로 생각난 주제에 대해서만 논의할 가능성이 높다는 점이다. 따라서 여기서 제시되는 장학담당자의 의견은 대부분 주관적인 가치판단에 의거하여 추론된 것이지 합당한 방법에 의하여 근거있는 사실에 기초하여 추론된 것이 아니기 때문에 교사의 수업개선을 위한 구체적인 증거로 받아들여지기 힘들다는 문제점이 있다.

둘째, 일반적으로 장학담당자들이 수행하고 있는 장학방법은 주로 자신이 교사로 근무할 때 체계적으로 받지 못한 장학의 경험을 바탕으로 하고 있는 경우가 많다는 점이다.

셋째, 설령 수업기술 개선이 필요한 교사를 보았다 하더라도 이에 대해 체계적으로 지도할 수 있는 장학담당자는 그리 많지 않다는 점이다. 이러한 원인은 여러 가지가 있을 수 있지만 장학담당자의 체계적인 양성 및 장학담당자 스스로의 전문적인 연구부족에 기인하고 있다. 따라서 장학담당자에게 수업장학과 관련한 전문적인 이론, 획득해야 할 특수한 능력과 자질, 연구할 사례, 장학담당자 자신의 실무적인 역할 등에 관한 양질의 프로그램이 제공될 필요가 있다 하겠다.

수업을 왜 체계적이고 사실중심으로 관찰하고 그 자료를 분석해야 하는지는 다음 두 가지 측면에서 지지를 받을 수 있다.

첫째, 수업장학에서 다양한 경험적 데이터의 분석을 해야 하는 정당성은 장학을 받는 교사들이 장학은 자신의 전문성을 향상시키기 위해 반드시 필요한 것이라고 이해하게 될 때 그 불안과 오해가 해소되기 때문이다. 그리고 교사들은 자기가 받게 될 수업장학이 논리적으로 합당하고 사실중심의 근거에 의해서 이루어질 때 효과적이라고 믿기 때문이다. 이처럼 수업장학이 객관적이고 사실에 근거하여 제반 활동이 이루어지지 않으면 수업자는 수업장학을 거부하거나, 비록 참여하더라도 원하는 목적을 달성하기 힘들게 된다. 수업장학의 기본적인 요체는 수업의 관찰과 분석이다. 수업의 관찰과 분석은 과거의 장학과 비교할 때 보다 완전하며 덜 변덕스럽고 덜 즉흥적이고 보다 구체적이다. 교사들은 자기가 하고 있는 수업의 실체가 누군가에 의해서 객관적이며 거울을 보듯이 분명하게 보여줄 수 있다고 믿는다면, 이 방법이 자기에게 큰 이득을 줄 것으로 믿고 그 일을 환영하게 될 것이다. 지금까지의 장학이 교사들에게 배척당했다고 생각한다면, 가장 큰 원인은 장학이 너무나 형식적으로 진행되어 자기의 전문성 향상에 도움을 받지 못한 경험에서 파생되었을 것이다. 수업의 관찰과 분석에 대해 지나친 불안이나 공포를 느끼는 일부 교사를 제외하고는 수업방법의 관찰과 분석은 수업장학 활동과 관련하여 가장 유용한 요소임에 틀림없다.

둘째, 수업의 관찰과 분석은 수업자의 특징적인 수업형태나 수업행동을 정확하게 기술하여 제시해 주는 데 의의가 있다고 볼 때, 이를 위해서는 수업 후 수업자가 자신의 수업상황을 바르게 회상할 수 있을 수준 정도의 기록이 필요하다. 그러나 실제로 약 40분~1시간 이상의 수업상황을 상세히 기록하는 데는 현실상 많은 어려움이 따르게 되는데, 이러한 어려움을 극복하기 위해서는 수업 중에서 가장 의미있고 특징적인 것을 중심으로 체계화하여 기록할 필요가 있다. 이를 위해서는 수업에 대한 체계적인 관찰과 분석방법이 없이는 불가능하며, 또한 이 과정에서 수업상황을 과장 또는 축소하는 것이 아니라 수업상황을 수업자가 정확히 파악할 수 있도록 사실중심으로 관찰해야만 한다.

관찰된 자료를 분석한 후 장학의 다음 단계는 장학협의회를 어떻게 실시할 것인가 계획하는 일이다. 어떤 구체적인 목표를 성취시키려면 그를 위한 치밀한 계획을 수립해야 하므로 장학협의회를 위한 전략은 중요한 의미를 지닌다. 따라서 장학을 담당하는 사람은 수업관찰 결과를 토대로 장학협의회에 대한 치밀한 계획을 세워야 하고, 이에 따라서 수업자의 수업기술을 향상시키는 데 초점을 둔 장학협의회를 이끌어나가야 할 것이다. 장학협의회를 위해 장학을 담당하는 측에서 치밀한 계획을 세우고 이 계획에 따라서 열성적으로 장학활동을 할 때, 많은 수업자들은 수업장학에 대하여 긍정적인 생각을 갖게 된다. 따라서 수업자들은 수업장학이 자신의 전문성을 향상시키는 데 큰 도움이 될 것으로 믿고 적극적으로 참여하게 될 것이다.

2. 수업의 관찰과 기록방법

수업과정에 관한 다양한 정보수집을 위해서 수업관찰법이 가장 널리 사용된다. 일반적으로 관찰법은 발생하는 사상이나 행동을 객관적으로 기록하기 위해 사용된다. Yoloye(1977)가 주장하고 있는 효과적인 관찰 요령은 다음과 같다. 관찰대상에 적합한 사상이나 행동에 주의를 집중해야 하고, 그 행동에 대한 객관적인 기록을 작성해야 하고, 작성된 기록에서 유의미한 해석이 도출될 수 있는 방식으로 제시해야 하며, 또 자료를 바르게 해석할 수 있도록 해야 한다.

이러한 관찰법에는 체계적 관찰법, 비체계적 관찰법, 녹음법이나 녹화법 등의 다양한 자료수집 방식이 있다. 체계적 관찰법은 관찰하기로 예정한 행동을 사전에 분류한 범주나 체계표에 따라서 관찰하는 방법을 의미한다. 체계적 관찰법은 기호체계법과 범주체계법으로 구분된다.

기호체계법은 한 장면을 스냅사진 찍듯이 수업장면을 기술하는 방식으로, 특정한 행동이나 현상에 초점을 맞추어 기술한다. 예를 들면 교사가 ICT 매체를 사용하는 것, 교육목표를 말해주는 것, 학습자에게 학습오류를 시정하게 하는 활동 등을 하는지의 여부에 초점을 두고 분석하는 방법이다. 대체로 이 방식의 측정도구는 몇 가지의 잘 정의된 행동특성으로 구성된다.

범주체계법은 기호체계법과는 달리 사전에 정해진 관찰행동이 일어나는 대로 누가적으로 기록한다. Flanders의 언어상호작용 분석의 경우 대략 3초마다 교수-학습과정에서 발생하는 행동을 기록한다. 또 실제학습시간의 양을 분석하는 경우에는 관찰자는 일정한 시간 동안 학급 내의 한 학생이나 표집집단의 학생을 지켜보면서 관찰한 행동을 '학업 중' 혹은 '비학업 중'으로 나누어 누가적으로 기록하게 된다. 때로는 이러한 범주는 쓰기, 듣기, 발문, 다른 학생과의 협력학습, 다른 학생을 동요시킴, 교사의 도움을 기다림 등으로 세분하여 기록할 수도 있다. 이러한 범주체계법에 따라 관찰된 자료는 양화시킬 수 있기 때문에 이를 이용하여 여러 가지 해석을 할 수 있다. 예를 들면, 실제학습시간비(학업열중도)란 전체 시간에 대해 학생이 학업에 능동적으로 몰두한 시간의 백분율로, 학업 중 행동을 나타내는 범주의 기록된 수를 전체 행동의 기록수로 나눈 것에 100을 곱한 비율로 나타낼 수 있다.

$$실제학습시간비 = \frac{학업\ 중\ 행동의\ 수}{전체\ 행동의\ 수} \times 100$$

이런 방식으로 각 학생의 학업열중도를 구할 수 있고 또 학업열중도의 평균치로 전체 학급의 열중도를 계산할 수 있으며, 학급 내 열중도의 변사도(열중도의 개인차)를 도출할 수도 있다.

실제학습시간비를 측정하는 다른 방식으로 Bloom(1953)이 개발한 자극회상방식이 있는데, 주로 강의나 토의 중의 학생의 내현적 열중도(內顯的熱中度)를 측정하는 데 사용된다. 이 방식은 학생들에게 강의를 하면서 녹음을 해 두고 수업이 끝나자마자 녹음된 것을 다시 들으며 도중에 여러 시점에서 중단하여 그 때 강의 중에 생각했던 것을 회상하여 말로 나타내게 한다. 회상해 낸 생각들을 '학업 중/비학업 중'으로, 즉 수업 관련 행동과 수업 무관 행동으로 분류한다.

수업의 효율화를 위한 연구나 수업장학에 이러한 범주체계 형태의 관찰법이 많이 활용되어 왔는데, 주로 교수-학습의 과정에서 일어나는 학습자의 학습에 대한 열중도나 학습자의 학습에 투입하는 시간 등을 측정하기 위한 기초 자료를 얻기 위해 사용되어져 왔다. 예를 들면, 초임교사 평가연구(Beginning teacher evaluation study; Marliave et al., 1977)에서 학습자들의 행동을 '학습에 참여하는 행동'과 '학습에 참여하지 않는 행동'으로 나누어 여러 가지 행동을 관찰하는 데 사용하였다. 학습에 참여하는 행동 범주에 들어가는 하위 행동으로는 ① 질문하는 일, ② 질문에 대답하거나 설명하는 일, ③ 노트를 하거나 교사의 지시에 따라 행동하는 일, ④ 교사나 남의 이야기를 경청하는 일, ⑤ 책 읽는 일 등을 들고 있다. 그리고 학습자가 참여하지 않는다고 판정하는 행동의 구체적인 범주로는 ① 옆의 아이들과 노는 일, ② 엉뚱한 행동을 하는 일, ③ 백일몽을 꾸듯 가만히 앉아 있는 일, ④ 타인이 도와주기를 기대하는 행동 등이 이에 해당된다. 또 Solomon과 Kendall(1976)은 교수-학습의 과정을 관찰하기 위하여 101개의 범주를 만들어 교사, 학생, 학급의 조직 등을 관찰하려고 했다. 이 관찰법에는 학생들의 학습참여도를 알아보기 위해 여섯 개의 범주를 포함시키고, 각 범주에 해당하는 학습자의 참여도가 어느 정도 수준인지를 세 가지 척도로 나누었다. 그 예를 보면 ① 학생들의 절반 이상이 교사의 설명에 주의를 기울이지 않는다. ② 학생들이 대체로 교사의 설명을 경청한다. ③ 한두 사람만 교사의 설명에 경청하지 않는다로 나누어 해당되는 곳에 체크하도록 하였다.

수업관찰법은 수업자가 수업 중 수업단서나 피드백을 어떻게 제공하는지를 평가하기 위해 널리 사용되는데, 이 과정에서 교수학습관찰표가 자주 쓰인다. 교수학습관찰표는 교사나 학생의 행동유형에 따라 분류될 필요가 있는데, 예를 들면 Zahorik(1968)은 교사의 피드백 행동을 14가지 범주로 분류하였고, Stallings(1978)는 '학생의 행동을 인정한다', '부정적인 피드백을 준다' 혹은 '부정적인 행동수정의 피드백을 준다' 등으로 분류하였다. 또 BTES(초임교사 평가연구)에서는 수업자가 학생들에게 어떠한 목적으로 피드백을 하는지 관찰하기 위하여 몇 가지 범주를 넣고 있는데, 그 예를 보면 다음과 같다.

- 수업자는 학습자 개개인에게 그들이 어떻게 학습하고 있는가에 대한 정보를 준다.
- 수업자는 학업성취의 정도를 알아보기 위해 학생들에게 질문을 한다.
- 수업자는 학생들의 학습활동에 대해 일반적인 피드백을 준다.

Anderson과 그의 동료들(1979)은 교수-학습의 과정을 관찰할 수 있고, 교사가 피드백을 어떻게 하는지를 관찰할 수 있는 관찰체계표를 만들었다. 이 관찰표에서는 피드백을 세 가지로 나누어 분류했다. 교사가 학생들에게 피드백을 어떠한 방식으로 제공하는지를 분류한 예를 보면 다음과 같다.

- 유보적 피드백 : 자기의 오답을 정답으로 수정하도록 학습자에게 한 번 더 기회를 주면서 피드백의 제공을 유보하는 행동
- 종착적 피드백 : 교사가 바른 답을 가르쳐주거나 다른 학생들로 하여금 바른 답을 대답하게 하는 행동
- 과정적 피드백 : 교사가 학생으로 하여금 정답을 찾아내도록 유도하는 설명을 하는 행동

이와 유사하게 수업의 단서(cues)를 관찰하기 위해서 교사의 수업행동을 분류한 목록이나 범주를 근거로 하여 관찰자가 수업자의 행동에 부호를 매기는 관찰방법을 사용할 수 있다. 예를 들면 Solomon의 연구에서는 교사의 수업행동을 관찰하는 목록에 '교사가 지시한다', '교사가 교구나 교재의 사용법을 설명하거나 시범을 보인다', '교사가 수렴적인 질문을 한다', '교사가 확산적인 질문을 한다' 등의 수업단서를 나타내는 몇 가지 행동을 포함시키고 있다. 또한 Anderson과 그의 동료들에 의해

개발된 수업관찰체계에는 이를 더욱 세분화하여 수업을 위한 개관이나 도입, 전개활동에서의 시범이나 질문 유형 등을 포함시키고 있다.

일반적으로 수업관찰에서 공통적으로 사용되는 척도(평가기준)는 피드백 방식과 수업단서가 얼마나 자주 나타나는가의 빈도를 이용하고 있다. 그리고 이러한 관찰법을 사용할 때 특히 유념해야 할 사항은 '학습 진행의 어느 시점의 행동을 관찰할 것인가?'이다. 왜냐하면 어느 시점에서 관찰하느냐에 따라 나타나는 빈도나 행동의 특성이 다르기 때문이다.

그리고 또 한 가지는 주관적인 판단을 최소화시키는 문제이다. 관찰항목을 세분화시키고 해당하는 행동특성을 명확하게 정의하여 가능한 한 객관성이 높은 관찰이 되도록 해야 한다. 앞서 우리는 수업관찰의 주된 목적이 수업 중 교사의 수업기술 개선과 관련한 교수행동을 체계적으로 분석하기 위해 자료를 수집하는 데 있음을 살펴보았다. 따라서 장학담당자는 수업 중에 발생하는 수업상황을 의미있게 기록할 수 있는 자기 나름의 기록법을 개발하여 정확하게 기록하는 것이 중요하다.

수업관찰 내용은 전반적인 사항을 관찰할 수도 있고 사전에 합의된 몇 가지 사항을 중점적으로 관찰할 수도 있다. 이를 위해서는 장학담당자는 우선적으로 관찰도구를 선정해야 하는데, 관찰도구는 교사의 구체적인 수업의 관심사와 결부되어야 한다. 예컨대 학생의 비언어적 행동에 관심이 있다면 비디오 녹화가 알맞을 것이고, 학급 내 문제학생에 대한 것이라면 일화기록이 도움이 될 것이며, 학급 내 소란 정도에 관심이 있다면 학생 이동양식의 기록이 좋을 것이다. 그리고 관찰방법에 따라서도 ① 관찰내용을 서술식으로 기록하는 방법, ② 관찰된 사항을 기초로 누가기록하는 방법, ③ 체크리스트법, ④ 녹음이나 녹화하는 방법 등으로 나눌 수 있다. 〈표 5-1〉은 여러 가지 수업의 관찰방법을 요약해 놓은 것이다.

표 5-1 ▪ 수업관찰방법

관찰방법	주요 내용
관찰된 내용을 서술식으로 기록하는 방법	• 전체적인 기록 : 교사와 학생의 모든 언어를 기록 • 부분적인 기록 : 특정한 형태의 언어만을 기록 (예: 교사의 발문, 학생에 대한 피드백 방법, 교사의 지시와 구조적인 진술 등)
관찰된 사항을 약어나 부호를 사용하여 그 빈도를 기록하는 방법	• 학생들의 과업집중도 기록법 : 학생들의 과업집중 형태를 기록 • 교사와 학생들 간의 언어흐름 기록법 : 교사와 학생들 간의 언어적 상호작용 형태를 기록 • 교사와 학생들의 이동기록법 : 교사와 학생들의 수업 중 이동양식을 기록 • Flanders의 상호작용 분석법 : 교사와 학생들 간의 언어적 상호작용 형태를 기록 · 분석
관찰된 사항을 체크리스트를 사용하여 기록하는 방법	• 학교 또는 개인별로 자체 개발한 다양한 체크리스트를 사용하여 수업관찰결과를 기록

녹음기, 녹화기를 사용하는 방법	• 녹음 · 녹화내용
	  –전체 녹음 · 녹화 : 전(全) 수업과정을 녹음, 녹화
	  –부분 녹음 · 녹화 : 관찰 중점 또는 수업 개선 자료로서 가치 있는 부분을 녹음, 녹화
	• 녹음 · 녹화담당자 : 장학담당자, 교수–학습이론과 임상장학에 익숙한 교사
	• 녹음 · 녹화자료 활용 : 수업분석의 객관적 근거 자료, 교사의 자기 수업 반성 자료, 자체연수 자료

3. 수업의 기록과 분석방법

1) 수업의 녹화와 녹음

수업자에게 수업의 실체나 문제점을 사실적으로 보여주는 것은 수업 장학의 성공적인 수행 가능성을 더욱 높여준다. 이를 위해서 수업장학을 담당한 사람은 여러 가지 관찰법에 의해서 해당 수업자의 수업을 관찰·기록하게 되는데, 이때 수업에서 사실적 자료수집의 방법으로 녹화나 녹음의 기법을 활용할 수 있다. 수업자의 수업행동이나 수업상황을 가장 사실적으로 수업자 자신에게 되보여줄 수 있는 방법은 수업을 녹화한 비디오테이프를 다시 보여주는 것이다. 그리고 수업자와 학생들의 교수-학습과정에 주고받은 언어의 흐름을 다시 재생시켜 보려면 녹음기를 이용한 녹음법이 효과적이다. 이처럼 수업의 관찰과 기록을 위해서는 기호체계법이나 범주체계법 이외에 수업의 특징을 문장으로 기술하거나 녹화와 녹음의 방법을 사용하게 된다.

수업장학 중에 '무엇'을 관찰하고 '어떻게' 기록할 것인가에 따라 알맞은 방법을 선택해야 한다. 수업의 목표가 어떠한 것인가에 따라 가르치는 수업방법이나 수업매체의 선택이 달라지듯이, 수업관찰의 목적이 무엇인가에 따라서 그 목적을 달성시키는 데 가장 알맞은 방법을 선택해야 한다. 예를 들어, 수업자의 수업언어를 분석하려면 Flanders의 수업언어분석법을 쓸 수 있다. 이때 관찰자는 수업에 직접 참여하여 그 수업을 보고 들으며 수업언어분석법에 따라 해당 수업을 관찰하고 기록할 수 있다. 또 그 수업의 전체나 부분을 녹음한 녹음테이프를 들으며 수업을 기록할 수 있다. 그러나 얼마나 다양한 학생들에게 골고루 질문을 하는지를 알아보려면 Flanders의 분석방법만으로는 불가능하다. 이때는 학생들의 좌석표에 따른 질문과 응답의 흐름을 분석하는 방법을 선택해야 한다. 또 수업자의 수업기술과 관련된 제스처, 손짓, 표정, 시선 등을 관찰하고 기록하려면 비디오카메라를 활용한 녹화법을 선택할 수 있다. 이처럼 수업장학을 위해 '무엇'을 관찰하고 '어떻게' 기록할 것인가에 따라 가장 알맞은 방법을 선택해야 한다. 이를 위해 수업장학을 담당하게 될 사람은 다양한 관찰·기록법에 대하여 숙달된 기술을 습득하고 있어야 한다.

수업의 관찰과 분석을 위해서는 비디오 녹화, 음성 녹음, 수업분석실을 활용한 방법 등을 들 수 있다. 여기서는 우선 비디오 녹화와 녹음 방법을 활용한 수업분석 방법의 특성에 대해 알아본 후, 다음 단락에서는 수업분석실을 활용한 수업분석 방법에 대해 알아보기로 한다.

(1) 비디오 녹화

수업의 관찰과 기록을 위해 가장 많이 사용하고 있는 것이 비디오 녹화방법이다. 이것은 수업의 생생한 활동과 변화를 그대로 반영할 수 있으며, 수업자와 학생들의 언어를 동시에 녹음할 수 있다. 그리고 한 번 녹화된 것은 수업장학을 위해 몇 번이고 재생시켜 볼 수 있다. 그렇기 때문에 비디오 녹화방법은 수업장학에서 널리 사용되고 있다.

비디오 녹화를 위해서는 비디오카메라, 녹화기(VTR), TV모니터 세 가지만 있으면 된다. VTR의 특성은 일반적으로 기록의 재생과 녹화와 녹음된 것을 종합적으로 재생시켜 준다는 점이다. 이러한 기본적인 특성과 함께 첫째, 필요한 경우마다 재생시켜 볼 수 있다. 둘째, 녹화한 것을 반영구적으로 보관할 수 있다. 셋째, 촬영·편집·재생·이동이 간편하다. 넷째, 수업분석을 목적으로 한 교실수업 촬영은 특수 조명이나 다수의 카메라를 갖추지 않아도 된다. 그리고 간단한 연수만 받으면 어느 수업자나 활용할 수 있다는 장점이 있다.

이와 같은 장점들 때문에 비디오 녹화방법은 수업자 자신이 스스로의 수업을 녹화하여 분석하는 데 사용하기도 하고, 수업장학에서 수업장학을 담당한 사람이 수업자의 수업장면을 파노라마 형태로 기록하기 위한 목적으로 사용하기도 한다. 또 수업분석실과 같은 특수교실에 녹화장치를 하여 교수-학습과정을 종합적으로 녹화하는 데에도 효과적으로 활용된다.

최근에는 휴대폰(cellular phone) 기술의 비약적인 발전으로 휴대폰의 액정화면(LCD)을 직접 보면서, 수업 중 기록을 필요로 하는 영상에 대해 편리하게 영상(동영상)으로 저장할 수 있으며, 편집 소프트웨어를 사용하여 필요로 하는 부문만을 선별하여 수업분석에 활용할 수 있다.

(2) 녹음

수업자의 수업언어를 분석하는 데 초점을 둔 수업의 관찰과 기록에는 녹음기를 활용한 녹음방법이 널리 쓰이고 있다. 수업자와 학생들의 수업언어 상호작용을 수업상황에서 직접 기록하려면 여러 어려운 문제가 발생하게 된다. 예를 들어, 서로 주고받는 언어는 일회적이라 수업언어를 그대로 모두 기록하기란 시간적으로 너무 힘들며, 또 때로는 수업자와 학생들의 언어교류가 매우 다양하고 예상하지 못한 것들이 많은데, 이것을 현장에서 모두 채록하기란 불가능하다. 따라서 이러한 문제점을 보완하기 위해서도 수업언어를 일단 녹음하였다가 직후에 녹음된 것을 재생시켜가며 해당 수업의 언어상호작용을 분석한다면, 교실수업 중 일어난 여러 정보를 현장성 있고 보다 사실적으로 반영할 수 있다.

이와 같은 기본적인 이유 때문에 1970년대 초부터 수업의 관찰·기록 방법으로 녹음방법을 많이 사용해 왔다. 그리고 녹음기는 앞의 비디오 녹화에 비하여 훨씬 간편하고 작동하기가 편하기 때문에 수업자가 개인적으로 활용하기 쉽다.

최근에는 소형 녹음기 및 디지털 녹음기의 발전으로 수업 녹음을 더욱 편리하게 할 수 있고 녹음 결과를 인터넷을 통해 공유하고 원격 수업분석도 가능하게 되었다. 수업 녹화의 방법은 음성녹음 방법에 비해 수업에 관련한 정보를 풍부하게 제공하는 장점이 있지만 실행하기에는 다소 불편이 따른다. 반면, 음성녹음의 방법은 소형 디지털 녹음기의 개발로 교사가 호주머니에 휴대하여 한 번의 버튼 작동만으로도 수업 녹음이 가능하다는 장점이 있다. 또한, 학생이 눈치채지 못하게 수업상황을 녹음할 수 있으므로 비디오 녹화에 비해 수업을 보다 실제적으로 방영할 수 있는 방법이라고 할 수 있다.

2) 수업분석실 활용을 통한 분석법 : 마이크로티칭

수업장학의 기법 중 한 가지로 '마이크로티칭(microteaching)'을 들 수 있다. 접두사 '마이크로(micro)'는 일반적인 교실수업의 경우보다 훨씬 축소된 수업목표와 짧은 수업시간, 그리고 고도로 압축된 수업사태를 실

습한다는 점을 강조하여 나타내고 있는 것으로서, 마이크로티칭은 1960
년대 초기에 개발되어 꾸준히 활용되어 현재는 교육실습생의 직전(職前)
교육 및 현직교사의 연수를 위해 널리 활용되고 있다.

Allen과 Ryan(1969)은 마이크로티칭에 관하여 다음과 같은 다섯 가지
기본 전제를 주장하였다.

첫째, 마이크로티칭은 실제 수업이다. 비록 교사와 학생이 실습사태에
함께 임한다는 점에서 모의수업이라고도 할 수 있으나, 사실 실제 상황
과 동일한 교수행위가 일어난다.

둘째, 마이크로티칭에서는 학생 수, 학습내용, 수업시간이 모두 축소되
기 때문에 보통 교실수업에서의 복잡한 점들이 현저하게 감소된다.

셋째, 마이크로티칭은 어떤 구체적인 목적을 달성하기 위한 훈련이다.
여기에서 '목적'이란 교수기술을 실습하는 내용이거나 교과내용을 숙달
하기 위한 것 또는 교수방법을 시범하는 것 등이다.

넷째, 마이크로티칭은 실습과정에 있어 엄격한 통제를 가한다. 이를테
면 프로그램의 효과를 위하여 마이크로티칭 상황에서 수업시간, 학생
수, 피드백 방법 및 진행방법 등을 인위적으로 조작하는 경우가 많다. 결
국 마이크로티칭 프로그램 자체가 절차 및 방법 등에 대한 인위적인 통
제를 가정하고 있는 것이다.

다섯째, 마이크로티칭은 실습생이 자신의 실습결과를 확인하거나 피드
백을 받을 수 있는 기회를 최대한 확대하여 준다. 즉, 실습생이 간단한 시
범수업을 마치고 나면 즉시 그 결과에 대한 토론 및 평가에 들어가게 되
기 때문이다. 이때 실습생에게 자신의 시범수업을 잘 분석할 수 있도록
하기 위해 실습생이 원하는 피드백 형태를 임의로 선택할 수 있게 한다.

마이크로티칭이란 용어는 현재 다음과 같은 두 가지 의미로 사용되고
있다. 첫째, 모든 축소된 형태의 실습체제를 포괄적으로 총칭하는 의미
로 사용된다. 둘째, 좀 더 구체적인 의미로, 실제 학생들을 대상으로 하
는 수업상황(microteaching)과 실습생의 동료들이 학생역할을 하는 모의
수업상황(microsimulation)을 구별하기 위하여 사용되기도 한다.

(1) 마이크로티칭 모형의 선택

마이크로티칭 모형을 결정하기 위해서는 학습자 형태, 피드백 형태, 재실습 형태, 그리고 평가 형태를 선정하여야 한다. 수업장학 담당자는 이러한 결정을 할 때 반드시 여러 대안들의 장점과 단점을 검토한 후 자신의 필요와 현실적인 조건에 비추어 가장 적합한 형태를 선택하여야 한다(유혜령, 1997).

① 학습자 형태

학습자 형태에는 실제 학생을 가르치는 경우, 동료들을 가르치는 경우, 그리고 실제 학생과 동료를 모두 가르치는 경우의 세 가지가 있다.

실제 학생을 대상으로 하는 형태(teach to pupils)는 다음과 같은 장점이 있다. 첫째, 학생들과의 생생한 상호작용을 통해 미리 계획한 교수전략에 대한 실제적인 효과를 평가해 볼 수 있다. 수업에 대한 학생의 반응 범위는 매우 넓으며, 종종 개별 학생에 따라 효과적인 학습방식이 각기 다를 수 있다. 교육실습생들이 실제 학생을 대상으로 마이크로티칭을 하게 되면 학생 개개인에 따라 교수기술을 어떻게 달리 적용하고 수정해야 하는지 알 수 있게 되기 때문에 실제적인 교수기술을 개발할 수 있는 기회가 된다. 둘째, 마이크로티칭이 교육현장에 맞는 지도기술을 개발하는 데에 어느 정도 유용하게 설계되었는지 알 수 있다. 그것은 마이크로티칭의 결과를 학생의 학습효과에 비추어 직접 관찰할 수 있기 때문이다. 셋째, 현직에 있는 교사를 연수하는 경우에는 자신이 실제로 가르치는 학생들을 대상으로 할 수 있기 때문에 학급의 정규 수업시간에 맞추어 정해진 교과내용을 그대로 가지고 진행할 수 있어 편리하다.

반면 실제 학생을 대상으로 마이크로티칭을 하는 형태는 다음과 같은 취약점을 지닌다. 첫째, 대상 학교가 예정된 수업일정에 지장이 있을까 염려하여 교육실습생들에게 수업시간을 배당하기를 꺼릴 수 있다. 둘째, 마이크로티칭 수업상황의 여러 조건들을 쉽사리 통제하거나 조정할 수 없다. 셋째, 학생들이 교육실습생보다 비디오카메라나 녹음기 등에 더 많은 관심을 보일 수도 있다.

동료들을 대상으로 하는 형태(teach to peers)는 실제 학생들과 직접적인 접촉을 할 수 없다는 뚜렷한 단점을 가지고 있는 동시에 다음과 같은 장단점을 지니고 있다. 첫째, 교육실습생의 직전교육인 경우에는 일선학교를 방문하여 협조를 구하는 등 여러 가지 번거로운 절차를 거치지 않고 마이크로티칭을 할 수 있으므로 간편하다. 둘째, 각 실습생들은 자신의 수업 시에는 교사의 역할을 하고 동료의 수업 시에는 학습자의 역할을 하게 되어 수업상황에 대한 이해를 폭넓게 할 수 있다. 셋째, 실습생들이 동료들이 가르치는 장면을 관찰할 수 있는 기회를 가진다. 넷째, 마이크로티칭 상황에 관련된 여러 변인들을 보다 쉽게 조정하고 통제할 수 있다.

실제 학생과 동료들을 모두 대상으로 하는 형태(teach to both pupils and peers)는 물론 앞의 두 형태가 지닌 장점을 다 지니게 된다. 만약 실제 학생을 가르치는 수업과 동료를 가르치는 수업이 시기적으로 분리될 수 있다면, 우선 동료들을 대상으로 하는 수업을 통해 교수기술을 익힌 다음 실제 수업상황에서 학생을 대상으로 수업을 하는 것이 좋다.

이 세 가지 형태 중 어느 형태를 취할 것인가의 문제는 각 경우의 성격과 필요에 따라 정해진다. 예를 들어, 교육실습생을 위한 마이크로티칭일 경우에는 실제 학생들을 대상으로 하는 첫 번째 형태가 매우 바람직하다. 반면 현직 교사의 연수인 경우에는 이미 연수생들이 수업지도의 상당한 경험이 있는 현직 교사들이므로 반드시 실제 학생을 대상으로 하는 형태가 아니어도 좋다.

② 피드백 형태

피드백 형태에는 비디오를 이용하는 형태, 녹음기를 이용하는 형태, 학습자가 피드백을 하는 형태 또는 평가 전담자를 지정하여 피드백을 하는 형태, 그리고 이들 형태들 중 몇 가지를 결합한 형태 등이 있다. 이 형태들 중 비디오테이프나 녹음테이프에 녹화 또는 녹음하여 피드백하는 경우에는 비디오카메라와 VTR 또는 녹음기 등의 기자재가 필요하다. 그러나 사실 기자재를 사용하는 것은 마이크로티칭에서 중요하지 않다. 이론적으로 볼 때 VTR이나 녹음기 등의 기자재 사용이 마이크로티칭의 기본적인 요건이 아니기 때문이다. 그러나 그동안 비디오테이프로 녹화하는 작업이 마이크로티칭의 필수적인 과정으로 간주되어 왔기 때문에 현재는 마이크로티칭 프로그램을 진행하는 곳의 약 80% 이상이 비디오테이프로 녹화하고 있는 실정이다. 비디오테이프로 녹화하면 교수자의 언어적인 부분뿐 아니라 비언어적인 부분, 즉 교수자 및 학습자의 행동이나 몸짓에 대한 관찰까지도 가능하기 때문에 매우 효과적이다. 이와 같은 언어적, 비언어적 부분에 대한 관찰 및 평가는 교원연수과정에서 매우 중요한 부분이다. 외부 평가자를 별도로 선정하여 이들 평가자가 피드백을 제공하는 형태도 역시 바람직하다. 그것은 평가자가 관찰자의 객관적인 관점을 견지할 수 있게 되어 수업과정에서 나타나는 교수자의 교수기술의 장점과 취약점을 보다 더 정확하게 파악할 수 있기 때문이다. 그러나 가장 좋은 피드백 형태는 이들 두 가지 형태를 결합하는 경우, 즉 비디오테이프 형태와 외부 평가자 형태를 같이 병행하는 것이다. 이 결합된 형태는 주관적, 객관적 피드백을 모두 받을 수 있기 때문이다.

그 외 피드백 형태로는 실습생이 동료를 학습자로 삼아 수업하는 경우(teach to peers)인 '학습자 피드백 형태', 즉 그가 가르친 동료들로부터 피드백을 받는 형태를 들 수 있다.

③ 재(再)수업 형태

재수업 형태에는 세 종류가 있다. 첫째, 재수업을 하지 않고 첫 번째 수업만으로 끝내는 형태가 있고, 둘째, 체계적으로 수업-평가-재수업의 과정을 모두 거치는 형태가 있으며, 셋째, 평가 결과에 따라 재수업 여부를 결정짓는 형태가 있다.

첫 번째 형태는 시간과 공간의 제약 등 여러 가지 여건상 사정이 좋지 않아 재수업을 할 수 없는 경우에만 해당된다. 왜냐하면 마이크로티칭 프로그램이 최대의 효과를 내기 위해서는 필요한 경우에 항상 재수업을 할 수 있어야 하기 때문이다.

두 번째 형태는 실습생의 개인별 성취도에 관계없이 수업-평가-재수업으로 연결되는 일련의 마이크로티칭 체제에 따라 모든 실습생이 자동적으로 재실습을 하는 형태다. 이 형태는 실습생 모두가 교수기술이 매우 부족하거나 수업경험이 별로 없는 집단인 경우, 그리고 실습생 모두가 재수업의 기회를 통해 교수기술을 향상시킬 수 있다고 확실하게 판단되는 경우에 가장 적절한 형태다.

세 번째 형태는 우선 수업을 하고 그 결과를 평가하여 그 평가결과에 따라 재수업 여부를 결정짓는 형태이다. 따라서 실습생 각각의 개인차를 고려하여 수업을 능숙하게 잘 수행한 실습생의 경우에는 재수업을 하지 않고 그렇지 못한 실습생은 교수기술이 숙달될 때까지 재수업을 하도록 하는 것이다. 이것은 실습생들의 개인별 능력과 학생지도 경험 등이 차이가 있다는 점을 고려할 때 가장 효율적인 형태라고 할 수 있다.

④ 평가 형태

평가는 피드백과 다소 다른 개념이다. 평가란 실습생의 전문적인 교수 능력을 측정하는 것이다. 이론상으로 세 가지 평가형태가 있다. 첫째, 실습생이 스스로를 평가하는 자체평가가 있고, 둘째, 별도의 평가자에 의한 객관적 평가가 있으며, 셋째, 자체평가와 평가자 평가를 병행하는 형태가 있다. 현실적으로는 어느 형태나 가능하다. 그러나 실제적으로 세 번째 형태가 가장 바람직하다. 특히 현직 교사연수를 하는 경우에는 더욱 그러하다. 그 이유는 실습생이 자기 스스로를 평가하는 주관적 성격의 평가와, 평가자라는 타인에 의한 객관적 성격의 평가가 모두 이루어지기 때문이다. 더욱이 실습생이 평가과정에 함께 참여할 경우 실습생의 태도 및 행동에 긍정적인 변화를 초래하는 경우가 많으므로 가급적 실습생과 공동으로 평가하는 것이 바람직하다.

평가는 마이크로티칭 체제 자체에 대해서도 이루어진다. 교육실습생이

나 현직교사 등 마이크로티칭 체제에 참여한 각 개인들로부터 마이크로
티칭 수업체제에 대한 평가를 받아 마이크로티칭 프로그램의 내용이나
형태를 개선하는 데 귀중한 자료로 활용할 수 있다.

(2) 마이크로티칭에서의 수업관찰 및 분석양식

여기에서는 마이크로티칭에서 몇 가지 관찰사항에 대한 분석표를 예
로 제시하였다.

표 5-2 ▪ 수업기술

행동	자질 평가			
	탁월	우수	보통	불량
1. 교사가 열정적으로 수업에 임한다.	4	3	2	1
2. 교사가 유머를 적절히 사용하고 온화하다.	4	3	2	1
3. 교사가 믿음성이 있게 보이고 신뢰가 간다.	4	3	2	1
4. 교사가 자신과 학생에게 높은 기대를 보여준다.	4	3	2	1
5. 교사가 학생을 격려하고 적극 지원한다.	4	3	2	1
6. 교사의 전문성이 탁월하다.	4	3	2	1
7. 학생의 수준에 맞게 수업을 진행한다.	4	3	2	1

개선할 점 :

표 5-3 ▪ 학생중심의 수업 여부

행동	자질 평가			
	탁월	우수	보통	불량
1. 학생의 관심을 끌었다.	4	3	2	1
2. 수업 기초 자료를 제공했다.	4	3	2	1
3. 이전에 배운 것과 관련 있는 자료를 준비했나?	4	3	2	1
4. 학생이 이해 가능한 수준의 지식을 수업내용으로 선정하였는가?	4	3	2	1

개선할 점 :

표 5-4 ▪ 수업기술 : 분명하게 설명하기

행동	수준 평가			
	탁월	우수	보통	불량
1. 논리적으로 수업이 진행되었다.	4	3	2	1
2. 교사가 학생들에게 요점을 확인해 주었다.	4	3	2	1
3. 요점을 칠판이나 차트에 써 주었다.	4	3	2	1
4. 요점을 반복 설명하였다.	4	3	2	1
5. 수업에 요약과 복습이 포함되었다.	4	3	2	1
6. 중요점을 분명하게 설명하였다.	4	3	2	1
7. 주요 사항은 예를 들어 보충하였다.	4	3	2	1
8. 사물의 유사점과 차이점을 지적했다.	4	3	2	1
9. 필요가 있을 때는 익숙한 단어로 설명했다.	4	3	2	1
10. 중요한 것을 설명할 때에는 잠시 멈추기도 하고, 학생의 질문도 허용했다.	4	3	2	1

개선할 점 :

표 5-5 ▪ 수업기술 : 질문

행동	수준 평가			
	탁월	우수	보통	불량
1. 수업 시작 시에 교사가 학생 참여를 끌어내는 질문을 했는가?	4	3	2	1
2. 교사가 분명한 말로 질문했는가?	4	3	2	1
3. 학생이 이해하지 못했는데도 반복 질문을 회피 했는가?	4	3	2	1
4. 교사는 질문 후 적당한 대기시간을 가졌는가?	4	3	2	1
5. 교사가 많은 질문을 했는가?	4	3	2	1
6. 교사가 모든 학생에게 답할 기회를 보장했는가?	4	3	2	1
7. 교사가 고도의 인식을 요하는 질문을 하였나?	4	3	2	1
8. 교사가 학생의 반응에 적합한 후속 조치를 취하였는가?	4	3	2	1
9. 교사의 질문이 학습자들이 수업목표에 도달 하는 것을 직접적으로 도왔는가?	4	3	2	1

개선할 점 :

(3) 수업분석실의 시설과 설비

학교현장에는 비디오 시스템이 어느 정도 갖추어져 있기 때문에 별다른 준비를 새로 하지 않더라도 소규모의 마이크로티칭 기법을 이용한 교사들의 자체연수가 가능하다. 그러나 사범대학에서는 교사 양성을 위해 수업을 전문적으로 관찰·분석할 수 있는 최소한의 시설 및 장비가 필요하다. 기본적으로 비디오테이프 레코드, 비디오카메라, 모니터 등의 시설이 있으면 충분하다. 그러나 교실 내의 전체 수업과정을 종합적으로 살펴보기 위해서는 기자재의 유형을 보다 다양화해야 한다. 또 정규학교의 수업을 진행할 수 있는 교실이 필요하다.

[그림 5-1]은 우리나라의 한 대학에 설비되어 있는 수업분석실을 예로 든 것이다. 이곳 교사교육센터의 마이크로티칭 시설은 크게 네 개의 부속실로 구성되어 있다. 실제 마이크로티칭이 이루어지는 정규교실은 80석의 중·고등학교 학생용 책상과 의자가 놓여 있고, 전동 스크린과 흑판이 부착되어 있다. 정규교실과 다른 시설은 전동식 원격조종 비디오

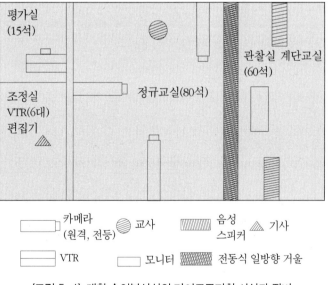

[그림 5-1] 대학 수업분석실의 마이크로티칭 시설과 장비

카메라 3대가 장치되어 있어서 교사의 행동은 물론이고 전체 학급 내 학생들의 움직임을 빼놓지 않고 녹화할 수 있도록 되어 있다는 점이다. 한편 정규교실의 오른쪽 벽면은 전동식 일방향 거울(one-way mirror)을 장치하여 관찰실에서 정규교실 안의 상황을 자세하게 관찰할 수 있으나, 정규교실 안에서는 밖의 상황을 알 수 없도록 되어 있다. 또한 이 벽면은 평상시에는 게시판이 덮여 있어서 거울을 볼 수 없으나, 전동장치가 되어 있기 때문에 필요한 경우에는 게시판을 올리고 일방향 거울을 사용할 수 있다.

관찰실은 60석의 계단교실이다. 관찰실 안에는 대형 모니터와 스피커가 장치되어 있어서 정규교실 안의 상황을 모두 관찰할 수 있으며, 아울러 왼쪽 벽면은 평상시에는 칠판으로 덮여 있으니, 필요한 경우에는 언제든지 전동으로 칠판을 올리고 일방향 거울을 통하여 정규교실 안의 상황을 살펴볼 수 있다.

조정실에는 전문 기사가 배치되어 있어서 정규교실 안에서 일어나는 수업장면을 3대의 카메라를 이용하여 녹화할 수 있다. 각각의 카메라에 잡히는 영상은 독립된 VTR에 녹화되며, 기사는 비디오 편집기를 이용하

[그림 5-2] 국내 C 대학의 교수학습분석실

여 3대의 카메라에 잡히는 영상을 원하는 대로 편집하여 동시에 녹화할
수 있다. 이렇게 하여 제작된 비디오테이프는 필요에 따라 평가실에 장
치된 비디오테이프 레코드를 통하여 분석되며, 녹화하는 동안에도 언제
든지 관찰실에 비치되어 있는 모니터를 통하여 원하는 카메라의 영상을
볼 수 있도록 준비되어 있다.

[그림 5-2]는 최근 국내 C대학의 교수학습분석실로, 교수법에 대한 중
요성을 인식하고 교수의 강의기술을 향상시키기 위해 첨단기자재를 활
용한 수업분석실을 운영하고 있다. 향후 각 대학마다 이러한 첨단기술을
활용한 수업분석실을 구비하는 사례가 계속 늘어날 것으로 예상된다.

요약

1. 수업관찰 단계는 차후 장학협의회를 위해 필요한 수업에 대한 객관적인 자료를 수집하고 이를 분석하기 위해 준비하는 단계다.

2. 수업을 관찰하고 기록한 결과는 수업자의 수업특징이나 문제점을 알아내고, 후속될 장학협의회의 실시를 위한 전략을 수립하기 위하여 분석되어야 한다.

3. 지금까지 행해진 수업장학은 관찰한 수업에 대한 주관적인 장학담당자의 의견, 교육 전반의 원리들의 추상성, 장학담당자의 자질 향상을 위한 프로그램의 부재 등 방법상 많은 문제점을 안고 있었다.

4. 효과적인 수업장학을 위해서 수업관찰은 우선 관찰대상으로 적합하다고 보는 사상이나 행동에 주의를 집중하고, 그 행동에 대한 객관적인 기록을 한 후, 작성된 기록을 통해 유의미한 해석을 할 수 있도록 분석하고, 그것을 바탕으로 자료를 해석할 수 있어야 한다.

5. 수업관찰의 방법에는 크게 체계적 관찰법, 비체계적 관찰법, 녹음 및 녹화법이 있는데, 이 중 체계적 관찰법에는 다음과 같은 두 가지 유형이 있다.
   ① 기호체계법 : 한 장면을 스냅사진 찍듯이 수업장면을 기술하는 방식으로, 어떤 특정한 행동이나 현상에 초점을 두고 기술하는 방식이다. 이것은 관찰 중 일어났던 모든 행동관찰 기준의 해당란에 체크를 하게 되는데, 여러 번 일어났던 것이라 해도 한 번만 체크한다.
   ② 범주체계법 : 사전에 정해진 관찰행동이 일어나는 대로 누가적으로 기록한다. 이 관찰법에 따라 관찰된 자료는 양화될 수 있다.

6. 관찰법을 통해 일반적으로 사용되어 온 평가기준에는 학습에 참여하는 행동, 학습에 참여하지 않는 행동, 학습자의 참여도, 수업단서나 피드백이 제시되는 빈도 등이 있다.

7. 관찰법을 사용할 때의 유의점으로는 학습의 진행과정 중 관찰할 행동의 관찰시기와 관련된 것, 주관적인 판단의 최소화 문제, 관찰행동에 따른 관찰도구 선정의 문제 등이 있다.

8. 비디오 녹화법은 필요할 때마다 재생할 수 있고 반영구적인 보관이 되

며, 교사의 사용이 용이하다는 이점이 있다. 녹음을 통한 방법은 교사의 수업언어에 초점을 둔 수업장학을 위한 수업관찰에 많이 사용된다.

9. 교실의 크기, 학생 수, 수업시간, 수업내용 등에 있어서 실제 수업을 축소하였지만 실제 수업과 동일하게 수행하고, 이를 관찰·분석하여 수업을 개선시키려는 기법을 마이크로티칭(microteaching) 방식의 수업장학이라고 한다.

10. 수업분석실을 통한 분석법은 수업을 관찰하고 분석하기 위한 특수시설로, 수업의 녹음과 녹화방법을 통합한 것이다. 이는 일반 교실의 수업관찰에서는 관찰할 수 없는 생생한 수업의 참모습을 관찰하고 기록·분석하는 데 활용된다.

연습문제

1. 다음은 수업장학의 단계 중 수업관찰에 관한 설명이다. 옳은 것은?
   ① 수업관찰은 장학담당자가 담당해야 할 과제이기 때문에 관찰에 필요한 제반 사항을 미리 혼자 계획해야 한다.
   ② 수업관찰은 객관적인 데이터를 가지고 수업자의 수업을 최선으로 개선시키고자는 하는 것이 목적이므로 쌍방간의 합의에 따라 수업을 관찰해야 한다.
   ③ 수업관찰시 미리 예상하지 못했던 부분은 계획상 없는 사항이므로 무시하는 것이 좋다.
   ④ 수업관찰을 위한 방법과 절차는 다소 까다롭기 때문에 자기의 수업이나 동료교사의 수업을 관찰할 때는 약식으로 하는 것이 좋다.

2. 수업과정을 관찰·기록한 후의 활동에 대한 설명으로 옳은 것은?
   ① 차후의 장학협의회를 위한 전략을 수립하고 이를 실시해야 한다.
   ② 단순히 기록된 자료만을 제시하는 것은 의미가 없으므로 자료를 바탕으로 문제점과 개선점을 찾기 위해 분석해야 한다.
   ③ 기록·수집된 자료를 바탕으로 수업자의 문제점을 지적해 주고 이를 개선해야 한다.
   ④ 교사의 자질 향상을 위한 프로그램을 개발해야 한다.

3. 다음 중 일반장학의 방법상의 문제점으로 옳은 것은?
   ① 장학담당자의 자질문제 : 과학적이고 객관적인 장학담당자의 의견의 부재
   ② 장학 프로그램의 문제 : 체계적이고 과학적인 장학 프로그램의 부재
   ③ 장학활동시 제시되는 자료의 비객관성과 즉흥성의 문제

④ 장학담당자의 의견에 너무 의존하려는 수업자의 태도 문제

4. 다음은 효과적인 수업관찰을 위한 요령이다. 수업관찰의 순서에 따라 적절하게 나열하시오.

> ① 작성된 자료를 유의미한 해석이 될 수 있도록 조직하고 분석하기
> ② 관찰대상으로 적합하다고 보는 사상이나 행동에 주의집중하기
> ③ 분석을 바탕으로 자료 해석하기
> ④ 행동에 대해 객관적으로 기록하기

5. 각 수업관찰 기록방법에 대한 설명으로 옳은 것은?
   ① 관찰법은 크게 체계적 관찰법과 비체계적 관찰법으로 대별된다.
   ② 기호체계법은 비체계적 관찰법의 일종으로 스냅사진을 찍듯이 수업의 한 장면을 기술하는 방법이다.
   ③ 기호체계법은 모든 행동을 관찰하고, 이것이 나타날 때마다 매번 기록한다.
   ④ 범주체계법은 일반적으로 보다 한정된 수의 수업행동을 관찰하는 것으로 사전에 미리 관찰할 행동을 선정한다.
   ⑤ 범주체계법은 행동에 대한 동적인 기록을 만들어내기 위해서 해당되는 행동이 일어날 때 이것이 여러 번 일어나더라도 한 번만 체크한다.

6. 다음 중 수업관찰 시 수업의 평가기준이 되는 범주들을 모두 고르면?

> ① 실제학습시간비(학습열중도)
> ② 수업단서
> ③ 수업분위기
> ④ 피드백의 빈도
> ⑤ 교사의 비언어적 수업행동

7. 수업분석실을 이용한 분석법에 대한 설명으로 옳은 것은?

　① 수업분석실은 비디오 녹화를 주요 방법으로 사용하는데, 대부분 교사양성기관에서 특수시설로 설치하여 교육한다.

　② 수업분석실은 학교현장에서 비디오 시스템이 어느 정도 갖추어져 있으면 별다른 준비를 거치지 않고도 소규모의 마이크로티칭 기법을 이용한 교사의 연수가 가능하다.

　③ 수업분석실을 통한 방법은 가상으로 진행되는 수업이기 때문에 수업의 생생한 모습이나 참 모습을 관찰하기는 힘들다.

　④ 수업분석실은 매우 다양한 기기(전동식 일방향 거울, 비디오 카메라 등)가 필요하기 때문에 잘 활용되기가 어렵다.

※ 다음 내용을 읽고 맞으면 ○, 틀리면 ×를 하시오(8~10).

8. 비디오 녹화법은 교사의 수업언어에 초점을 둔 수업장학을 위한 수업관찰에 많이 사용된다. ································· (　　)

9. 비디오 녹화를 통한 수업관찰은 필요할 때마다 재생할 수 있고 반영구적인 보관이 되며, 교사의 사용이 용이하다.
································· (　　)

10. 만약 전체 수업을 모두 관찰해야 할 때는 비디오 녹화나 녹음을 이용하는 것이 좋다. ································· (　　)

※ 다음의 질문에 대해 간략하게 답하시오(11~12).

11. 마이크로티칭 방식의 수업장학이란 무엇인지 간단히 쓰시오.

12. 마이크로티칭 모형을 결정하기 위해서 고려해야 할 사항 네 가지를 약술하시오.

제 **6** 장
수업장학의 단계 3 : 관찰후 협의회

관찰후 협의회의 목적 중 하나는 교사로 하여금
수업개선에 대한 몇 개의 대안을 고려하도록 하고,
그중에서 가장 효과적인 대안을 선택하게 하는 것이다.

수업장학의 제3단계인 관찰후 협의회에서는 수업관찰 결과를 중심으로 장학담당자와 교사 간의 협동적인 논의를 통하여 수업연구과제의 해결 또는 수업개선을 위한 방안을 설정하는 일이 이루어진다. 그리고 새롭게 제기된 문제나 수업기법을 실제 수업에 적용하거나 평가해 보기 위하여 2차 수업관찰을 계획하기도 하며, 교사 스스로 자기적용과 자기평가의 노력을 하도록 유도하고 격려하는 활동이 전개된다. 이 외에도 수업장학 방안의 일반화를 위한 노력과 수행된 장학활동에 대한 평가가 시도된다. 관찰후 협의회를 통해 제기된 다양한 피드백이 교사에게 도움을 주고 희망을 준다면 수업장학이 소기의 목적을 달성했다고 할 수 있다.

이 장에서는 이러한 관찰후 협의회의 목적 및 필요성에 대해 논의해 보고, 유익한 피드백의 특징과 그 기법 및 방법에 대해 알아보고자 한다.

이 장에서는 다음과 같은 학습목표를 성취할 수 있기를 기대한다.

1. 관찰후 협의회의 목적 및 필요성을 말할 수 있다.
2. 관찰후 협의회의 주요 활동을 이해하고 설명할 수 있다.
3. 구체적인 피드백 기법을 설명할 수 있다.
4. 비지시적 교사중심 장학협의회의 기법에 대해 설명할 수 있다.
5. 유익한 피드백의 특징을 열거할 수 있다.
6. 피드백 분석지를 이용하여 관찰후 협의회의 평가방법을 익힐 수 있다.
7. 관찰후 협의회 시의 유의사항을 지적할 수 있다.

1. 관찰후 협의회의 성격과 필요성

관찰후 협의회는 Cogan의 수업장학모형 8단계 중 7, 8단계에 해당한다. 이 단계에서 하는 일로는 우선 교수-학습과정을 분석하는 활동으로, 처음 단계에서 쌍방간에 관찰하려고 했던 문제에 대하여 관찰후 협의회 전략에 따라 협의회를 하는 것이다. 이를 통해 교사와 장학담당자는 주어진 단원에서 의도된 내용이 무엇이며, 실제로 무엇이 일어났는지 정보를 교환하는 기회를 갖고, 차후의 수업장학을 위한 계획을 시작한다.

관찰후 협의회는 수업장학을 위한 협의회가 본격적으로 이루어지는 단계로, 수업을 관찰 → 기록 → 분석하고 이를 도대로 수업자와 수업장학을 담당한 장학담당자 쌍방이 수업 문제점을 밝혀 개선하는 방법을 찾는 활동이 이루어진다. 따라서 수업자와 장학담당자가 해당 수업의 관찰분석된 결과를 놓고 처음에 밝혀보려고 했던 수업자의 수업기술이나 수업행위가 어떠한 모습이었는지 혹은 어떻게 변했는지 등을 협의하게 된다. 즉, 수업자로 하여금 자기의 수업에 관하여 새로운 통찰을 할 수 있는 기회를 마련해 주고 수업자에게 용기와 격려를 주는 활동이 이루어진다. 또 수업자에게 수업방법 개선을 위한 새로운 정보를 주며, 후속되는 수업장학을 위해 필요한 조치를 협의한다. 장학담당자는 자기의 장학기법을 개선하고, 이를 위한 자료와 정보를 얻기 위해서 관찰후 협의회 단계를 잘 활용해야 한다.

앞 단계인 수업관찰 단계는 교사에게 도움을 줄 수 있는 단지 기본적 과정에 불과하다. 그렇기 때문에 수업내용이 만족스럽고 또 교사 스스로 그렇게 느낀다 할지라도 그것을 교사에게 분명하게 인식시키는 것이 필요하다. 이렇게 함으로써 교사는 수업하는 동안 자신이 이전에 관찰할 수 없었던 것을 알게 된다. 즉, 교사는 그의 행동이 다른 사람들(특히 학습자)에게 어떤 영향을 끼치는지를 알 수 있게 되는 것이다. 사실 관찰후 협의회의 목적은 교사로 하여금 그의 수업행동을 바꾸게 하고, 수업행동의 효율성을 개선시키는 문제에 대하여 올바른 지각을 하도록 하는 데 있다.

2. 관찰후 협의회의 활동 및 기법

1) 관찰후 협의회의 주요 활동

수업참관이 끝난 후 장학담당자는 수집한 자료를 가지고 교사와 함께 관찰후 협의회를 갖게 되는데, 이때 장학담당자와 교사는 함께 수업을 재구성하고 장학담당자의 기록을 검토하게 된다. 필요하다면 녹화와 녹음장치 등을 통해 교사는 교실 내 행동에 대한 보다 많은 자료를 얻을 수 있다. 관찰후 협의회는 수업관찰 후 가능한 한 기억이 생생한 당일에 실시하는 것이 좋다.

다음은 관찰후 협의회의 주요 활동이다.

(1) 수업관찰결과의 논의

교사는 장학담당자와 수업관찰결과에 대한 논의를 시작하기 전에 수업에 대한 개략적인 자기평가 및 자기반성을 함으로써 수업관찰결과에 대한 논의를 위한 의제를 정리하고, 장학담당자는 수업관찰을 근거로 수집한 자료를 체계적으로 정리해야 한다. 그런 다음에 장학담당자와 교사는 수업관찰자료(기록물, 녹음테이프, 녹화테이프)를 중심으로 상호협동적이고 동료적인 분위기에서 실제 수업에서 만족스러운 점과 개선이 요구되는 점을 논의한다. 이때 보다 많은 환류가 가능하도록 학생들을 대상으로 수업내용, 수업방법, 교사의 강의 스타일 등에 관한 의견조사를 실시할 수도 있다. 특히 장학담당자는 교사 스스로 자신의 수업개선을 위한 아이디어를 끌어내도록 도와주고 격려하는 데 많은 노력을 기울여야 한다.

(2) 수업연구를 위한 개선방안의 규정

관찰후 협의회의 목적 중 가장 중요한 것은 장학담당자와 교사가 수업연구과제의 해결 또는 수업개선을 위한 방안을 설정하는 것이다. 교사는 수업분석의 결과를 통해 수업에 대하여 새로운 통찰의 기회를 얻게 되며, 수업개선을 위해 여러 가지 아이디어를 생각해 낼 수 있다. 이때 장학담당자는 교사의 수업연구과제의 해결 또는 수업개선과 관련하여 교사에게 계속적인 도움을 제공할 수 있는 방법에 대하여 의견을 교환하게 된다.

(3) 수업장학의 적용에 관한 평가

장학담당자와 교사가 수업연구과제의 해결 또는 수업개선을 위해 설정한 방안을 실제 수업에 적용하고 평가하기 위하여 가능하면 차기의 수업관찰을 계획하거나 교사 스스로 자기평가의 노력을 하도록 유도하고 격려할 필요가 있다. 또한 설정된 수업연구과제 해결 및 수업개선방안의 일반화와 전파를 위한 노력(자료정리, 배포, 자체연수시 발표 또는 각종 교외연수회 참석 발표 등)과 수행된 장학활동의 전체 과정에 대한 평가와 반성을 시도해야 한다.

마지막으로, 이제까지 논의된 주요 내용(계획협의 내용, 수업관찰 결과, 수업연구과제 해결, 수업개선방안, 적용결과 등)을 서면으로 정리하여 차후 수업개선이나 장학활동 개선에 참고한다.

2) 관찰후 협의회의 기법

성공적인 관찰후 협의회를 위해 교사와 장학담당자는 우선 계획협의회에서 일정한 목표를 설정하고, 교사의 관심을 확인하여 협동적 노력의 필요성을 인식하고 그에 따른 전략을 수립하여야 한다. 그리고 수업관찰 전에 교사와 장학담당자는 수업의 성격을 확인하고 수업목표를 명확하게 제시하며 수업전략을 협의한 뒤, 교사가 수업관찰에서 예상하는 구체적인 문제나 관심을 고찰하여 적절한 기록방법을 선택해야 한다. 다음에 있게 될 수업관찰 단계에서 장학담당자는 보다 객관적이고 과학적인 자료를 수집하기 위해 여러 가지 자료기록 방법 중 하나 또는 둘 이상의 도구를 사용하여 목표나 관심 있는 수업행동을 관찰하고 기록해야 한다. 이때 관찰자는 수업에 방해되지 않고 눈에 띄지 않아야 한다.

이와 같은 사항들이 고려되었다면 관찰후 협의회에서 이루어질 구체적 피드백 기법에 대해서 알아보자.

(1) 객관적 관찰자료를 사용하여 교사에게 피드백 제공하기

관찰후 협의회에서 가장 중요한 기법 중 하나는 장학담당자가 교사의 특별하게 보이는 행동에 대해서 차트를 만드는 것이다. 즉, 수업 실제 상황에서 모은 자료를 정리할 수 있는 기회가 왔을 때 행동도표를 만들도록 한다. 장학담당자는 이러한 자료를 가지고 협의회시에 교사의 행동에 대하여 보다 구체적이고 객관적인 증거를 제시할 수 있다.

대부분의 관찰후 협의회가 어렵게 진행되는 이유 중의 하나가 바로 이 자료의 제시가 주관적이고 부정확하며 부적절하기 때문이다. 원활한 협의회가 이루어지기 위해서는 분석되는 정보가 수업에서 실제로 일어나고 있는 것을 적절히 반영하고 있다는 것을 교사가 느낄 수 있도록 객관적으로 제시되어야 한다.

(2) 교사의 반성적 의견과 느낌 유도하기

관찰후 협의회 때 교사가 자신의 수업에 대해 자유롭게 의견을 개진할 수 있도록 개방적인 환경을 마련해 주는 것이 필요하다. 따라서 장학담당자는 교사가 자신의 수업정보를 검토할 수 있도록 기회를 준 후, "자료의 어떤 측면부터 이야기하면 좋겠습니까?"라고 말하면서 온화한 분위기를 창출하여야 한다.

협의회에서 교사의 반응을 자연스럽게 이끌어내기 위해서는 전문적인 기술과 인내가 요구된다. 관찰되고 기록된 자료에 대해 교사가 충분히 반성하고 생각할 기회도 갖기 전에 결론을 성급히 제시하는 것은 바람직하지 않다. 협의회를 원활하게 잘 이끌기 위해서는(특히 녹음기록과 관련하여) 다음과 같은 형태의 질문이 권장된다.

"만약 당신이 이 과제의 수업을 다시 한다면 기록된 자료에서 반복하고 싶은 부분은 무엇입니까?"
"무엇을 바꾸고 싶습니까?"
"만약 당신이 수업시간 중의 학생이라면 어떤 것을 요구하고 싶습니까?"

대부분의 교사들에게는 이러한 방식의 관찰후 협의회의 진행이 알맞다. 그러나 극소수의 교사들에게서는 '선(先) 결론' 협의회적 접근이 필요할 수도 있다. 예를 들면 "여기 당신의 수업시작 시각에 관한 자료가 있어요. 이에 대해 어떻게 생각하나요?"라는 말보다 "당신은 이번 달에 12번이나 지각을 했어요. 수업에 늦지 않도록 해야겠죠"라는 말이 훨씬 더 효율적일 수 있다. 혹은 대안적 전략으로 "선생님은 이 나태함의 기록에 대하여 어떤 제안을 하겠습니까?"라고 질문할 수도 있다.

(3) 대안적인 수업기법과 그 이유를 제시하도록 교사를 격려하기

보통 장학담당자는 자료를 분석한 후 교사에게 "내가 만일 지금 교사라면 이렇게 할 것입니다"라고 말하는 경향이 있다. 이러한 조언은 대화를 단절시킬 수 있다. 이것은 교사의 입장을 전혀 고려하지 않은 조언일 뿐만 아니라 교사의 수업행위가 구체적으로 무엇이 잘못되었고 어떻게 고쳐져야 하는지에 대해 전혀 말해주지 않고 있다. 그리고 장학담당자가 이야기하는 방법이 반드시 절대적 진실이라는 보장도 없다. 어떤 것을 가르치는 데는 여러 가지 대안들이 있을 수 있으며, 교사들은 일어난 수업사태에 대해 스스로 대안적 설명을 할 수 있어야 한다. 관찰후 협의회의 목적 중 하나는 교사로 하여금 이러한 몇 개의 대안을 고려하도록 하고 그중에서 가장 효과적인 대안을 교사 스스로 선택하게 하는 것이다.

(4) 교사에게 연습과 비교의 기회 제공하기

흔히 쓰이는 또 하나의 전략은 교사가 다른 교사의 수업 스타일이나 수업전략 혹은 다른 기법을 배울 수 있도록 하기 위하여 여러 수업을 관찰하게 하는 것이다. 만일 관찰하는 교사가 관찰과 기록에 대하여 체계적인 지식을 가지고 있다면 관찰후 협의회에서 아이디어와 관점을 서로 공유할 수 있을 것이다. 특히 초임교사는 전략과 방법을 이용하기 위한 체계적인 연습이 필요하다. 자기관찰방법에 따른 일반적인 전략을 제시해 보면 아래 〈표 6-1〉과 같다.

표 6-1 ▪ 자기수업 분석을 위한 방법

전략	자기관찰도구
• 강의 : 설명, 지시 • 토론, 세미나 • 시범 • 개별 수업 : 자리에서 하는 일, 자료센터 일, 실험실 일, 작업장 일, 시뮬레이션, 게임, 자기수업자료 • 발견적 접근 : 문제해결, 탐구학습, 안내적 발견	• 녹음, 부분적인 정확한 기록 • 언어적 흐름표 • 녹화 • 보조원이 그린 학급 내 이동표 • 학생이 참여할 때 교사가 준비한 과업집중표 • 녹음에서 뽑은 교사질문과 학생질문의 부분적 정확한 기록

3. 비지시적 교사중심 장학협의회 기법

앞에서도 언급하였지만 많은 연구결과에서 교사들은 지지적이고 보살펴 주는 형태의 장학을 좋아하는 것으로 나타났다. 그러나 이것이 장학담당자에게 유일하고 적절한 방법은 아니다. 때로는 보살펴 주는 형태의 장학이 오히려 방해가 될 수 있기 때문이다.

혼히 비지시적인 것으로 생각되는 몇 가지 기법은 경청하기, 인정하기, 명료화하기, 격려하기, 안내하기, 지지하기, 감정 다루기 등과 관련되어 있다. 하지만 이러한 기법들이 반드시 비지시적 스타일의 장학담당자에게 한정된다기보다는 지시적 장학담당자에 의해서도 사용될 수 있다. 한 가지 덧붙이자면, 제시되는 기법들은 특히 '교사중심적' 협의회를 원하는 장학담당자에게 유용하다. 장학담당자의 근본적인 스타일이 지시적이든 또는 비지시적이든, 그리고 자기중심적이든 교사중심적이든 이 기법들은 협의회에 참여하는 교사와 장학담당자의 상호작용의 질을 개선하는 데 사용될 수 있다.

1) 많이 경청하고 덜 말하기

교사가 가르치는 시간의 거의 2/3를 학생들에게 말하며 보내듯이, 많은 장학담당자들은 대화를 독점한다. 이로 인해 교사들은 수업정보를 분석하고 해석하거나 또는 향후 수업개선을 위한 대안을 설정하는 것을 주지하게 된다. 또한 장학담당자가 협의회를 독점하게 되면 협의회 중에 교사의 관심에 주의를 기울이거나 개선을 위한 교사의 계획을 고무시키기 어렵다. 따라서 관찰후 협의회 내내 이러한 점에 많은 주의를 기울여야 하며 장학담당자는 될 수 있으면 많이 경청하고 덜 말하는 전략을 구사하여야 한다.

2) 교사가 말하는 것을 인정하는 언어 사용하기

교사가 말하고 있는 도중에 '알겠어요' 또는 '무엇을 의미하는지 알겠어요'라고 반응하는 장학담당자는 교사의 말을 경청하고 있다는 것이며 장학담당자가 교사를 이해하고 있다는 것이다. 더욱이 교사의 아이디어를 사용하는 것은 단순한 인정이나 이해보다 더 신뢰를 끌어낼 수 있다. 그러나 비슷한 반응을 지나치게 많이 하거나 엉뚱한 반응을 한다면 과장이라는 것이 금방 드러나게 된다. 효과적인 의역은 다른 사람이 말하고자 하는 것을 우리가 이해하고 있다는 것을 전달하는 순수한 노력이어야 하며, 교사의 아이디어를 사용한다는 것 또한 장학담당자가 듣고 이해하고 사고를 끊임없이 추구하고 있다는 것을 보여주는 것이다.

3) 명료화하는 질문

장학담당자의 이해를 명확히 하고, 교사로 하여금 추측과 결정을 조심스럽게 생각하도록 하기 위하여 교사의 진술을 엄밀히 따져볼 필요가 있다.

다음은 명료화하는 질문의 예다.

"선생님이 의미하는 바를 보다 자세히 말씀해 주시겠어요?"
"그 점에 대하여 좀 더 말해줄 수 있겠어요?"
"그 사람이 무얼 하고 있죠?"
"구체적인 예를 들어 주시겠어요?"

많은 경우 내용을 명료화하지 않으면 오해가 생기기 쉽다. 그러나 질문을 명료화함으로써 무의식적인 오해를 피할 수 있다.

4) 교사의 성과와 성장에 대해 구체적인 칭찬하기

장학담당자는 교사의 수업행위에 대해 막연하고 일반적인 말로 칭찬하기보다는 구체적이고 명확히 칭찬하는 것이 중요하다. "참 좋은 수업이었어요"라고 말하는 것은 구체적인 칭찬이 아니다. "선생님이 철수에게 말한 것은 아주 훌륭한 대답이었어요" 또는 "석이를 그 집단에서 옮긴 것은 그 문제를 처리하는 효과적인 방법이었어요"라고 말하는 것은 구체적으로 인정해 주는 표현이다.

5) 직접적 조언 피하기

이것은 절대적으로 직접적 조언을 하지 말라는 것이 아니라 교사가 자료를 분석하고 해석할 동안 잠시 기다리라는 뜻이다. 대부분의 교사들은 변화에 대한 자신들의 아이디어가 자신이 존경하는 사람으로부터 강화를 받을 때, 다른 엉뚱한 사람의 아이디어를 실천하는 것보다 더 생산적인 결과를 가져온다.

6) 언어적 지원하기

장학담당자는 교사들이 학급활동과 관련된 전문적 목표를 확인하도록 해주고, 이 목표에 도달하도록 도와주기 위하여 타당한 피드백을 주어야 한다. 일반적으로 장학담당자가 언어적 지원을 해주는 것은 수업개선과 관련된 것이 대부분이다. 그러나 교사의 수업을 방해하는 장애물로 교사생활의 개인적 측면, 예를 들면 무관심, 조직력 부족, 학급 내에서의 정서불안 등 수업 외적인 문제도 많다. 만일 이러한 문제가 의학적인 것이거나 심리학적인 것으로 장학담당자의 능력을 벗어나는 것이라면 해당 전문가에게 부탁함으로써 도움을 구하는 것이 좋다.

어떤 경우에는 장학담당자가 교사들의 수업에 대해 전적으로 언어적 지원을 제공할 필요가 있다. 즉, 어떤 종류의 자료를 수집해야 할 것인지를 선택하는 일, 어떤 목표가 달성되고 달성되지 않았는지에 대하여 결론을 도출하는 일 등 여러 가지가 있을 수 있다. 만약 이렇게까지 할 필요가 없을 경우에는 장학담당자가 교사로 하여금 그들 자신의 목표를 설정하고 그 목표 달성을 평가하는 데 사용할 정보를 선택하고, 추후에 어떤 노력을 해야 할 것인지를 결정하도록 격려해 주면 된다.

7) 교사가 느끼는 것을 인정하고 사용하기

많은 연구자들은 협의회에서 수업자의 개인적인 느낌이나 감정이 거의 인정되지 않는다는 점을 호소하고 있다. 협의회의 목표가 교사의 수업행동을 변화시키는 것일 때 교사의 감정적인 측면은 무시할 수 없다. 협의회에서 표현될 수 있는 감정은 분노로부터 실망에까지, 유쾌함으로부터 절망감에까지 이를 수 있는데, 교사가 말하는 의미깊은 감정적 내용이 무시되어서는 안 된다. 오히려 그것은 협의회에 도움이 될 수 있음을 명심해야 한다.

4. 관찰후 협의회의 평가방법

지금까지 이야기했던 유익하고 의미있는 피드백의 특징에 기초하여 관찰후 협의회를 평가할 수 있다. 관찰후 협의회를 효율적으로 운영하기 위한 여러 가지 피드백의 기법에 대해 알아보도록 하자.

1) 유익한 피드백의 기법

피드백은 어떤 측면에서는 교사의 행동 변화를 가져오기 때문에 장학담당자는 이러한 것을 좀 더 세심하게 배려할 필요가 있다. 즉, 교사들은 자신의 행동을 개선하는 데 다소의 위협감마저 느낄 수도 있는데, 장학담당자는 이 점을 고려하여 교사에게 유익하고 의미있는 피드백을 줄 수 있도록 주의를 기울일 필요가 있다. 만약 그렇게 한다면 교사는 장학담당자가 말한 것을 신중하게 받아들이면서도 위협적인 요소로 느끼지 않을 것이다.

이렇듯 관찰후 협의회를 주의깊게 조직하고 이끄는 것은 어쩌면 전적으로 장학담당자의 몫일지도 모른다. 다음에 제시되는 몇 가지 특징들은 교사가 느끼는 많은 위협적인 요소를 제거하고 능동적인 분위기를 창출하기 위해 고려해야 할 유의점이다. 이 외에도 장학담당자는 교사와 효율적으로 상호작용하기 위해 자신의 모든 기술을 사용할 필요가 있다.

• 교사의 성격보다 실제적인 행동에 관한 피드백에 초점을 둔다. 예를 들면 "당신은 수업에 너무 통제적인 사람이군요"라는 말보다 "오늘 수업은 상호작용 면에서 단순히 교사가 묻고 답하는 시간이

거의 20분이나 차지했어요"라고 말한다.

- 가정, 추론 혹은 해설보다 관찰내용에 관한 피드백에 초점을 둔다. 장학담당자가 관찰한 내용을 바탕으로 어떤 해석을 하고 싶다면 자료들을 명확히 판단하고 교사에게 스스로의 해석과 자기평가를 들어 보도록 한다.

- 평가보다는 기술(description)에 관한 피드백에 초점을 둔다. 피드백의 목적은 교사의 수업행위에 대한 효율성을 개선하는 데 있으므로 교사행위에 대한 판단보다는 기술이 더 효과적이다.

- 일반적이고 추상적인 내용보다는 구체적이고 명확한 행동에 관한 피드백에 초점을 둔다. 구체적이고 명확한 피드백은 교사가 그것을 스스로 조작할 수 있기 때문에 매우 유익하다. 따라서 나중에라도 교사가 상황을 만들어 그것을 재현할 수 있다.

- 과거에 대한 행동보다는 현재 행위를 중심으로 한 피드백을 한다. 피드백은 교수상황이 교사에게 생생하게 기억되어 있을 경우에 더욱 유효하다. 따라서 장학담당자의 피드백은 관찰후 교사에게 바로 주어져야 한다. 그래야 교사가 해당되는 사태를 잘 기억하고 피드백 내용을 시간과 장소, 상황에 잘 연결시킬 수 있다.

- 충고나 조언을 하는 것보다 정보를 나누어 갖는다는 관점에서 피드백을 주도록 한다. 장학담당자가 만약 상호 토론을 위하여 교사와 정보를 나누어 갖는 분위기를 창출한다면 보다 온화한 상황을 전개할 수 있다.

- 최상의 방법을 찾기보다는 대안을 찾는 방향으로 한다. 장학담당자는 자신이 선택한 대안에만 제한을 두어서는 안 된다. 교사는 전문적인 권위를 가지고 있으며, 직접적인 지시가 없어도 피드백을 수용하기 마련이다. 예를 들면 "학생들의 참여를 높일 수 있는 유일한 방법은 그들을 소집단으로 나누고 소집단의 리더를 두는 것입니다"라고 말하는 것보다는 "소집단으로 나누면서 학생들의 참여를 높이는 방법과 보다 많은 교사행동을 통해서 학생들의 참여를 높이

는 방법에 대해서 같이 생각해 봅시다"라고 말하는 것이 좋다.

- '이것 혹은 저것'이라는 측면보다는 '다소간' 여유 있는 측면에서 서술된 정보나 아이디어를 피드백으로 사용한다. '다소간'이란 말은 교사의 행동이 가장 이상적인 행동과 가장 이상적이지 못한 행동의 연속체 가운데 있음을 의미하지만 '이것 혹은 저것'의 측면에서 서술된 정보는 극단적 상황에서 어느 한 편의 절대적 상황을 의미한다.

- 장학담당자가 무엇을 제시하고 어떤 내용을 내보이느냐보다는 교사가 무엇을 원하고 필요로 하느냐의 관점에서 피드백을 준다. 피드백의 목적은 교사의 수행에 도움을 주는 것이 목적이므로, 장학담당자의 의도에 맞는 몇 가지를 발견했을지라도 그것이 교사의 필요와 요구에 부합되는지를 고려해야 한다.

- 장학담당자가 얼마나 많은 정보를 가지고 있느냐 하는 측면에서보다는 교사가 그 정보를 얼마나 소화하고 사용할 수 있는가의 수준에서 피드백을 제공하도록 한다. 비록 장학담당자가 많은 정보를 가지고 있다고 하더라도 그러한 정보를 가지고 교사를 압도하는 형태는 지양해야 한다. 소화할 수 있는 수준의 피드백 양에 준하여 장학담당자가 아닌 교사가 그것을 조작할 수 있어야 한다.

- 교사의 수정 불가능한 행동에 관해서보다는 수정 가능한 행동의 피드백에 초점을 맞춘다. 예를 들면, 음악수업을 지도한 교사가 음치임에도 불구하고 장학담당자가 그것을 고칠 것을 요구한다면, 교사는 선천적인 자신의 능력의 한계에 부딪혀 오히려 무력감만 느낄 뿐이다. 더 나아가 교사가 고칠 수 없는 행동에 관해서 피드백을 계속 준다면 오히려 교직에 대한 좌절감에 빠질 수도 있다.

- 교사에게 어떤 것을 요구하고 부과하기보다는 교사가 장학담당자에게 바라는 바가 무엇일까 하는 관점에서 피드백을 제공해야 한다. 가능하다면 교사가 장학담당자에게 요구하는 정보에 집중할 필요가 있다. 이러한 교사의 정보요구는 실제 수업행동으로 이어지고

나아가 다른 의미있는 방향으로 발전하게 된다.

• 교사에게 지적사항들을 요약해 보게 함으로써 제시한 피드백을 점
  검해 보게 한다. 교사에게 주요한 생각을 요약해 보게 하는 것은 질
  높은 피드백 기술의 하나다.

2) 관찰후 협의회의 평가방법

앞에서 유익한 피드백의 기법에 대해 알아보았는데, 이를 바탕으로 다음 〈표 6-2〉의 관찰후 협의회 분석지를 사용하여 그 방법을 평가할 수 있다.

〈표 6-2〉에서 볼 때 관찰후 협의회는 왼쪽 항목으로 길수록 바람직한 것이므로 모든 항목의 점수가 '1'로 매겨질 경우 매우 우수한 관찰후 협의회라 할 수 있다. 즉, 왼쪽 항목들은 바람직한 내용의 피드백 특징들로 이루어져 있다. 장학담당자는 이러한 형태의 피드백 평가를 스스로 사용해 볼 수도 있고, 또 교사에게 주어서 관찰후 협의회를 평가해 볼 수도 있다. 그리고 다른 장학담당자를 관찰할 때도 사용할 수 있다.

장학담당자는 관찰후 협의회 분석지를 읽고 협의회 사태 관찰에 대한 분명한 아이디어를 얻을 수 있을 뿐만 아니라 다음에는 어떤 것을 개선해야 할 것인지를 알 수 있게 된다. 이 항목들과 기록은 장학담당자에게 다음 관찰후 협의회시 목표를 설정할 때 보다 쉬운 방법을 제시해 줄 것이다.

지금까지 수업장학에서 관찰후 협의회의 목적 및 필요성, 협의회를 통해 이루어지는 주요 활동, 피드백 기법 등에 대해서 알아보았다. 관찰후 협의회의 중요성만큼이나 이 단계를 성공적으로 수행하기 위해서는 장학담당자가 지적·행동적 기술을 충분히 습득할 필요가 있다. 또한 교사와 장학담당자의 관계는 동료적인 입장을 견지하면서도 전문적이고 윤리적인 상호존중의 자세를 지녀야 한다. 지도의 실제 면에서는 수업개선을 목적으로 한 실제 증거에 따른 대안적인 사태분석과 성공적인 학습유

표 6-2 ▸ 관찰후 협의회 분석지

관찰후 협의회 분석지					
				날짜 : 년 월 일	

아래 13개 항목은 수업장학의 관찰후 협의회를 평가하는 데 사용된다. 각 문항을 보고 해당하는 숫자에 동그라미를 하시오.
(이때 왼쪽에 나열한 항목이 '언제나 그럴 때' 는 1, '대부분 그럴 때' 는 2, '반반일 때' 는 3, '가끔 그럴 때' 는 4, '거의 그렇지 않을 때' 는 5에 표시하도록 한다.)

	1	2	3	4	5	
① 교사의 수업행동을 강조한다.	1	2	3	4	5	교사의 성격을 강조한다.
② 수업관찰 내용에 기초를 두고 이야기한다.	1	2	3	4	5	추론에 근거하여 이야기한다.
③ 수업내용을 기술적으로 이야기한다.	1	2	3	4	5	수업내용에 대해 평가적이다.
④ 피드백 내용이 구체적이고 명확하다.	1	2	3	4	5	피드백 내용이 일반적이고 추상적이다.
⑤ 현재 수업행위에 관한 피드백이다.	1	2	3	4	5	과거 수업행위에 관한 피드백이다.
⑥ 수업정보를 나누어 가지려는 입장이다.	1	2	3	4	5	충고를 주려는 입장이다.
⑦ 여러 대안을 강구하는 입장이다.	1	2	3	4	5	오직 최선의 방법만을 주장한다.
⑧ '다소간' 여유있는 입장이다.	1	2	3	4	5	'이것 아니면 저것' 의 극단적인 입장을 택한다.
⑨ 수업자의 필요성을 강조한다.	1	2	3	4	5	장학담당자의 입장만을 강조한다.
⑩ 수용하고 소화할 만큼의 정보를 준다.	1	2	3	4	5	과도한 양의 정보를 제공한다.
⑪ 수정 가능한 행동을 제시한다.	1	2	3	4	5	수정하기 힘든 무리한 행동을 요구한다
⑫ 교사의 업무를 줄여주려는 입장에 서 있다.	1	2	3	4	5	교사에게 무엇을 부과하려는 입장이다.
⑬ 교사 자신이 요약하고 점검한다.	1	2	3	4	5	요약점검을 하지 않는다.

형들을 강화한다.

이 밖에 실제 관찰후 협의회의 운영에 있어서 다음과 같은 유의점들이 있다.

- 관찰후 협의회는 대개 30~40분 정도가 적당하며, 장소는 두 사람이 이야기할 수 있는 곳이면 충분하다.
- 교사가 자기의 수업에 대한 소감을 먼저 이야기하게 하고, 수업장학의 과제를 객관적인 자료에 비추어 비교하는 활동이 뒤따라야 한다.
- 장학을 담당한 사람의 개인적 주장이나 선호하는 방법을 요구하는 일은 지양되어야 한다. 즉, 장학담당자는 수업관찰분석의 결과를 평가나 비판 없이 사실중심으로 제시하여야 한다.
- 수업기술의 개선에 있어서 객관적이고 양적인 변화를 제시했을 경우 교사는 자기의 수업개선에 더 강한 관심을 가지며, 수업장학을 지속적으로 하려고 할 것이다.

요약

1. 수업장학의 제 3단계인 관찰후 협의회에서는 수업관찰결과를 중심으로 교사와 장학담당자 간의 상호 협동적인 논의를 통하여 수업개선을 위한 여러 방안들을 설정하는 활동이 이루어진다.

2. 동료장학에서의 관찰후 협의회는 수업관찰결과를 중심으로 동료장학에 참여한 교사들이 자유로운 논의를 통해 수업연구과제의 해결 및 개선을 위한 방안을 설정하게 된다. 그리고 자기장학에서의 관찰후 협의회는 교사와 장학담당자인 교장, 교감 간의 협의를 통하여 교사의 자기장학활동의 과정과 결과에 대한 상호 이해를 높이고, 교사의 계속적인 자기장학 노력을 유도하고 격려하게 된다.

3. 관찰후 협의회의 주요 활동은 ① 수업관찰 결과의 논의, ② 수업연구과제 해결 및 수업개선방안 설정, ③ 적용 및 평가로 나눌 수 있다. 이러한 관찰후 협의회는 가능한 한 수업실시와 관찰의 기억이 생생한 수업관찰 당일에 하도록 한다.

4. 관찰후 협의회의 구체적인 피드백 기법으로는 객관적 관찰자료를 사용하여 교사에게 피드백 주기, 교사의 추측과 의견 · 느낌 이끌어내기, 대안적인 수업목표 · 방법 · 이유를 고려하도록 교사를 격려하기, 교사에게 연습과 비교의 기회를 제공하기 등이 있다.

5. 관찰후 협의회는 유의미한 피드백의 특징 13가지를 기초로 하여 분석 가능한데, 그러한 특징들은 관찰후 협의회의 효과를 높이는 데 도움을 준다.

6. 관찰후 협의회를 실시할 때는 우선 편안한 분위기를 조성하고, 수업과정에 대한 객관적인 자료를 제시해야 하며, 가급적 장학담당자의 주관적인 의견제시를 지양하고, 수업기술 개선에 있어서 객관적이고 양적인 변화를 제시하도록 해야 한다. 이러한 유의점이 잘 지켜질 때 수업자는 장학에 대한 긍정적인 태도를 가지고 계속적으로 장학을 받아보려는 의지를 가질 것이다.

연습문제

1. 관찰후 협의회에 대한 설명으로 옳은 것은?
   ① 교사의 수업행동이 어떠했는지를 보고 그에 대하여 이야기하며, 그 변화의 과정이나 양적인 측면은 다음 수업장학을 실시한 후 거론될 수 있다.
   ② 교사의 수업행동에 관하여 문제를 올바르게 지각하도록 하는 데 있다.
   ③ 교사의 수업을 관찰한 자료를 가지고 실시하며, 교사의 수업기술을 개선하고 평가하는 데 목적이 있다.
   ④ 장학담당자 주도의 활동이 강조되어야 한다.

2. 다음 중 관찰후 협의회 단계의 주요 활동을 모두 고르시오.

   > ① 효과적인 협의회를 위한 전략을 수립한다.
   > ② 교사는 자신의 수업에 대한 개략적인 자기평가를 실시하고 장학담당자는 수업과정 중 얻은 자료를 정리한다.
   > ③ 수업연구과제의 해결을 위한 방안을 설정한다.
   > ④ 차기 수업장학의 시간을 정한다.
   > ⑤ 지금까지 진행된 수업장학의 전체 과정에 대한 평가를 실시한다.
   > ⑥ 교사평가를 위해 교사의 수업을 등급에 따라 나눈다.

※ 다음은 관찰후 협의회를 실시하기 위한 구체적인 기법들이다. 다음 내용을 읽고 맞으면 ○, 틀리면 ×를 하시오(3~7).

3. 관찰후 협의회 단계에서는 객관적인 관찰자료를 사용하여 교사에게 피드백을 제공해야 한다. ·························· ( )

4. 협의회가 순차적으로 잘 진행되지 않을 경우 장학담당자가 수업에 대한 잠정적인 결론을 제시하는 것도 하나의 방법이다. ·········· ( )

5. 교사가 수업에 대한 여러 가지 대안적인 설명을 할 수 있도록 유도해야 한다. ·························· ( )

6. 다른 교사의 수업을 관찰하는 것도 하나의 방법이며, 되도록이면 자기의 수업을 직접 분석할 수 있는 기회를 가지는 것도 좋다. ································· ( )

7. 관찰후 협의회 때 교사의 수업행동에 관하여 너무 구체적으로 지적하게 되면 감정이 나빠질 수 있으므로 가급적이면 구체적인 지적은 피해야 한다. ·· ( )

8. 다음은 비지시적 교사중심 장학협의회 기법에 대한 설명이다. <u>적절하지 않은</u> 것은?

① 대부분은 장학담당자들이 주도적으로 말을 하는데, 되도록이면 장학담당자들은 많이 경청하고 덜 말하는 것이 좋다.

② 교사의 성과와 성장에 대해서는 구체적인 항목을 대상으로 하는 것이 좋다.

③ 직접적인 조언을 절대 피하는 것이 좋다.

④ 교사가 말하는 의미깊은 감정적 내용을 무시해서는 안 되며, 오히려 그것이 협의회에 도움이 되도록 해야 한다.

9. 다음은 유익하고 의미있는 피드백을 주기 위한 방법들이다. 해당하는 것을 모두 고르시오.

> ① 교사의 수업행동을 지배하는 성격에 대하여 피드백한다.
> ② 가정, 추론, 해설보다는 관찰내용에 대한 피드백에 초점을 둔다.
> ③ 언어적 기술(記述)보다는 확실한 평가에 초점을 둔다.
> ④ 정보 교환의 관점에서 피드백을 주도록 한다.
> ⑤ 효과적인 수업장학을 위해 수업개선을 위한 가장 좋은 방법을 찾는 데 주력해야 한다.
> ⑥ 교사에게 지적사항들을 요약하도록 함으로써 제시한 피드백을 점검하도록 한다.

※ 다음의 질문에 대해 간략하게 답하시오(10~11).

10. 관찰후 협의회 실시 중 유의해야 할 사항을 두 가지만 약술하시오.

11. 관찰후 협의회를 실시하는 장면을 녹화한 비디오 자료를 본 뒤, 관찰후 협의회 분석지를 이용하여 해당 수업의 관찰후 협의회를 평가해 보시오. 그후 평가결과를 간략하게 적어 보시오.

수업활동의 관찰 · 분석 기법

제 7 장
수업언어의 상호작용분석법

수업관찰은 어떠한 방법으로 이루어지든지 간에
그 관찰결과가 수업자에 의해 확인되고
수업자 스스로 자신의 행동을 개선하려는 데 도움을 주는 것이어야 한다.

Flanders의 언어상호작용분석법의 특징/ 분류항목/ 기본 준칙
시간선에 의한 분류기록표/ 백분율 행렬표/ 비지시적 수업/ 지시적 수업
지수의 산출과 해석/ 수업형태의 분석

Flanders는 교실수업에서 사용되는 언어 사용의 유형에 초점을 두고 수업형태를 크게 두 가지로 나누었다. 하나는 지시적 수업이고 다른 하나는 비지시적 수업이다. 지시적 수업은 지배적 · 전제적 · 교사중심 · 배제적 · 제한적인 의사소통의 특성이 있는 것이고, 비지시적 수업은 통합적 · 민주적 · 학생중심적 · 포괄적 · 권장적인 의사소통의 특성이 있는 수업형태이다. 이때 학급의 분위기는 교사에 의해서 결정되며, 교사의 언어작용은 수업의 분위기를 결정하는 중요한 요인이 될 수 있다고 가정한다.

이 장에서는 교사와 학생의 언어상호작용에 근거하여 수업을 관찰하는 Flanders의 언어상호작용분석법(Flanders Interaction Analysis System)에 대해 살펴본다. 이는 기존의 분석법과는 다소 다른 형태인 언어상호작용에 초점을 두고 있으며, 이를 잘 활용하면 보다 체계적인 방법으로 수업장학을 할 수 있는 기술을 이해하는 데 큰 도움을 줄 것이다.

이 장의 학습목표는 다음과 같다.

---

1. 언어상호작용분석법의 특징을 7가지 이상 제시할 수 있다.
2. 언어상호작용분석법의 방법을 간략하게 설명할 수 있다.
3. 언어상호작용분석법의 범주 10가지를 말할 수 있다.
4. 언어상호작용분석법의 기본 준칙을 설명할 수 있다.
5. 실제 수업현장에서 언어상호작용분석법을 이용하여 수업을 관찰 · 기록할 수 있다.
6. 언어상호작용분석법에 의해 얻어진 자료를 분석할 수 있다.

1. Flanders의 언어상호작용분석법의 특징

 학교 현장에서 이루어지는 수업분석 활동은 크게 질적 분석과 형태적인 분석 방법의 두 가지로 분류할 수 있다. 질적인 분석은 내용적인 분석을 말하며 주로 교과 전문가에 의해 이루어진다. 이 분석은 전개된 수업활동이 교과나 단원의 목적에 비추어 과연 타당하였는가를 보려는 분석법으로 교과의 본질상의 문제를 따진다. 반면 형태적인 분석은 양적(quantitative) 분석이라고도 불리며, 일정한 분류체계나 분석방법에 의해 수업 중 도출되는 의미있는 수업정보를 수치나 도표를 사용하여 양적으로 나타내는 분석법이다. 예를 들어, 수업 중 교시와 학생의 발언 비율, 교사의 자리이동 패턴, 학생의 과업집중 비율에 관한 정보를 백분율 지수(%)나 그래픽을 통해 제시하는 것 등이 이에 해당한다.

 지금까지 우리나라에서는 주로 형태적인 분석보다는 질적인 분석이 많이 사용되어왔다. 그 이유는 여러 가지가 있겠지만 별도의 부가적인 노력없이 교사 자신의 경험에 근거한 분석정보를 손쉽게 제공할 수 있다는 점, 설문지 형태에 기반하여 편리하게 수업을 분석할 수 있다는 점, 형태적인 분석을 할 수 있는 구체적인 도구 등이 개발되지 않았던 점 등이 주요한 이유로 설명된다. 하지만 질적인 분석에만 의지한 분석은 명확한 분석 근거의 부족과 장학담당자의 전문성 부족에 대한 문제(허병기, 1997; 조병래, 2001; 이재춘, 2003)로 최근에는 사용빈도가 점점 줄어들고 있다.

 수업활동의 형태적인 분석은 세 가지 측면에서 볼 수 있는데, 교사와 학생의 언어상호작용분석(verbal interaction analysis), 비언어상호작용분석(non-verbal interaction analysis), 작업분석(work analysis)이 그것이다(김종서·김영찬, 1970). 여기서 작업분석이라 함은 실험, 실습, 연습, 토의 등과 같이 어떤 작업이나 분단별 학습이 이루어지는 것을 말한다.

 이 중 널리 소개된 것은 Flanders의 언어상호작용분석법으로, 우리나라에서는 김영찬과 김종서(1970)의 수업형태분석법을 시작으로 교사의 수업기술 향상과 관련한 연구의 도구(방순동, 1971; 이정복, 1984; 김성준, 1993)로 활발히 사용되어왔다. 이 분석 방법은 교사와 학생의 언어상호작용에 초점을 두는 것으로, 1960년에 미네소타대학교의 교수인 Flanders가 10∼20년간의 교실수업 관찰을 토대로 한 논문에서 비롯되었다.

Flanders의 언어상호작용분석법은 수업의 주요 변인인 교사와 학생의 언어적 행동에 초점을 맞추었다는 것과, 일정한 분류체계에 따라 기록하고 분석하는 객관적 분석법이라는 점에서 과학적인 수업분석 도구로 인정받고 있다. 그러나 1990년대 중반을 넘어오면서 데이터 수집과 분석 및 통계처리를 위한 교사 및 관찰자의 시간과 노력을 지나치게 많이 필요로 할 뿐만 아니라, 관찰 및 측정과정의 불편이 제기되어 Flanders 분석법의 사용은 점차 쇠퇴하기 시작하였다. 그러나 근래에 이러한 문제점들을 대폭 개선한 컴퓨터 프로그램이 개발되면서 수업기술 향상과 관련하여 Flanders 수업분석 도구를 사용한 연구(박외식, 2000; 김경현, 2004, 김경현ㆍ이재무, 2004) 등이 다시 활발히 이루어지고 있는 추세이며, 학교현장의 교사의 수업기술 개선을 위한 도구로 주목받고 있다.

Flanders의 언어상호작용분석법의 특징은 대략 다음과 같다.

첫째, 비언어상호작용은 분석하지 않고 언어상호작용만 분석하여도 작업을 제외한 수업형태분석으로서는 충분하다. 언어상호작용과 비언어상호작용은 높은 상관관계가 있다. 예를 들어 교사가 학생들을 칭찬하고 격려하는 말을 할 때는 표정에서도 미소를 짓고 태도에 있어서도 다정함을 나타낼 것이며, 반대로 교사가 학생을 꾸짖거나 비판하는 말을 할 때는 이에 알맞는 표정이나 태도를 보일 것이다. 따라서 굳이 비언어상호작용은 분석하지 않아도 좋을 것이라고 본다.

둘째, 언어상호작용분석이 비언어상호작용분석보다 신뢰롭다. 여기서 신뢰도라 함은 수업관찰자의 의견일치도를 말한다. 뒤에서 말하겠지만, Flanders는 언어상호작용을 어떻게 분류할 것이냐에 대하여 명확한 분류항목을 만들었다. 얼마간의 연습만 쌓으면 평가자간에 분류항목의 의견 일치를 쉽게 볼 수 있도록 되어 있다.

셋째, 수업형태분석법은 수업결과가 수업자에게 확인되고 스스로의 수업행동을 고치는 데 도움을 줄 수 있다. Flanders의 분석법에서 가장 이상적인 상태는 수업자 스스로 자기의 수업을 녹음하였다가 분석하는 것이며, 이것이 여의치 않으면 동료교사나 장학사에게 분석을 요청하고 분석표를 되돌려 받아서 그 표를 중심으로 자기수업을 평가해 보는 것이다. 특히 연구결과에 의하면, Flanders의 분석법을 몸에 익히도록 교육받은 교사와 분석법을 전혀 모르는 교사는 수업형태에서 큰 차이가 있으며, 분석법에 대한 교육을 받은 사람이 훨씬 좋은 수업을 하는 것으로 보고되고 있다.

넷째, 수업분석의 결과는 과학적인 방법으로 분석되고 해석된다. Flanders의 분석법에서는 교사와 학생의 발언을 내용에 따라 분류하고 이를 수량화하고 해석하도록 되어 있다. 예를 들면 한 시간의 수업은 한 장의 행렬표로 정리되며, 이 행렬표에 나타난 수치로 여러 가지 지수를 산출하게 된다. 한 시간 동안의 교사의 발언, 학생의 발언이 각각 몇 퍼센트를 차지하였는지를 아는 것은 물론이며, 이 외에 악순환비, 비지시비, 학생 질문에 대한 교사의 반응 등이 양적으로 제시된다.

다섯째, Flanders의 분석법은 언어상호작용에 한해서만 분석할 수 있다. 이 문제에 대해서는 이미 밝힌 바 있지만 좀 더 명확히 해둘 필요가 있다. Flanders의 분석법은 학생의 느낌을 받아들이는 것, 칭찬, 권장, 학생의 생각을 잘 이용하는 것, 교사의 질문, 강의, 교사의 명령이나 지시, 학생의 답변, 학생이 교사에게 질문하는 것과 같은 '언어를 중심'으로 하는 수업을 분석하는 데 주로 적용된다. 따라서 그림 그리기, 만들기, 과학실험, 관찰학습, 분단별 토의수업 등에 적용하려고 할 때는 별도의 분석방법을 사용하거나 극히 일부의 Flanders 분석항목을 중심으로 적용하는 것이 바람직하다.

여섯째, 분석방법은 간단하고 실용적인 목적에 부합된다. 지금까지 여

러 분석법이 소개되었으나, Flanders가 제안한 이 방법은 비교적 간단한
것으로 알려져 있다. 실제 분석을 위한 기술 체득을 위해서는 약 10시간
정도의 훈련을 쌓아야 한다지만, 충분한 훈련을 받지 않은 교사도 수업
에 대한 대략적인 분석이 가능하다.

일곱째, 수업형태는 학생들의 교과성적을 향상시키고 태도를 올바르게
변화시키는 데 도움을 주어야 한다. Flanders는 학생중심·통합적 방법
등의 일련의 개념을 비지시적 영향이라고 부르고, 교사중심·지배적 방
법·통제적 방법 등의 개념을 지시적 영향이라고 부른다. 학습지도에서
는 비지시적 방법이 권장된다고는 하지만 지금까지 이러한 비지시적 방
법의 효용성을 실제로 증명할 만한 연구방법 및 결과를 제시한 경우는
거의 없었다. 그러나 Flanders의 비지시적 방법을 적용한 여러 실험적 연
구에서는 특히 언어학습, 과학 및 사회과의 학습에서 의미있는 효과를
보았다는 결과가 제시되고 있다. 이와 같이 비지시적 방법이라는 수업형
태가 학력 및 태도에 영향을 미친다고 보면 수업형태에 관심을 갖게 되
는 것은 당연하며, Flanders 분석법에 의해 수업형태의 유형을 도출하는
활동은 의미있다 하겠다.

여덟째, 교사중심의 일제 수업에 한하여 적용시킬 수 있다. 이미 언급
한 바와 같이 분단학습이나 실험·실습형태의 분석에는 적합하지 않다.
대부분의 경우에 교과서를 중심으로 그 내용을 강의하고 문답하는 일제
수업에 적합하다.

아홉째, Flanders의 분석법으로 수업형태를 분석하여, 그 결과가 바람
직하게 나왔다고 해서 그 수업이 곧 잘된 수업이라고 단정할 수는 없다.
좋은 수업이란 내용과 형태가 모두 좋아야 하는데, Flanders법에서는 내
용은 분석하지 못한다. 즉, 교사가 학생에게 거짓말을 가르쳐도 분석표
에는 나타나지 않는다. 또한 교사가 몇몇 우수한 학생만을 대상으로 수
업을 진행해도 그 결과는 분석표에 명확히 나타나지 않는다. 그렇기 때
문에 이 방법은 수업 전체를 보는 일면이지 전면이 아님을 명심해야 한
다. 따라서 이 방법에 의하여 관찰기록을 하되 항상 내용 면과 수업의

전체적인 흐름에 유의해야 하며, 이러한 것들과 통합하여 결과를 해석해야 한다.

2. 수업관찰방법

1) 언어상호작용의 분류항목

Flanders의 언어상호작용분석법은 언어의 특성에 따라 10개의 카테고리를 가지고 있으며, 이는 교사가 학생들에게 어느 정도 표현의 자유를 부여하느냐에 주안점을 두고 있다. 즉, 수업형태에서 교사는 학생들의 활동을 제한하는 지시적 방법을 쓸 것인지 또는 학생들의 반응을 최대한 보장하는 방법을 쓸 것인지를 선택할 수 있다. 이에 대해 다음의 Flanders 상호작용분석 카테고리에 나타난 것처럼 교사가 반응적 논평을 취한 경우(1, 2, 3번)는 '비지시적' 교수 스타일로, 언어적 상호교환을 주도한 경우(5, 6, 7번)는 '지시적' 교수 스타일로 나누어 놓고 있다. 또한 질문(4번)은 지시적인 것도 비지시적인 것도 아닌 중립적 형태라고 할 수 있다.

우선 감정의 수용에 해당하는 분류항목 ①번은 학생이 어떤 느낌을 표현하였을 때 또는 학생들간에 어떤 느낌이 있다는 것을 교사가 알아차렸을 때, 교사가 이에 대해 어떠한 비난없이 긍정적인 방향으로 그 느낌을 받아들여 수업의 분위기를 조성해 나가는 경우 교사의 발언이 여기에 해당한다.

칭찬이나 격려에 해당하는 분류항목 ②번은 학생들의 긴장을 풀기 위한 교사의 농담에서부터 '잘했어요', '맞았어요', '좋아요', '잘 발표했어요', '참 좋은 질문이에요'라는 짧은 칭찬과 '틀려도 좋으니 자신의 생각을 말해봐요', '계속해봐요' 등의 격려가 담긴 말까지 모두 이 분류항목에 포함된다.

학생의 아이디어를 수용 또는 사용하는 경우의 분류항목 ③번은 학생이 어떤 말을 하였으나, 표현방법의 불명확성으로 인해 다른 학생들이 그 내용을 잘 이해하지 못하는 경우 교사가 이를 논리적으로 다시 말해주는 것이다. 또한 학생이 길게 이야기한 것을 교사가 요점을 간추려 말하는 경우, 학생이 말한 것을 교사가 받아들여 학생의 말을 되풀이하여 강의를 계속하는 경우도 이에 속한다.

분류항목 ④번은 수업 중 교사의 질문이 해당한다.

분류항목 ⑤번은 강의에 해당하는 것으로 교사가 사실, 의견, 지식, 정보를 학생들에게 전달하거나, 어떤 단원이나 제목을 도입하거나, 앞으로 할 일에 대하여 설명하는 것이 이에 속한다. 예를 들면 "오늘은 먹이사슬에 대해 배우겠어요", "어제는 개구리의 한살이를 배웠죠?", "다음 시간까지 7장을 읽어오세요" 등이 이에 해당한다. 그리고 수업의 진행과 관련된 교사의 "책을 펴세요", "읽어보세요", "앞으로 나와 풀어보세요", "박수!" 등도 ⑤번에 해당한다.

분류항목 ⑥번은 학생을 꾸짖거나 벌을 주려는 의도로 행동을 요구하는 수업자의 언어다.

분류항목 ⑦번은 학생을 비판하거나 야단을 치는 경우와 교사의 권위를 정당화하는 발언이 이에 속한다. 또한 좋지 못한 학생의 행동을 좋은 행동으로 고치기 위한 교사의 발언 역시 이 항목에 속한다.

학생들의 언어의 분류에 있어서는 교사의 질문에 대해 단순히 답변을 한 경우(⑧번)와 학생들이 자발적으로 또는 교사의 유도에 의해 학생들 자신의 아이디어를 표현하는 경우(⑨번)로 나누어진다.

마지막으로 ⓪번은 작업, 침묵과 혼란, 그리고 교사나 학생의 언어 중 어느 항목에 속해야 할지를 모르는 상황을 포함하고 있다. 참고로 Flanders는 ⓪번을 ⑩번으로 명명하였으나, 본 책에서는 Flanders 관찰자료의 효율적인 컴퓨터 입력을 고려하여 ⓪번으로 명명하였다.

〈표 7-1〉은 Flanders의 상호작용분석 카테고리를 나타낸 것이다. 앞의 설명에서처럼, 여기서 숫자는 척도를 암시하는 것이 아니라 단지 분류를

표 7-1 ▪ Flanders의 언어상호작용분석 카테고리(Flanders Interaction Analysis Categories: FIAC)

교사의 발언	비지시적 발언	① 감정의 수용 : 비위협적인 방법으로 학생의 감정적 색조나 태도를 수용하거나 명료화한다. 감정은 긍정적이거나 부정적일 것이다. 감정을 예측하고 회상하는 것도 포함 된다. ② 칭찬이나 격려 : 학생을 칭찬하거나 격려한다. "으흠", "그렇지"라고 말한다. 긴장을 완화하는 농담을 한다. 그러나 학생을 무시하는 것은 아니다. ③ 학생의 아이디어를 수용 또는 사용 : 학생의 말을 인정한다. 학생의 아이디어에 기반을 두어 질문을 명료화, 형성하며 묻는다. ④ 질문 : 학생이 대답할 것을 기대하는 의도로 교사의 아이디어에 기반을 두고 내용 또는 절차에 대해 질문한다.
	지시적 발언	⑤ 강의 : 내용이나 절차에 대하여 사실이나 의견을 제시한다. 교사 자신의 아이디어를 표현하고 내용을 설명한다. ⑥ 지시 : 학생에게 주의집중이나 벌을 줄 의도로 특정 행동을 요구하는 수업자의 언어다. ⑦ 학생을 비평 또는 권위를 정당화함 : 좋지 못한 학생의 행동을 좋은 행동으로 바꾸기 위한 교사의 말, 꾸짖는 것, 교사가 왜 그렇게 해야만 하는가에 대한 이유 설명, 극단적인 교사의 자기 자랑이 여기에 해당된다.
학생의 발언		⑧ 학생의 말-반응 : 교사의 단순한 질문에 대한 학생의 단순 답변, 학생이 답변하도록 교사가 먼저 유도하는 경우가 여기에 해당된다. ⑨ 학생의 말-주도 : 학생 자발적으로 또는 교사의 발문에 의한 반응으로 학생 자신의 아이디어를 중심으로 표현하는 경우이다. 학생들의 자진 질문, 혹은 자진해서 아이디어를 발표하는 경우가 여기에 해당한다.
기타		⓪ 침묵, 혼란 : 실험, 실습, 토론, 책읽기, 머뭇거리는 것, 잠시 동안의 침묵 및 관찰자가 학생간의 의사소통과정을 이해할 수 없는 혼동의 과정 등이 여기에 해당한다.

위한 것이다. 따라서 관찰하는 동안 이 숫자를 쓰는 것은 판단이 아닌 척도상의 위치만을 열거하는 것이다.

2) 언어상호작용 분류의 기본 준칙

〈표 7-1〉의 10가지 분류항목에 따라 교실에서 이루어지는 교사와 학생의 언어를 분류하게 되는데, 보통 3초 단위로 표시하게 되어 있다. 예를 들어 강의를 15초 동안 하고 질문을 3초 동안 하였으며, 이에 대한 학생의 단순답변이 6초 동안 있었다면 15초 동안 강의를 하였기 때문에 5를 다섯 개 기록하고, 질문(4번)이 3초이므로 4를 하나 기록하며, 학생의 단순답변(8번)이 6초이므로 8을 두 개 기록한다. 즉 5, 5, 5, 5, 5, 4, 8, 8로 기록한다. 그러나 실제 기록에서는 여러 가지 의문이 생긴다. 예를 들면 2번으로 해야 할지 3번으로 해야 할지 망설여지는 경우라든가, 질문이 11초 동안 계속된 경우, 즉 3초로 나누어지지 않는 경우에는 어떻게 해야 할 것인지 등 다양한 선택 상황이 있을 수 있다. 이 경우 다음과 같은 기본 준칙을 적용시키도록 한다.

- 제1준칙 : 교사나 학생의 언어가 둘 이상의 분류항목 중 어느 것으로 하면 좋을지 확실하지 않고 망설여질 때는 제5항목으로부터 멀리 떨어진 항목을 선택한다.
- 제2준칙 : 만일 기본적인 교사행동의 어조가 계속적으로 지시적이거나 계속적으로 비지시적이면 교사의 명백한 전환을 확인함이 없이는 반대분류로 옮기는 것을 삼간다.
- 제3준칙 : 관찰자는 자신의 편견이나 교사의 의향에 좌우되지 않는다.
- 제4준칙 : 교사와 학생의 언어를 분류하는 것은 3초마다 한 번씩 하기로 되어 있는데, 만일 3초 동안에 하나의 분류항목 이상이 나타나면 나타난 모든 분류항목을 기록하도록 한다.

즉, 분류항목이 변할 때마다 기록하도록 한다. 만일 하나의 분류항목이 3초 이상 계속되면 그 분류항목 번호를 계속해서 기록하도록 한다.

- 제5준칙 : 3초 이내에 두 가지 이상의 분류항목이 나타나는 경우에는 그 다음 3초는 다르게 나타난 분류항목을 기준으로 하여 생각한다.
- 제6준칙 : 제7항목의 지시는 그 지시가 결과적으로 학생들의 어떤 행동을 유발하는 것을 관찰할 수 있거나 예견될 수 있는 교사의 말이어야 한다.
- 제7준칙 : 어떤 질문을 하고 이 질문에 답변할 학생을 지명하면 대부분 제4항목으로 분류된다.
- 제8준칙 : 교사가 책을 읽어가면서 설명하면 이는 강의의 일부로 보고 교사의 책읽는 행동까지도 합쳐서 5를 기록하나, 교사가 범독을 하면 작업의 시범과 마찬가지로 취급하여 0을 기록한다.
- 제9준칙 : 만일 3초 이상에 걸쳐서 침묵이 계속되거나, 웃거나 또는 혼동된 상태하에 교사와 학생의 언어상호작용이 분명치 않으면 각 3초마다 0을 기록한다.
- 제10준칙 : 판서를 오래 계속하거나 토론, 실험, 작업 등이 오래 계속되어 0을 계속적으로 기록해야 할 경우에는 관찰기록부 비고란에 문장으로 기록하여 둔다.
- 제11준칙 : 교사가 학생의 맞은 답변을 반복하면 이것은 하나의 칭찬으로 보고 제2항목으로 분류한다.
- 제12준칙 : 교사가 학생이 말한 것(맞았든, 틀렸든)을 반복하되, 반복에 그치는 것이 아니라 강의를 계속하거나 토론에 이용된다면 이 반복부분은 제3항목으로 분류한다.
- 제13준칙 : 만일 한 학생이 이야기하고 이어서 다른 학생이 이야기하면 9와 9, 8과 9 또는 8과 8 사이에 0을 기록한다. 이

것은 학생이 바뀌었음을 나타내는 것이다.

- 제14준칙 : 제9항목이 3초 이상 계속되는 동안 교사가 '으흥 으흠, 그래서? 와 같은 말을 하면 9와 9 사이에 2(권장)를 기록 한다.
- 제15준칙 : 학생에게 창피를 주거나 비꼬는 것이 아닌 교사의 농담 은 제2항목으로 분류한다.
- 제16준칙 : 수식적인 질문은 진짜 질문이 아니라 강의하는 기술의 하나이기 때문에 제5항목으로 분류한다.
- 제17준칙 : 교사의 좁은 질문은 그 다음에 8을 기록하는 전조다.
- 제18준칙 : 교사의 질문에 대하여 여러 학생이 한꺼번에 답변을 하 면 이 답변은 8에 해당한다.

위와 같은 준칙을 사용하는 것은 관찰자의 신뢰도를 높이기 위해서다. 따라서 분류항목의 숙지 외에 위의 준칙을 유의하여 관찰에 임하는 것이 중요하다.

3) 수업관찰의 실제

다음 수업분석의 예(〈표 7-2〉, 〈표 7-3〉 참조)는, 질적 연구를 목적으로 초등학교 1학년 수학 수업을 녹화한 자료를 Flanders 수업분석법에 근거하여 재분석한 것이다. 〈표 7-2〉는 수업 중 이루어진 교사와 학생의 수업언어를 Flanders 수업분석법에서 제시한 시간(3초 기준)의 흐름에 따라 기록하기 위한 양식표이다.

(1) 분석대상
- 장소 : ○○초등학교
- 분석자 : 이○○
- 학년 : 제1학년 4반

표 7-2 ◦ 시간선에 의한 분류기록표

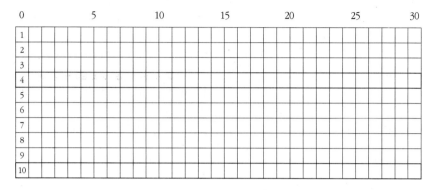

- 과목 : 수학
- 단원 : 수 익히기(1에서 9까지)

(2) 시간선에 의한 분류기록표 작성 결과

관찰 이전과 관찰 이후는 혼동이나 침묵이 있다고 보고 분류항목 0을 최초와 최후에 기록하였으며, 그 결과는 〈표 7-3〉과 같다(실선은 학생들이 슬라이드 상의 문제를 푼 경우이고 점선은 제자리 학습의 경우다).

표 7-3 ◦ 시간선에 의한 분류기록표 작성 결과

```
0 5 5 5 6 6 0 6 6 8 0 4 8 9 2 0 0 0 4 0 0 8 2 0 4
8 0 2 4 8 2 2 2 4 8 2 2 4 0 0 8 2 3 4 8 2 4 8 3 4
8 0 0 0 2 2 0 4 8 0 2 3 4 8 2 4 4 8 0 0 0 2 3 4 8
2 4 8 0 0 2 3 4 8 2 2 0 6 8 4 8 2 4 8 4 8 2 5 5 5
0 5 0 0 6 6 4 0 0 4 6 0 4 8 2 3 4 0 0 8 0 0 0 2 6
0 0 0 2 0 4 0 4 0 0 8 0 0 0 2 3 6 0 0 0 0 2 3 5 4
4 8 0 0 0 0 0 2 3 6 0 0 0 0 0 0 0 2 4 8 0 3 0 0 7
4 8 0 0 0 0 2 7 6 0 0 0 0 0 2 4 4 4 0 0 8 2 3 5 0
0 0 0 0 0 0 0 2 5 5 6 9 2 6 0 0 0 0 0 0 0 0 0 0 0
0 0 0 2 2 5 4 8 2 4 0 0 0 0 0 0 0 0 2 4 8 2 3 5 2
5 5 5 4 4 8 2 5 4 8 2 9 9 3 5 5 5 0 0 5 5 4 8 4 0
8 2 9 2 2 2 0 0 0 2 2 2 2 7 7 5 5 0 0 6 0 0 0 0 0
```

```
0 0 0 0 6 9 7 0 0 7 6 0 0 0 0 6 6 0 0 0 8 8 8 8 0 0
6 0 0 8 8 8 2 5 4 8 2 5 6 0 0 0 0 0 0 0 0 0 0 0 0 0
0 0 0 8 8 8 8 0 2 4 0 8 2 5 5 6 8 8 8 4 8 3 4 8 2
0 0 0 0 0 5 0 5 5 5 6 8 8 8 4 8 2 4 8 0 0 0 0 4 8
0 0 0 2 3 0 0 6 0 0 0 8 8 8 8 8 8 8 8 0 0 0 8 2 4
8 0 0 0 0 0 0 0 0 0 0 0 0 0 0 0 0 0 0 0 0 0 0 0 0
0 0 0 6 6 0 0 4 8 4 8 0 6 5 0 0 0 0 0 0 0 0 0 0 0
0 0 0 0 0 0 6 0 0 0 0 0 0 0 0 4 8 0 0 0 0 0 0 0 0
0 0 0 0 0 4 8 2 3 5 5 6 0 6 9 2 6 0 0 0 0 6 9 7 0
0 0 0 0 0 4 8 5 8 8 8 4 8 2 4 8 5 5 4 8 2 6 0
6 0 0 0 0 0 0 0 8 0 0 0 0 2 6 0 0 0 0 0 0 0 0 2 5
5 4 8 5 0 0 0 0 0 0 0 0 5 0 0 0 0 0 0 0 0 0 0 0
0 0 5 6 0 0 0 0 0 0 0 0 8 2 5 5 6 8 9 3 6 0 0 6 6 0
0 0 0 0 0 0 0 4 8 7 4 0 8 2 2 0 0 5 4 4 8 2 6 0
0 0 0 0 0 0 0 0 0 0 0 0 4 8 7 4 0 0 0 0 0 0 0 0 0
0 0 0 0 0 8 2 7 4 8 2 6 9 9 4 9 4 9 9 2 3 4 4 4 8
2 6 6 0 0 4 8 2 5 5 5 5 5 0 0 0 0 0 0 4 8 0 0 0 0
4 0 0 8 2 0 0 0 0 0 0 5 5 5 5 2 0
```

3. 관찰결과의 분석

1) 시간선에 의한 분류기록표의 해석

앞에서 작성한 시간선에 의한 분류기록표를 이용하여 수업에 대한 분석을 할 수 있다. 1번부터 0번까지의 분류항목별 빈도수를 합하고 이를 백분율로 환산하여 해석한다. 앞에 제시한 관찰기록표에 의거하여 분석표를 작성해 보면 〈표 7-4〉와 같은 결과를 얻을 수 있다.

이 분석표의 결과로 다음과 같은 사실을 알 수 있다.

첫째, 전체적으로 보면 교사가 말한 것(1번부터 7번까지의 계)은 36.6%이고 학생의 말(8번과 9번)은 14.3%이며 침묵, 혼란, 제자리 학습 및 교사의 판서, 교구정리 등(0번)에 사용한 시간은 49.1%다. 즉, 전체 시간의 약

표 7-4 ▪ 분류항목별 빈도수

분류항목	빈도	백분율(%)
1	0	0.0
2	74	10.0
3	18	2.4
4	72	9.7
5	54	7.3
6	44	5.9
7	10	1.3
8	92	12.4
9	14	1.9
0	363	49.1
계	741	100

절반을 침묵, 혼란, 제자리 학습 및 교사의 판서, 교구정리 등에 사용한 셈이므로 초등학교 1학년인 점을 감안하더라도 다소의 시간낭비가 있었음을 알 수 있다.

둘째, 〈표 7-4〉에서도 알 수 있듯이 이 수업은 초등학교 1학년생을 대상으로 한 수업이므로 지시적(6번)이거나 비판 혹은 권위를 부리는 범주(7번)보다는 학생들의 느낌을 받아들이고 칭찬하고 학생들의 아이디어를 이용하는 범주(1, 2, 3번)가 거의 두 배가 됨을 알 수 있다.

셋째, 1번의 학생들의 느낌을 받아들이는 발언은 전무하고 학생들의 학습동기를 자극시키는 3번도 그다지 높지 않음을 알 수 있다.

넷째, 학생의 발언을 보면 8번이 12.4%이고 9번이 1.9%로, 단순답변이 자진답변보다 거의 7배가 됨을 볼 수 있다. 9번이 많을수록 그 수업은 탐구력, 창의력, 비판력, 종합력 같은 고등정신기능의 함양에 도움이 되는 수업이라고 할 수 있다. 비록 초등학교 저학년생이라는 점이 이러한 수업을 이끌어내는 데 다소 어려움이 있지만, 확산적인 교사의 발문을 통해 그러한 것을 이끌어낼 수 있도록 노력해야 할 것이다.

2) 백분율 행렬표의 작성과 영역별 해석

앞의 시간선에 의한 분류기록표 외에도 수업을 보다 자세하게 분석하기 위해 100칸 행렬표를 작성하고 지수를 산출하는 방법이 있는데, 다음과 같다.

첫째, 분류항목 0을 처음과 마지막에 반드시 기록한다. 그것은 관찰 이전과 이후는 혼동이나 침묵이 있다고 보기 때문이다.

둘째, 관찰기록된 전체 분류항목을 다음 예와 같이 짝으로 만든다

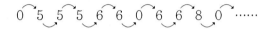

$$0 \quad 5 \quad 5 \quad 5 \quad 6 \quad 6 \quad 0 \quad 6 \quad 6 \quad 8 \quad 0 \quad \cdots\cdots$$

위의 숫자들은 일종의 행동계열을 나타내는 것으로 볼 수 있다. 즉, 침묵이나 혼동 → 강의 → 지시 → 침묵·혼동 → 지시 → 단순답변 → 침묵→⋯을 나타낸다.

셋째, 위의 숫자를 행렬표에 빈도로서 다음과 같이 기록한다. 처음의 한 짝이 0→5이므로 0행과 5열이 합쳐진 칸에 그 빈도를 기록하며, 다음의 짝은 5→5이므로 5행과 5열이 합쳐진 곳, 다음 역시 5→5이므로 5행과 5열이 합쳐진 곳, 그 다음은 5→6이므로 5행과 6열이 합쳐진 곳에 기록한다. 이렇게 계속하여 그 짝의 빈도를 행과 열에 기록하면 된다. 즉, 처음과 마지막의 0을 제외하고는 각각 두 번씩 기록된다.

실제 관찰한 자료를 토대로 100칸 행렬표를 작성하면 〈표 7-5〉와 같다.

여기서 보여주는 행렬표는 교사와 학생의 언어상호작용을 100가지로 분류한 셈이다. 행은 선행행동이고 열은 뒤이어 일어난 후속행동을 의미한다. 예를 들면 〈표 7-5〉에서 4행 8열의 빈도수가 48회인데, 이것은 교사의 질문(4)에 학생의 단순답변(8)이 3초를 기준으로 할 때 48번 있었음을 의미한다. 또한 8행 2열은 학생의 답변 후 교사의 칭찬이나 격려가 있었음을 나타내고, 5행 5열은 3초 이상에 걸쳐서 강의한 것이 얼마나

표 7-5 → 빈도에 따른 행렬표

행＼열	1	2	3	4	5	6	7	8	9	0	계
1											
2		11	13	15	11	8	3		2	11	74
3				8	5	3				2	18
4				8		1		48	2	13	72
5			2		9	24	8	1		10	54
6				1	1	6		5	5	26	44
7				4	1	2	1			2	10
8		34	2	7	3		2	21	2	21	92
9		5	2	2			2		3		14
0		22	1	18	9	16	2	17		277	362
계		72	20	63	39	60	18	92	14	362	740

되는지를 의미한다.

　이렇게 행렬표가 작성되면 대략적인 경향을 살펴볼 수 있는데, 그 비율을 자세히 알아보기 위해 총계를 분모로 하여 백분율로 나타내면 〈표 7-6〉과 같다.

　이러한 행렬표에서 (1, 1) (2, 2) (3, 3) (4, 4) (5, 5) (6, 6) (7, 7) (8, 8) (9, 9) (0, 0) 칸은 불변동상태칸(steady state cell)이다. 어떤 행동이든 그것이 3초 이상 지속되면 이곳에 기록된다. 관찰된 수업의 경우에는 5행 5열, 즉 교사의 강의가 3초 이상 계속된 비율이 3.25%로 다른 불변동상태칸보다 다소 높게 나타났으며, 0행 0열(일반적인 행렬 표기로는 10행 10열이나, 여기서는 0번 항목의 논리적인 연계를 위해 0행 0열로 표기한다.), 즉 제자리 학습, 침묵, 혼란 등이 37.43%로 현저하게 높은 비율을 나타내고 있다. 그리고 이 불변동상태칸을 제외한 다른 모든 칸들은 두 가지 서로 다른 행동이 결합한 모습을 나타내는데, 이러한 칸을 전이칸(transition cell)이라고 한다. 예를 들어 4행 8열의 빈도는 교사의 질문(질문(4)) 후에 학생의 단순답변(답변(8))이 얼마나 있었는지의 비율을 나타낸다.

표 7-6 ▪ 백분율 행렬표(%)

행＼열	1	2	3	4	5	6	7	8	9	0	계
1											
2		1.49	1.76	2.02	1.49	1.08	0.40		0.27	1.49	10.00
3				1.08	0.67	0.70				0.27	2.43
4				1.08		0.13		6.49	0.27	1.76	9.73
5		0.27		1.22	3.25	1.08		0.13		1.35	7.30
6				0.13	0.13	0.82		0.67	0.67	3.52	5.95
7				0.55	0.13	0.27	0.13			0.27	1.35
8		4.60	0.27	0.95	0.40		0.27	2.84	0.27	2.84	12.43
9		0.67	0.27	0.27			0.27		0.40		1.89
0		2.97	0.13	2.43	1.23	2.16	0.27	2.30		37.43	48.92
계		10.00	2.43	9.73	7.30	5.95	1.35	12.43	1.89	48.92	100.00

(※ 표에서 행과 열의 합과 계의 비율에는 0.01 정도의 오차가 생기는 곳이 있을 수 있는데,
이는 반올림 계산에서 생긴 수치로 큰 무리가 없으며, 계의 비율은 빈도수 합의 비율이다.)

한편, 다음 〈표 7-7〉은 학생 발언에 대한 교사의 반응이 어떻게 나타
나고 있는지를 보여주고 있는 영역들이다.

A부분은 학생의 발언에 대한 교사의 비지시적 영향을 의미하고, B부
분은 지시적인 영향을 의미한다. 이 두 부분의 빈도를 비교해보면 학생
의 말이 끝난 후에 교사의 반응이 어떠했는지를 알 수 있다. 관찰된 수
업은 A부분의 사례 수가 52이고 B부분은 7이므로 비지시적인 반응이 절
대적임을 알 수 있다.

또한 다음의 영역들은 교사의 계속적인 비지시적 영향과 지시적 영향
에 대한 영역들을 보여주고 있다. 〈표 7-8〉에서 영역 A는 교사가 학생의
느낌을 받아들이고 학생들의 발언을 명백히 해주며, 칭찬하거나 권장을
하며 학생들의 생각을 이용하는 영역(1, 2, 3)인데, 이 영역의 빈도가 많으
면 교사에 의한 비지시적 영향이 계속됨을 알 수 있다. 그리고 영역 B는
교사의 계속적인 비판이나 지시를 나타내는 영역(6, 7)임을 알 수 있는데,
다른 한편으로는 교사가 지시를 하지만 학생이 이에 따르지 않았음을 암

표 7-7 ▪ 학생 발언에 대한 교사의 반응

행＼열	1	2	3	4	5	6	7	8	9	0	계
1											
2											
3											
4											
5			A				B				
6											
7											
8		34	2	7	3		2				
9	5		2	2			2				
0											
계											

시하기도 한다. 〈표 7-5〉의 관찰된 수업에서는 A영역이 24를 나타내고 B영역은 9를 나타내고 있어 계속적인 비지시적 영향이 조금 높기는 하지만, 전체적으로 볼 때 두 영역 모두 그다지 높은 수치라고는 할 수 없다.

표 7-8 ▪ 교사의 계속적인 비지시적 영향 및 지시적 영향

행＼열	1	2	3	4	5	6	7	8	9	0	계
1					A						
2		11	13								
3											
4											
5							B				
6						6					
7						2	1				
8											
9											
0											
계											

3) 지수의 산출과 해석

지금까지 시간선에 의한 분류기록표의 작성과 그 항목별 빈도수의 도출에 관해 살펴보았으며, 각각의 빈도를 가지고 100칸 행렬표 등을 작성해보았다. 또한 그 행렬표의 영역들이 가지는 의미를 다양한 면에서 분석해 보았다.

여기서는 이러한 행렬표에 있는 빈도를 가지고 각종 지수를 산출해 보고, 그 지수가 가지는 의미를 분석해 보도록 한다.

(1) 비지시비

비지시비(indirect/direct ratio)는 어느 정도 비지시적인 수업을 하였는지를 의미한다. 일반적으로 말하면 비지시비가 0.50(50%) 이상이면 비지시적인 교사이거나 비지시적인 영향의 수업이라고 할 수 있다. 앞서 관찰한 수업의 빈도를 사용하여 비지시비를 계산하면 다음과 같다.

$$(1, 2, 3, 4행\ 계의\ 합) \div (1, 2, 3, 4, 5, 6, 7행\ 계의\ 합) \times 100$$
$$= (0 + 74 + 18 + 72) \div (0 + 74 + 18 + 72 + 54 + 44 + 10) \times 100$$
$$= 60.29(\%)$$

따라서 관찰된 수업은 비율이 60.29%이므로 비지시적인 수업이라고 할 수 있다.

(2) 수정 비지시비

수정 비지시비(revised i/d ratio)는 비지시비의 계산과정에서 4번의 교사질문과 5번의 강의를 제외한 수치로 산출한 지수이다. 강의나 교사의 질문은 학생중심이나 교사중심 어느 편에도 속하지 않는 중립적인 것으로, 여기에서는 이것을 제외한 좀더 정확한 비지시적인 영향을 알고자 하는 의도가 담겨 있다. 이 지수가 0.50(50%) 이상 되어야 비지시적 영향의 수업이라고 할 수 있다.

(1, 2, 3행 계의 합) ÷ {(1, 2, 3행 계의 합) + (6, 7열 계의 합)} × 100

= (0 + 74 + 18) ÷ {(0 + 74 + 18) + (44 + 10)} × 100

= 63.01(%)

여기서도 비율이 63.01%가 나왔으므로 관찰된 수업은 수정 비지시비에서도 비지시적 수업이라는 결과를 얻을 수 있다.

(3) 8행 및 9행의 비지시비

8행 및 9행의 비지시비(revised i/d ratio row 8 and 9)는 학생의 발언에 대해 교사가 어떻게 반응하였는지를 보여주는 지수로, 교사가 학생의 발언에 대하여 온정적, 격려적, 허용적으로 반응하였는지 그렇지 않으면 지시적, 비평적으로 반응하였는지를 보여준다. 이 지수가 0.50(50%) 이상이 되어야 비지시적 경향의 수업이라고 볼 수 있다.

(8행과 9행의 1, 2, 3열의 합) ÷ {(8행과 9행의 1, 2, 3열의 합) + (8행과 9행의 6, 7열의 합)} × 100

= (0 + 34 + 2 + 0 + 5 + 2) ÷ {(0 + 34 + 2 + 0 + 5 + 2) + (0 + 2 + 0 + 2)}
   × 100 = 91.49%

따라서 위 수업을 한 교사는 학생의 발언에 대해 상당히 온정적이며, 격려적이고 허용적인 태도를 지녔다고 할 수 있다.

(4) 악순환비(vicious circle ratio)

교사의 지시적인 발언이 계속해서 반복되는 비율을 나타내는 지수이다. 예를 들면 교사의 명령지시 → 학생의 침묵 → 교사의 비난 → 학생의 침묵 → 더 강한 명령지시 → 더 조용한 침묵 → 더 강하게 야단침의 과정이 반복되는 비율을 말하며, 이 수치가 낮을수록 좋은 수업이 된다. 앞서 제시된 표의 데이터를 이용하여 계산한 결과는 다음과 같다.

$$(6행6열+6행7열+7행6열+7행7열 \ 계의 \ 합) \div (1행\sim0행 \ 계의 \ 합) \times 100$$

$$= (6+0+2+1) \div (0+74+18+72+54+44+10+92+14+362) \times 100$$

$$= 1.22(\%)$$

[그림 7-1] 컴퓨터를 활용한 Flanders 분석의 예
(수업분석 ver 3.2)

이 외에도 행렬표상의 빈도를 이용하여 산출할 수 있는 많은 지수(예를 들면 교사의 발언, 3-3칸비, 9-9칸비 등)들이 있으나, 여기서는 중요한 몇 가지만 다루었다. 에듀슈가(www.edusugar.com)에서 제공하는 수업분석 ver 3.2 프로그램에는 앞서 설명한 여러 지수의 산출을 컴퓨터를 활용하여 편리하게 할 수 있는 프로그램이 있으므로 사용해 보기 바란다([그림 7-1] 참고).

4) 수업형태의 분석

Flanders의 상호작용분석법으로 수업을 관찰분석할 때, 교사의 전형적인(습관화된) 수업형태를 도출하기 위해 그 수업의 형태를 숫자로 요약 제시하는 것이 가능하다. 일단 빈도에 따른 100칸 행렬표가 작성되었다면 다음의 절차에 따라 수업의 형태를 추출해 낼 수 있다.

첫째, 주형태(major pattern)를 찾는다(주형태가 없는 경우도 있다).
둘째, 부형태(minor pattern)를 찾는다(부형태가 없는 경우도 있다).
셋째, 불변동상태의 칸과 형태의 연장을 찾는다(없을 수도 있다).
넷째, 불변동의 칸과 연장된 형태의 수정을 찾는다(없을 수도 있다).
다섯째, 전이칸과 형태의 연장을 찾는다(없을 수도 있다).

　지면상의 문제로 구체적인 규칙과 절차를 다 기재하지는 못하였다. 여기서 주형태란 수업에서 가장 자주 나타나는 행동을 화살표(→)로 연결시킨 것을 말한다. 그리고 부형태란 행렬표에서 자주 나타나지는 않으나 주형태와 함께 상호작용의 본질과 방향을 암시하고 있다. 에듀슈가에서 제공하는 수업분석 ver 3.2 프로그램에는 주형태와 부형태를 산출하는 기능이 있으므로 이를 활용해 보기 바란다.

　관찰된 수업의 경우를 예로 하여 수업형태를 추출하면 다음과 같다.

(1) 주형태의 발견

　행렬표에서 빈도수가 가장 많은 곳을 보면 48의 빈도수가 있는 4행 8열이다. 이곳의 열이 8이기 때문에 8행을 보면, 8행 2열이 34로 빈도수가 많다(주형태 발견시 불변동칸은 제외되며, 두 번째 발견된 칸의 빈도수가 앞에 발견된 칸의 빈도수의 50% 이상이 되어야 한다). 같은 방법으로 2행에서는 4열이 빈도수가 많으나 8행 2열의 빈도수 보다 50%가 넘지 않으므로 주형태의 발견은 8행 2열에서 끝난다.

(2) 부형태의 발견

　주형태를 이루고 있는 두 개의 이동칸 가운데 빈도수가 가장 적은 것은 34이나, 이 빈도수 이상이 되는 곳이 없으므로 부형태는 없다.

(3) 불변동상태의 칸과 형태의 연장

　불변동상태의 칸 중에서 다른 이동칸의 빈도수보다 많은 것이 있는데, 바로 0행 0열이다. 다시 0행을 보면 17의 빈도수를 가진 0행 8열이 있는데, 이를 매개칸으로 하여 8행에서 2열과 연결될 수 있다.

　그러면 이렇게 추출한 자료를 가지고 관찰수업의 형태를 분석해 보자. 이 수업의 주형태를 이루고 있는 행의 분류항목은 4→8이기 때문에 이 수업의 주형태는 4→8→4→8이 여러 번 반복된 것이라고 볼 수 있다. 즉, 질문→단순답변의 행동계열인 셈이다.

5) 신뢰도계수의 산출

Flanders 분석법에서는 관찰기록이 잘못되어 있으면 그 해석을 믿을 수 없기 때문에 관찰자는 관찰기록의 신뢰도계수를 높이도록 하여야 한다.

여기에서 신뢰도계수란 2인의 관찰자간 또는 동일수업을 2회 기록하였을 때의 분류항목별 빈도수의 일치도를 말한다. 즉, 관찰자신뢰도이며, 어느 의미에서 보면 객관도라고 볼 수 있다. 같은 수업을 두 사람이 관찰하고 후론하는 공식에 따라서 신뢰도계수를 산출하면 된다. 만일 한 개인이 자기 자신의 신뢰도계수를 알고 싶으면 녹음된 수업을 전후 2회에 걸쳐 기록하고 그 신뢰도를 산출하는 전·후신뢰도법을 쓰도록 한다. 어느 편이든 계산방법은 동일하다.

관찰자신뢰도계수는 스콧의 계수(Scott's coefficient)라고 한다. 스콧계수가 0.85 이상이면 2인의 관찰기록을 모두 믿을 수 있다고 본다. 따라서 관찰기록자는 스콧계수가 0.85 이상이 될 때까지 사전에 충분히 훈련을 쌓아야 한다. 반면 0.85 이하가 된 사람의 관찰기록은 분석에 활용하지 않는다.

스콧신뢰도계수의 산출방법의 예를 들면 다음과 같다.

분류항목	관찰자 A	관찰자 B	% A	% B	% C	M² %
1	12	9	3.3	2.1	1.2	0.073
2	3	4	0.8	0.9	0.1	0.007
3	24	34	6.5	8.1	1.6	0.553
4	25	25	6.8	5.9	0.9	0.403
5	76	97	20.7	23.1	2.4	4.796
6	3	7	0.8	1.8	1.0	0.017
7	3	4	0.8	0.9	0.1	0.007
8	151	160	41.2	38.0	3.2	15.682
9	51	59	13.9	14.1	0.3	1.960
0	19	22	5.4	5.2	0.2	0.281
계	367	421	100.2	100.1	11.0	24.759

- 분류항목 : Flanders의 1번부터 0번
- 관찰자 A : 분류항목의 1번 빈도수는 12, 2번은 3으로 표시한 것임
- % A : 관찰자 A의 각 항별 빈도수를 %로 환산한 것임
- C % : 관찰자 A의 %에서 관찰자 B의 %를 뺀 것의 절대값임　| % A－% B |
- $M^2\%$: {(%A+%B)÷2}²을 비율로 환산한 것임

　　예 : (분류항목 1번)

　　{(3.3+2.1)÷2}²=7.3, 7.3%=0.073

(공식) Scott's coefficient(스콧계수)

$$\pi = \frac{Po - Pe}{100 - Pe}$$

Po=100 － ΣC%(Σ……총합)

Pe=ΣM²%

$$\pi = \frac{Po - Pe}{100 - Pe} = \frac{(100 - 11) - 24.76}{100 - 24.76} = 0.85$$

위와 같이 신뢰도계수가 산출되나 여기에는 몇 가지 문제점이 있다.

첫째, 관찰자 A의 기록은 100%로 정확한데, 관찰자 B의 기록이 문제가 있는 경우다. 이 경우에 신뢰도를 산출하면 0.85 이상이 되는 수가 있는데, 이것은 관찰자 B가 A의 혜택을 본 셈이다. 이때 관찰자 B도 믿을 수 있겠느냐 하는 것이다. 신뢰도계수 0.85는 상당히 높은 계수다. 관찰자 A의 기록을 100%로 믿으면 관찰자 B는 70%는 되어야 0.85가 되며, A가 95%이면 B는 75%는 되어야 한다. 따라서 양자를 어느 정도 믿을 수 있다. 그러나 관찰자 A는 100%이지만 관찰자 B를 60% 정도 믿는 경우에는 그 신뢰도계수가 0.8밖에 안 되므로 A가 B로 인하여 스스로 정확성을 알 수 없게 된다. 이런 경우에는 자신이 있다고 생각하는 A는 다른 사람과의 신뢰도계수를 다시 산출해 보아야 한다.

둘째, 어떤 특정한 사례의 분류항목에 대하여 A·B칸에는 의견이 일치되나, 그것이 정확한 분류항목이 아닌 경우의 문제다. 예를 들면 A·B 모두 분류항목 2번으로 하였으나, 실제로는 3번으로 해야 맞는 경우다. 이것은 타당도의 문제이며 신뢰도의 문제는 아니므로 이를 가려낼 수 없

다. 타당도를 높이기 위하여 훈련을 잘 받도록 해야 한다. 신뢰도계수가
0.85가 되도록 최초에는 녹음된 수업장면을 가지고 훈련을 쌓아야 하며,
다음에는 실제 수업장면에서 관찰기록한 결과로 신뢰도계수를 산출해야
한다(김종서, 김영찬, 1970).

신뢰도계수가 0.85 이상이 되려면 능력이 있는 사람은 약 6시간 정도
이면 되나, 능력이 부족한 사람은 약 10시간 정도의 노력이 필요한 것으
로 알려져 있다. 에듀슈가에서 제공하는 수업분석 ver 3.2 프로그램에는
신뢰도계수를 높일 수 있는 3단계의 연습 프로그램이 포함되어 있다(그
림 7-2] 참고).

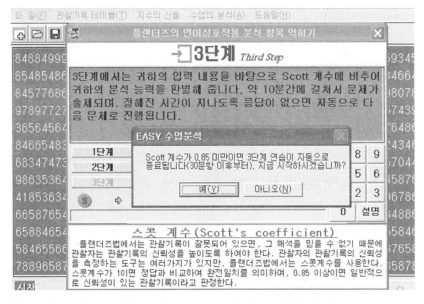

[그림 7-2] 신뢰도 계수 향상을 위한 컴퓨터 연습용 프로그램

요 약

1. Flanders의 언어상호작용분석법은 언어상호작용 카테고리와 수업 관찰을 위한 카테고리 사용절차의 두 범주를 가지고 있다. 따라서 언어상호작용분석법은 관찰 카테고리를 중심으로 분석이 이루어지고 있는데, 이 관찰 카테고리는 수업상황에서 교사와 학생 사이에 생기는 모든 언어상호작용을 기록하고 있다.

2. 언어상호작용분석법은 신뢰도나 결과의 분석에 있어서 과학적인 방법으로 정리되고 해석된다.

3. 언어상호작용분석법은 10개의 분류항목을 가지고 있는데, 교사의 발언으로서 비지시적 발언(1-4번까지)과 지시적 발언(5-7번까지)의 영역이 있으며, 학생의 발언으로서 단순반응(8번)과 주도적 발언(9번)이 있다. 마지막으로 침묵 혹은 혼란과 같이 의사소통의 정지상태(0번)를 나타내는 기타의 영역이 있다.

4. 실제 언어상호작용분석을 위해서는 시간선을 나타내는 표가 필요한데, 보통 3초마다 앞서 10개의 분류항목에 해당하는 교사와 학생 사이의 언어상호작용을 표시하도록 하고 있다.

5. 실제 수업을 분석할 때 Flanders의 언어상호작용분석법에서는 다양한 분석방법이 사용될 수 있다. 시간선에 의한 분류표에서 산출된 빈도수뿐만 아니라, 각 항목을 행과 열로 두고 작성한 100칸 행렬표에서도 각각의 영역이 주는 의미를 해석함으로써 수업의 형태를 다양한 방면에서 분석할 수 있다.

6. 언어상호작용분석법을 통해 수업에서 교사와 학생 사이의 언어상호작용의 유형을 알 수 있으며, 무엇보다도 그러한 수업 결과를 수업자 스스로가 확인하고 스스로의 행동을 제고해 보는 데 도움을 줄 수 있다.

연습문제

1. 다음은 Flanders의 언어상호작용분석법에 대한 설명이다. 옳지 않은
   것은?
   ① 언어상호작용분석법은 수업 결과가 수업자에게 확인되고 스스
      로의 행동을 고치는 데 도움을 줄 수 있다.
   ② 연습만 쌓으면 언어상호작용분석법이 비언어상호작용분석법보
      다 신뢰롭다.
   ③ Flanders의 분석법은 언어상호작용뿐만 아니라 행동적 상호작용
      까지 분석 가능하다.
   ④ 수업분석의 결과는 과학적인 방법으로 분석되고 해석된다.

2. 다음은 Flanders의 언어상호작용분석의 범주를 나열한 것이다. 비
   지시적 범주로만 짝지어진 것은?
   ① 강의, 지시, 감정의 수용   ② 권위의 정당화, 질문
   ③ 격려, 권위의 정당화   ④ 격려, 학생의 아이디어를 사용

※ 다음은 언어상호작용 분류를 위한 기본 준칙을 설명한 것이다. 맞
   으면 ○, 틀리면 ×를 하시오(3~5).

3. 3초마다 표시하는 시간선에 의한 분류표를 작성할 때 하나의 분류
   항목이 3초 이상 계속되면 그 분류항목 번호를 계속해서 기록한다.
   ─── ( )

4. 교사가 계속 책을 읽어주는 경우(범독의 경우)에는 이를 강의의 일부
   로 보고 분류항목 '5(강의)'로 취급하여 기록한다. ──────────── ( )

5. 교사가 학생의 맞은 답변을 반복하면 이것은 하나의 칭찬으로 보고
   제2항목(칭찬이나 격려)으로 분류한다. ──────────────────── ( )

6. Flanders의 언어상호작용분석법은 백분율 행렬표를 사용하여 영역

별로 수치적인 해석이 가능하다. 다음 보기에 제시된 수치를 이용하여 '비지시비'를 백분율로 구하시오.

- 1열의 합 : 2
- 2열의 합 : 65
- 3열의 합 : 22
- 4열의 합 : 75
- 5열의 합 : 58
- 6열의 합 : 38
- 7열의 합 : 12
- 8열의 합 : 80
- 9열의 합 : 20
- 0열의 합 : 370

제 **8** 장
수업중 질의응답의 분석법

수업은 질의응답 중에 진행된다. 질의응답 활동을 통하여
학습자의 수업참여 형태를 알고 수업전략이 무엇이며,
수업의 잠재된 계획이 무엇인지 암시받을 수 있다.

수업중 질의응답의 중요성/ 수업중 질의응답의 유형/ Hyman이 제시한 네 가지 수업언어
수업중 질의응답의 일반적 형태/ 질의응답 관찰을 위한 단계별 절차
수업중 질의응답 분석의 틀/ 분석의 실제

 Hyman의 수업중 질의응답분석법은 수업중 교사와 학습자가 주고받는 의사소통 유형을 알아보는 것으로 우리나라에 많이 알려지지 않은 수업분석법의 하나다. 이 분석법이 우리나라에서 널리 이용되지 못하고 있는 가장 큰 이유 중의 하나는 Flanders의 언어상호작용분석법의 그늘에 가려져 있었기 때문일 것이다. 사실 Hyman의 수업중 질의응답분석법은 Flanders의 언어상호작용분석법과 비교해 볼 때 수업관찰에서부터 산술적 통계에 이르기까지 체계적이지 못하고 비논리적인 측면이 많다. 하지만 관찰방법이 용이하고 분석이 쉽다는 장점이 있다. Hyman의 분석법은 관찰자가 별도의 연수나 훈련을 받을 필요가 없이 사용할 수 있으며, 분석에 있어서도 특별한 통계방법을 요구하지 않는다. 즉, 누구나 쉽게 사용하고 또 분석해 볼 수 있다.

 이 장에서는 이러한 Hyman의 수업중 질의응답분석법의 특징과 Hyman이 분류하고 있는 네 가지 수업언어동작, 그리고 수업관찰을 위한 절차와 방법, 분석의 틀 등에 대해서 알아보고, 마지막으로 Hyman이 제시한 수업중 질의응답분석의 틀을 가지고 실제 수업을 분석해 보고자 한다.

 이 장에서 학습하고자 하는 목표는 다음과 같다.

---

1. 수업시간에 질의응답이 중요한 이유를 말할 수 있다.
2. Hyman이 제시한 수업중 질의응답분석법의 특징을 말할 수 있다.
3. Hyman이 제시한 수업중 질의응답동작을 말할 수 있다.
4. Hyman이 제시한 수업중 질의응답의 유형을 말할 수 있다.
5. Hyman의 수업중 질의응답분석의 절차를 말할 수 있다.
6. 실제 수업현장에서 Hyman이 제시한 수업중 질의응답분석법을 이용하여 수업을 관찰하고 분석할 수 있다.

1. 수업중 질의응답의 중요성

교육활동의 많은 부분은 수업중 질의응답으로 이루어진다. 이러한 질의응답을 사용하여 필수적으로 가르쳐야 할 사항을 전달하게 된다. 예를 들면, 생각을 분명히 설명하고, 개념이나 원리를 설명하며, 서로 비교하고 숙제를 내준다. 즉, 모든 교육활동에서 언어는 교사와 학생 사이의 대화의 중심이다. 그리고 이러한 대화중심의 활동들은 수업중 질의응답 내에서 여러 가지를 암시한다. 구체적으로 살펴보면 다음과 같다.

첫째, 수업중 질의응답은 학생의 참여형태를 암시한다. UCLA에서 행한 연구에 따르면, 67개 학교의 150여 개의 수업에서 5% 외에는 모두 하나의 상호작용 형태가 지배하고 있다고 하였다. 상호작용 활동을 간단히 기술해 보면 다음과 같다. 교사가 질문을 하고, 학생은 한두 단어나 짧은 구절로 맞게 응답하고, 교사는 학생의 응답이 맞다고 인정한다. 다른 연구들에서도 이와 같은 사실을 뒷받침하고 있다. 수업의 다양성과 개별화에 대한 요구가 있음에도 불구하고 대부분의 교사는 규칙적으로 이러한 참여형태를 유지하고 있다. 진행되고 있는 상호작용의 유형에 대해 알고 있음으로써 장학담당자는 이러한 중요한 수업중 질의응답작용에 대해 교사를 도울 수 있는 위치에 서게 된다.

둘째, 수업중 질의응답작용은 학생들이 수업에 얼마나 적극적으로 참여하고 있는지에 대한 정도를 암시한다. 주의깊게 듣고 있는 학생은 능동적으로 주어진 수업에 참여하고 있다고 할 수 있다. 반면에 수업상호작용에서 전혀 말을 하지 않거나 거의 하지 않는다면 그 학생이 수업에 적극적으로 참여하고 있는지 극히 의심스럽다. 수업중 질의응답작용의 양은 수업의 참여 정도를 결정한다. 예를 들면, 교사가 계속적으로 수업에서 95%의 말을 한다면 학생들은 전혀 참여하고 있지 않다고 추론해도 별 무리가 없을 것이다. 극단적으로 이 경우 학생들은 수업하는 장소에 없는 것이나 마찬가지인 것이다.

셋째, 사용된 수업전략을 암시한다. 서로 다른 수업전략은 각기 다른 수업활동을 요구한다. 따라서 수업의 상호활동을 검토함으로써 사용된 수업전략이 무엇인지 알 수 있다. 어떤 경우에는 실제로 사용된 전략이 교사가 처음에 의도했던 것이 아닐 수도 있다. 혹은 수업시간에 사용된 전략은 교사가 의도한 것이든 아니든 간에 수업자료에서 설계한 것과 다를 수 있다. 수업중 질의응답작용은 이러한 것을 보다 객관적으로 보여 준다.

넷째, 그 수업에서의 부분적으로 '잠재된 계획(hidden agenda)'을 암시 받을 수 있다. 수업을 할 때에는 계획에 따라 어떤 사실을 명시적으로 가르친다. 동시에 말없이 묵시적으로 가르치는 경우도 있다. 이러한 것들은 어떤 것은 계획되어 있을 수 있지만 대부분은 계획되지 않으며, 오히려 그것에 대하여 알지 못하는 경우가 많다. 예를 들면, 교사가 끊임없이 학생들에게 질문을 하고 설명을 하며, 학생들은 교사의 질문에 답하고 설명을 듣는 것 외에 다른 일을 하지 않는다면, 교사는 '이 수업에서 질문을 할 수 있는 사람은 나밖에 없고 너희들은 나의 질문에 답하고 설명만 들으면 된다'는 묵시적인 메시지를 주고 있다고 할 수 있다. 즉, 이것은 학생들 스스로 궁금한 것을 교사에게 묻거나 다른 학생들에게 묻는 것을 못하도록 하는 잠재된 계획이라고 할 수 있는 것이다. 따라서 수업중 질의응답 내용을 분석해 보면 부분적이라고 할지라도 몇몇의 중요한 묵시적인 메시지가 수업시간에 은연중에 전달될 수 있음을 추론할 수 있다.

2. 수업중 질의응답작용의 네 가지 언어유형

1) 구조화하는 언어 : 수업의 진행을 위해 사용하는 언어

구조화(structuring) 행위는 교사와 학생 사이의 상호작용을 시작하거나

중지 혹은 배제함으로써 일련의 행동을 하기 위한 상황을 조성하는 역할
을 한다. 예를 들면, 교사는 수업시간 중이나 수업을 시작할 때 토의되어
야 할 주제에 대해 주의를 집중시키기 위해 흔히 구조화 행위를 한다.
구조화 행위의 예를 들면 다음과 같다.

① "그러면 이번에는 물의 오염에 대해서 이야기해 봅시다."
② "자, 케네디 대통령은 쿠바가 말썽을 일으키고 있다는 것을 보고
   받고 그의 보좌관들을 소집했습니다. 그들은 쿠바를 침공하는 데
   동의를 해야 한다고 결정했습니다. 케네디는 그 때…."
③ "오늘은 여기서 마칩니다. 어린 왕자의 성격적 특징에 관한 토의는
   여기까지 하겠어요."

①에서 말하는 사람은 새로운 주제를 시작함으로써 구조화한다. 그는
주제를 이야기해 주고 그 주제에 대한 자세한 이야기는 하지 않는다. 즉,
물의 오염이나 오염의 원인 등 실질적인 설명은 해주지 않고 주제만 꺼
내는 것이다. 반면에 ②에서 말하는 사람은 케네디 대통령과 쿠바의 주
제를 시작함으로써 구조화하고 있다. 즉, 말하는 사람은 이야기를 해나
가면서 케네디 대통령과 쿠바에 관한 실질적인 무엇을 말해주고 있는 것
이다. ①에서는 주제에 관해서만 말하고 있는 반면에 ②의 화자는 주제
의 내용에 대해 말하고 있다. ③에서 말하는 사람은 어린 왕자의 성격적
특징에 관한 토의를 중단함으로써 구조화하고 있다. 학급토의가 끝난 것
은 알 수 있지만 다음에 무엇이 올지는 아직 모른다.

2) 요청하는 언어 : 대답 또는 특정 행동을 요구하는 언어

이 범주에 속하는 행위는 언어반응을 이끌어내고 격려하여 학습자가
어떤 일에 동참하게 하거나 신체적인 반응을 유도하는 것 등이 포함된
다. 그리고 모든 질문은 요청(solicting)하는 언어에 해당한다. 명령, 지시,
부탁하는 언어도 마찬가지다. 이러한 행위의 예는 다음과 같다.

① "원의 넓이를 구하는 공식이 무엇이지요?"

② "칠판에 있는 분수셈 문제를 풀어보도록 하세요."

③ "미영아, VTR을 잘 시청할 수 있도록 커튼을 좀 처 주겠니?"

①에서 말하는 사람은 원의 넓이를 구하는 공식에 대한 언어적 반응을 요구하고 있는데, 이것은 요청하는 언어범주에 포함시킬 수 있다. ②에서 말하는 사람은 학습자가 칠판에 있는 분수셈 문제를 푸는 데 동참하도록 지시하고 있는데, 이것 또한 요청하는 언어에 넣을 수 있다. ③에서 말하는 사람은 미영이라는 학생에게 특별한 신체적 활동을 하도록 요청하고 있다.

각각의 경우에서 말하는 사람의 기대나 희망이 말하는 언어 속에 함축되어 있고, 이것이 대화하는 가운데 드러나게 된다는 것을 알 수 있다.

3) 응답하는 언어 : 요청에 대한 응답언어

이 언어는 요청언어와는 상대적인 관계이며, 요청언어와 관련지어서만 나타난다. 이것의 교육적 기능은 요청언어의 기대를 만족시키는 것으로 질문에 대해 답하는 언어는 응답(responding)으로 분류된다. 응답언어의 예는 다음과 같다(앞의 요청하는 언어의 질문 참조).

① ('원의 넓이를 구하는 공식이 무엇인가'에 대한 반응으로서) "반지름× 반지름×3.14입니다."

② 요청동작 예의 두 번째와 세 번째는 비언어적인 반응을 요구하고 있으므로 언어반응은 없다.

③ ('오르간이 어디 갔지'에 대한 반응으로서) "6학년 3반에서 빌려갔어요."

①과 ③에서 말하는 사람은 언어적 응답을 요구하고 학습자는 요청에 대한 대답을 하고 있다. 요청언어의 두 번째와 세 번째의 예에 대한 응

답에는 말이 들어 있지 않다. 그것은 주의를 집중하라는 것과 커튼을 치라는 행동을 요구하고 있기 때문이다. 이 경우 수업관찰시 응답의 열거는 못하고 이것에 대해 기술할 수 있을 뿐이다.

4) 반응하는 언어

이 행위는 때로 구조화 언어, 요청언어, 응답언어 혹은 그 앞의 반응언어에 의해 발생하지만 이러한 것들에 의해서 직접적으로 도출되지 않는 경우도 있다. 이 언어는 앞에서 말한 것을 수정(설명, 종합, 보충)하고 평가(긍정적 혹은 부정적으로)하는 언어적 행동을 한다.

반응동작은 응답언어와 다르다. 응답언어는 언제나 요청하는 언어로부터 생기지만 반응언어는 그 이외의 다른 선행동작에 따라 자발적으로 일어난다. 예를 들면 학생의 응답에 대한 교사의 평가는 반응언어로 구분된다. 그 밖에 반응언어의 구체적인 예를 들어보면 다음과 같다.

① "나는 케네디 대통령에 대한 말에 동의합니다. 그리고 또한 자신의 잘못을 공식석상에서 인정한 일은 옳다고 생각합니다."
② "승완아, 대답 참 잘했구나."

①에서 말하는 사람은 처음 앞에서 언급한 사항에 대하여 동의하는 반응을 하고 있고 그에 덧붙여 자신의 생각을 말하고 있다. 이 반응에서 동의하는 부분은 다른 수업적 행위(케네디 대통령의 자신의 잘못에 대한 인정)에 대한 긍정적 평가다. 반응 ②에서 말하는 사람은 처음 앞에서 언급한 사항에 대하여 간단한 평가를 하고 있다. 승완이란 학생의 응답에 대한 긍정적인 반응을 보였다.

각각의 예에서 말하는 사람들은 직접적으로 이러한 말들을 할 필요가 없었다는 사실에 주목해야 한다. 말하는 사람들은 위와 같은 반응을 보이지 않고 다른 일을 할 수도 있었을 것이다. 예를 들면, ①에서 말하는 사람은 그와 같은 반응(주장)을 보이기에 앞서 "케네디 대통령은 부통령

존슨을 회의에 참석시켰습니까?'라고 질문을 할 수도 있었을 것이다. 이러한 이유로 ①은 반응동작이라고 할 수 있다.

②도 이와 유사하다. 말하는 사람은 승완이란 학생의 응답을 평가하지 않을 수도 있다. 말하는 사람은 다른 질문을 하거나 새로운 화제를 꺼낼 수도 있었을 것이다. 그러나 말하는 사람은 반응을 선택했고 대답들은 반응의 근거로서 역할을 하였다.

이 네 가지 수업중 질의응답활동, 구조화하는 언어, 요청하는 언어, 응답하는 언어, 반응하는 언어는 교실에서 어떠한 일이 벌어지고 있는가를 기술하는 수단을 제공해 준다. 동작의 이 네 가지 이름은 기술적인 명칭이다. 따라서 그 개념을 마음속에 새기고 수업중 질의응답을 토론할 때 적절히 사용하여 혼란을 일으키지 않도록 하여야 한다.

5) 수업 실제에서 질의응답작용의 예

① 자, 색에 대해서 이야기해 봅시다. ·············· (구조화)
② 색의 3요소는 무엇이지요? ························· (요청)
③ 색상, 명도, 채도입니다. ························· (요청 ②에 대한 응답)
④ 참 잘했어요. 민호. ························· (응답 ③에 대한 반응)

① 도서 자료실이 어디 있는지 말해주세요. ········· (요청)
② 윗층입니다. ························· (요청 ①에 대한 응답)
③ 아닙니다. 아래층 왼쪽입니다. ························· (응답 ②에 대한 반응)

① 우리나라를 대표하는 꽃은 무엇이지요? ········· (요청)
② 그 질문은 너무 쉬워요. ························· (요청 ①에 대한 반응)
③ 너무 쉽다고는 생각하지 않아요. ························· (반응 ②에 대한 반응)
④ 장미꽃입니다. ························· (요청 ①에 대한 응답)

⑤ 우하하, 장미꽃이래. ·························· (응답 ④에 대한 반응)

⑥ 틀렸습니다. ································· (응답 ④에 대한 반응)

⑦ 무궁화꽃입니다. ····························· (요청 ①에 대한 응답)

⑧ 맞았어요. 참 잘했어요. ························ (응답 ⑦에 대한 반응)

3. 수업관찰을 위한 단계별 적용절차

1) 단계별 적용절차

Hyman의 수업중 질의응답분석법은 앞에서 기술된 네 가지 교육적 활동들을 중심으로 제시된 분석지에 해당 항목을 체크하면 된다. 전체 수업시간을 다 관찰할 필요는 없으며, 수업중에 무엇을 중심으로 관찰할 것인가에 따라 15~20분 정도 관찰한다. 구체적인 단계를 살펴보면 다음과 같다.

〈단계 1〉
네 가지 수업중 질의응답 동작의 개념과 예를 주의깊게 읽고 이해한다.

〈단계 2〉
교사와 함께 관찰시간 계획을 세운다. 최소한 15분 정도의 참관계획을 세운다(수업의 특징을 가장 잘 반영한 교수-학습 활동을 표집).

〈단계 3〉
수업을 관찰한다. 다음에 제시되는 활동관찰양식(이후의 〈표 8-1〉, 〈표 8-2〉 참조)을 사용한다. 사용할 때는 아래의 방법을 따른다.
• 관찰양식 이외에 다른 기록물을 가지지 말고 관찰을 시작한다. 네 가지 질의응답 동작을 염두에 두고 상호활동의 일반적인 진행사항

을 유념하여 기록한다.

- 네 가지 질의응답 동작 각각의 빈도를 생각하며 기록한다.
- 각각의 동작이 나타나는 대로 양식의 적절한 난에 체크한다. 새로 운 동작은 한 줄 밑에 쓴다. 이렇게 하면 한 줄에 한 가지 동작만 체크하게 된다.
- 질의응답의 진행이 빠르면 짧은 시간의 표집에도 여러 개의 양식이 필요하다.

〈단계 4〉

완성된 기록물로 누가 어떠한 행동을 했는지 검토한다. 다음 사항을 중심으로 검토하면 도움이 된다.

- 누가 구조화의 역할을 하는가?
- 요청하는 사람은 누구인가?
- 누가 응답하는가?
- 누가(주로) 반응하는가?
- 일반적으로 교사의 역할은 무엇인가?
- 일반적으로 학생의 역할은 무엇인가?

〈단계 5〉

상호작용 가운데 자주 등장하는 유형을 찾는다. Hyman은 교육적 상호 작용에서 가장 흔히 나타나는 일반적 유형을 여섯 가지 목록으로 제시하 고 있다(〈표 8-1〉 참조).

〈단계 6〉

관찰한 것과 교실 교육활동에서 진행되고 있는 것에 대한 의견을 기록 한다.

표 8-1 ▪ 수업중 상호작용유형

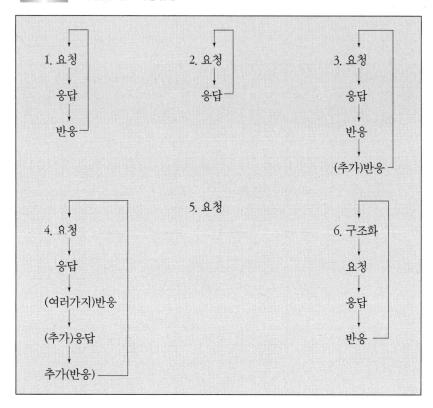

2) 관찰양식 기록과 해석방법

(1) 관찰양식은 다음에 제시된 것과 같다. 정해진 시간 내에서 관찰이 끝났으면 다음과 같은 기준에 비추어 수업을 분석해 본다. 이 분석법은 비교적 간단하다.

(2) 이 수업에서 누가 어떠한 교육적 활동을 하였는가? 앞에서 기술한 단계별 적용절차 중 단계 4에서 제시된 바와 같은 준거로 살펴본다.

대개 교사의 행동은 학생의 응답을 요청하며, 그 응답에 반응한다. 그리고 학생의 행동은 교사의 요청에 대해 응답하는 사례가 많다.

표 8-2 ▪ 수업중 질의응답분석지

수업자명 : _____

관찰일 : 년 월 일   관찰자 : _____

번호	교사		학생				번호	교사			학생			
	응답	구조화	반응	요청	응답	반응	요청		구조화		응답	구조화	반응	요청	
1								26							
2								27							
3								28							
4								29							
5								30							
6								31							
7								32							
8								33							
9								34							
10								35							
11								36							
12								37							
13								38							
14								39							
15								40							
16								41							
17								42							
18								43							
19								44							
20								45							
21								46							
22								47							
23								48							
24								49							
25								50							

- 교사가 행한 구조화 행동의 비 $= \dfrac{\text{교사의 구조화 언어 총량}}{\text{구조화 언어 총량}} \times 100$

- 교사가 행한 요청행동의 비 $= \dfrac{\text{교사의 요청 언어 총량}}{\text{요청언어 총량}} \times 100$

- 학생이 행한 요청행동의 비 $= \dfrac{\text{학생의 요청 언어 총량}}{\text{응답언어 총량}} \times 100$

- 교사가 행한 반응행동의 비 $= \dfrac{\text{교사의 반응 언어 총량}}{\text{반응언어 총량}} \times 100$

- 학생이 행한 반응행동의 비 $= \dfrac{\text{학생의 반응 언어 총량}}{\text{반응언어 총량}} \times 100$

(3) 상호작용의 다른 유형이 있는지 살펴본다. 앞의 단계 5에서 제시된 유형 중에서도 상호작용의 뼈대는 ① 교사 요청–학생 응답, ② 교사 요청–학생 응답–교사 반응의 두 가지다.

(4) 의견개진을 한다. 이것은 따로 난이 설정되어 있는 것이 아니라 질의응답과정을 분석해 보고 느낀 점이나 기록할 말이 있으면 어떤 곳이나 자유롭게 서술이 가능하다. 의견개진의 예를 들면 '기본적으로 일반적인 유형으로 나타나고 있음', '이것은 학생이 요청하는 경우로서 다른 형태를 가지고 있음', '교사가 던진 질문에 대해 학생의 반응이 많음' 등이다.

3) 유의점

(1) 이 분석법에서 추구하는 것은 수업 전체에 대해 '좋다/좋지 않다'는 평가를 내리는 것이 아니라 수업중 주고받은 언어를 분석하고 진행된 질의응답유형에 대해 '적합하다/적합하지 않다'라는 판정을 내리는 것이다. 다시 말하면 수업의 전체적인 평가보다는 교사와 학습자들 사이에

서 오가는 대화를 두고 그 대화가 Hyman이 제시한 질의응답의 유형에
포함되는가, 아니면 전혀 다른 질의응답유형인가, Hyman이 제시한 질
의응답유형에 포함되더라도 학습자들의 참여 정도를 준거로 해서 그 질
의응답작용에 문제가 있는지 없는지를 판별하는 것이다. 그리고 문제가
있는 질의응답유형을 끄집어내어 왜 그러한 사태가 발생하게 되었는지
에 대해 분석하는 것이다. 예를 들어, 교사가 두세 차례 요청을 해도 학
생들의 응답이 거의 없다면 이것은 문제 있는 상호작용유형으로 분류되
고, 수업 후 이 자료를 가지고 원인 분석을 할 수 있을 것이다.

(2) 수업이 추구하는 목표에 따라 수업유형이 달라져야 하겠지만, 일반
적으로 학습자의 참여가 활발하고 상호작용이 원활한 수업이 되어야 좋
은 수업이라는 관점을 갖고 있다. 예를 들어, 교사의 설명만 계속되고 학
습자들의 반응이나 응답이 별로 없는 수업이라면, 교사중심의 수업으로
학습자들의 참여가 전혀 이루어지지 않고 있다고 해석할 수 있다. 이것
은 체크리스트에 교사의 구조화나 반응에만 계속하여 체크되는 형태로
나타날 것이고, 수업 후 원인규명과 개선방안에 대한 별도의 협의를 필
요로 한다.

이와 달리 학습자들이 수업을 구조화해나가고, 교사에게 요청하는 횟
수가 많고, 학습자들의 요청에 따라 교사가 응답하며, 또 다른 여러 가지
반응이 올 경우 이 수업은 활기차고 학습자들의 참여가 잘 이루어지는
수업이라고 분석할 수 있다.

4. 수업분석의 실제

1) 관찰대상

- 관찰일시 및 장소 : ○○○○년 ○○월 ○○일 ○교시/ ○○초등
  학교 6학년 1반 교실
- 과목 및 단원 : 초등학교 6학년 2학기 과학과/ 4. 계절의 변화

- 소단원 및 제재 : (1) 계절과 주위환경/ 계절에 따른 시골의 생활(1/16)
- 수업목표 : 각 계절에 따라 시골의 풍경이 달라지는 것을 알고 시골에서 하는 일이 주기적으로 달라지는 까닭을 세 가지 이상 말할 수 있다.

2) 수업관찰

〈표 8-3〉 관찰양식 기록내용 참고

3) 수업분석

- 교사가 행한 구조화 행동 비율(5/5회=100%)
- 교사가 행한 요청행동(20/20회=100%)
- 학생이 행한 응답행동(15/15회=100%)
- 교사가 행한 반응행동(4/10회=약 40%)
- 학생이 행한 반응행동(6/10회=약 60%)

첫째, 위의 산출결과를 분석해 볼 때 이 수업은 대체로 일반적인 수업유형이 이루어졌다고 할 수 있다. 왜냐하면 교사의 대부분의 행동이 구조화 행동이나 요청행동이고, 학생들이 행한 대부분의 행동이 응답행동과 반응행동이기 때문이다.

둘째, 교사가 행한 요청에 비해 학생들의 응답행동이 적은 것은 문제가 있다. 이것은 교사의 질문은 많은데 학생들이 제대로 대답하지 못했거나, 교사의 질문 수준이 어려워서 학생들이 질문을 이해하지 못했을 것이라는 가정을 할 수 있다.

셋째, 약 28분간의 수업관찰은 적은 시간이 아님에도 불구하고 응답에 대한 반응행동이 너무 적다. 이것으로 보아 그 시간 학급의 전체 분위기

표 8-3 ▪ 수업중 질의응답 관찰표

수업자명 : _____

관찰일 :　년　월　일　　　　　　　　관찰자 : _____

번호	교사 응답	교사 구조화	교사 반응	교사 요청	학생 응답	학생 반응	학생 요청	학생 구조화	비고
1				V					
2					V				
3				V					① 계속되는
4				V					요청에도 학
5				V					생들의 응답
6					V				이 별로 없음
7				V					
8					V				기본적인
9				V					형태
10					V				
11				V					확산적 발문이
12					V				되고 있음
13					V				
14					V				
15				V					
16					V				
17			V						기본적
18				V					인 형태
19					V				
20			V						
21				V					
22				V					
23					V				② 두 번 이상
24				V					의 요청
25					V				
합계				—					

번호	교사 응답	교사 구조화	교사 반응	교사 요청	학생 응답	학생 반응	학생 요청	학생 구조화	비고
26		V							교사의
27							V		화제 제
28		V							시를 위
29							V		한 설명
30					V				중 학생
31					V				들이 심
32		V							하게 떠
33					V				듦
34					V				기본적인
35					V				형태
36					V				③ 두 번 이
37					V				상의 요청에
38					V				도 대답하는
39					V				학생이 별로
40		V							없음
41						V			
42					V				기본적인
43						V			형태
44				V					
45				V					
46		V							
47						V			
48					V				
49					V				
50		V							
합계	0	5	4	20	15	6	0	0	

가 무겁거나 혹은 학급의 기초 학력이 낮은 것으로 추측할 수 있다.

넷째, 요청행동에 있어서 교사가 모두 다 행한 것으로 나타났는데, 이 것도 권장할 만한 현상으로만 볼 수는 없다. 학습자가 학습에 적극적으로 참여하는 경우라면 학습자의 질문 제시도 충분히 있을 수 있기 때문이다. 이것은 학생이 행한 응답이 100%라는 것에서도 마찬가지로 생각할 수 있다. 수업중 질의응답 관찰기록지에서 몇 가지 살펴보면 다음과 같다.

① 관찰용지 3, 4, 5, 6번 칸을 보면 계속되는 교사의 요청에도 학생들의 반응이 별로 없는 것으로 나타나 있다. 이것은 제시되는 교사의 질문이 너무 어렵거나 학생들의 주의가 교사에게 제대로 집중되지 않고 있다는 표시다. 이것은 뒤에도 몇 번 나타난다.

② 확산적 발문이 이루어지고 있는 경우도 찾아볼 수 있다. 이것은 교사의 요청에 대해 학습자들이 응답하고 이어 반응이 계속 나타나는 경우다. 이는 학습자들이 학습에 원만히 참여하고 있다는 증표다.

③ 관찰용지 26, 27, 28, 29번째 난을 보면 교사가 구조화하는 중간에 반응이 나타나는 경우가 있다. 이것은 Hyman이 제시한 여섯 가지 질의응답 유형에 없는 것으로, 교사가 화제를 제시하면서 설명하는 가운데 학생들은 듣지 않고 웃거나 떠드는 경우였다. 수업분위기가 산만한 경우가 여기에 해당한다.

④ 나머지는 Hyman이 제시하고 있는 기본적인 질의응답 형태를 유지하고 있다고 볼 수 있다.

이와 같이 Hyman의 수업중 질의응답분석법은 교사와 학습자 사이에 오가는 대화를 중심으로 상호작용이 타당한가 그렇지 않은가를 찾아내고, 타당하지 않은 상호작용 유형이라면 수업 후 그 원인이 무엇인지를 밝혀내어 다음 수업에 반영하는 것이 목적이다. 일반적으로 훌륭한 수업이란 학습자들의 참여가 많고 교사와 학습자들 간에 상호작용이 원활히 이루어지는 수업이라고 할 수 있다. 이 경우 Hyman의 수업중 질의응답

분석법은 훌륭한 수업분석 도구가 될 수 있다. 그러나 강의식 수업이 전적으로 이루어지거나, 실험, 실습수업, 현장수업 등 비언어적 활동이 주로 이루어지는 수업의 경우, 이 도구에 전적으로 의지하여 수업중 질의응답과정을 분석하는 것은 권장할 만한 방법이 아니다. 또한 이 수업분석 방법은 분명하게 제시된 수업분석의 기준이나 틀이 없기 때문에 상대적으로 관찰자의 주관이 개입될 소지가 많다는 점을 유념하여야 한다.

요 약

1. 수업중 질의응답과정은 ① 학생의 수업참여 형태를 암시하고, ② 학생들의 수업참여 정도를 암시하며, ③ 사용된 수업전략을 암시하고, ④ 그 수업 내에서 겉으로 드러나지 않는 잠재된 계획을 알게 한다.

2. Hyman은 수업중 질의응답작용을 구조화(structuring), 요청(soliciting), 응답(responding), 반응(reacting)의 네 가지로 구분하였다. 여기서 구조화란 상호작용을 시작하거나 중지하는 행위, 주제를 제시하는 행위 혹은 이와 관련된 설명 등을 포함한다.

3. Hyman의 수업분석표를 이용하여 수업을 보다 잘 분석하기 위해서는 네 가지 교육적 동작의 특징과 해당사항을 충분히 숙지하여야 한다.

4. 수업관찰시 주의깊게 관찰하여야 할 준거는 ① 구조화의 역할을 하는 사람, ② 요청하는 사람, ③ 응답하는 사람, ④ 교사의 일반적 역할, ⑤ 주로 반응하는 사람 등이다.

5. Hyman이 제시한 수업중 질의응답유형은 다음의 여섯 가지다. ① 요청-응답-반응, ② 요청-응답, ③ 요청-응답-반응-(추가)반응, ④ 요청-응답-(여러 가지)반응-(추가)응답-(추가)반응, ⑤ 요청, ⑥ 구조화-요청-응답-반응 등이다.

6. 분석표에서는 각 항목에 ∨표로 체크하고 동시에 적당한 여백에 의견을 기록한다. 여기에서는 상호작용을 분석해 보고 느낀 점이나 추가하고 싶은 의견을 적으면 된다.

연습문제

1. 다음에서 수업중 질의응답을 분석함으로써 <u>알 수 없는 것은</u>?
   ① 학습자의 수업참여 형태를 알 수 있다.
   ② 학습자들이 수업에 어느 정도 적극적으로 참여하는지를 파악할 수 있다.
   ③ 교사가 수업시간에 사용하는 수업전략을 암시받을 수 있다.
   ④ 학생 개개인의 성격을 파악할 수 있다.

2. 다음 중 Hyman이 제시한 네 가지 질의응답동작 가운데 교사와 학생 사이의 상호작용을 시작하거나 중지 혹은 배제함으로써 일련의 행동을 하기 위한 교육적 기능을 하는 행위는 무엇인가?
   ① 구조화   ② 요청
   ③ 응답   ④ 반응

3. 다음 중 요청동작과는 상대적인 관계이며, 요청동작과 관련지어서만 나타나는 수업중 질의응답행위는 무엇인가?
   ① 구조화   ② 요청
   ③ 응답   ④ 반응

※ 다음의 질문에 대해 간략하게 답하시오(4~8).

4. Hyman이 제시한 네 가지 수업중 질의응답동작 가운데 반응동작에 대해 설명하고 간단한 예를 드시오.

5. 교사가 수업중 새로운 화제의 제시를 위한 설명을 하고 있다. 이것은 네 가지 질의응답동작 중 어느 것에 해당하는가?

6. Hyman이 제시한 수업관찰을 위한 단계별 적용절차를 요약하고 설

명하시오.

7. Hyman이 제시한 수업관찰을 위한 양식에 대해서 설명하고 그 양
   식의 기록방법을 구체적으로 설명하시오.

8. 실제 학교 현장을 방문하여 한 시간의 수업을 관찰하고 수업중 질
   의응답분석법을 사용하여 수업언어 상호작용을 분석하시오.

제 9 장
수업분위기 분석법

교사가 만들어내는 수업분위기는 학생의 학업성취나 수업의 효과에 영향을 미친다.
나의 수업분위기는 창조적인가? 활기찬가? 온화한가? 치밀한가?

수업분위기/ Tuckman의 수업분위기 분석법/ 통합적 수업활동/ 지배적 수업행동

수업분위기 관찰지/ 제 범주별 수업분위기 특성/ 수업분위기 환산법

수업분위기 종합도/ 수업분위기 개선전략

　　수업분위기는 수업중 교사와 학생이 서로에 대하여 가지는 전반적인 태도를 의미한다. 이것은 학생들이 서로간에 가지는 상호작용뿐만 아니라 교사와 학생 간의 다양한 상호작용을 통해서 형성된다. 이러한 수업분위기는 수업의 효과나 학업성취에 영향을 미치기 때문에 긍정적인 방향으로의 개선이 요구된다. 수업장학을 통해 수업분위기를 개선하기 위해서는 우선 수업분위기를 구성하는 요인들 중에서 특히 교사 변인에 주목할 필요가 있다.

　　이 장에서는 교사가 만들어내는 수업의 분위기를 창의성, 활기성, 치밀성, 온화성 등의 네 범주로 구분하고, 이를 토대로 교사의 수업분위기를 분석하는 방법에 대해 알아보고자 한다. 수업분위기의 개선을 위해 장학담당자가 활용할 수 있는 방법에 대해서도 설명하고자 한다.

　　이 장의 학습목표는 다음과 같다.

1. 수업분위기를 긍정적인 방향으로 개선해야 하는 이유를 세 가지 이상 열거할 수 있다.
2. 수업분위기를 관찰하는 도구인 수업분위기 관찰지를 사용하는 절차를 순서대로 말할 수 있다.
3. 수업분위기분석 도구를 활용할 수 있다.
4. 교수-학습을 개선하기 위해서 수업분위기를 관찰한 자료를 분석할 수 있다.

1. 수업분위기 분석법의 특징

수업분위기 분석법은 학습의 성취 및 수업의 효과를 높이기 위하여 수업분위기를 관찰하고 평가하여 수업을 개선하고자 하는 수업장학의 한 방법이다. 수업분위기란 수업중 교사와 학생이 서로에 대하여 가지는 전반적인 태도를 의미하며, 이 분위기는 학생간의 상호작용뿐만 아니라 교사와 학생 간의 다양하고 구체적인 상호작용에서 비롯된다.

수업분위기에 대한 대부분이 연구는 긍정적인 분위기 속에서 수행된 교육이 바람직하다는 결론을 도출하고 있다(Hyman, 1975). 일반적으로 긍정적인 분위기는 ① 학생들 사이의 보다 유익한 상호작용을 조장하고, ② 교사와 학생 간의 경험을 명료화하며, ③ 앞으로의 학습활동을 수행하는 데 충분한 동인이 되어주고, ④ 교사와 학생 간의 이해를 촉진시키는 것으로 나타나고 있다. 이는 곧 수업분위기는 교수-학습상황을 조장하거나 억제할 수 있기 때문에, 수업분위기를 긍정적으로 개선할수록 수업의 효과는 높아지고, 결국 학생의 학업성취도 향상되는 것으로 이해할 수 있다.

수업분위기를 긍정적인 방향으로 변화시키기 위해서는 우선 교실수업의 수업분위기를 분석해야 한다. 그런데 수업분위기는 태도와 관련된 개념이기 때문에 분명하게 만져지거나 토의될 수 없고, 수업 중의 대화나 행동을 관찰함으로써 감지될 수 있다.

한편 이러한 수업분위기를 분석하기 위해 시도한 기존의 분석도구는 수업분위기 자체를 매우 광범위하게 구분하여(예컨대 민주적인 수업분위기, 권위주의적인 수업분위기 등의 두 가지 범주) 수업분위기를 측정하려고 하였다.

수업분위기의 특성을 분류하거나 분석하는 연구들은 수업분위기의 특성을 잘 나타내는 단어를 몇 가지씩 묶어 활용하였는데, 보통 이 그룹의 단어들은 교사 영향, 정서적 거리감, 지배, 통합, 민주주의, 권위주의와 같은 핵심적인 아이디어 근처로 집결되었다. 이러한 일련의 단어에 관련된 핵심은 교사가 수업분위기를 조성한다는 것을 인식하는 것이다. 왜냐하면 교사는 그가 택하는 수업분위기를 조성할 수 있는 힘을 가진 위치에 있기 때문이다. 일부 교육자들은 수업분위기와 무관함을 주장하고 싶어하지만, 조사된 자료에 따르면 시간이 지남에 따라 교사에게 학급분위기 조성의 책임이 있다는 사실이 드러나게 되었다.

1930년 아이오와 대학의 Kurt Lewin이 이끄는 연구진은 권위주의형, 민주형, 자유방임형의 지도자가 미치는 효과를 여러 어린이 집단들을 대상으로 조사하였다. Lewin의 연구를 수업에 적용하여 교사의 지도력을 두 가지 주된 유형으로 집약할 수 있는데, 민주형 혹은 통합형, 권위주의형 혹은 지배형이 그것이다.

이상에서 논의된 수업분위기와 관련한 교사행동의 유형을 종합하면 다음 〈표 9-1〉과 같이 구분할 수 있다.

표 9-1 ▪ 수업자의 수업행동에 따른 수업분위기

통합형	지배형
1. 지지, 명시, 학생의 아이디어 수용	1. 학생이 배우도록 자신의 생각을 표현하고 강요함
2. 칭찬, 격려	2. 거부, 꾸중, 학생 무시
3. 수업시 결정이 필요할 때 학생 참여 권장	3. 결정은 통제하고 방향만 제시
4. 개방적이고 온화함	4. 폐쇄적이고 냉정함
5. 학생과 친근함	5. 학생과 거리가 멀고 동떨어짐

하지만 이러한 유형 구분은 각 유형이 포함하는 범위가 넓기 때문에 학교 현장의 교실 수업분위기를 구체적으로 분석하기 어렵다는 단점이 있다. 뿐만 아니라 연구자들이 사용한 여러 가지 도구는 일선의 장학담당자가 수업장학에 실제적으로 적용하기 힘들다. 왜냐하면 이러한 도구들은 너무 복잡하여 특별한 장기적인 훈련을 거쳐야 사용할 수 있기 때문이다.

그러다가 Rutgers 대학의 Bruce Tuckman 교수가 수업분위기를 분석하는 데 간단하면서도 타당하고 신뢰할 수 있는 도구를 만들어냈다. 이 분석법의 특징과 활용요령을 개략적으로 살펴보면 다음과 같다.

첫째, 수업분위기 분석법은 수업의 네 가지 핵심적 요소에 초점을 두고 있다. 그것은 창의성, 활기성, 치밀성, 온화성으로 수업개선을 위해 많은 사람들이 관심을 두는 가치로운 특성들이다. 우선 창의성 있는 수업분위기는 독창적이고 창의적이고 개방적이며, 융통성이 있고 자율성·모험성·대담성을 권장하는 수업분위기다. 활기성 있는 수업분위기는 능동적이고 진취적이며, 활기차고 자신감 있고 적극적이고 활동적이며, 외향적인 수업분위기다. 치밀성 있는 수업분위기는 체계적이고 계획적이면서 객관성과 일관성을 가지는 신중한 수업분위기다. 마지막으로 온화성 있는 수업분위기는 수용적이고 공정하면서 우호적인 수업분위기다.

둘째, 수업분위기 분석법은 배우고 사용하기가 쉽다. 사용자는 수업분위기를 분석하는 도구의 활용절차를 익히고 그에 따라 사용하기만 하면 되는데, 이에 필요한 것은 우선 수업분위기의 각 범주에 해당하는 형용사의 쌍을 읽어서 숙지하는 것과, 이 형용사들을 기억하면서 수업을 관찰하고 기록하는 것, 그리고 교사의 수업분위기 점수를 계산하기 위해 자신의 수학지식을 상기하는 것뿐이다.

셋째, 수업분위기 분석을 위한 도구는 수업분위기 관찰지와 수업분위기 관찰분석지가 있으며, 이 도구의 활용요령에 따라 수업을 관찰하고 분석하면 된다. 수업분위기 관찰지에는 수업을 관찰하고 난 뒤 받은 느낌을 표기하게 되며, 수업분위기 관찰지에는 기재된 관찰의 기록을 점수로 산출하여 그 특징을 밝히게 된다. 그리고 수업장학 협의를 위해서는 수업분위기 개선 계획에 따라 수업분위기를 개선하기 위한 구체적인 활동들을 기록하게 된다.

넷째, 수업분위기 분석을 위하여 활용되는 도구들은 신뢰성이 입증된 도구다. 수업분위기를 관찰하는 도구인 수업분위기 관찰지는 총 28개의 문항으로 구성되며, 창의성·활기성·치밀성·온화성의 네 개 하위영역으로 구분된다. 이 관찰지는 각 영역별 해당 문항들의 신뢰도를 나타내는 Cronbach의 α계수가 .7435 ∼ .7967로 나타나 신뢰로운 도구인 것으로 밝혀졌다.

다섯째, 수업분위기 분석법은 약 40∼45분간 수업을 관찰하면서 그 결과를 기록할 것을 요구한다. 관찰시간이 다른 도구보다 좀 길기는 하지만, 그것은 신뢰할 만한 관찰과 기록을 위한 충분한 시간을 확보하기 위해서다.

2. 수업분위기 분석 방법

1) 수업분위기 분석도구 및 활용절차

수업분위기 분석도구는 수업분위기 관찰지와 수업분위기 관찰분석지의 두 가지로 되어 있다. 두 가지 도구의 활용방법은 다음과 같다.

(1) 수업분위기 관찰지

수업분위기 관찰지는 수업분위기를 관찰하고 기술하기 위한 도구로서 [그림 9-1]에 제시된 것과 같다. 수업분위기 관찰지는 28개 쌍의 형용사들로 이루어져 있는데, 각 쌍의 형용사는 상반된 의미를 가진다. 그리고 28쌍을 네 개의 범주로 구분하여 각 범주에 창의성, 활기성, 치밀성, 온화성이라고 명명하였다. 이 도구에서 28쌍의 형용사들은 긍정적인 것과 부정적인 것들로 짝지어져 있는데, 어떤 쌍은 왼쪽에 또 어떤 쌍은 오른쪽에 긍정적인 형용사를 배치해 두었다.

즉, 형용사 쌍들 중 긍정적인 형용사(예컨대 독창적인, 참을성 있는, 온화한, 상냥한, 창의적인, 자율성이 많은 등) 몇몇은 왼쪽에 배치했고, 나머지 쌍의 경우는 연속선상의 오른쪽에 배정하였다. 이것은 형용사 쌍들에 대하여 반응을 할 때 선입견을 최소화하고 신중하게 반응하도록 하기 위해

관찰일시 : ○○○○년 ○월 ○일　　　　　　　수업자명 : _____

	5	4	3	2	1	
1. 독창적인	5	4	3	2	1	상투적인
2. 참을성 있는	5	4	3	2	1	성미가 급한
3. 냉정한	5	4	3	2	1	온화한
4. 권위적인	5	4	3	2	1	상냥한
5. 창의적인	5	4	3	2	1	모방적인
6. 통제가 많은	5	4	3	2	1	자율성이 많은
7. 개방적인	5	4	3	2	1	폐쇄적인
8. 부드러운	5	4	3	2	1	딱딱한
9. 불공정한	5	4	3	2	1	공정한
10. 변덕스러운	5	4	3	2	1	일관성 있는
11. 겁이 많은	5	4	3	2	1	모험적인
12. 엉성한	5	4	3	2	1	치밀한
13. 고립적인	5	4	3	2	1	우호적인
14. 확실한	5	4	3	2	1	애매한
15. 소극적인	5	4	3	2	1	적극적인
16. 융통적인	5	4	3	2	1	획일적인
17. 산만한	5	4	3	2	1	체계적인
18. 능동적인	5	4	3	2	1	수동적인
19. 수용적인	5	4	3	2	1	비판적인
20. 조용한	5	4	3	2	1	시끄러운
21. 진취적인	5	4	3	2	1	보수적인
22. 계획적인	5	4	3	2	1	즉흥적인
23. 경솔한	5	4	3	2	1	신중한
24. 활기찬	5	4	3	2	1	무기력한
25. 객관적인	5	4	3	2	1	주관적인
26. 내성적인	5	4	3	2	1	외향적인
27. 자심감 있는	5	4	3	2	1	망설이는
28. 소심한	5	4	3	2	1	대담한

[그림 9-1] 수업분위기 관찰지

서이다. 따라서 점수로 환산할 때는 균형을 잡기 위해, 점수 환산의 과정에 일정한 숫자를 더하거나 빼도록 되어 있다. 그리고 각 쌍들에 점수를 부여할 때 1-2-3-4-5라고 매기지 않고 5-4-3-2-1이라고 평정척을 만들어 두었다.

수업분위기 관찰지를 이용하는 요령을 알아보자.

첫째, 관찰 전에 28쌍의 형용사들을 충분히 읽어 숙지한다.

둘째, 교사와 관찰일정을 계획한다. 수업관찰은 대략 40~45분 정도의 수업을 계획한다.

셋째, 28쌍의 형용사들을 마음에 새기면서 수업을 관찰한다.

넷째, 관찰자는 28개 문항에 대해 표시하는데, 각 형용사들의 쌍 사이에 있는 5개 수치 중 해당 숫자에 V 표시를 한다. 예를 들어, 첫째 항목에서, 독창적이라는 형용사가 교사의 행동을 가장 정확하게 묘사하고 있다고 생각하면 독창적이라는 말의 바로 다음에 있는 5에 표시한다.

```
        5     4     3     2     1
독창적인  ↓─────┼─────┼─────┼─────┤  상투적인
```

만약에 상투적이라는 말이 교사의 행동을 가장 정확하게 묘사하고 있다고 느끼면 V를 상투적이라는 말의 바로 앞의 1에 표시한다.

```
        5     4     3     2     1
독창적인  ├─────┼─────┼─────┼─────↓  상투적인
```

그리고 관찰자가 독창적이라는 형용사가 '어느 정도 묘사하고 있다'고 생각하면 V를 왼쪽으로부터 두 번째 칸에, 상투적이라는 형용사가 '어느 정도 묘사하고 있다'고 생각하면 오른쪽으로부터 두 번째 칸에 V표시를 한다. 만약 어느 형용사도 일치하거나 그렇지 않다면 V를 중간의 세 번째 칸에 표시하면 된다. 이와 같이 28개의 형용사 쌍에 한 개의 V

표시만 해야 하며, 빠뜨리는 항목이 있어서는 안 된다.

(2) 수업분위기 관찰결과의 점수 환산

수업분위기 관찰분석지는 수업분위기 관찰지에 기술된 점수들을 계산하기 위한 도구로서 [그림 9-2]와 같다.

이 수업분위기 관찰분석도구를 활용하는 절차는,

먼저, 28쌍의 5단계 평정척도에 해당 점수가 표기되었는지를 확인한다. 이것은 28쌍의 각 항목에 대한 평정된 값이다.

둘째, 각 쌍의 숫자값을 확인하고 수업분위기 관찰분석지에 제시된 공식에 그 값을 적는다. 이 공식에서 1부터 28은 해당 항목의 번호다. 따라서 첫 번째 문항에서 다소 독창적이라는 칸에 ∨표시를 하여 4의 값을 얻었다면 수업분위기 관찰분석지의 문항 1 밑에 그 값을 적는다.

셋째, 각 범주(4영역)별로 해당 특성의 지수를 산출한다. 그러면 창의성, 활기성, 치밀성, 온화성에 대한 각각의 점수가 산출된다. 분석공식을 보면 11과 17이 네 개 공식의 끝에 붙어 있는데, 이것은 음수가 나오지 않도록 하기 위함이다. 이 가산점수로 인해 각 범주의 최소점수는 0점, 가장 높은 점수는 28점이 된다.

넷째, 수업자의 수업분위기 형성과 관련된 네 가지 특성을 하나로 종합하여 [그림 9-2] 하단의 4분면에 나타낼 수 있다. 그 방법은 앞에서 산출된 네 범주의 점수를 해당 범주의 좌표상에 점을 찍고 그 점들을 직선으로 이어서 만들어지는 마름모꼴의 형태에 따라 수업자의 수업분위기 분석도를 만들게 된다.

에듀슈가(www.edusugar.com)에서 제공하는 수업분석 ver 3.2 프로그램을 활용하면 수업분위기 분석을 보다 편리하고 다양한 관점에서 수행할 수 있으므로 활용해 보기 바란다. 특히 이 사이트에서 컴퓨터 프로그램은 직위별(교장/교감/장학사/교사 등), 교직경력별로 자료를 입력할 수 있도록 설계되었으므로, 수업기술 및 수업분석과 관련한 다양한 연구에도 요긴하게 활용할 수 있을 것이다.

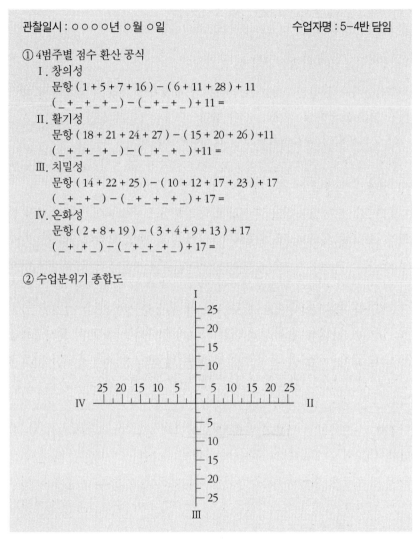

관찰일시 : ○○○○년 ○월 ○일   수업자명 : 5-4반 담임

① 4범주별 점수 환산 공식
  I. 창의성
     문항 (1 + 5 + 7 + 16) − (6 + 11 + 28) + 11
     (_ + _ + _ + _) − (_ + _ + _) + 11 =
  II. 활기성
     문항 (18 + 21 + 24 + 27) − (15 + 20 + 26) +11
     (_ + _ + _ + _) − (_ + _ + _) +11 =
  III. 치밀성
     문항 (14 + 22 + 25) − (10 + 12 + 17 + 23) + 17
     (_ + _ + _) − (_ + _ + _ + _) + 17 =
  IV. 온화성
     문항 (2 + 8 + 19) − (3 + 4 + 9 + 13) + 17
     (_ + _ + _) − (_ + _ + _ + _) + 17 =

② 수업분위기 종합도

[그림 9-2] 수업분위기 관찰지

2) 분위기 관찰 및 분석의 실제

(1) 분석대상

- 관찰일 : ○○○○년 ○월 ○일

- 관찰대상 : S 초등학교 5학년 4반
- 수업목표 : 직육면체의 부피를 계산할 수 있다.

(2) 관찰과 분석

수업분위기를 관찰한 결과는 [그림 9-3]과 같다. 본 연구자는 수업분위기의 관찰을 위해 먼저 수업분위기 관찰지에 나타나는 28쌍의 형용사들을 숙지하였다. 그리고 40분간의 수업을 처음부터 끝까지 녹화한 비디오를 관찰한 후, 즉시 수업분위기 관찰지에 기재하였다. 수업분위기를 관찰하면서 연구자가 느낀 점은 교사가 치밀하게 수업을 계획하여 진행하고 있고 학생들이 선생님의 질문에 활발하게 반응하고자 한다는 점이었다. 그런데 약간의 아쉬움도 느꼈다. 그것은 교사가 학생들이 왜 그런 반응을 하는지 이유를 물어보거나 그들의 반응을 수용하려 하기보다는 교사가 의도하는 반응을 재촉하는 듯했고, 교사의 미소 띤 얼굴을 접하기 어려웠기 때문이다. 역시 수업분위기 관찰지에 관찰 인상을 기록한 결과는 수업분위기의 치밀성, 활기성 영역은 긍정적인 것으로 나타났으나 창의성, 온화성 영역은 개선의 여지가 있는 것으로 밝혀졌다.

관찰일시 : ○○○○년 ○월 ○일　　관찰자 : _____　　수업자명 : _____

	5	4	3	2	1	
1. 독창적인			✓			상투적인
2. 참을성 있는		✓				성미가 급한
3. 냉정한			✓			온화한
4. 권위적인	✓					상냥한
5. 창의적인			✓			모방적인
6. 통제가 많은		✓				자율성이 많은
7. 개방적인			✓			폐쇄적인
8. 부드러운					✓	딱딱한
9. 불공정한					✓	공정한
10. 변덕스러운					✓	일관성 있는

(계속)

11. 겁이 많은	5	4	3	2	1	모험적인
12. 엉성한	5	4	3	2	1	치밀한
13. 고립적인	5	4	3	2	1	우호적인
14. 확실한	5	4	3	2	1	애매한
15. 소극적인	5	4	3	2	1	적극적인
16. 융통적인	5	4	3	2	1	획일적인
17. 산만한	5	4	3	2	1	체계적인
18. 능동적인	5	4	3	2	1	수동적인
19. 수용적인	5	4	3	2	1	비판적인
20. 조용한	5	4	3	2	1	시끄러운
21. 진취적인	5	4	3	2	1	보수적인
22. 계획적인	5	4	3	2	1	즉흥적인
23. 경솔한	5	4	3	2	1	신중한
24. 활기찬	5	4	3	2	1	무기력한
25. 객관적인	5	4	3	2	1	주관적인
26. 내성적인	5	4	3	2	1	외향적인
27. 자심감 있는	5	4	3	2	1	망설이는
28. 소심한	5	4	3	2	1	대담한

[그림 9-3] 수업분위기 관찰기록 결과

(3) 관찰분석 결과([그림 9-4] 참조).

① 창의성 12점, 활기성 16점, 치밀성 26점, 온화성 12점

② 본 관찰의 대상이 된 수업시간의 분위기는 네 가지 범주 중에서 치밀성 점수(26점)가 가장 높고, 활기성 점수(16점)도 높은 편이며, 창의성(12점)과 온화성 점수(12점)가 가장 낮게 나타났다.

③ 초등학교 수학시간이라는 것을 감안할 때, 이러한 높은 수준의 치밀성은 매우 긍정적이다. 그러나 보다 더 바람직한 수업분위기의 개선을 위해서는 창의성과 온화성 영역의 개선이 요구된다고 할 수 있다.

관찰일시 : ○○○○년 ○월 ○일   관찰자 : 박○○   수업자명 : 5-4반 담임

① 4범주별 점수 환산 공식

  Ⅰ. 창의성

    문항 $(1 + 5 + 7 + 16) - (6 + 11 + 28) + 11$

    $(3 + 3 + 2 + 4) - (4 + 4 + 3) + 11 = \underline{12}$

  Ⅱ. 활기성

    문항 $(18 + 21 + 24 + 27) - (15 + 20 + 26) + 11$

    $(4 + 2 + 4 + 4) - (2 + 5 + 2) + 11 = \underline{16}$

  Ⅲ. 치밀성

    문항 $(14 + 22 + 25) - (10 + 12 + 17 + 23) + 17$

    $(5 + 5 + 5) - (1 + 2 + 1 + 2) + 17 = \underline{26}$

  Ⅳ. 온화성

    문항 $(2 + 8 + 19) - (3 + 4 + 9 + 13) + 17$

    $(4 + 1 + 3) - (3 + 5 + 1 + 4) + 17 = \underline{12}$

② 수업분위기 종합도

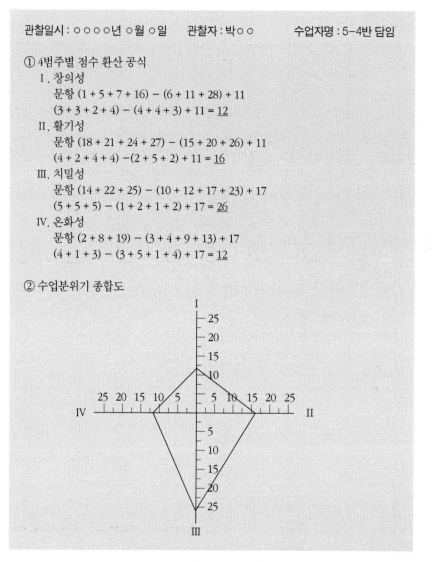

[그림 9-4] 수업분위기 관찰분석 결과

④ 창의성과 온화성 영역 가운데 보다 심각한 어려움이 있다고 생각되
는 창의성 범주의 개선을 위하여 필자가 예시적으로 계획한 세부
계획은 〈표 9-2〉와 같다. 여기에는 창의성 있는 수업분위기로 개

표 9-2 ▪ 수업분위기 분석에 따른 수업개선 계획

목표 :
보다 모험적이고 보다 융통성이 있으며, 지루하지 않은 수업분위기를 창조할 수
있다.

해야 할 새로운 활동 :
1. 수업의 시작단계에서 수업자는 학습과제의 해결방법에 대해서 학생들의 자유
   로운 의견을 수용한다.
2. 학생들에게 수업자의 설명과는 다른 문제해결 방법을 탐색해 보게 한다.
3. 수업자는 질문을 제시한 뒤에 학생들의 반응을 위해 약간의 시간을 제공해야 하
   며, 학생들의 반응을 진지하게 수용해 준다.

유지/ 증가해야 할 특징 :
1. 수업자가 설명을 한 뒤에 모든 학생들이 개별적으로 문제를 풀어볼 수 있는 기
   회를 가진다.
2. 수업을 진행하는 중간 중간에 학생들의 반응을 요구한다.

중지/ 감소/ 회피해야 할 특징 :
1. 수업자가 설명을 하고 나서 학생들이 문제를 풀 때 그 풀이과정에 개입하는 것
   을 줄인다.
2. 그날의 학습진도에 너무 연연해하지 않는다.

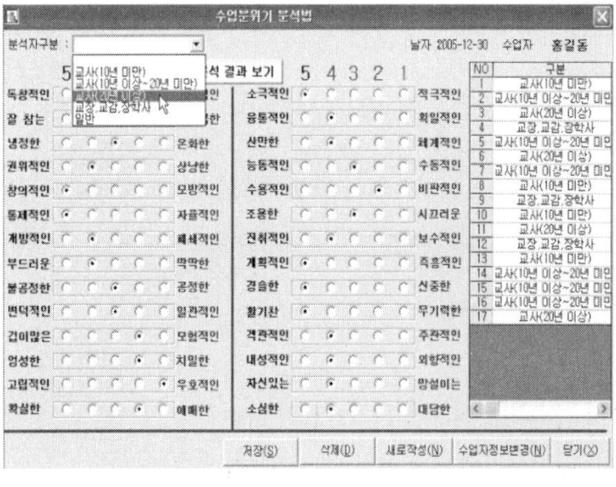

[그림 9-5] 컴퓨터를 활용한 수업분위기 분석의 예(수업분석 ver 3.2)

선하기 위해 수업자가 해야 할 몇 가지 새로운 활동, 유지하거나 증가시켜야 할 특징, 중지하거나 감소 혹은 회피해야 할 몇 가지 특징 등을 기술하였다.

수업분위기 분석을 보다 편리하고 다양한 관점에서 수행해 보려면 에듀슈가에서 제공하는 수업분석 ver 3.2 프로그램을 활용해 보기 바란다([그림 9-5] 참고).

3) 수업분위기 관찰·분석을 위한 해설

Tuckman의 수업분위기 분석도구에 대해서 여러분들은 많은 의문을 가지게 될 수 있다. 지금부터 예시되는 몇 가지 일반적인 질문에 대하여 그 대답을 해설 형식으로 제시함으로써 이 방법을 이해하고 활용하는 데 도움을 주려고 한다.

문1 : Tuckman이 누구지요?

답1 : Bruce Tuckman은 New Jersey 주립대학인 Rutgers 대학의 교육대학원에서 교육학 교수로 있습니다.

문2 : 왜 이런 도구를 설계하게 되었지요?

답2 : Tuckman 교수는 수업에 관해, 특히 수업분위기에 관한 연구에 관심을 가지고 있는 심리학자입니다. 그는 자신의 많은 연구 수행을 위해 간단한 도구를 원하게 되었는데, 이는 많은 연구과정에서 고용된 학생 관찰자들을 효과적으로 빠른 시일 내에 훈련시켜야 했기 때문입니다. 그는 긴 훈련기간이 요구되지 않는 도구를 원했습니다.

문3 : Tuckman 도구의 기본 가정은 무엇입니까?

답3 : Tuckman은 같은 대학의 교수인 심리학자 George Kelly의 영향을 많이 받았습니다. Kelly는 각 사람에게는 자신의 아이디어 집단이 개발되어 장래문제를 예측하고 다룰 때 이의 도움을 받는다는 입장을 견지하고 있습니다. 어떤 사람이 현재와 장래 문제를 다룰 때는 건축되어 있는 '구조물', 즉 자기 나름의 생각의 틀 위에서 설계를 합니다. 그 사람에게 유입되는 정보는 이 구조물과 연결된 고유한 경로를 거칩니다. Tuckman은 교사가 그의 행동을 해석하는 데 사용하는 일반적인 종류의 건축물은 관찰자가 수업시 교사행동을 기술하기 위해 사용할 수 있고 또한 앞으로 사용할 것이라는 입장을 가지고 있습니다.

문4 : 형용사의 쌍을 만든 이유는 무엇입니까?

답4 : 형용사의 각 쌍은 개인 생각의 구성 개념들을 나타내고 있습니다. Kelly를 따라 Tuckman은 개인이 현실을 그린 그림은 형용사 쌍으로 연속적으로 구성된 세트 위의 모든 위치에서 고유하게 표현된다는 생각을 가지고 있습니다. 예를 들면 각자는 '냉정'과 '온화', '부드러움' 과 '딱딱함' 등 둘로 나누어진 형용사 쌍의 어느 곳에든지 위치하게 됩니다. 이들의 위치가 비슷할지는 몰라도 모든 위치에서 정확히 똑같은 사람은 없습니다. 각자는 전체적인 위치체제를 고유하게 지니고 있습니다. 이 위치체제는 한 사람이 현실에 대해 그리고 있는 고유한 그림을 말합니다.

문5 : 이 형용사들이 28쌍인 이유는 무엇입니까?

답5 : 원래는 65쌍의 형용사를 가지고 이것들이 수업분위기와 관련된 넓고 복잡한 특성을 다 포섭할 수 있다고 믿었습니다. 이 65쌍은 요인분석 전략과정을 거치면서 28개의 핵심쌍으로 축소되었습니다.

문6 : 수업분위기 관찰분석지에 있는 4집단(혹은 4범주)은 무엇입니까?

답6 : 이것들은 요인분석과정에서 나타난 4집단입니다. 즉, 65쌍의 형용사는 네 개의 다른 방법으로 묶였습니다. Tuckman은 각 범주에서 일곱 개씩을 취하여 도구에 있는 28쌍을 완성하였습니다.

문7 : 채점공식에 '가산' 과 '감산' 은 무엇 때문에 있습니까?

답7 : 형용사 쌍의 긍정적인 형용사가 왼쪽에, 나타난 것이 있는 반면 또 어떤 쌍은 오른쪽 끝에 있습니다. 점수를 매길 때 균형을 맞추기 위해 가산 혹은 감산 수들이 있게 됩니다.

문8 : 왜 어떤 긍정적인 형용사는 왼쪽에 어떤 것은 오른쪽에 있습니까?

답8 : 형용사 쌍에 응답할 때 편향성을 최소화하기 위하여 긍정적인 형용사의 위치를 섞어 놓았습니다. 어느 사람이든 각 형용사 쌍에 대해 신중하게 생각해 보지 않고 간단히 오른쪽이나 왼쪽에 표시할 수는 없을 것입니다. 이것은 측정기법에서 인정하는 방법입니다.

문9 : 왜 11과 17이 채점공식의 끝에 더해져 있습니까?

답9 : 11과 17은 가산점수입니다. 처음에 두 범주공식에 11을 더하고 다음 두 범주에 17을 더함으로써 점수가 음수를 내지 않도록 하였습니다. 11과 17의 가산점수가 있으면 어떤 집단의 최소점수도 0점으로 고정됩니다.

문10 : 가능한 최고점수는 얼마입니까?

답10 : 최소가 0점이며, 최고는 28점입니다.

문11 : 각 범주의 마지막 점수는 무엇을 뜻합니까?

답11 : 그 점수가 의미하는 것은 아주 간단합니다. 범주의 점수가 높으면 높을수록 교사에게서 해당 범주의 특성이 더 많이 나타난다는 것을 의미합니다. 예를 들어 한 교사가 창의성에서 25점을 받았다면 20점을 받은 사람의 행동보다 더 창의적이라는 말입니다.

문12 : 형용사 쌍 28개 각각이 중요합니까? 아니면 4범주만 중요합니까?

답12 : 28개의 형용사 쌍은 독립적으로 의미가 없습니다. 범주의 특징이 의미가 있습니다. 수업에서의 행동에 의미를 부여하기 위해서는 범주의 특징을 활용해야 할 필요가 있습니다. 모든 교사는 네 범주 속에서 독특한 점수가 나타납니다. 교사들은 각 집단에서 그들의 행동이 보여주는 정도에서만 차이가 납니다.

문13 : 누가 이 도구를 사용할 수 있습니까?

답13 : 교사의 수업을 관찰하는 사람이면 누구든 사용할 수 있습니다. 예를 들어 장학담당자, 훈련받은 관찰자, 다른 교사, 학생 등 많은 사람들이 수업관찰을 위해 사용할 수 있습니다.

3. 수업분위기 개선 전략

수업의 분위기를 분석하는 것과 수업의 분위기를 개선하도록 돕는 것은 별개다. 앞에서 살펴본 것은 수업분위기를 측정하고 기술하기 위한 전략들이었다. 이제 수업자의 수업분위기를 보다 긍정적으로 만들기 위한 몇 가지 간단한 전략들을 살펴볼 것이다.

1) 수업분위기 관찰 대 수업분위기 선호

이는 수업분위기 관찰분석과 수업분위기 선호분석의 결과를 비교하고 둘간의 불일치에 대한 피드백을 바탕으로 수업분위기를 개선하고자 하는 전략이다. 이때 수업분위기 선호분석의 결과를 얻기 위해 수업분위기 선호지를 이용하게 된다. 수업분위기 선호지란 수업자나 학생, 장학담당자가 수업의 분위기에 대해서 기대하거나 선호하는 정도를 기술하도록 만들어진 도구로서, 수업분위기 관찰지 도구에 나타난 형용사 쌍들과 동일지만, 관찰한 결과를 기재하는 것이 아니라 선호하는 바를 표시한다는 것이 다를 뿐이다. 수업분위기 관찰지와 수업분위기 선호지를 누가 기재하느냐에 따라 다시 세 가지 전략으로 구분된다.

(1) 장학담당자의 관찰결과 대 수업자의 선호

수업자는 수업분위기 선호지에 자신이 선호하는 대로 ∨표를 한다. 그리고 나서 장학담당자는 이 수업자의 수업을 40~45분간 관찰한 뒤 수업분위기에 대한 장학담당자의 인상을 수업분위기 관찰지에 기술한다. 장학담당자와 수업자는 각자 작성한 관찰표와 선호표를 두고 토의하게 되며, 2~4주 후에 다시 수업자의 수업을 관찰하여 두 번의 관찰간의 유사점과 차이점에 대하여 수업자와 협의한다.

(2) 동료교사의 관찰결과 대 수업자의 선호

장학담당자는 자신이 장학하는 여러 교사들에게 교사 자신이 선호하는 것을 수업분위기 선호지에 표시하도록 요구한다. 그리고 교사들을 3~4명씩 조를 구성하여 각 조가 서로간의 관찰계획을 세워서 관찰한 뒤에 관찰한 동료에 대해 받은 인상을 수업분위기 관찰지에 표시하도록 한다. 장학담당자는 각 조가 관찰하여 기록한 결과에 대하여 조원들과 함께 협의한다.

(3) 학생의 관찰결과 대 수업자의 선호

장학담당자는 수업자에게 수업분위기에 대한 자신의 선호를 수업분위기 선호지에 표시하도록 요청한다. 그리고 관찰자인 학생들에게 수업분위기 관찰지를 나누어 주고 수업자에 대한 인상을 기술하는 양식을 채우도록 한다. 장학담당자는 수업자가 원한다면 학생의 기술과 교사 자신의 자기선호에 대한 진술간의 유사점과 차이점에 대하여 수업자와 토의한다.

2) 수업분위기 관찰 대 수업분위기 관찰

이는 수업분위기 관찰분석들간의 결과를 비교하고 그 둘간의 불일치에 대하여 논의된 결과를 바탕으로 수업분위기를 개선하고자 하는 전략이다. 이때 수업분위기 관찰지는 장학담당자와 수업자 두 사람이 기재하게 되는데, 이 두 개의 관찰표를 비교분석하게 된다.

장학담당자는 수업자와 관찰계획을 세워서 40~45분간 관찰한다. 장학담당자는 수업자의 수업분위기에 대한 자신의 인상을 수업분위기 관찰지에 표시하고, 수업자도 똑같이 자신의 수업에 대한 인상을 관찰지에 표시한다. 그리고 나서 두 개의 관찰지간의 유사점과 차이점에 대하여 수업자와 협의한다.

3) 수업분위기 선호 대 수업분위기 선호

이는 수업분위기 선호분석들간의 결과를 비교하고 그 둘간의 불일치에 대하여 논의된 결과를 바탕으로 수업분위기를 개선하고자 하는 전략이다. 이때 수업분위기 선호지는 장학담당자와 수업자 두 사람이 기재하게 되는데, 이 두 개의 선호표를 비교분석하게 된다.

장학담당자는 수업자에 대하여 장학담당자 자신이 선호하는 바를 수업분위기 선호지에 표시한다. 그리고 장학을 받고 있는 교사도 자신이 선호하는 바를 수업분위기 선호지에 나타내도록 한다. 장학담당자가 수업자에게 바라는 것과 수업자인 교사 스스로가 선호하는 것을 비교한 후 일치하는 부분에서부터 대화를 시작한다. 명심해야 할 것은 절대적으로 옳은 관점이란 없으며, 단지 대안이 있을 뿐이라는 것이다.

요 약

1. 수업분위기는 수업중 교사와 학생이 서로에 대하여 가지는 전반적인 태도를 의미하며, 이 분위기는 교사-학생, 학생-학생 간에 이루어지는 상호작용에서 비롯된다.

2. 수업분위기가 긍정적일수록 수업의 효과 및 학생들의 학업성취가 향상된다. 이러한 이유로 인해서 수업분위기를 긍정적인 방향으로 개선할 필요가 있다.

3. 수업분위기의 개선을 위해서는 먼저 현재 수업분위기를 관찰할 필요가 있으며, Tuckman이 개발한 수업분위기 분석도구들을 활용하는 것이 간편하면서 효과적이다.

4. 수업분위기 분석도구에는 수업분위기 관찰지, 수업분위기 관찰분석지 등 두 개의 도구가 있다. 수업분위기 관찰결과는 수업자와 학생들이 형성한 수업분위기가 얼마나 '창의적인, 활기성 있는, 치밀한, 온화한' 것이었느냐의 네 범주로 분석된다.

5. 이를 위해서 해당 범주의 특성을 가장 잘 나타내는 형용사를 28쌍(긍정적인 것과 부정적인 것으로)으로 짝을 만들어 수업자의 수업행동 특징을 5단계 평정척으로 나타내도록 하였다.

6. 수업분위기 관찰지와 선호지에 나타난 28쌍 형용사들의 해당 칸에 ∨ 표시하여 이것을 수업분위기 관찰분석도구에 의해 점수화한다.

7. 장학담당자와 수업자는 수업분위기 관찰결과표간의 비교나 선호결과표의 비교 혹은 수업분위기 선호결과표간의 비교를 통해 나타난 불일치 부분에 주목하여 수업분위기 개선을 위한 협의를 하게 된다.

연습문제

1. 수업분위기를 긍정적인 방향으로 개선해야 하는 <u>이유가 아닌 것은?</u>
   ① 학생들 사이의 유익한 상호작용을 조장한다.
   ② 수업활동을 수행하는 데 충분한 동인이 된다.
   ③ 교사와 교장 간의 이해를 촉진한다.
   ④ 효과적인 학습을 조장한다.

2. 수업분위기 관찰지를 활용하는 절차를 순서대로 나열하시오.

   > ① 교사와 관찰일정을 계획한다.
   > ② 28개 문항에 대해 심볼로 표시를 한다.
   > ③ 28쌍의 형용사들을 최대한 기억하면서 수업을 관찰한다.
   > ④ 28쌍의 형용사들을 계속해서 읽어 숙지한다.

3. 수업분위기의 네 가지 범주에 대한 설명 중 <u>옳지 않은 것은?</u>
   ① 창의성 – 독창적이고 자율적이고 모험적이다.
   ② 활기성 – 대담하면서 객관적이고 수용적이다.
   ③ 치밀성 – 치밀하고 계획적이고 일관적이다.
   ④ 온화성 – 공정하고 우호적이다.

※ 다음의 질문에 대해 간략하게 답하시오(4~7).

4. '수업분위기'를 정의하시오.

5. 수업분위기의 개선전략에 대해 약술하시오.

6. 40~45분간 특정한 수업을 관찰하여 수업분위기 관찰지에 표시하고 관찰분석지에 의거해 분석해 보시오.

7. [그림 9-3]에 제시된 수업분위기 관찰결과를 활용하여 네 범주의 지수를 산출하시오. 그리고 이 점수를 수업분위기 종합도에 나타내시오.

제 10장
교실 좌석표를 이용한 분석법

수업중 수업자나 학생들의 비언어적 행동은 수업 효과에 큰 영향을 준다.
듣고 보는 것도 중요하지만 서로가 어떠한 느낌을 갖게 되느냐는
더욱 중요하기 때문이다.

좌석표에 의한 관찰법의 특징/ 과업집중/ 언어의 흐름/ 이동양식/ 제한점

교실 좌석표를 이용한 분석법은 좌석표 한 장에 그려진 선과 화살표만으로 표시되어 있기 때문에 간단해 보이지만, 이것으로 수업에서 일어나는 여러 가지 측면을 복합적으로 보여준다. 다시 말해 교사의 특정한 교수형태나 습관적 또는 편협된 행동 등을 파악할 수 있으므로, 계속 유지할 필요가 있는 행동과 바꾸어야 할 행동을 쉽게 분석할 수 있다. 또 학생들과 어떠한 관계를 갖고 있는지도 쉽게 파악할 수 있게 해 준다.

이러한 교실 좌석표에 의한 분석법은 크게 과업집중 분석법, 언어의 흐름 분석법, 이동양식에 의한 분석법의 3가지로 나눌 수 있다.

이 장에서는 교실 좌석표에 의한 분석법의 특징과 각 분석법의 세부적인 특징에 대해 다루고자 한다.

다음은 이 장을 끝낸 후 성취하기를 기대하는 학습목표다.

1. 좌석표에 의한 관찰법의 개념과 특징을 설명할 수 있다.
2. 좌석표에 의한 관찰법을 세 가지 이상 열거할 수 있다.
3. 과업집중분석법을 사용할 때의 주의점을 세 가지 이상 열거할 수 있다.
4. 언어의 흐름과 이동양식방법에 대해 설명할 수 있다.
5. 좌석표에 의한 관찰법의 제한점을 세 가지 이상 열거할 수 있다.

1. 좌석표에 의한 관찰방법의 개념과 특징

교사와 학생의 행동을 관찰하는 여러 가지 방법 중 좌석표를 이용하는 것이 있는데, 이러한 방법을 좌석표에 의한 관찰기록(Seating Chart Observation Records: SCORE)이라 한다. 이 방법의 주요 이점의 하나는 학급의 좌석표를 이용한다는 점이다. 교사는 매일 좌석표를 이용하고 있기 때문에 SCORE 자료를 해석하기 쉽다. 또한 이 방법은 장학담당자로 하여금 학급활동에 대한 많은 양의 정보를 단 한 장의 종이에 요약할 수 있도록 해 준다.

그리고 SCORE 방법은 각 교사의 관심을 만족시키는 관점에서 만들어질 수 있는데, 사용과 해석이 쉽고 학생들의 주의력 수준과 각 학생에게 얼마의 시간을 배분하는지와 같은 학습활동의 주요한 측면을 파악할 수 있게 해 준다. 또 SCORE 방법은 교사와 장학담당자로 하여금 수업시간 내에 각 학생을 집중적으로 관찰할 수 있고 동시에 전체로서 학급이 무엇을 하고 있는지 관찰할 수 있게 해 준다.

2. 좌석표에 의한 관찰기법

1) 과업집중분석법

과업집중방법은 1960년대 스탠포드 대학의 Frank McGraw가 개발하였다. 그는 원격조정이 가능한 35mm 카메라를 이용한 수업관찰체제를 고안해냈다. 교실의 전방 코너에 설치된 카메라가 광각렌즈를 사용하여 매 90초마다 전 학급의 사진을 찍는다. 관찰자는 주어진 시간 동안 찍은 수업사진(예: 30분 수업에는 약 20장의 사진)을 제공받아 다양한 결과를 얻게 된다.

어떤 사진에서는 학생들이 책상 앞에 바른 자세로 앉아 있다가 차차 책상 앞에 머리를 대고 자는 자세로 옮겨가거나, 다시 앉는 자세로 되돌아오거나, 주의집중하는 것 같은 자세 등이 관찰될 수 있다. 또 다른 사진에서는 학생들이 중요하지 않는 과제를 열심히 하고 있거나, 자리를 떠나서 옆자리에 가서 잡담하고 있거나 혹은 교사가 부적당하다고 생각하는 행동을 보여주기도 한다. 사진으로부터 얻은 자료는 교사가 각 학생을 이해하는 데 가치가 있다. 그러나 경비가 비싸고 시간이 많이 소비되기 때문에 대안적 방법을 사용하게 되었다.

이에 대한 대안적 방법으로 지필분석법이 개발되어 카메라와 거의 같은 자료를 얻게 되었는데, 이것을 과업집중분석법이라 한다. 이 방법은 학생이 교사가 제시하는 과업에 주의를 많이 집중하면 할수록 더 많이 배울 것이라는 것을 전제로 한다. 그러나 과업집중행동과 학습과의 상관관계가 완전하지는 않다. 어떤 학생들은 교사의 강의에 귀를 기울이고 학습에 주의를 기울이지만 수업이 끝난 후 수업내용을 완전히 이해하지 못할 수도 있고, 어떤 학생은 부과된 학습을 열심히 하지만 잘못된 방법으로 문제를 이해하여 학습에 실패할 수도 있다.

그렇지만 대개의 경우 학생이 과업에 집중하고 있으면 학습이 원활히 일어나고 있다고 볼 수 있기 때문에 학생의 과업집중행위와 학습 사이에는 높은 상관관계가 있다고 할 수 있다. 따라서 과업집중법은 수업을 관찰하는 데 유용한 방법이다.

(1) 기법

과업집중법은 학급활동 중 각 학생이 과업에 열중하는지 또는 교사가 지적한 과업들이 적절했는지에 관한 자료를 제공한다. 장학담당자는 이 방법을 사용하기 전에 정해진 수업시간 동안 교사가 기대하는 것이 무엇인지 잘 알아야 하는데, 관찰자보다는 수업자 스스로 과업집중행위가 무엇인지 판단하는 것이 더욱 효과적이다.

보통 일반적인 과업행위는 읽기, 듣기, 문답하기, 지도 그리기, 집단과제를 완성하기 위하여 협동작업하기 등이다. 그러나 모든 학생들에게 하나의 과업을 기대하는 수업에서는 문제가 없지만, 학생들이 다양한 과업을 하는 수업에서는 장학담당자가 사전에 수업의 과업과 교사의 기대수준을 파악하는 것이 필요하다. 따라서 만일 과업이 너무 복잡하면 교사와 장학담당자는 관찰할 집단이나 교실의 범위를 제한할 필요가 있다.

다음은 과업집중법을 사용하기 위해 관찰자가 밟아야 할 단계다.
① 교실 내 학생의 좌석형태와 같은 좌석표를 만든다.
② 관찰자는 모든 학생을 관찰할 수 있는 위치에 자리를 잡는다.
③ 좌석표에 성별과 각 학생의 특성을 나타내 주는 식별 표시를 한다.
④ 관찰할 과업행동과 부적절한 행동의 각 형태를 나타내는 범례를 만든다. 흔히 쓰이는 범례에는 다음과 같은 것이 있다.

A. 과업중(혼자)	B. 과업중(교사와)
C. 자리이탈	D. 잡담
E. 공상	F. 장난

⑤ 학생이 과업에 집중하고 있는지, 즉 교사가 알맞다고 생각하는 일을 하고 있는지 알기 위하여 각 학생의 행동을 체계적으로 살펴본다(예: 1A란 관찰 시작 3분 시점에 과업집중을 한 경우임, 이후의 [그림 10-1] 참조).
⑥ 관찰된 행동을 지시해 주는 문자범례(ABCDEF)에 의거하여 3~4분 간격을 두고 6단계의 일을 반복한다.
⑦ 관찰시각을 좌석표의 적당한 곳에 표시한다.

(2) 과업집중방법 사용시 주의점

① 관찰을 위해 너무 많은 카테고리를 만드는 것을 피한다. 너무 많은 카테고리를 만들면 관찰시에 혼란을 불러일으킬 수 있으며, 또 결과로 나온 자료를 해석하기 어렵다. 대부분의 학습관찰에서는 2~5

가지 정도의 카테고리를 만드는 것이 적당하다.

② 장학담당자는 때때로 관찰의 정확성에 대하여 과도하게 관심을 가지는데, 이 관찰법은 어느 정도의 추측을 요구한다는 것을 알아야 한다. 학생의 얼굴표정은 과업에 집중하고 있다고 해석되기도 하고 그렇지 않다고 해석되기도 하므로 '확률적'이라 생각할 수 있다. 따라서 완성된 관찰표가 어느 정도 주관적임을 말해주는 것이 좋으며, 교사는 관찰의 정확성에 대하여 의심을 품기보다는 일반적인 양식을 찾도록 해야 한다.

④ 학급 내 각 학생마다 하나의 네모칸이 있으며, 학생 이름을 각 네모칸에 써넣어 구별한다. 만일 관찰후 협의회가 관찰 직후에 열린다면 이름을 써넣지 않아도 네모칸과 학생을 대응시키는 것은 어렵지 않으나, 관찰후 협의회가 늦어지면 좌석표의 해당 네모칸에 학생의 이름을 써넣는 것을 고려해야 한다.

⑤ 과업집중자료를 기록하기 위하여 다른 색연필이나 펜을 사용해도 좋다. 이렇게 하면 차후 수업분석과 수업 개선점 발견에 용이하다.

(3) 관찰사례

대상 : 초등학교 5학년 수학과 수업(30분간 관찰)

전체 학생을 관찰할 수가 없어서 수업에 집중하지 않는 학생 다섯 명을 선정하여 관찰하였다([그림 10-1] 참조).

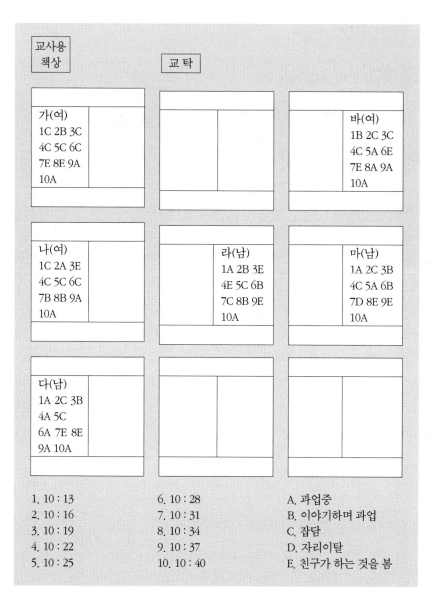

교사용
책상

교탁

가(여)
1C 2B 3C
4C 5C 6C
7E 8E 9A
10A

바(여)
1B 2C 3C
4C 5A 6E
7E 8A 9A
10A

나(여)
1C 2A 3E
4C 5C 6C
7B 8B 9A
10A

라(남)
1A 2B 3E
4E 5C 6B
7C 8B 9E
10A

마(남)
1A 2C 3B
4C 5A 6B
7D 8E 9E
10A

다(남)
1A 2C 3B
4A 5C
6A 7E 8E
9A 10A

1. 10 : 13
2. 10 : 16
3. 10 : 19
4. 10 : 22
5. 10 : 25

6. 10 : 28
7. 10 : 31
8. 10 : 34
9. 10 : 37
10. 10 : 40

A. 과업중
B. 이야기하며 과업
C. 잡담
D. 자리이탈
E. 친구가 하는 것을 봄

[그림 10-1] 좌석표에 따른 학습자의 과업집중 관찰표

(4) 자료분석

표 10-1 ▪ 과업집중자료의 요약표

	10:13	10:16	10:19	10:22	10:25	10:28	10:31	10:34	10:37	10:40	합계	%
A	3	1	0	1	2	1	0	1	4	6	19	31.7
B	1	2	2	0	0	2	1	2	0	0	10	16.7
C	2	3	2	4	4	2	1	0	0	0	18	30
D	0	0	0	0	0	0	1	0	0	0	1	1.6
E	0	0	2	1	0	1	3	3	2	0	12	20

① 〈표 10-1〉에서 수업이 시작되는 시간(10:13, 3번)과 마치는 시간 (10:37, 4번; 10:40, 6번)에 A(과업중)가 많이 나타났다는 것을 알 수 있다.

표 10-2 ▪ 학생별 관찰결과 요약표

	가(여)	나(여)	다(남)	라(남)	마(남)	바(여)	합계	%
A	2	3	5	2	3	4	19	31.7
B	1	2	1	3	2	1	10	16.7
C	5	4	2	2	2	3	18	30
D					1		1	1.6
E	2	1	2	3	2	2	12	20
계	10	10	10	10	10	10	60	100

② 〈표 10-2〉에서 A(과업중)는 31.7%, B(이야기하며 과업)는 16.7%, C(잡담)는 30%, D(자리이탈)는 1.6%, E(친구가 하는 것을 봄)는 20%로 나타났다. A와 C는 비슷한 비율로 나타났고 초등학교 5학년이므로 D는 거의 나타나지 않았다.

남아와 여아의 차이를 살펴보면 A와 B와 E는 거의 비슷하게 나타났으나, C는 여아가 남아에 비해 높았다.

가의 경우는 C가 가장 많이 나타났고(5/10), 나의 경우에는 모두 고루 분포되었으며, 다의 경우는 A가 비교적 많이 나타났고(5/10), B는 적게 나타났다(1/10). 라의 경우는 비교적 고루 나타났고, 마는 특이하게 다른 학생에게는 볼 수 없는 D가 나타났다(1/10). 바의 경우는 A가 많이 나타났고(4/10), B가 적게 나타났다(1/10).

과업집중분석법을 보다 편리하고 다양한 관점에서 수행해 보려면 에듀슈가에서 제공하는 수업분석 ver 3.2 프로그램을 활용해 보기 바란다([그림 10-2] 참고).

또한 본 프로그램에는 과업집중분석법의 확장인 '학생 행동요소별 분석법'이 소개되어 있다. 학생 행동요소별 분석법은 수업시간 중에 학생이 행한 행동을 일정한 분류로 나누고, 그것에 대해 심층적으로 분석하는 방법이다. 과업집중분석법은 분류 기준 항목을 임의로 정할 수 없었던 반면에 학생 행동요소별 분석법은 관찰 분류 기준 항목을 수업자와 관찰자가 서로 협의하여 정할 수 있으므로, 다양한 수업변인을 고려할

[그림 10-2] 컴퓨터를 활용한 과업집중분석의 예(수업분석 ver 3.2)

수 있는 장점이 있다. 즉, 분석 항목을 자유자재로 수업자의 의도에 맞게 대분류와 중분류 항목을 변경하거나 추가할 수 있으므로 학생 중심의 분석을 더욱 효율적으로 수행할 수 있다.

2) 언어의 흐름 분석법

언어의 흐름 분석법은 주로 누가 누구에게 말하느냐를 기록하기 위한 방법으로, 언어적 상호작용의 카테고리(예: 교사의 질문, 학생의 대답, 교사의 칭찬, 학생의 질문)의 기록을 위해서 유용하다.

언어의 흐름 분석법과 축어적 기록방법은 모두 학급 내 언어행동을 다룬다는 점에서 비슷하지만, 선택적 축어기록이 언어적 의사소통의 실제 내용에 더 관심을 갖는 반면, 언어의 흐름 분석법은 의사소통의 송신자와 수신자를 확인하고 의사소통의 종류를 확인하는 데 초점을 둔다.

이러한 언어의 흐름은 교사로 하여금 자신의 언어행동에 있어서의 편견과 언어활동에 참여하는 학생들간의 차이를 발견할 수 있도록 도와주기 때문에 유용한 방법이다. 이를 통해 교사가 특정한 학생에게 언어적 상호작용을 집중하는지, 긍정적인 언어적 반응을 많이 하는지, 부정적인 언어적 반응을 많이 하는지, 가까운 자리에 있는 학생들에게 더 많이 말하는지, 성별에 따른 차이는 어떠한지 등 학급 내의 언어행동에 있어서 학생들간에 차를 가져오게 하는 여러 관련 요인을 확인할 수 있다.

이러한 관찰법은 수업에 토의식, 문답식 또는 교사와 학생 간에 많은 언어적 상호작용을 요하는 다른 방법이 포함될 때는 적당하지만 교사와 학생의 언어적 상호작용이 낮은 수업의(강의와 학생의 개인연구) 관찰에는 적당하지 않다.

(1) 기법

① 학급좌석표를 먼저 만든다. 좌석배치 형태가 다양하므로 표준양식을 만들기보다는 백지에 관찰할 교실의 좌석표를 직접 만드는 것이

좋다.

② 하나의 네모칸은 각 학생을 나타내는데, 그 안에는 학생의 이름이 나 특성을 기입한다. 예를 들어, 관찰전 협의회에서 각 학생 칸에 남녀, 언어 또는 비언어적 특성, 성적의 상·중·하 등을 표시해 둘 수 있다.

③ 화살표는 언어상호작용 흐름을 표시하는 데 사용된다. 화살표의 밑 은 언어상호작용을 보내는 사람을 표시하고 화살표의 머리는 언어 를 받는 사람을 가리킨다.

다음 〈표 10-3〉은 흔히 있을 수 있는 교사의 언어범주들이다.

표 10-3 ▪ 교사의 언어범주

가능한 교사의 범주		학생의 언어행동	
↓+	교사의 칭찬 또는 격려하는 말	↑+	학생이 적절하거나 정확한 반응을 자발적으로 함
↓−	교사의 비평 또는 부정적인 말	↑−	학생이 부적절하거나 틀린 반응을 자발적으로 함
↓?	교사의 질문	↑?	학생의 질문
↓!	학급 전체에 대하여 교사가 한 질문이나 말	↑!	학생이 학급 전체에 대해 한 말

어떤 경우에는 화살표 대신에 알파벳 문자를 사용하여 언어상호작용 을 기록할 수 있다.

Q : 교사의 질문(Question)   R : 학생의 자발적인 적절한 반응
P : 교사의 칭찬(Praise)   X : 학생의 부적절한 반응
C : 교사의 비평(Criticism)   q : 학생의 질문

관찰전 협의회에서 교사와 관찰자는 어떤 범주를 관찰할 것인가를 결정하는데, 너무 많은 범주를 만들면 기록과 해석에 어려움이 있다.

(2) 관찰사례([그림 10-3] 참조)

대상 : 초등학교 5학년 수학 수업(15분간 관찰)

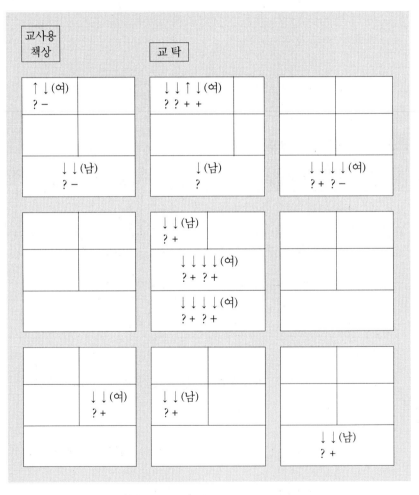

[그림 10-3] 좌석표에 의한 수업언어 흐름표

(3) 자료분석

① 좌석에 따른 선호

교사의 시선이 중간에 위치한 학생에게 집중되어 있음을 알 수 있다. 이 흐름표를 봄으로써 교사는 학급 전체에 골고루 시선을 보내는 노력이 필요하다고 할 수 있다.

② 학생 선호

- 교사의 반응은 모두 13번이고 교사의 긍정적인 반응은 10번이며, 부정적인 반응이 3번이다.
- 교사는 남아에게는 5번, 여아에게는 9번 질문하였다.
- 교사의 부정적인 반응 3회 가운데 2회는 여아에게, 1회는 남아에게 반응하였다.
- 참여 학생 11명 중 여아는 6명, 남아는 5명이 참여하였다. 그리고 이 자료를 통해 교사가 남아보다 여아를 선호한다는 것을 알 수 있다.

③ 언어의 선호

교사의 13번의 반응 가운데, 긍정적인 반응은 10번이고 부정적인 반응은 3번으로, 이 교사는 칭찬과 격려 등을 자주 사용하고 있음을 알 수 있다.

3) 이동양식방법

이동양식(Movement Patterns)방법은 수업 중의 교사와 학생의 이동을 관찰하는 방법으로, 장학담당자가 하는 일은 주어진 시간 동안 교사와 학생이 교실의 한 부분에서 다른 부분으로 어떻게 움직이는지를 기록하는 것이다.

많은 상황에서 교사의 움직임은 학급 통제와 학생의 주의력에 영향을 주게 된다. 예를 들어, 학생들이 말하는 동안 항상 한 자리에만 서 있는 교사는 그렇지 않은 교사에 비해 학생들의 주의를 모으기 어려울 수 있다. 또한 교사는 이동양식에 있어서 한쪽 방향으로만 이동한다든지 하는 편파성을 보일 수 있고, 교사가 선호하는 학생이 위치하고 있는 쪽으로 많이 이동할 수도 있다. 교사가 학급 전체에게 말하는 동안 학생들이 시야에서 벗어난 장소에 있을 수 있으므로 어떤 학생이 학습을 하는지를 알 수 없는 경우도 있다. 따라서 이 방법을 이용함으로써 수업 중 교사의 편파적인 움직임을 개선할 수 있다.

학생들의 이동양식은 과업에 집중하는지 여부를 밝혀줄 수 있는데, 때때로 주어진 활동을 하기 위하여 학생들이 교실 내를 움직일 때도 있고, 어떤 때는 지시된 과업을 회피하거나 주어진 과제가 없을 때 혹은 과제를 일찍 끝냈을 경우 등에서 이동이 나타날 수 있다. 따라서 이러한 학생들의 이동양식을 파악함으로써 학생의 과업집중도를 알 수 있다.

이러한 이동양식은 수업상황이 교실을 움직일 가능성이 있을 경우에는 유용하지만 비디오를 보거나 질문식 수업에서는 교사와 학생의 움직임이 적기 때문에 기록할 만한 행동을 찾기 어렵다.

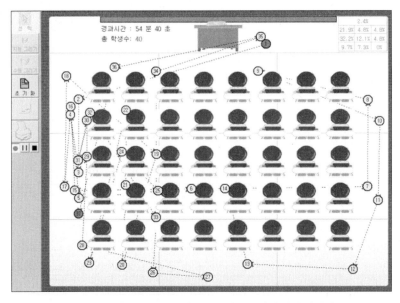

[그림 10-4] 컴퓨터를 활용한 교사의 이동양식 분석의 예(수업분석 ver 3.2)

수업 중 교사의 이동양식 분석을 보다 편리하고 다양한 관점에서 수행해 보려면 에듀슈가에서 제공하는 수업분석 ver 3.2 프로그램을 활용해 보기 바란다([그림 10-4] 참고).

(1) 기법

이동양식을 기록하기 위하여 먼저 통로와 책상 또는 학생들이 모이는 테이블을 포함하여 교실의 모든 물리적 배열을 나타내는 좌석표를 준비한 후 각 활동 중의 움직임을 색연필로 기록한다.

이 방법은 수업에서 나타나는 이동을 분석하는 데 도움이 되지만 때때로 너무 많은 학생들이 교실에서 돌아다닐 경우에는 이들의 이동을 모두 기록하기 어렵다. 이때에는 잠시 동안 멈출 필요가 있으며, 이동양식표의 어디서 멈추었는지를 표시해 두어야 한다.

〈보기 1〉 ○ ○ ○ ○ 지시된 학생 움직임

　　　　　 · · · · 학생의 유목적적인 움직임(교사의 지시없이)

　　　　　 →　　　 교사의 순회(화살표는 방향표시)

　　　　　 × × × × 목적 없는 학생 움직임

(2) 관찰사례(교사의 이동양식)

대상 : 초등학교 5학년 수학수업(20분간 관찰)

주로 학생의 활동이 좌석수업이었으므로 교사의 이동양식을 관찰하였다([그림 10-5] 참조).

(3) 자료분석

이 교사는 항상 왼쪽에서 시작하여 다시 왼쪽으로 순시하므로 오른쪽의 학생들은 소외되기 쉽다. 따라서 교사는 오른쪽에 위치한 학생들에게 많은 주의를 기울여야 한다.

3. 좌석표에 의한 관찰기록의 제한점

좌석표에 의한 관찰기록법은 한 장의 좌석표만으로 수업에서 일어나는 여러 가지 측면을 알 수 있는 방법으로, 비교적 손쉽게 사용할 수 있지만 몇 가지 제한점을 가지고 있다.

- 교수과정을 단순하게 하여 구별해낸 행동이 전(全) 교수–학습상황과 관련되지 않는다면 교사는 자료로부터 수업의 실제 맥락과는 동

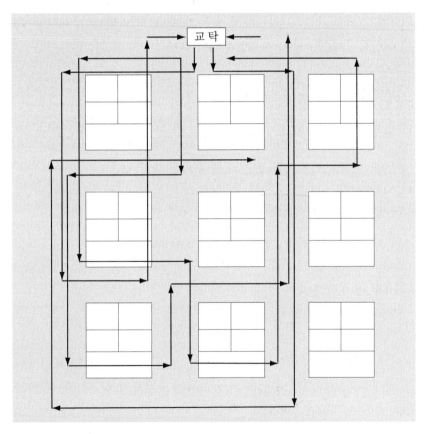

[그림 10-5] 수업자의 수업 중 이동기록

떨어진 결과를 도출해 낼 가능성이 있다.

• 실제로는 잘 일어나지 않는 독특한 특징이나 사소한 행위를 관찰의 주요한 대상으로 선택할 수 있다.

• 경우에 따라 학급행동이 빠른 속도를 내거나 지나치게 혼잡할 때는 자료수집 과정을 포기할 수도 있다.

 요약

　좌석표에 의한 관찰기록은 학급의 좌석표를 이용하여 과업집중이나 교사와 학생의 언어흐름, 이동양식을 파악하는 방법이다. 이 방법은 몇 장의 종이로 학급활동에 관한 많은 정보를 제공해 주고 교사가 항상 사용하는 좌석표를 이용하므로 자료의 해석이 용이하며, 비교적 쉽게 이용할 수 있는 방법이다. 이 장에서 논의된 내용을 몇 가지로 정리하여 제시하면 다음과 같다.

1. 좌석표에 의한 관찰방법은 학급좌석표를 이용한 방법으로 자료의 분석과 사용이 용이하다.

2. 좌석표에 의한 관찰방법에는 과업집중, 언어의 흐름, 이동양식 등의 방법이 있다.

3. 좌석표에 의한 관찰방법을 사용할 때 너무 많은 관찰범주를 정하는 것은 자료의 분석을 어렵게 하고, 때때로 관찰자의 주관적인 측면이 개입될 수 있다는 것을 고려해야 한다.

4. 언어의 흐름 분석방법은 언어적 상호작용이 낮은 수업에는 적절치 못하며, 이동양식에 의한 분석방법도 이동이 거의 없는 수업상황에는 적당하지 않다.

5. 좌석표에 의한 관찰기록방법은 관찰전 협의회에서 카테고리, 관찰대상 등에 관한 교사와의 충분한 논의가 없으면 관찰자의 주관적인 기록이 될 수 있다.

연습문제

1. 좌석표에 의한 관찰방법의 제한점이라고 <u>할 수 없는 것</u>은?
   ① 관찰자가 사소한 행동을 관찰의 대상으로 선택할 수 있다.
   ② 지나치게 혼잡한 교수상황에서는 자료의 수집이 제대로 되지 않을 수 있다.
   ③ 학급 내 개별학생의 행동을 관찰한다.
   ④ 교사는 관찰자의 자료로부터 단순한 결론을 도출한다.

2. 좌석표에 의한 관찰방법 중 학급활동에서 각 학생이 과업에 열중하는 정도를 가장 잘 관찰할 수 있는 방법은 어느 것인가?
   ① 언어의 흐름   ② 과업집중
   ③ 이동양식   ④ 언어의 상호작용

※ 다음 내용이 맞으면 ○, 틀리면 ×를 하시오(3~6).
3. 좌석표에 의한 관찰기록은 가장 객관적인 관찰방법이다. ·········· ( )
4. 세부적인 관찰을 위해서는 가능한 한 많은 카테고리를 만드는 것이 좋다. ──────────────────────────────── ( )
5. 언어의 흐름 분석방법을 통해 교사의 편견을 파악할 수 있다. ( )
6. 좌석배치 형태는 관찰을 용이하게 하기 위해 모든 학급에서 사용할 수 있는 표준양식이 필요하다. ─────────────────── ( )

※ 다음의 질문에 대해 간략하게 답하시오(7~8).
7. 좌석표에 의한 관찰기록 방법을 세 가지 열거하고 그 기법을 간단하게 설명하시오.

8. 과업집중이나 언어의 흐름, 이동양식 방법 중 한 가지를 선택하여 실제로 관찰하고 그 자료를 분석하시오.

제 11 장
필터식 수업분석법

가장 효과적인 수업장학은
과학적이고 체계적인 수업관찰과 분석기법에서 시작된다.

학교의 교육활동 중 가장 중요한 것은 교수–학습활동이며, 교수–학습활동의 효과성 문제는 교사의 능력과 기술에 달려 있다고 할 수 있다. 또한 교사의 교수–학습 지도기술의 개선은 수업장학의 효과적 · 효율적 실행에 의존한다.

수업장학의 여러 단계 중 보다 체계적이고 다양한 방법을 요구하는 과정은 수업의 관찰 단계다. 이 단계는 교사에게 효율적인 피드백을 제공하기 위해 필요하며, 또한 관찰의 대상과 방법을 아는 것은 좋은 장학 계획을 세우는 데 필수적이다. 따라서 효과적인 수업관찰을 하기 위해서는 수업관찰분석의 다양한 기법을 알고 적절한 상황에 활용할 수 있어야 한다.

이 장에서는 여러 다양한 수업관찰의 기법 중에서 필터식 수업관찰분석법에 대하여 알아볼 것이다.

이 장을 학습한 학습자들은 다음과 같은 목표에 도달할 수 있다.

1. 필터식 수업관찰분석의 의미를 설명할 수 있다.
2. 여러 가지 수업관찰분석 필터의 종류를 말할 수 있다.
3. 다양한 필터에 의한 수업관찰분석의 방법을 설명할 수 있다.
4. 필터식 수업분석에 사용되는 여러 가지 교사발문의 종류를 말하고 그 의미를 예를 들어 설명할 수 있다.
5. 학생발문 필터에 따른 관찰시 필요한 관찰요소를 말하고 분석방법을 설명할 수 있다.
6. 학생의 행동반응 필터를 이용한 수업관찰 장면에서 학생의 행동반응을 구분하고 반응도를 계산하여 분석할 수 있다.
7. 판서 필터를 이용한 수업관찰 장면에서 판서의 위치와 표현의 형태를 설명하고 관찰분석할 수 있다.
8. 각 수업관찰분석 필터의 종류에 따라 수업을 관찰분석하고 수업을 효과적으로 개선할 수 있는 방법을 설명할 수 있다.

1. 필터식 수업관찰분석법의 성격

1) 필터식 수업분석법의 개념

수업의 관찰분석단계에서 가장 중요한 것은 관찰분석기법이다. 수업을 관찰분석하는 데는 두 가지 접근법이 있다. 하나는 질적 분석, 즉 내용적인 분석이고 다른 하나는 형태적인 분석이다. 내용적인 분석은 전개된 수업이 교과의 목표나 단원의 목표에 비추어 과연 타당한가를 보려는 접근법으로서 교과의 본질적인 문제를 따지는 것이다. 형태적 분석은 학습지도방법을 대상으로 하여 학습방법의 문제 또는 판서, ICT자료의 이용, 학생의 활동, 수업요령의 적용과 같은 주로 형식적이고 형태적인 면의 관찰분석이다. 좋은 수업이란 내용적인 면과 형태적인 면이 조화되고 상호보완적인 수업이다. 따라서 수업을 관찰하고 분석하는 목적은 내용적인 면과 형태적인 면을 어떻게 조화시켜 수업을 개선하느냐에 있다.

수업과정을 자세히 관찰하면 매 순간 학습환경, 교재, 가르치는 교사, 학생 등 여러 가지 복잡한 요소들간의 상호작용이 나타난다. 이러한 요소들 중에서 특히 교사의 발문이나 학생의 발언, 학생행동의 반응상태, 학습자료의 활용, 판서, 학생의 노트정리 등은 중요한 구성요소라 할 수 있다. 따라서 이들 구성요소들을 영역별로 하나하나 분석하여 종합해 보면 수업을 보다 과학적으로 분석하고 해석할 수 있다.

수업의 분석효과를 높이기 위해 이들 구성요소들을 분석할 수 있는 틀(여과기)을 만들어 활용할 수 있다. 즉, 여과기 속으로 수업의 여러 가지 사실, 정보를 통과시켜 수업개선에 필요한 자료들을 빼내어 수업장학의 자료로 활용하게 된다. 이것을 '수업분석 필터'라고 한다.

2) 수업관찰분석의 필터 종류 및 내용

수업을 효과적으로 관찰하고 분석하기 위해 사용할 수 있는 틀의 종류는 수업관찰분석의 목적이나 연구주제에 따라 다양하고, 관찰과 분석의 양식을 다양하게 활용할 수 있다. 그러나 기본적으로 사용할 수 있는 관찰과 분석의 필터는 교사의 발문, 학생의 발언, 학생의 행동반응, 학습자료, 판서 등으로 나눌 수 있다. 각 수업관찰 필터에 대해 설명하면 다음과 같다.

첫째, 교사의 발문은 수업상황에서 교사가 학습과제에 관한 것을 학습자에게 묻는 것으로 요구적 발문, 수여적 발문, 확인적 발문으로 구분하고 각각의 범주에 대해 하위 요소를 제시하고 있다. 요구적 발문의 하위 요소는 작업 · 의견 · 개괄 · 응용 · 정의로 분류될 수 있으며, 수여적 발문은 사례 · 조건 · 자료 · 개념 · 개괄 · 강화 · 주의질책으로 나누며, 확인적 발문은 경험 · 지식 · 이해 · 태도로 분류해서 수업을 관찰분석한다.

둘째, 학생의 발언은 수업에서 학습자가 학습과제나 교사의 발문에 반응하는 것으로, 발언의 방법과 수업의 참여 정도를 관찰한다.

셋째, 학생행동은 학습과제에 대한 학생의 반응 정도를 말한다. 개인별 혹은 집단별로 학생의 수준을 상 · 중 · 하로 구분하여 그 행동반응을 적극적 반응, 소극적 반응, 도피적 반응, 완전도피적 반응으로 구분하여 관찰분석한다.

넷째, 학습자료분석은 학습과제의 달성을 위해 수업에서 사용된 여러 자료의 내용과 사용 횟수, 사용 수량, 취급 방법, 사용 목적 등에 비추어 관찰분석하는 것이다.

다섯째, 판서는 수업 중에 교사와 학생이 칠판에 기록하는 방법이나 형태를 말한다. 그리고 판서분석은 이러한 것을 관찰하여 분석하는 것으로 판서의 위치와 표현형태로 구분하여 관찰분석한다.

2. 필터식 수업관찰분석의 기법

필터식 수업관찰분석은 다양한 종류의 수업관찰분석 필터에 비추어 수업의 효과성을 관찰하고 분석하며, 수업관찰분석의 필터 종류에 따라 체계적이고 과학적인 피드백이 이루어질 수 있다.

여기서는 교사의 발문, 학생의 발언, 학생의 행동반응, 학습자료, 판서에 관한 관찰분석법의 구체적 내용과 방법을 알아보도록 하자.

1) 교사발문분석

교사발문 필터에 의한 수업관찰분석법은 교사의 발문을 요구적 발문, 수여적 발문, 확인적 발문의 세 가지로 구분하고 각각을 하위 요소로 나누어 관찰분석하는 것으로, 수업시간 동안 발생하는 교사의 발문을 모두 기록하여 그것을 분석표의 해당란에 기입하는 것이다. 이때 수업의 진행을 도입, 전개, 정리로 간단히 구분하여 분석표를 작성한다.

(1) 요구적 발문(질문) : 학습내용이나 학습활동에 초점

요구적 발문은 문답법의 형태에서 많이 쓰이는 발문으로 학생에게 어떤 의견을 요구하거나, 객관적인 사실의 관례를 묻거나, 학습한 사실을 적용하고 종합적인 정의를 요구하는 등의 발문이다.

요구적 발문의 특징은 말이 짧고 간단명료하며, 자주적이고 학생에게 적절한 문제나 사태를 제시하여 사고력·비판력·추리력을 자극하는 학습활동에 참여하는 기회를 주는 발문이다. 요구적 발문의 하위 요소는 작업, 의견, 개괄, 응용, 정의로 분류하며 각각의 내용은 다음과 같다.

- 작업 : 읽기, 계산, 쓰기, 조작, 노트 기록 등의 지시
  (예) 읽어 볼까? 셈하여 볼까? 좀 더 생각해 볼까?
- 의견 : 아이디어, 의견, 감상, 해답을 요구하는 질문

　　　　(예) 왜 그럴까? 어떻게 생각하니? 그렇게 한 이유는 무엇일까?
- 개괄 : 원리, 법칙, 종합을 묻는 질문

　　　　(예) A와 B의 관계는? 그 결과는 어떤가? 갑과 을이 서로 다른 점은?
- 응용 : 원리, 법칙, 개념의 사례를 묻는 질문

　　　　(예) 이 낱말로 짧은 글을 짓는다면? 이 실험의 결과로 만들어진 것

표 11-1 ▪ 교사발문분석표

수업단계	시간경과	요구적 발문					수여적 발문							확인적 발문				교사발문
		작업	의견	개괄	응용	정의	사례	조건	자료	개념	개괄	강화	주의질책	경험	지식	이해	태도	
도입	5′		①															① 모두 생활의 길잡이 책을 들고 앞으로 노래하며 모입니다.
			②															② 자, 선생님이 하는 대로 따라해 봅시다.
			③															③ 자, '오늘아침 버스에서'를 같이 불러 봅시다.
														④				④ 그러면 집에서 맡은 일을 끝까지 잘하여 부모님께 칭찬을 받은 일, 칭찬받을 때 자기의 느낌과 생각을 한번 말해볼까요?

은? 이 결과로 우리의 생활을 어떻게 개선할 수 있을까?

- 정의 : 의미를 묻는 질문

  (예) 삼각형의 넓이 구하는 공식은? 물이 끓는 이유는?

(2) 수여적 수업언어(설명) : 강의내용에 초점

강의법에서 많이 쓰이는 발문으로 학생의 요구, 흥미, 자발성을 고려하지 않고 설명위주로 교사가 독점하여 발문함으로써 비교적 참여 기회를 주지 않는 발문이다.

수여적 발문은 학습문제의 제시 설명, 결과를 요약 설명, 사례 소개 등 대개 정리할 때 많이 사용한다. 수여적 발문의 하위 요소는 사례, 조건, 자료, 개념, 개괄, 강화, 주의질책으로 분류하며 각각의 내용은 다음과 같다.

- 사례 : 보기를 들어 사고를 유발시킴

  (예) 녹이 빨리 스는 것 같은데, 그것은 ~때문이다.

- 조건 : 문제의 조건을 제시해 줌

  (예) ~하겠습니다. ~했는데, 이러이러하다. ~이렇게 하면 이렇게 된다 등으로 설명을 해 주거나 해답을 준다.

- 자료 : 문제해결을 위한 자료를 제공함

  (예) 이 지도는 서울의 교통망을 나타낸 것인데… 등

- 개념 : 용어나 부호의 개념을 줌

  (예) 압력이란 누르는 힘을 말한다.

- 개괄 : 원리, 법칙, 개괄의 제시

  (예) 물은 ~와 ~를 합쳐서 만들어진 것이다.

- 강화 : 칭찬, 격려하는 말

- 주의질책 : 주의하고 질책하는 말

(3) 확인적 발문(질문)

확인적 발문은 수업의 과정에서 문제해결의 진전에 따라 그 결과의 이해 여부를 알아보려는 수단으로 경험, 이해, 기능, 태도 등의 상태를 확인하는 발문이다. 그 유형으로는 일제 답(答) 또는 개인별 응답반응을 요구하는 방법이 있다.

확인적 발문의 하위 요소는 경험, 이해, 지식, 태도로 분류하며 각각의 내용은 다음과 같다.

- 경험 : 공동이나 개인의 생활경험을 묻는 교사의 질문
  (예) 전 시간에 공부한 것은? 비행기를 타 본 사람?
- 지식 : 단순한 사실이나 지식을 확인하는 질문
  (예) 삼각형의 넓이 구하는 공식은? 백두산의 높이는?
- 이해 : 원리, 원칙, 개념 등을 확인하는 질문
  (예) 저축은 왜 하는가? 이렇게 하면 어떤 결과가 나올까?
- 태도 : 태도를 확인하는 질문
  (예) 웃어른께 인사를 잘해야 하는 이유는?

이상을 요약하면 요구적 발문은 주로 학생에 대해서 어떤 행동이나 의견, 사실의 적용이나 종합적인 정의를 요구하는 교사의 발문이고, 수여적 발문은 학생의 발언을 정리해 주거나 사고를 유발하기 위한 교사의 보충 발언이나 설명이며, 확인적 발문은 수업의 중간 중간에 교사가 하는 형성평가나 수업의 끝에 행하는 평가적인 성격을 띠고 있다.

이와 같은 것들에 비추어 교사의 발문을 관찰하여 정리하여 분석할 수 있다(〈표 11-1〉 참조).

2) 학생발언분석

학생발언분석(〈표 11-2〉 참조)은 수업 중에 학생의 발언 방법이나 수업에의 참여 정도를 관찰하여 분석하는 것으로, 관찰분석의 방법은 다음과 같다.

첫째, 관찰시간은 5분 단위로 표시하는 것이 좋다.

둘째, 수업참가도의 평정척은 ①에서 ⑤까지 나누는데, ①은 손을 든 어린이가 전체의 1/5임을 의미하고, ③은 손을 든 어린이가 전체의 3/5 임을 뜻한다.

셋째, 발언방법을 관찰할 때 기록지에 표시하는 방법으로 ①은 첫 번째 대답한 어린이가 정답을 말했음을 의미하고, △는 두 번째에 지명당한 학생의 답이 틀렸음을 의미하며, □는 정답 여부가 애매한 답변을 나타낸다. 발언은 ①, ②, ③…의 방법으로 순서를 나타낸다.

표 11-2 ▪ 학생발언분석표

수업단계	시간경과	수업 참가도					발언 방법					발언자	발언 개요
		①	②	③	④	⑤	거수자명	지명	자발	일제	중얼거림		
도입	5′			∨			①	△	③				① 네, 이순신 장군입니다. ② 고려시대입니다. ③ 중국 아니면 일본인 것 같습니다.

학생의 발언분석 필터에 따라 결과를 분석할 때는 발언율(발언율=발언자수/수업참여자; 발언자수는 발언횟수에 상관없이 발언에 참여한 수), 발언횟수별 인원분석표, 수업참여도(거수량 분석), 발언방법별 인원분석, 발언결과 정·오답자 비율 등의 사항을 계수화한다.

마지막으로 발언내용의 분석을 통하여 종합적인 해석이 필요한데, 결과해석은 사전에 교재내용의 파악, 학생의 발달수준, 학생과 학급의 집단분위기 등을 상세히 살펴보고 학습이론도 충분히 연마한 후 실시하는 것이 좋다. 그리고 다른 분석과 관련지어 해석해야 한다.

3) 학생행동분석

학생행동에 의한 수업의 관찰분석(〈표 11-3〉 참조)은 학생의 행동반응을 적극적 반응(A), 소극적 반응(a), 도피적 반응(b), 완전도피적 반응(B)으로 구분하여 관찰분석하는 것으로 각 반응의 의미는 다음과 같다.

첫째, 적극적 반응(A)은 학습에 관계있는 사람이나 사물에 깊은 관심을 나타내거나 작업, 거수, 발언을 할 때의 행동반응이다.

둘째, 소극적 반응(a)은 가벼운 흥미나 관심을 표시하는 행동반응이다.

셋째, 도피적 반응(b)은 사고활동을 하지 않거나, 학습에 흥미가 없는 무관심(휴식) 상태를 나타내는 행동반응이다.

넷째, 완전도피적 반응(B)은 학습활동과 전혀 관계없는 행동이나 학습 이외의 것에 흥미를 나타내는 것을 말한다.

학생의 행동반응을 효과적으로 관찰하기 위해 관찰대상 학생을 상, 중, 하로 구분하여 실시하며, 학급 전체를 수준별로 구분하여 관찰할 수도 있다. 개별 학생을 추출하여 관찰할 때는 미리 관찰대상을 정하여 관찰표에 기입한 후 관찰한다. 〈표 11-3〉의 행동 개요는 관찰 순간의 행동상태의 개략을 기록하기 위한 곳이다.

표 11-3 ■ 학생행동분석표

수업단계	시간경과	김민영					송보민					박수은				
		행동반응				행동개요	행동반응				행동개요	행동반응				행동개요
		A	a	b	B		A	a	b	B		A	a	b	B	

이상의 관찰표를 작성한 후 행동반응의 결과를 처리하고 분석해야 한다. 학생의 행동반응은 다른 필터와 매우 깊은 관계를 갖고 있으므로 신중히 분석하여야 하며, 계수화하는 방법은 다음과 같다.

반응도(학습참가도)= {(A+a)/관찰횟수} × 100

학습참가도는 상·중·하의 학생에 대해 개별적인 것과 전체적인 것도 필요하다. 그리고 반응상태를 점선 위에 찍어 나타내면 관찰대상 학생의 학습반응 프로파일이 나타난다.

4) 학습자료 활용 분석

학습자료 필터는 수업중에 사용된 자료를 관찰하여 분석하는 것으로 교사 또는 학생의 동기, 자료의 내용, 사용목적, 취급방법, 활동내용 및 반응에 관하여 관찰한다. 분석방법은 〈표 11-4〉를 이용하여 다음과 같이 하면 된다.

표 11-4 ▪ 학습자료분석표

수업단계	시간경과	동기		자료의 내용	사용목적				취급방법				활동내용 및 반응
		교사	아동	내용	문제제시	흥미	이해	문제제시	지식	의문	설명	해석	

첫째, 동기는 누구(교사 혹은 학생)의 필요에 의해 학습자료가 제시되었
는가를 관찰분석한다.

둘째, 학습자료의 내용은 도표, 인쇄물, 사진, 파일, 슬라이드, 영화, 동
영상 등으로 구분하여 관찰분석한다.

셋째, 활동내용 및 반응은 교사와 학생의 활동내용을 적고 학생들의
반응상태를 기록한다.

넷째, 자료의 규격, 글씨, 내용, 학생의 반응 등을 다각적으로 분석하
여 다른 분석 필터와 유기적인 관련을 갖고 해석하여야 한다.

5) 판서분석

판서 필터(〈표 11-5〉 참조)는 수업중에 이루어진 판서의 위치, 판서의
표현, 판서의 내용, 활동의 내용 및 반응을 관찰하여 분석하는 것이다.

표 11-5 ▪ 판서분석표

수업단계	시간경과	판서의 위치	판서 내용의 제시 방법					판서의 내용	활동내용 및 반응
			도식화	관련화	구조화	창조화	발전화		

(1) 판서의 위치

판서의 위치는 교수내용에 따라 다르겠지만 교수과정의 가치를 규정
하는 것이므로 효과적인 배치가 필요하다. 판서는 가능한 한 칠판의 중

앙부에 하는 것이 좋지만 판서의 양, 판서를 하는 사람에 따라 위치를 달리할 수 있다.

교사가 판서를 할 때는 칠판 상단부에, 학생이 판서를 할 때는 하단부에 하게 되고, 광선의 반사나 학생들의 시야를 가리는 방해물들을 생각해서 위치를 정한다.

(2) 표현

판서의 표현은 도식화, 관련화, 구조화, 창조화, 발전화로 구분하여 관찰하며, 각각의 내용은 다음과 같다.

- 도식화 : 판서의 내용에 그림이 그려저 있는 경우를 말한다. 적절한 도식의 사용은 학습자의 학습동기 유발에 효과적이다.
- 관련화 : 판서의 내용이 바로 수업의 내용이 되는 경우다. 따라서 그 시간에 학습한 교재의 내용은 어떤 성질의 것이며, 어떤 영역의 능력을 학습자에게 신장시켜 주기 위한 것인가에 대한 판서의 내용이 제시되어야 한다.
- 구조화 : 개체표기를 연결표기로 관련짓는 데 따라 성립한다. 어떤 연결표기를 선택할 것인가는 이론적 필연성, 시간적 경과, 관련성의 정도 등 각종 의미에 맞는 표기법(보통 언어, 상징적인 기호 사용)으로 구조화한다.
- 창조화 : 일정한 틀이 있는 것이 아니라 학습내용에 따라 창의적인 형태의 다채로운 방법을 선택할 수 있다.
- 발전화 : 창조화와 상통하지만 보다 발전적인 판서로서 글씨뿐 아니라 도식화·그림·도해 등을 내용의 체계에 따라 효과와 기능을 생각해서 전개하는 판서다.

판서의 형태는 여러 가지가 있는데, 각 종류들을 다음과 같이 설명할 수 있다.

① 나열형 : 학습사항, 학생의 발언을 나열한다.

② 비교대조형 : 상단, 하단 또는 좌우단에 각기 학습내용의 특징을 쓰고 차이점을 비교 대조한다.

③ 분류형 : 개념을 세밀히 분류하는 형으로 학습자의 이해를 돕는다.

④ 구조형 : 시각적으로 도형화 · 도식화하는 형태이다.

⑤ 귀납형 : 몇 가지 조건에서 귀납된 요점을 쓴다.

⑥ 지향형 : 변증법적으로 지향되는 과정을 쓴다.

⑦ 회로형 : 관련 있는 사항을 선으로 연결한다.

(3) 판서의 내용

판서의 내용을 간단히 규정지을 수는 없다. 편의상 수업진행과정에 따라 내용을 정리해 보면 도입단계에서는 학습과제, 수업목표 등 교재의 개괄사항이나 문제사항 등을 제시하며, 활동단계에서는 전체의 배치, 내용체계, 내용의 표현 등을 고려하여 학습의 핵심내용을 제시한다. 마지막으로 정리단계에서는 형성평가, 차시 관련 사항 등이 제시된다.

지금까지 다섯 가지 수업분석 필터에 따른 수업관찰분석법을 알아보았다. 여러 가지 수업관찰분석 필터에 의한 관찰들은 각각으로도 수업의 개선에 효과적으로 활용될 수 있지만, 여러 가지를 함께 활용하면 더 나은 수업의 개선을 가져올 수 있을 것이다.

3. 필터식 수업관찰분석의 실제

지금까지 살펴본 여러 종류의 수업관찰분석 필터 중에서 교사의 발문분석 필터를 적용하여 실제로 분석한 사례를 소개하면 다음과 같다.

1) 수업의 관찰

- 과 목 : 바른생활과
- 일 시 : ○○○○년 ○월 ○일 4교시
- 장 소 : 창원시 △△초등학교 2학년 5반 교실
- 단 원 : 8. 내가 맡은 일
- 학습목표 : 집에서 맡은 일을 끝까지 잘 하여 부모님께 칭찬을
  받았던 일과 잘못하여 꾸중을 들었던 일이 있을 때
  의 느낌과 생각을 말할 수 있다.

2) 수업관찰표 작성

표 11-6 ▪ 수업관찰 실제 사례

수업단계	시간경과	요구적 발문					수여적 발문						주의질책	확인적 발문				교사발문 개요
		작업	의견	개괄	응용	정의	사례	조건	자료	개념	개괄	강화		경험	지식	이해	태도	
도입	5″	①																① 모두 생활의 길잡이 책을 들고 앞으로 모입니다.
		②																② 자, 선생님이 하는 대로 따라해 봅시다.
		③																③ 자, '오늘 아침 버스에서'를 같이 불러 봅시다. 시작!
												④						④ 참 잘했어요.
문제제기	10″	⑤																⑤ 그럼 오늘 공부할 내용을 알아봅시다.
		⑥																⑥ 다같이 읽어 보세요.
													⑦					⑦ 그러면 집에서 맡은 일을 끝까지 잘하여 부모님께 칭찬을 받은 일, 칭찬을 받을
		⑧																
									⑨									
													⑩					
		⑪																

(계속)

수업단계	시간경과	요구적 발문					수여적 발문							확인적 발문				교사발문 개요
		작업	의견	개괄	응용	정의	사례	조건	자료	개념	개괄	강화	주의질책	경험	지식	이해	태도	
탐구활동	25″											⑫						때 자기의 느낌과 생각을 한 번 말해볼까요?
		⑬																⑧ 민정이가 한번 말해보세요.
												⑭						⑨ 참 잘 발표했지요? 모두 손뼉칩시다.
				⑮														⑩ 다음은 내가 할 일을 끝까지 다하지 못하여 부모님께 꾸중을 들었을 때의 느낌과 생각을 말해볼 사람?
		⑯																⑪ 예, 말해보세요.
												⑰						⑫ 예, 잘 말했습니다.
							⑱											⑬ 다음 또 누가 말해볼까요?
문제해결정리	35″												⑲					⑭ 예, 잘 말했습니다.
		⑳																⑮ 그러면 이제 자기가 맡은 일을 끝까지 다하지 못한 까닭이 무엇인지 말해볼까요?
		㉑																⑯ 누가 말해볼까요? 예, 말해보세요.
		㉒																⑰ 참 발표를 잘했어요. 모두 박수!
		㉓																⑱ 네, 그래요. 하지만 게으름 때문에 자기가 맡은 일을 하지 못한 사람도 있지만, 개인의 특별한 사정 때문에 일을 하지 못한 사람도 있답니다.
				㉔														
																	㉕	
												㉖						
	40″								㉗									
항목계		13	2	·	·	·	1	·	1	·	·	6	1	2	·	·	1	
영역계		15					9							3				
비율계		55.6%					33.3%							11.1%				

〈교사발문 개요〉
⑲ 만약 게으름 때문에 그랬다면, 스스로 반성을 하고 앞으로는 그런 일이 없도록 하는 착한 사람이 되도록 노력하세요.
⑳ 그러면 이제 제자리로 돌아가 각자의 생각을 공책에 써 보도록 하겠습니다.

(계속)

㉑ 다 쓴 사람은 확인 받으러 앞으로 나오세요.
㉒ 생활의 길잡이 73쪽은 어머니와 약속한 일을 적고 실천하기 입니다.
㉓ 모두 다 했으면 앞으로 나와 이번 학습의 정리를 해 보겠습니다.
㉔ 누가 한번 말해볼까요? 칭찬을 받을 때가 좋을까요, 꾸중을 받을 때가 좋을까요?
㉕ 예, 모두 칭찬을 받는 쪽이 좋다고 했습니다. 여러분들도 모두 칭찬받는 착한 학생이 되세요.
㉖ 그럼, 이 시간은 공부를 잘했어요.
㉗ 다음 생활의 길잡이 73쪽은 집에 가서 어머니와 약속을 한 일을 적고 실천해 보도록 합시다. 그리고 실천결과를 기록해 봅시다.

3) 수업관찰의 분석 및 활용

지금까지 관찰한 수업의 내용에 대해 교사발문 필터로 수업을 분석해 보면, 첫째, 교사의 발문분석 필터에서 보는 바와 같이 요구적 발문이 55.6%(15회), 수여적 발문이 33.3%(9회), 확인적 발문이 11.1%(3회)로 나타나고 있다.

확인적 발문은 대개 도입단계에서 경험·기억·이해 정도를 확인할 때 활용하고, 수여적 발문은 학생의 요구·흥미·자발성을 고려하지 않고 교사가 독점하여 설명위주로 진행하며 학생의 사고활동을 위한 기회의 제공에 인색한 발문형태이다. 그리고 요구적 발문은 학생의 요구·의견을 구하거나 학습한 사실을 적용하고 종합적인 정의를 요구하는 등 사고력·추진력·비판력을 자극하여 학습활동을 활발하게 하고 실천력을 강화시켜 주는 발문형태이다. 본 수업시간에서 사용된 발문의 55.5%가 요구적 발문이었음을 볼 때 수업이 교사주도적으로 진행되었다고 판단된다.

둘째, 수여적 발문이 33.3%로 비율이 다소 높기는 하지만 강화를 위한 발문 6회를 빼면 약 11%에 불과하며, 발문내용을 분석해 보면 탐구학습 활동에 도움이 되는 사례나 자료를 제시하는 것, 문제해결이나 탐구를 위한 주의에 주로 사용되었다. 따라서 이 수업은 강의식 수업이라기보다 학습자 스스로 탐구하고 문제를 해결하는 수업이기 때문에 문제가 있다고 볼 수는 없다.

셋째, 교사의 발문이 시간의 흐름에 따라 칭찬과 격려로 성공감을 갖게 하면서 자연스럽게 문제의 탐구와 해결을 유도한다는 점에서 대체로 좋은 수업기술을 가진 교사라고 할 수 있다.

넷째, 발문이 대체로 요구적 수준이며, 적절한 수여적 질문을 강화요소로 제공하여 학습자의 자율적인 탐구학습 활동이 활발히 이루어지게 유도하였다.

다섯째, 학습의 내용상 학습자의 활동이 주가 되기 때문에 발문의 흐름이 체계적이지 않고 다소 교사의 발문이 많은 감이 있어 학습자들이 활동을 충분히 수행할 수 없었던 것 같다.

마지막으로, 저학년의 '바른생활 교과' 수업이라는 점을 고려한다면 교사가 적절히 수업을 주도하였고, 인지적 질문보다는 사실적 질문을 함으로써 학생들의 생각을 자연스럽게 이끌어낸 점은 적절하다고 생각한다.

이상의 관찰분석 결과 교사는 다음과 같은 점에 유의하여 수업을 개선할 수 있다.

첫째, 저학년의 수업이라는 점을 고려해, 학습자가 자유롭게 발언할 기회를 더 많이 갖도록 교사는 발문을 줄여야 한다.

둘째, 학습자의 사고활동을 좀더 활발히 하기 위해 교사는 확인적 발문을 증가시키도록 노력해야 하며, 확인적 발문의 횟수를 증가시킬 수 있도록 학습내용의 분석에 더 많은 노력을 기울여야 한다.

마지막으로, 교사는 저학년 수업이라는 점을 고려하여 학습자에게 정적 강화를 더 많이 제공해야 할 필요가 있다.

요 약

1. 필터식 수업관찰분석법은 수업의 효과를 높이기 위해 수업의 구성요소
   들을 분석할 수 있는 '틀(여과기)'을 만들어 이 틀에 비추어 수업의 여
   러 가지 사실과 정보를 통과시켜 관찰분석하고, 수업개선에 필요한 자
   료들을 빼내어 교사들이 효과적으로 활용할 수 있게 한다.

2. 수업관찰분석 필터의 종류에는 교사의 발문, 학생의 발문, 학생의 행동
   반응, 학습자료, 판서 등이 있다.

3. 교사의 발문분석 필터는 요구적 발문, 수여적 발문, 확인적 발문의 세
   가지로 구분할 수 있다. 요구적 발문은 작업, 의견, 개괄, 응용, 정의의
   요소로 이루어진다. 또 수여적 발문은 사례, 조건, 자료, 개념, 개괄, 강
   화, 주의질책의 요소로 구성된다. 확인적 발문은 경험, 지식, 이해, 태도
   의 하위 요소로 분류할 수 있다.

4. 학생발언분석 필터는 수업에의 참여도를 5단계의 척도로 나누어 관찰
   한다. 발언방법은 거수자명, 지명, 자발성에 근거하여 관찰분석한다.

5. 학생행동분석 필터는 학생의 행동반응을 적극적 행동, 소극적 행동, 도
   피적 행동, 완전도피적 행동으로 구분하고 학습자의 수준을 상, 중, 하
   로 구분하여 관찰분석한다.

6. 학습자료분석 필터는 자료 사용의 목적을 교사와 학생의 입장에서 분
   석하고 자료의 내용과 사용횟수, 사용목적, 취급방법 등을 관찰하여 분
   석한다.

7. 판서분석 필터는 수업중에 이루어진 판서의 형태를 위치와 표현의 측
   면에서 관찰분석한다.

연습문제

1. 다음 중 수업관찰분석 필터의 종류에 속하지 <u>않는</u> 것은?
   ① 학생발언   ② 교사발문
   ③ 교사이동   ④ 학생 행동

2. 학생의 행동반응 필터에 의한 수업분석에서 학생반응을 네 가지로 구분할 수 있다. 다음 중 이에 포함되지 <u>않는</u> 것은?
   ① 적극적 반응   ② 도피적 반응
   ③ 소극적 반응   ④ 방관적 반응

3. 판서분석 필터에서 판서의 표현형태를 구분하는 요소가 <u>아닌</u> 것은?
   ① 도식화   ② 발전화
   ③ 창조화   ④ 설명화

※ 다음의 질문에 대해 간략하게 답하시오(4~7).

4. 필터식 수업관찰분석에서 필터의 의미와 필터식 수업관찰분석의 방법을 설명하시오.

5. 필터식 수업관찰 기록법에 사용되는 수업관찰분석 필터의 종류 다섯 가지를 제시하시오.

6. 교사의 발문 필터에 의한 수업분석에서 교사의 발문을 구분해 보고 각각의 하위 요소들을 사례를 들어 설명해 보시오.

7. 학생 행동분석 필터를 이용하여 초등학교 5학년의 사회수업을 상·중·하의 학업수준을 나타내 보이는 세 명의 학생을 대상으로 관찰한 결과, 중간 수준의 학습자가 적극적 반응을 7회, 소극적 반응을 5회 하였다면 이 학습자의 반응도(학습참가도)는 얼마인가?

제 12 장
평정척에 의한 분석법

학생들은 수업자의 거울이다.
학생들이 수업자를 평가한 것은 학교행정가가 평가한 것보다
훨씬 객관적이고 타당한 자료가 될 수 있다.

평정척의 성격/ 기술평정척/ 숫자평정척/ 도식평정척/ 교사의 자기평정척도
교사 이미지 질문지/ 교사 스타일에 대한 학생의 지각평정척
문답식 수업을 위한 평정척/ 강의식 수업을 위한 평정척

평정척이란 평정자 혹은 관찰자가 관찰결과를 어떤 척도상의 유목이나 수치에 의거해서 기록하고 정리하는 평정방법으로, 교육현장에서 널리 쓰이고 있는 방법이다. 평정척은 20세기 초부터 사용되어 왔는데, 1950년경에는 교사가 잘 가르치느냐 하는 것은 교사의 인성특성의 문제라고 가정하고, 잘 가르치는 교사의 특성을 평정척으로 재는 데 초점을 두었다. 그 뒤 초점은 교사가 가르칠 때 어떻게 행동하느냐에 관심을 두는 쪽으로 바뀌었다가 다시 교수의 질은 교사가 가지는 능력에 의해 주로 결정된다고 보고, 교사의 특성이나 행동보다 능력을 재기 위해 평정척을 사용하였다.

이 장에서는 평정척의 성격 및 종류에 대해서 알아보고 실제 수업분석을 위해 학생이나 관찰자에게 적용할 수 있는 평정척도에 대해 살펴볼 것이다.

이 장의 학습목표는 다음과 같다.

1. 평정척의 성격을 말할 수 있다.
2. 평정척의 평정방법을 말할 수 있다.
3. 평정척의 사용시 주의해야 할 점을 말할 수 있다.
4. 교사 스스로 활용할 수 있는 교사의 자기평정척의 특징을 지적할 수 있다.
5. 교사 이미지 질문지(TIQ)의 특징을 지적할 수 있다.
6. 학생이 지각하는 교사 스타일을 알아보기 위한 평정척의 성격을 말할 수 있다.
7. 문답식 수업을 위한 평정척의 하위 범주를 지적할 수 있다.
8. 강의-설명식 수업을 위한 평정척의 특징을 지적할 수 있다.

1. 평정척의 성격 및 종류

1) 평정척의 성격

평정척에 의한 수업분석은 일반적이고 관찰하기가 모호한 추상적인 수업활동을 정해진 평정척도에 의거하여 주관적으로 평가하는 방법이다. 따라서 이 방법은 관찰한 행동을 비연속적인 용어로 쉽게 기록할 수 없어서 수량화하기 어려운 경우에 특히 유용하다. 예를 들면, 관찰자가 개개 학생들의 요구에 교사가 주의하는 정도라든지, 학생이 급우들과 협동하는 정도에 관한 정보를 제공해야 할 경우, 관찰자는 일정 기간 동안 동시에 일어날 수 있는 몇 가지 행동이나 사상들을 관찰한 다음에 행동이나 사상의 속성을 몇 등급으로 나눈다. 그리고는 관찰한 여러 가지 행동의 속성을 뛰어남, 보통 이상, 보통, 보통 이하, 좋지 못함 등으로 등급을 매기는 방식을 사용할 수 있다. 대개 평정법에는 어떤 행동이 등급으로 나뉘어진 여러 단계 중에 어디에 해당되는지를 구체적으로 알려주는 설명이나 진술문이 순서적으로 제공되고 있다.

이 평정척도에 의한 분석은 광범위한 변인에 관한 자료를 수집할 수 있는데, 수집활동이 비교적 용이하고 경제적이며 융통성이 있다. 그러나 평정자의 훈련이 그다지 요구되지 않기 때문에 간편하고 손쉽게 사용할 수 있다는 장점을 지니는 반면 앞서 지적한 바와 같이 관찰자의 주관성이 개입되어 작용할 가능성이 많아 자료의 객관성과 신뢰성을 보장받기가 다소 어렵다는 제한점이 있다. 따라서 관찰자는 평정의 객관성을 증진시키기 위해 평정척도를 체계화하여 평정상 주관성이 지나치게 작용하지 않도록 예방하고 문항을 개발해야 한다.

2) 평정척의 종류

평정척의 종류는 사람들마다 여러 가지 유형으로 분류하고 있지만 그것은 표현된 명칭에서 그러한 인상이 짙게 풍기는 것이지 실제로 분류하는 근본원리는 거의 같다. 여기서는 교육현장에서 유용하게 쓰이고 있는 실질적인 사례에 대해 몇 가지만 설명하기로 한다. 주의할 것은 각 분류방법이 상호 배타적이 아니라 보완적이라는 점이다.

(1) 기술평정척

평정척도의 각 유목 혹은 단계를 가치의 정도에 따라 간단한 단어, 구, 문장으로 표시하는 방법이다. 예를 들어, 수업 후 강의평가를 평정척도에 나타낸 기술평정척은 〈표 12-1〉과 같다.

표 12-1 ▪ 기술평정척의 예

1. 본 강의의 난이도 정도는 나의 능력과 준비 정도에 비하여
  ㄱ. 매우 기초적   ㄴ. 약간 기초적   ㄷ. 적절한 편
  ㄹ. 다소 어려운 편   ㅁ. 매우 어려운 편
 	
2. 본 강의의 진행속도는
  ㄱ. 매우 느리다   ㄴ. 다소 느린 편   ㄷ. 적절하다
  ㄹ. 다소 빠른 편   ㅁ. 매우 빠르다

(2) 숫자평정척

평정하려는 특성의 단계를 숫자로 표시하는 방법이다. 이 방법은 제작이 쉽고 결과를 통계적으로 처리하기 때문에 가장 보편적으로 사용된다.

숫자의 평정을 0에서 출발하여 1, 2, 3…으로 한 것을 단일척도 혹은 단극척도라고 한다. 그리고 -2, -1, 0, 1, 2와 같이 0을 중심으로 양극단으로 뻗어나가게 하는 것을 복수척도 혹은 양극척도라고 한다. 그러나 대개의 경우 전적으로 숫자로만 나타내기보다는 기술어구가 함께 부가

되어 있는 경우가 많다.

　평정의 단계는 3, 5, 7, 9단계가 있으며 이 중에서 가장 많이 사용되는 것이 5단계와 7단계다. 몇 단계로 하느냐는 평정자의 변별능력과 사용목적에 따라 적절히 변화시킬 수 있으나, 특수한 경우를 제외하고 9단계 이상으로 나누는 것은 삼가해야 한다. 〈표 12-2〉는 교사의 정의적 특성을 연구하기 위한 한 가지 방법으로, 학급관찰을 위해 실험적으로 제작한 숫자평정척이다.

표 12-2 ▪ 숫자평정척의 예

학생행동								
1. 냉담한	1	2	3	4	5	6	7	예민한
2. 방해하는	1	2	3	4	5	6	7	책임감 있는
3. 주저하는	1	2	3	4	5	6	7	자신 있는
4. 의존하는	1	2	3	4	5	6	7	독자적인
교사행동								
5. 편파적인	1	2	3	4	5	6	7	공정한
6. 전제적인	1	2	3	4	5	6	7	민주적인
7. 냉담한	1	2	3	4	5	6	7	예민한
8. 억압적인	1	2	3	4	5	6	7	이해심 있는
9. 냉정한	1	2	3	4	5	6	7	친절한

(3) 도식평정척

　도식평정척은 기술평정척과 숫자평정척을 결합해서 만든 것으로 평정을 선 위에 나타내도록 하는 방법이다. 도식평정척은 단순하고 실시하기 쉬우며 신속하게 할 수 있다는 것이 특징이다.

　실제로 수업을 평정하고 관찰하기 위한 목적으로 제작하여 사용하는 평정척도는 위에서 소개한 어느 한 가지만 사용하지는 않는다. 그보다는 문항형식이 두 가지 이상 혼합되어 있는 혼합형식의 평정척도를 제작하여 활용한다. 초임교사 평가 연구(Beginning Teacher Evaluation Study:

표 12-3 ■ 도식평정척의 예

이 교사는 허용적인가
|------------|------------|------------|------------|
대단히   상당히   좀   별로   전혀

BTES)에서 수업자가 학습자들에게 제시하는 수업단서의 행동을 평정척으로 만든 예를 살펴보자. 이 평정척은 7단계의 척도로 나뉘어져 있는데, 1점 쪽으로 내려갈수록 행동의 단순성이나 부정적인 것을 뜻하고, 7점 쪽으로 갈수록 고등정신기능을 자극하거나 창의적인 특성을 나타낸다. 의사소통의 복잡성, 조직성, 명료성, 융통성 등을 평가하기 위한 평정척도의 예가 〈표 12-4〉에 제시되어 있다.

표 12-4 ■ 수업내용 제시기법의 평정척

복잡성

1	2	3	4	5	6	7

교사-학생 간의 상호작용이 사실적 지식에 집중되어 있다. 질문은 대개 기억의 재생을 요구한다.	교사-학생 간의 상호작용이 어느 정도 높은 수준의 문제를 포함한다. 때때로 문제해결의 방법과 원인을 질문한다.	교사-학생 간의 상호작용이 높은 수준의 문제를 자주 다룬다. 학생들에게 적용, 분석, 평가, 종합하기를 요구한다.

조직성

1	2	3	4	5	6	7

수업진행에서 내용의 개요, 목표의 진술, 전환의 신호, 요점의 지적 등이 행해지지 않는다.	수업진행에서 때로 조직적인 행동이 나타난다.	수업진행에서 내용의 개요, 목표의 진술 등이 나타난다.

(계속)

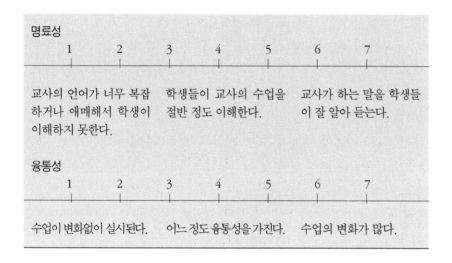

명료성

| 1 | 2 | 3 | 4 | 5 | 6 | 7 |

교사의 언어가 너무 복잡하거나 애매해서 학생이 이해하지 못한다.

학생들이 교사의 수업을 절반 정도 이해한다.

교사가 하는 말을 학생들이 잘 알아 듣는다.

융통성

| 1 | 2 | 3 | 4 | 5 | 6 | 7 |

수업이 변화없이 실시된다.   어느 정도 융통성을 가진다.   수업의 변화가 많다.

2. 수업관찰을 위한 평정척도

수업관찰을 위한 평정척은 교사 자신이나 동료, 행정가, 학생들에 의해 사용이 가능하다. 여기서는 교사 자신에게 적용해 볼 수 있는 평정척도, 학생들이 교사에게 피드백을 주기 위하여 사용될 수 있는 평정척도와 장학사나 동료 교사들에 의해 사용될 수 있는 평정척도에 대해 살펴보고자 한다.

1) 교사의 자기평정척도

교사는 자신의 수업활동 자체에 관하여 매일, 매주 또는 매학기 반성하고 수업의 장점과 단점을 발견하려고 노력하는 활동을 통하여 수업을 개선하고자 여러 가지 방법을 이용한다. 특히 수업전개 절차, 수업전략, 교수-학습자료의 활용면, 과제물 부과, 학습활동 관리 등에 관하여 분석적으로 반성하는 것이 중심활동이 되고 있다. 이를 위해 녹음이나 녹화의 방법 등을 이용하여 자신의 수업을 분석하기도 하는데, 이 중 교사는 자신이 활용하기 쉬운 평정목록표, 즉 자기평정척도를 이용하기도 한다.

일반적으로 자신의 수업에 대한 평정결과는 타인(학생 및 동료교사)의 평정결과보다는 호의적이고 긍정적이며, 높은 결과를 보이는 경향이 있다.

〈표 12-5〉는 교사가 자신의 수업을 스스로 평정하기 위하여 활용하는 평정척도이다(배호순, 1991). 각 그룹의 항목들은 크게 교사 자신에 대한 내용과 학생과의 관계에 관한 내용으로 나뉘어진다.

우선 교사 자신에 대한 내용은 수업의 구조화, 수업에 대한 열성, 다른 관련 과목과의 관련성, 수업결과의 분석을 통한 자기 수정 등에 관한 것이고, 학생과의 관계에 관한 내용은 학생의 사고과정과 지적 호기심, 교과에 대한 흥미 자극과 신장, 학생의 의견에 대한 수렴, 학생의 능력 개발, 학생과의 교감 등에 관한 것이다. 교사는 자신의 수업을 관찰한 후 1에서 5까지의 숫자를 이용하여 각 항목의 진술에 가까울수록 5를, 보통이면 3, 그리고 멀수록 1을 기입하면 된다.

표 12-5 ▪ 교사의 자기평정척도

분류	항목
제1그룹	• 학생의 생각을 자극하는 아이디어를 제시한다. • 학생이 종전에는 감상하지 않은 사물에 대하여 감상하도록 주장한다. • 학생의 입장을 고려하고 학생의 입장에 동조한다. • 나는 나의 수업(강의)의 질을 중요시한다.
제2그룹	• 나는 학생이 강의 중에 스스로 노력한 것에 대하여 보람을 느끼는 것을 바람직하다고 생각한다. • 나는 강의중에 수업의 질을 개선시키기 위하여 노력한다. • 학생의 요구를 알고 있다. • 수업중에 학생이 도전할 만한 질문이나 문제를 제기한다.
제3그룹	• 학생들이 지식, 견해, 경험을 다른 학생과 나누어 갖도록 격려한다. • 학생이 나의 도움이 필요한 경우에는 어느 때라도 나를 찾아오는 것을 잊지 않도록 주지시킨다. • 수업중에 학생의 질문을 자극하고 그들의 질문에 대하여 답변한다. • 학생들이 핵심 내용이나 주요 문제점을 정리하고 파악할 수 있는 능력을 개발하도록 돕는다.

(계속)

분류	항목
제4그룹	• 나는 강의를 개선하는 데 적극적이고 개별적인 관심을 가지고 있다. • 나 자신을 학생과 밀접하게 관련시킨다. • 강의의 주요 내용이 그들의 인생에 어떤 의미를 주는가를 파악하도록 학생들을 돕는다. • 나는 강의를 개선하기 위하여 지난 강의경험을 분석한다.
제5그룹	• 강의내용을 잘 조직한다. • 학습내용을 폭넓게 학습하도록 학생을 자극한다. • 내 전공 영역과 관련된 타 영역에 관하여 잘 알고 있다. • 나는 학생과 잘 어울린다.
제6그룹	• 전체 학생이 모두 분명하게 이해하도록 질문이나 코멘트를 반복한다. • 학생들의 감정에 민감하다. • 매 학기 강의마다 최선을 다한다. • 강의내용에 대하여 학생이 보다 만족할 수 있도록 노력한다.
제7그룹	• 나는 학생들이 창의적인 생각을 하도록 돕는다. • 나는 학생과 상호 존경하도록 노력한다. • 나는 강의(수업)에 열성적이다. • 수업중에 명료하고 적절한 예를 든다.
제8그룹	• 수업이란 지적인 자극을 부여하는 것이라는 점을 깨닫게 한다. • 학생이 교과목에 흥미를 갖도록 자극한다. • 학생이 나와 편안한 마음으로 대화한다는 것을 느끼도록 한다. • 나는 학생의 질문을 철저하고 정확하게 답변하도록 노력한다.
제9그룹	• 강의와 다른 활동을 강의활동과 잘 어울리도록 조정한다. • 나는 학생이 나의 조언을 얻으러 오는 것을 좋아한다. • 학생이 다음 강의시간을 기다리도록 노력한다. • 나는 학생들이 나의 수업을 평가할 수 있다고 믿는다.
제10그룹	• 나는 강의중에 가능한 한 창의적인 방법으로 수업을 전개하려고 노력한다. • 어려움을 겪고 있는 학생을 능동적으로 돕는다. • 학생들이 강의에 열심히 참여하도록 격려한다. • 학생들의 지적 호기심을 자극한다.
제11그룹	• 필요하다면 강의 외에도 형식에 구애받지 않고 학생들과 만난다. • 매 학기 강의마다 최선을 다한다. • 강의의 목표를 명료하게 진술한다. • 나는 학생들의 학습동기를 높이려고 노력한다.

2) 학생에게 적용하는 평정척

학생으로 하여금 자신이 경험한 수업에 대하여 평정하게 해 그 결과를 수업개선의 도구로 활용하는 방법이다. 효율적이고 효과적으로 수업을 평정하도록 하기 위해서는 평정하는 학생의 발달수준, 연령 및 학년 등을 고려해야 하며, 평정항목과 준거변인의 선정 및 그 표현에 유의해야 한다. 초·중등학생의 경우에는 수업 전반에 걸친 평정보다는 학생중심의 변인인 교사와 학생 간의 상호작용 측면 등으로 장면을 한정하는 것이 좋다. 교사는 학생들이 자기를 어떻게 지각하느냐에 관심을 가지기 때문에 학생들이 관찰한 결과를 유용하게 이용할 수 있다.

(1) 교사 이미지 질문지

교사 이미지 질문지(Teacher Image Questionaire: TIQ)는 주로 중학생과 고등학생에게 적용하기 위하여 개발되었다. TIQ를 실시하는 데 많은 시간을 할애할 필요는 없으며, 보통 약 15분이 걸린다. 〈표 12-6〉은 교사 이미지 질문지(주삼환, 1994)로 교과에 대한 지식, 발문 기술, 공정성, 개방성, 학생 참여 활성화, 수업에 대한 열성, 학생들의 의견 수렴, 유머감, 사려성, 온정성, 용모, 수업의 효과성 등에 대한 항목으로 구성되어 있으며, 질문지의 뒷면에는 학생이 지각한 교사의 장점과 약점을 쓸 수 있도록 하였다.

학생들은 각 질문마다 교사의 이미지에 대해 자신이 생각하는 정도를 항목에 따른 척도(예: 불량 혹은 우수 등)에 ∨표를 하면 된다. 여기서 얻은 자료는 척도를 체크한 학생의 백분율로 계산한다.

표 12-6 ▪ 교사 이미지 질문지

준거	평정기준				
1. 교과에 대한 지식이 풍부한가?	불량	부족	보통	좋은	우수
2. 발문을 명확하게 하는가?	불량	부족	보통	좋은	우수
3. 태도가 공정한가?	불량	부족	보통	좋은	우수
4. 학급에 통제적인가?	불량	부족	보통	좋은	우수
5. 학생에 대해 허용적인가?	불량	부족	보통	좋은	우수
6. 학생의 흥미를 자극하는 데 성공적인가?	불량	부족	보통	좋은	우수
7. 가르치는 것에 열의를 보이는가?	불량	부족	보통	좋은	우수
8. 학생의 생각에 대해 허용적인가?	불량	부족	보통	좋은	우수
9. 학생참여를 격려하는가?	불량	부족	보통	좋은	우수
10. 유머감각이 풍부한가?	불량	부족	보통	좋은	우수
11. 과제부여가 적당한가?	불량	부족	보통	좋은	우수
12. 용모가 단정한가?	불량	부족	보통	좋은	우수
13. 솔직담백한가?	불량	부족	보통	좋은	우수
14. 자기 자신을 잘 통제하는가?	불량	부족	보통	좋은	우수
15. 사려깊은 태도를 보이는가?	불량	부족	보통	좋은	우수
16. 수업효과는 증진되었는가?	불량	부족	보통	좋은	우수

(2) 교사 스타일에 대한 학생의 지각

이는 교사의 지시 정도에 대한 학생의 지각을 측정하는 평정척도다. 이 평정척도는 모두 17개의 문항으로 이루어져 있는데, 이 문항을 가지고 다음의 지시적 행동을 하는 정도를 측정한다.

- 학습과정의 형식상의 계획과 구조화
- 비공식적인 일과 소집단 일의 최소화
- 소집단활동을 적용할 때 엄격히 구조화함
- 개별활동과 학급활동의 엄격한 구조화

- 사실적 지식 또는 권위의 근원으로부터 나온 지식의 강조
- 절대적이고 정당화할 만한 처벌의 사용
- 학생이 실수로부터 배울 수 있는 기회를 최소화함
- 학생들과 공식적 관계성을 유지함
- 성적에 대해 모두 책임이 있다고 가정함
- 공식적인 학급분위기의 유지

각 문항은 세 개의 하위 문항으로 나뉘어지며, 하위 문항은 다시 세 개의 수준으로 구분된다. 관찰자는 각 항목을 읽어보고 1에서 9까지의 수 중에서 가장 적합하다고 생각하는 난에 체크하면 된다.

〈표 12-7〉은 교사의 스타일에 대한 평정척도(주삼환, 1994)인데, 여기서는 17개의 문항 중에서 7개의 문항만을 발췌하여 기록한다. 17개의 문항 중에는 현재 우리나라의 실정에 맞지 않는 항목이 있는데, 앞으로 수정·보완하는 작업이 필요할 것이다.

표 12-7 ◦ 교사의 스타일에 대한 학생의 지각 평정척도

1	선생님이 주로 관심을 두는 곳은		
	1 　 2 　 3	4 　 5 　 6	7 　 8 　 9
	학생이 사실에 대하여 얼마나 알고 있나?	학생에게 전달할 아이디어를 가지는 것	학생이 스스로 사고할 수 있는가?
2	선생님은		
	1 　 2 　 3	4 　 5 　 6	7 　 8 　 9
	대부분의 시간을 선생님이 원하는 것을 학생이 하게 한다.	때때로 선생님이 원하는 것을 학생이 하게 만든다.	대부분의 시간을 학생 자신이 결정하게 한다.

(계속)

2. 수업관찰을 위한 평정척도

3	우리반 아이들은		
	1　　2　　3	4　　5　　6	7　　8　　9
	선생님이 질문하라고 할 때만 말한다.	교사에게 질문하는 것이 자유롭다.	거의 아무때나 자유로이 말할 수 있다.
4	선생님은		
	1　　2　　3	4　　5　　6	7　　8　　9
	가르치는 동안 전혀 농담을 하지 않고 학생들이 농담하는 것도 좋아하지 않는다.	어떤 요점을 전하기 위해서는 때때로 농담이나 유머를 말한다.	항상 재미있는 이야기를 하고, 학생들도 자기들에게 일어난 재미있었던 이야기를 말하게 한다.
5	선생님은		
	1　　2　　3	4　　5　　6	7　　8　　9
	수업주제에 어긋난 어떤 이야기도 좋아하지 않는다.	수업주제에 대하여 대부분 말하나, 다른 문제도 말하도록 한다.	다른 주제에 대하여 말하는 것도 좋아하고 학생의 개인 의견에도 관심이 있다.
6	선생님은 흔히		
	1　　2　　3	4　　5　　6	7　　8　　9
	학급에서 학생들이 똑같은 일을 하게 한다.	어떤 학생은 과제를 하고 어떤 학생은 연구하게 하는데, 그것은 학생의 성적 결과에 달려 있다.	계획된 만큼만 완성하면 다음에 학생들이 자기주도적으로 학습을 하도록 허용한다.
7	선생님은 흔히		
	1　　2　　3	4　　5　　6	7　　8　　9
	무엇을 할 것인지 명확하게 말한다.	과제에서 다루어야 할 방법을 암시한다.	과제가 어떻게 다루어져야 할 것인지 집단 구성원이 결정하게 한다.

3) 관찰자가 적용할 수 있는 평정척도

수업자는 학생, 동료 교사, 교장, 교감 및 장학사 등으로부터 자신의 수업에 관한 피드백을 받고 그것을 바탕으로 수업을 개선할 수 있다. 가장 널리 활용되고 있는 방법으로는 수업에 관한 학생들의 반응을 여러 가지 형태로 파악하는 것을 들 수 있으며, 학생 외의 다른 수업관찰자들의 결과를 피드백 받아 자신의 수업에 대한 장점과 문제점을 파악하고 이를 바탕으로 수업을 개선할 수 있다. 다음은 관찰자에게 활용할 수 있는 평정척도다.

(1) 문답식 수업에서 활용할 수 있는 평정척도

문답, 즉 질문을 주고받는 것은 새로운 주제를 소개할 때나 학생들이 방금 읽거나 보기를 마친 교육과정 자료를 복습하고 검토할 때 자주 사용하는데, 다음 세 가지 형태의 행동을 하위 범주로 하고 있다.

첫 번째 범주는 수업에 학생의 참여를 증대시키는 교사의 행동이다. 교사는 학생의 참여를 높이기 위하여 손을 들지 않는 학생 등 비자발적인 학생을 지적하여 수업에 참여하도록 유도할 수 있다. 그리고 똑같은 질문을 여러 학생들에게 하는 방법도 있으며, 학생의 반응을 인정하고 칭찬한 것, 학생주도의 질문을 유도하는 방법, 즉 학습내용에 대하여 학생 자신이 어떤 질문을 가지고 있는지 물어보는 방법이 있다.

두 번째 범주는 교사수업의 인지적 수준에 해당하는 것이다. 수업은 단순한 질문과 대답을 주고받는 식으로 진행되어서는 안 된다. 이를 위해 보다 높은 수준의 인지적 질문을 할 수 있는데, 높은 수준의 인지적 질문은 학습내용에 대해 동기를 부여할 수 있고, 여러 가지 창의적이고 적극적인 학습참여를 유도할 수 있다. 그리고 학생을 지명하고 대답을 원하기 전에 단 몇 초라도 시간을 주는 것도 좋은 방법이다. 학생의 사고를 자극하는 방법으로 학생의 처음 대답에 추가적인 질문을 계속 제시하는 것도 있다.

문답식 수업을 위한 평정척의 세 번째 범주는 교사가 하지 말아야 할 것에 관한 것이다. 교사는 학생에게 부정적인 반응을 보여주는 것은 될 수 있으며 피해야 하고, 동일한 질문을 반복하거나 복수질문을 던지는 것을 자제해야 한다. 그리고 평정목록표 맨 아래에는 교사가 개선할 필요가 있는 영역과 수업의 강점에 대하여 관찰자가 논평할 자유기술 난을 둔다.

이상의 범주들을 요약·정리하면 〈표 12-8〉과 같다. 첫째, 둘째, 셋째에 관계된 문항 옆에는 그 문항의 행동이 나타나는 빈도수를 기록하고, 넷째, 다섯째 오른쪽 빈 칸에는 그 수업을 위해 제언하고 싶은 말을 기록한다.

표 12-8 ▪ 문답식 수업을 위한 체크리스트

첫째, 수업에 학생의 참여를 증대시키는 교사의 행동 　　1. 자발적으로 참여하지 않는 학생을 지명하여 수업에 　　　참여시키는가? 　　2. 동일한 질문을 여러 학생에게 재지명시키는가? 　　3. 학생의 반응을 칭찬하는가? 　　4. 학습내용에 대하여 학생에게 질문이 있는지 물어보는가?	
둘째, 사려깊은 반응을 끌어내는 행동 　　1. 고도의 인지적 질문을 하는가? 　　2. 질문한 다음 3~5초 기다리는가? 　　3. 첫 응답에 대하여 추가질문을 하는가?	
셋째, '하지 말아야 할 행동'에 관련된 것 　　1. 학생반응에 부정적으로 반응하는가? 　　2. 자신의 질문을 반복하는가? 　　3. 복수적 질문을 하는가? 　　4. 자신의 질문에 자신이 답하는가? 　　5. 학생의 대답을 강요하는가?	
넷째, 수업의 강점	
다섯째, 개선을 위한 제언	

(2) 강의–설명수업에서 활용할 수 있는 평정척도

강의–설명식 수업은 교수매체로서 말을 사용한다. 교사 목소리에 있어서 열의, 말의 명료성, 불안한 몸짓의 회피, 말 중간에 들어가는 군더더기 말의 제거 등이 수업의 전반적인 효과성에 기여한다.

표 12-9 ▪ 강의–설명수업을 위한 평정척

계수될 행동				

• 의미깊은 내용
  1. 학생들에게 이미 친숙한 내용과 강의내용을 관련짓는가?
  2. 개념을 예를 들어 설명하는가?
  3. 일반화를 고려하여 설명하는가?

• 학생참여
  1. 학생들이 어떠한 점을 궁금해하는지 학생들에게 질문하는가?
  2. 학생들에게 질문을 함으로써 수업에 참여시키는가?
  3. 학생들이 활동에 전념하게 하는가?

평정될 행동

	좋음			개선요
• 조직성				
1. 강의가 분명하게 조직되고 시간절차를 가지고 있는가?	5 4	3	2 1	
2. 강의조직을 알려주기 위해 칠판, 배부물을 사용하는가?	5 4	3	2 1	
3. 강의에서 반드시 학습해야 하는 것을 학생들에게 말하는가:	5 4	3	2 1	
4. 요점을 반복해 주고 강의 끝에 요약해주는가?	5 4	3	2 1	
5. 주제로부터 탈선을 피하는가?	5 4	3	2 1	
• 전달				
1. 천천히 분명히 말하는가?	5 4	3	2 1	
2. 열의 있게 전달하는가?	5 4	3	2 1	
3. 강의 노트를 그대로 읽어 주는 것을 피하는가?	5 4	3	2 1	
4. "예", "알았지?"와 같은 중간 채우는 말을 피하는가?	5 4	3	2 1	
5. 불안한 몸짓을 하지 않는가?	5 4	3	2 1	
6. 학생들과 계속 눈을 마주치는가?	5 4	3	2 1	
7. 유머를 적절히 사용하는가?	5 4	3	2 1	

〈표 12-9〉는 교사의 강의-설명행위의 여러 측면을 분석하기 위해 설계된 것이다. 이것은 크게 두 부분으로 나누어지는데, 첫 번째 부분은 어떤 행동이 나타날 때마다 숫자(빈도)를 기록한다. 이 계수표는 수업중 교사가 얼마나 자주 특별한 수업을 하는지 알아내기 위하여 계산한다. 두 번째 부분은 관찰자가 평정할 교사행동 목록이다. 어떤 평정된 행동은 교사가 얼마나 잘 수업내용을 조직하는지와 관련된 것도 있다. 이 부분에서 가장 많이 제시하고 있는 행동범주는 전달에 있어서의 교사의 기술과 관련된 것이다.

평정척도의 기록방법은 첫 번째 부분은 각 문항 옆에 그 문항과 관련된 행동이 나타나는 빈도수를 기록하며, 두 번째 부분은 해당되는 숫자에 표시를 하면 된다.

3. 수업분석의 실제

1) 관찰대상

- 관찰일시 및 장소 : ○○○○년 ○○월 ○일 3교시 / ○○초등학교 2학년 ○반 교실
- 과목 및 단원 : 초등학교 2학년 2학기 수학과/ 6. 덧셈과 뺄셈(2)
- 소단원 및 제재 : 받아올림이 있는 (두 자리 수)-(한 자리 수)(1/7)
- 수업목표 : ① 받아올림이 있는 두 자리 수와 한 자리 수의 덧셈 원리를 이해하고 계산방법을 안다.
  ② 두 자리 수와 한 자리 수 덧셈의 계산형식을 알고 계산할 수 있다.

2) 수업관찰

학습계획, 교사의 지도력, 학생활동의 정도를 관찰하기 위해 수업관찰자를 위해서 개발된 평정척도를 이용하여 수업을 관찰하였다. 수업관찰 평정척도는 〈표 12-10〉에 제시된다.

3) 수업분석

- 학습계획 면에서 볼 때 교재연구가 충실하고 지도안이 교과의 특성에 맞게 작성되었다고 볼 수 있다.
- 수업시간에는 학생의 개인차가 잘 고려되고 있으며, 학생의 능력을 기준으로 능력집단을 조직해서 능력별 자율학습을 유도하였다.
- 학생에게 친숙한 재료인 산가지를 사용함으로써 강의내용이 학생들에게 쉽게 이해될 수 있도록 하였다.
- "예", "알았지?" 등의 중간 채우는 말을 많이 한다.
- 학습주제와 관련된 질문을 통해 학생이 수업에 참여하도록 이끈다.
- 자발적으로 참여하지 않은 학생들을 수업에 참여시키려는 노력이 부족하다.
- 천천히 분명히 말하며 열의 있게 전달한다.

표 12-10 ▪ 수업관찰 평정척

계수될 행동

• 의미깊은 내용
  1. 학생들에게 이미 친숙한 내용과 수업내용을 관련짓는가? //
  2. 개념을 예를 들어 설명하는가?
  3. 일반화를 고려하여 설명하는가?

• 학생참여
  1. 학생들이 어떠한 점을 궁금해하는지 학생들에게 질문하는가? //// ///
  2. 학생들에게 질문을 함으로써 수업에 참여시키는가? //// //
  3. 학생들이 활동에 전념하게 하는가? //

평정될 행동

	좋음				개선요
• 조직성					
1. 강의가 분명하게 조직되고 시간절차를 가지고 있는가?	5̌	4	3	2	1
2. 강의조직을 알려주기 위해 칠판, 배부물을 사용하는가?	5	4	3̌	2	1
3. 강의에서 반드시 학습해야 하는 것을 학생들에게 말하는가?	5	4̌	3	2	1
4. 요점을 반복해 주고 강의 끝에 이것을 요약해 주는가?	5	4	3	2̌	1
5. 주제로부터 탈선을 피하는가?	5	4̌	3	2	1
• 전달					
1. 천천히 분명히 말하는가?	5	4	3̌	2	1
2. 열의있게 전달하는가?	5	4̌	3	2	1
3. 강의 노트를 그대로 읽어 주는 것을 피하는가?	5	4	3	2̌	1
4. "예", "알았지?"와 같은 중간 채우는 말을 피하는가?	5	4	3̌	2	1
5. 불안한 몸짓을 하지 않는가?	5	4̌	3	2	1
6. 학생들과 계속 눈을 마주치는가?	5	4	3̌	2	1
7. 유머를 적절히 사용하는가?	5	4	3	2̌	1

표 12-11 ▪ 수업관찰 체크리스트

관찰 영역	항 목	관찰내용 분석	평점					특기사항
			5	4	3	2	1	
학습 계획	1	교과의 특질에 맞게 지도안이 작성되었 는가?		V				
	2	단원의 목표파악이 구조적으로 잘되었 는가?	V					
	3	교재연구가 충실하고 본시의 주안점이 뚜렷한가?		V				
	4	본시의 학습량이 적절하게 계획되었는가?	V					
교사의 지도력	5	학습문제 제시가 학습동기를 유발할 수 있었는가?			V			*학생을 능력 집단으로 재조 직함(상, 중, 하)-능력별 학습으로 자율 적인 탐구의식 을 고쳐시킴 *깃발로 능력 표시
	6	학생중심의 자율적 학습으로 유도하였 는가?			V			
	7	학생의 흥미가 배려되고 있는가?			V			
	8	학생의 개인차가 잘 고려되고 있는가?	V					
	9	교사의 태도, 용어, 발문이 바람직한가?	V					
	10	학습의 집단화, 개별화를 조화 있게 도 모하였는가?	V					
학생 활동	11	학습의욕과 참여도는 높았는가?	V					
	12	활동력과 토의 및 발표력은 어떠하였는가?		V				
	13	학습장 사용이 잘 되고 있는가?			V			
판서	14	판서내용의 타당도는 높은가?		V				
	15	판서의 양은 적절하고 구조화되었는가?		V				
	16	양과 질은 적절하고 적시에 제시되었는가?	V					
자료 활동	17	학생들이 자료를 효과적으로 활용하였 는가?			V			*산가지로 구 체적 조작활동 을 함
	18	학습환경 조성을 잘 하였는가?			V			
학습 결과	19	형성평가의 내용이 본시 목표 확인에 합 당한가?			V			
	20	본시 학습목표의 도달도는 어떠하였는가?		V				

요 약

1. 평정척이란 평정자 혹은 관찰자가 관찰결과를 어떤 척도상의 유목이나 수치에 의거해서 기록하고 정의하는 평정방법으로서 기술평정척, 표준평정척, 숫자평정척, 체크리스트 평정척 등의 방법이 있다.

2. 학생들은 수업에 참여할 때 교사행동에 대하여 광범위하게 관찰할 수 있는 기회를 가지고, 또 교사는 교사에 대한 학생의 지각에 관심을 가지기 때문에, 학생들에게 적용하는 체크리스트의 결과를 요약하는 것은 수업개선을 위해 유용하게 쓰일 수 있다.

3. 학생에게 적용하는 체크리스트는 교사 이미지 질문지, 교사 스타일에 대한 학생의 지각 등이 있다.

4. 교사 스타일에 대한 학생의 지각은 교사의 지시 정도에 대한 학생의 지각을 알아보는 것으로, 교사의 지시행동은 다음과 같다.
   ① 학습과정의 형식상의 계획과 구조화
   ② 비공식적인 일과 소집단 일의 최소화
   ③ 소집단활동을 적용할 때 엄격히 구조화함
   ④ 개별활동과 학급활동의 엄격한 구조화
   ⑤ 사실적 지식 또는 권위의 근원으로부터 나온 지식의 강조
   ⑥ 절대적이고 정당화할 만한 처벌의 사용
   ⑦ 학생들과 공식적인 관계성을 유지함
   ⑧ 공식적인 학급분위기의 유지

5. 관찰자에게 적용하는 평정척에는 수업의 형태에 따라 문답식 수업을 위한 것과 강의-설명수업을 위한 평정척이 있다.

6. 문답식 수업을 위한 평정척은 대개 세 가지 하위 범주로 구분되어 있는데, 첫째, 학생의 참여를 증가시키는 행동, 둘째, 사려깊은 반응을 끌어내는 행동, 셋째, 부정적 행동(교사가 하지 말아야 할 행동)이 있으며, 이 외에 교사가 개선해야 할 필요가 있는 영역, 관찰자가 제시하는 자유기술 난이 있다.

7. 강의-설명식 수업을 위한 평정척은 어떤 행동이 일어날 때마다 숫자를 기록하게 되는 행동과, 관찰자가 평정할 교사행동 목록에 기재하는 행동이 있다.

연습문제

1. 어떤 행동특성의 일람표를 만들어 그러한 각 행동특성이 일어나는
   지 그렇지 않은지를 체크하는 평정척은?
   ① 기술평정척   ② 체크리스트평정척
   ③ 숫자평정척   ④ 도식평정척

2. 학생에게 적용할 수 있는 평정척에 대한 설명으로 옳은 것은?
   ① 교사 이미지에 관한 질문지를 사용할 수 있는데, 이는 아주 간
      단한 것으로 체크한 학생의 백분율을 계산하면 된다.
   ② 교사 스타일에 관한 평정척이 있는데, 이것은 교사의 일반적인
      수업 스타일에 관한 항목으로 이루어져 있고, 학생이 수업을 받
      은 뒤에 작성하는 것이다.
   ③ 수업에 대한 학생의 보고는 일반적으로 객관적이지 못하기 때
      문에 잘 활용하지 않는다.
   ④ 현재 우리나라에서는 교사 스타일에 관한 평정척이 많이 이루
      어지고 있는 편이다.

3. 다음은 강의-설명식 수업을 위한 평정척에 대한 내용이다. 옳은 것
   은?
   ① 크게 두 부분으로 나누어져 있는데, 첫 번째 부분은 교사의 행
      동목록이, 두 번째 부분은 계수될 수 있는 행동들이 포함되어
      있다.
   ② 계수될 행동에 포함될 행동이나 교사의 행동목록은 모두 의미
      깊은 교육과정 내용을 증가시키기 위한 방법들이다.
   ③ 교사의 행동목록들 중에는 강의를 구조화시키는 것과 관련된
      내용이 많다.
   ④ 관찰자에 의해 평정될 행동에는 크게 의미깊은 내용, 학생참여

와 관련된 것으로 나눌 수 있다.

※ 다음의 질문에 대해 간략하게 답하시오(4~5).

4. 문답식 수업분석을 위한 평정척의 세 가지 범주를 쓰시오.

5. 수업분석에서 평정척을 사용할 경우 유의해야 할 점에 대해 약술하
   시오.

제**4**부

수업장학의 미래

제 13 장
수업장학의 미래

교실수업의 성공은 교사의 부단한 수업개선 노력에 달려 있다.
이를 지원해 주는 수업장학은 과학화, 전문화, 민주화 될 필요가 있다.

수업장학의 과학화/ 컴퓨터의 활용/ 첨단 테크놀러지와의 동행/ 수업장학의 민주화
자기장학의 강화/ 지원체제로의 전이/ 교사의 책무성 강화/ 수업장학의 전문화
장학 역할의 분화 및 통합/ 장학진의 전문적 양성/ 사이버 수업의 장학

수업장학의 고도화는 수업장학을 높은 수준으로 향상시키거나, 향상시키기 위한 전략적 방법을 뜻하며 함의하는 문맥적 의미를 보면 수업장학의 미래, 즉 교육의 미래와 직결되어 있다. 여기서는 수업장학의 미래 모습을 수업장학의 고도화로 규정하고, 수업장학의 고도화를 수업장학의 과학화, 수업장학의 민주화, 수업장학의 전문화로 세분하였다.

수업장학의 과학화는 수업장학의 내용 및 방법을 합리적인 사고체제로 보고 첨단 테크놀러지를 이용하여 수업장학의 효율성을 높이려는 의도를 담고 있다. 수업장학의 민주화는 공급자중심에서 수요자중심으로의 인식 변화를 의미한다. 즉 장학자중심이 아닌 교사중심의 관점으로, 교사의 자율성과 책무성을 강화하자는 의도를 담고 있다. 수업장학의 전문화는 날로 복잡해지고 고등사고 능력을 요구하는 미래의 교실수업을 가정해, 장학을 고도의 전문성을 가진 영역으로서 장학인력의 전문성 제고, 역할의 분화 및 통합적인 관점에서 수업장학을 바라보자는 의미를 담고 있다.

이 장에서는 수업장학의 미래 모습, 즉 수업장학의 고도화를 이루기 위해서 수업장학이 과학화, 민주화, 전문화되어야 할 필요성에 대해 언급하고, 이에 따른 구체적인 실현방안에 대해 다루고자 한다.

이 장의 학습목표는 다음과 같다.

1. 수업장학 고도화의 개념과 구체적인 실현방법을 제시할 수 있다.
2. 수업장학 고도화에서 컴퓨터의 활용사례를 세 가지 이상 설명할 수 있다.
3. 수업장학 과학화의 개념과 구체적인 실현방법을 제시할 수 있다.
4. 수업장학 민주화의 개념과 구체적인 실현방법을 제시할 수 있다.
5. 수업장학 전문화의 개념과 구체적인 실현방법을 제시할 수 있다.
6. 수업장학의 미래에 대한 비전을 제시할 수 있다.

미래사회의 비전을 이야기할 때 '고도화(高度化)'라는 말이 자주 회자된다. 고도화의 사전적인 의미는 '높은 정도로 되거나, 되게 한다'이다. 근래에 들어 고도화란 용어는 여러 분야의 용어와 어울려 쓰이고 있는데, 예를 들면 정보통신기술의 고도화, 인프라의 고도화, 정치의 고도화, 서비스의 고도화, 지역산업의 고도화, 제품의 고도화 등으로 널리 쓰이고 있다.

고도화라는 말을 통해서 전달하고자 하는 의미는 논자의 뜻에 따라 달라지겠지만 일반적으로 과학화, 민주화, 전문화로 축약될 수 있다. 이를테면 정보통신의 고도화, 인프라의 고도화 등에서는 첨단 시스템의 구축 및 소프트웨어 개발을 지향한다는 점에서 넓게 보면 과학화라는 의미로 해석될 수 있으며, 정치의 고도화, 서비스의 고도화에서 지향하는 바는 곧 국민 개개인 또는 고객의 의견을 수렴하고 존중한다는 의미에서 민주화의 의미를 포함한다. 그리고 지역산업의 고도화, 제품의 고도화에서는 지역산업을 특화하거나 제품의 특성을 강화한다는 점에서 전문화의 의미로 요약될 수 있다.

그러면 수업장학의 고도화란 무엇을 의미하며, 수업장학의 고도화를 추구하기 위해서는 어떤 노력을 해야 하는가?

수업장학의 고도화를 말 그대로 풀이하면 수업장학을 높은 수준으로 향상시키거나, 향상시키기 위한 전략적 방법을 뜻한다. 한편, 고도화가 함의하는 문맥적 의미를 보면 수업장학의 고도화는 수업장학의 미래, 즉 교육의 미래와 직결되어 있음을 알 수 있다. "시대는 각각 독특한 형태의 꿈을 안고 있으며, 이 꿈이 그 당시 교육의 모습을 결정한다"고 미국의 저명한 교육심리학자 Bruner가 그의 저서 『교육의 과정』의 서두에서 한 말처럼, 곧 미래의 학교가 바라고자 하는 꿈이 수업장학의 미래이며, 이를 추구하기 위한 노력이 수업장학의 고도화라고 할 수 있다.

하지만 여기서는 '미래의 학교 모습은 어떠할 것인가?'에 대한 논의가 주요한 목적이 아니므로 생략하기로 하고[1] 미래의 교육에 적합한 수업장학을 추구하기 위한 전략적 방법인 수업장학의 고도화 방안에 초점을 맞추어 설명하고자 한다.

전술한 바와 같이 고도화를 과학화, 민주화, 전문화의 세 축으로 규정할 때 수업장학 고도화의 내용도 수업장학의 과학화, 수업장학의 민주화, 수업장학의 전문화로 요약할 수 있다.

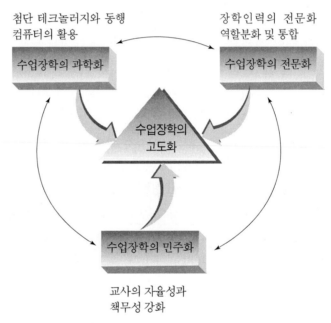

첨단 테크놀러지와 동행
컴퓨터의 활용

수업장학의 과학화

장학인력의 전문화
역할분화 및 통합

수업장학의 전문화

수업장학의
고도화

수업장학의 민주화

교사의 자율성과
책무성 강화

[그림 13-1] 수업장학 고도화의 방향

1. 수업장학의 과학화

1) 수업장학의 과학화

수업장학의 당면 과제 중의 하나는 급속도로 변해가는 수업환경에 알

---

1) 이에 대해서는 교육의 미래(김용일, 2002, 문음사), 학교 교육의 미래 전망에 대한 전문가 의
식조사 연구(한국교육개발원, 2002)를 참조.

맞은 장학형태를 구안하는 것과 전문화되고 다양해진 교사들의 요구에 부응하는 방법을 모색하는 것이다. 이러한 시대적인 요청에 따라 이제 수업장학은 종래의 정적이고 수동적이며 소극적인 형태에서 벗어나, 과학적인 원리를 도입하여 양질의 수업정보자료를 수집, 활용, 가공, 재생산하는 서비스를 제공해야 하며, 교사의 다양한 장학 요구를 컴퓨터와 통신망을 이용하여 신속하게 충족시킬 수 있는 방향으로 변모해야 한다.

　하지만 일부 학자들은 이러한 과학적인 원리가 회사를 합리적으로 경영하거나 정해진 기일 내에 상품을 생산해야 하는 일에는 적합할 수 있지만 수업장학에 적용하는 데에는 회의적인 반응을 보이기도 한다. 혹자는 수업장학에 과학적 원리를 도입하면 궁극적으로 수업장학 결과를 어떻게 측정하고 평가할 수 있는가 하는 의문을 제기하기도 한다. 이는 교실수업의 양태가 매우 다양하고 복잡하여 체계적으로 분석하거나 수량적으로 표현하기에는 적절하지 못하다고 믿는 데 기인한다. 그렇지만 그들은 예컨대 Flanders 언어상호작용분석에서의 반복된 자료 입력이나, 자리이동분석에서 수(手)작업을 통한 다중적인 자료입력이 얼마나 비능률적인지 간과하고 있다. 뿐만 아니라 수업언어를 범주화하거나 교사와 학생의 움직임을 유형화시켜 교실수업을 충분히 분석할 수 있다는 것을 이해하지 못한다. 물론 교실수업의 일부는 측정하거나 평가하기 힘든 것도 있으며, 앞으로도 불가능할 수 있다.

　그러나 이와 같은 제한점들도 수업장학을 끊임없이 과학화하려는 노력에 의해 점차로 줄어들 수 있을 것이다. 예를 들어 과학적 통계기법이 낙후되었던 1970년대의 우리나라 선거에서는 후보자의 당락을 예측하는 것이 불가능하게 보였지만 근래에는 불과 0.2%의 오차범위 내에서 정확히 일치하고 있는 점을 상기해 본다면 교실수업의 과학적인 분석도 불가능하다고 볼 수만은 없다. 특히 최근 급속도로 발전하는 테크놀러지의 이점을 살린다면 교실수업의 상당 부분을 분석 가능한 날이 더욱 빨리 다가올지도 모른다.

　수업장학의 과학화라고 하면 대부분의 사람들은 전산화를 연상하며,

컴퓨터를 활용함으로써 모든 문제를 해결할 수 있다고 생각하기 쉽다. 그러나 전산화는 수업장학의 과학화를 위한 필요조건이지 충분조건은 아니다. 수업장학 전산화의 일환으로 컴퓨터를 통해 수업을 분석하고 메일이나 채팅 등을 통해서 피드백을 제공하거나, 수업사례를 데이터베이스로 저장하여 분석결과를 단순히 제시하는 것만으로 수업장학의 과학화를 이루었다고 볼 수 없는 것이다.

수업장학의 과학화는 투여한 인적·물적 자원에 비해 수요자의 만족도가 얼마나 향상되었는지에 관심이 있으며, 다시 말해 컴퓨터를 활용하여 수업장학의 효율성을 높이자는 의도를 담고 있다. 또한 수업장학의 과학화는 합리적인 사고과정으로서 체계적인 문제해결 방식을 지향하고 있다. 교사의 자기장학을 독려하기 위한 최적의 모형을 개발하거나 혹은 장학지도에 있어서 겪을 수 있는 초임교사와 장학담당자와의 갈등을 합리적으로 해결하는 과정 등을 예로 들 수 있다. 이러한 관점은 Heinich 등(1996)의 "과학은 기계류와 관련된 하드웨어나 소프트웨어를 포함할 수도 그렇지 않을 수도 있는 것으로서 어떤 특정한 과정을 수행하는 데 요구되는 실천적 문제해결 기법을 의미한다"는 정의와 그 맥락을 같이

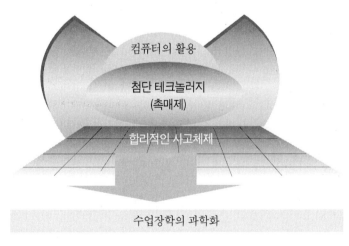

[그림 13-2] 수업장학의 과학화 개념도

하고 있다.

이상을 요약하면 수업장학의 과학화는 수업장학의 내용 및 방법을 합리적인 사고체제로 보고 이 과정에서 첨단 테크놀러지를 이용하여 수업장학의 효율성을 높이려는 활동이다. 여기서 첨단 테크놀러지는 수업장학의 과학화를 위한 촉매제로서의 역할을 하며, 컴퓨터의 활용(전산화)을 기반으로 한다.

2) 컴퓨터의 활용

첨단 테크놀러지를 수업장학에 얼마나 효과적으로 적용할 것인가의 핵심은 컴퓨터의 활용과 밀접한 관련이 있다. 지난 수년간 컴퓨터가 인류사회의 발전에 커다란 역할을 담당했음을 부인하는 사람은 거의 없을 것이다. 하지만 불행히도 컴퓨터는 교실수업의 수업장학을 수행하는 데는 뚜렷한 역할을 하지 못한 것이 사실이다.

그렇다면 '수업장학을 수행하는 데 있어서 컴퓨터의 역할이 불필요한 것이 아닐까?'라는 문제를 제기해 볼 수도 있다. 이러한 물음에 대한 답은 수업장학의 절차와 주요 활동에 대해 체계적으로 살펴봄으로써 가능하다. 이미 3장에서 다루었듯이 수업장학은 크게 관찰전 협의회 → 수업의 관찰 및 분석 → 관찰후 협의회로 나눌 수 있으며, 이에 대한 활동은 〈표 13-1〉과 같다.

표를 면밀히 검토해 보면 수업의 관찰·분석 단계에서 컴퓨터의 활용이 한층 활발하게 이루어질 수 있음을 알 수 있다. 이를테면, 수업을 참관하여 관찰하고 기록하는 절차를 세분화하여 각 단계별 자료를 데이터베이스로 구축할 수 있으며, 수업의 관찰과 기록을 분석하는 과정을 컴퓨터 프로그램을 개발하여 자동화할 수도 있다. 또한 관찰후 협의회에 필요한 자료를 기 구축된 데이터베이스를 통해 자료를 추출할 수 있다. 이처럼 수업의 관찰과 분석의 단계에서 컴퓨터를 활용하면 전통적인 수작업에 의한 수업장학에 비해 장학을 보다 효과적으로 수행할 수 있다.

표 13-1 ■ 수업장학의 단계별 주요 활동 요약

단계	주요 활동
관찰전 협의회	• 수업자와 수업장학담당자 간의 상호 신뢰로운 관계를 형성하는 일 • 수업자가 수업장학을 이해하고 수업장학을 긍정적으로 생각하게 하는 일 • 수업장학의 과제(무엇을 변화 또는 개선시킬 것인가)를 확정하는 일 • 관찰할 수업에 대한 수업관찰자의 이해를 높이는 일 • 수업관찰을 위하여 '언제', '어떠한 점'을, '어떠한 방법'으로 할 것인가에 관하여 합의하는 일
수업의 관찰 및 분석	• 수업에 참관하여 관찰하고 기록하는 일 • 수업의 관찰과 기록을 분석하고 정리하는 일 • 관찰후 협의회를 위한 자료와 기기를 준비하는 일
관찰후 협의회	• 수업장학의 과제(문제)를 수업의 관찰과 분석자료를 활용하여 개선방안을 탐색하는 일 • 수업방법개선을 위한 대안적 방안을 탐색하고 결정하는 일 • 차기의 수업장학을 위한 협의를 하는 일, 수업장학 자체의 평가와 수업장학 기법에 대하여 평가하는 일

뿐만 아니라 컴퓨터는 관찰전 협의회나 관찰후 협의회에서도 폭넓게 활용될 수 있다. 예를 들면, 수업자와 수업장학담당자 간의 신뢰로운 관계를 형성하기 위해 온라인 커뮤니티를 활용하여 친밀한 분위기를 형성할 수 있으며, 최근 서비스되고 있는 에듀넷(www.edunet.net)이나 EBS에서 제공되고 있는 모범수업 동영상을 활용하여 수업장학을 이해하고 어떠한 점을 어떠한 방법으로 개선할 것인가에 대한 가이드라인을 설정할 수도 있다. 또한 관찰후 협의회의 참여 범위를 확대하여, 수업을 동영상으로 촬영한 자료를 인터넷에 공개하여 그 주제의 수업에 관심있는 전국의 모든 교사를 대상으로 수업에 대한 피드백을 주고받을 수 있는 시스템을 구현한다면 수업장학의 질을 한 단계 높일 수 있다. 따라서 앞서 제기한 '수업장학을 수행하는 데 있어서 컴퓨터의 역할은 불필요한 것

이 아닐까?'라는 의문은 수업장학을 보다 효과적으로 수행하기 위해 컴퓨터 매체의 장점을 적극적으로 활용하려는 장학의지와 실천 수준에 달려 있다고 할 수 있다.

수업장학에서의 컴퓨터 활용 영역은 수업의 일화 기록, 수업정보의 누적 및 관리, 수업정보의 상호 교환, 수업분석, 수업능력 개발의 5개 영역으로 나눌 수 있다.

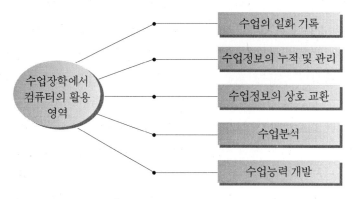

[그림 13-3] 수업장학에서의 컴퓨터의 활용 영역

수업장학의 고도화는 수업장학의 미래와 직결되어 있다는 점을 고려할 때, 여기서는 전술한 5개 영역에서 컴퓨터를 활용하여 현재의 수업장학을 개선하기 위한 방안과 미래의 발전 방향에 대해 언급하고자 한다.

(1) 수업의 일화 기록

수업장학에서 수업장면, 수업언어, 수업행태 등 수업의 일화를 정확히 기록하는 것은 과학적인 수업분석에서 매우 중요한 일이다. 하지만 수업의 일화 기록을 신속하면서도 정확하게 하기란 말처럼 쉽지 않으며, 더구나 수작업으로는 더욱 힘든 일이다. 실제로 단위시간 동안 교사는 적어도 수천 개 이상의 단어를 구사하고 표정, 몸짓 등의 양태도 매우 다양해서 수작업으로 수업의 일화를 기록하는 것은 거의 불가능하다.

컴퓨터를 활용하면 보다 신속하고 정확하게 수업의 일화를 기록할 수 있다. 컴퓨터를 활용하여 수업의 일화를 기록하는 것은 단위수업 동안 이루어지는 수업장면, 수업언어, 수업행태 등의 자료를 수업 초기 단계에서부터 디지털화하는 것을 말한다. 이러한 활동은 많은 정보를 신속하게 기록할 수 있으며 입력과 동시에 자료가 디지털로 저장됨으로써 차후 다른 수업분석 방법에서도 동일한 자료를 편리하게 재활용할 수 있다. 예컨대 Flanders 수업언어상호작용 분석법에서 3초마다 분류항목을 입력하거나, 한 분단의 학생을 대상으로 과업집중분석법에 의해 자료를 입력할 때에 컴퓨터를 활용하지 않는다면 적어도 2~3장은 가득 채워야 할 자료가 생성될 것이다. 반면 Flanders 수업언어상호작용분석법에서 컴퓨터를 활용하면 컴퓨터 프로그램에 의해 3초가 자동으로 카운트되고 관찰자의 입력과 동시에 자료가 파일로 저장된다. 더구나 과업집중분석법의 경우는 다수의 학생을 대상으로 다중적인 관찰을 수행해야 하므로 컴퓨터의 활용은 더욱 효과적일 수 있다. 즉, 한 분단의 각 학생이 그래픽 처리된 가상의 화면에 등장하기 때문에 관찰자는 마치 컴퓨터 게임을 즐기듯이 학생의 행동 분류를 클릭하기만 하면 수업의 일화가 곧바로 파일로 저장되는 것이다.

컴퓨터를 활용하면 많은 양의 수업 일화를 신속하고 편리하게 입력할 수 있으며, 이는 곧 수업자료 입력의 정확성 향상과도 밀접하게 관련된다. 이런 의미에서 수업의 관찰 및 입력 단계에서부터 컴퓨터를 활용하는 것은 질 높은 수업장학을 향한 첫걸음이라 할 수 있다. 왜냐하면 관찰 후 협의회에서 필요한 수업분석 자료를 제출하기 위해서는 수작업에 의해 수업을 관찰하고 입력한 자료를 컴퓨터에 다시 입력해야 하고 동일한 자료를 재가공하는 과정을 거쳐야 하는데, 이러한 일은 관찰자나 수업자에게 너무나 많은 노력과 인내를 필요로 하는 비능률적인 과정인 것이다. 이러한 과정이 반복된다면 수업자나 수업장학담당자는 차츰 과학적인 분석법에 의한 수업장학을 꺼려하게 되고, 결국 질 높은 수업장학이 이루어지기 힘든 구조적인 문제점이 유발되는 것이다. 따라서 수업분석의 초기 단계인 수업의 관찰 및 분석 단계에서부터 컴퓨터를 적극적으로 활용하려는 노력은 질 높은 수업장학을 향한 첫걸음이라고 할 수 있다.

이상에서 설명한 바와 같이 수업의 일화를 기록하는 데 컴퓨터를 활용하는 것은 과학적인 수업장학의 출발점이라 할 수 있다. 이를 위해서는 수업장학 전공자가 주축이 되어 교육공학, 전산 관련 전공자들과 함께 공동으로 수업장학을 위한 컴퓨터 프로그램 개발 프로젝트를 수행하여야 한다. 이 과정에서 수업장학 전공자들은 다음의 질문에 유념하여야 한다.

- 수업의 일화를 기록하는 데 있어서 컴퓨터를 활용했을 때 더욱 편리한 수업분석법에는 어떤 것이 있는가?
- 수업 일화 기록을 위한 컴퓨터 프로그램을 제작할 때 고려해야 할 점은 무엇인가?(예: 항목의 분류회, 편리성, 이식성)
- 컴퓨터 프로그램을 사용했을 때 전통적인 방법에 의한 일화 기록 방법보다 구체적으로 어떤 점에서 효과적이라고 할 수 있는가?

(2) 수업정보의 누적 및 관리

수업장학에서 수업정보의 누적 및 체계적인 관리는 중요하다. 이미 오래전부터 기업에서는 고객의 상품 구입, 반품, 상담내역, 심지어 취향 및 구매습관까지도 데이터베이스로 관리하고 있다. 하지만 학교현장의 수업장학에서는 수업에 대한 여러 가지 정보, 이를테면 교사의 수업 스타일, 수업분석 데이터, 각종 수업지수의 변화 등이 체계적으로 관리되는 경우가 드물다. 이러한 원인은 수업장학을 일회적이고 단편적으로 보기 때문으로, 이는 수업장학을 과학화하는 데 걸림돌이기도 하다.

컴퓨터를 활용하면 수업정보를 보다 체계적으로 누적하고 관리할 수 있다. 컴퓨터의 주요한 기능인 저장·검색·조회기능을 사용하여 중요한 수업정보가 이리저리 산만하게 나뒹굴지 않도록 파일로 저장할 수 있으며, 이를 바탕으로 교사의 일별·월별 수업기술 향상 정도를 표나 그래프를 통해 일목요연하게 확인할 수 있다. 뿐만 아니라 학생의 학습정보도 체계적으로 관리 가능하기 때문에 과학적인 통계에 기초하여 수업을 할 수 있다는 장점이 있다. 예를 들어 좌석표에 의한 관찰기법을 수행한 후 철수와 영이가 수업에 실제로 집중한 시간은 얼마나 되며, 자리이탈이나 장난을 하는 등 과업이탈 빈도는 어느 정도인지를 데이터를 수집하여 학생지도에 활용할 수 있다.

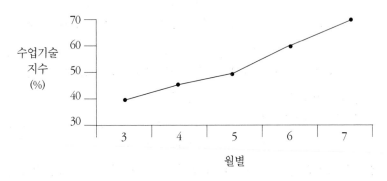

[그림 13-4] 월별 수업기술 지수 증감 사례

특히 초임교사의 수업이력이 요인별, 지수별, 월별·연도별로 체계적으로 관리되어 표나 그래프로 제시된다면 수업기술을 향상시키는 데 큰 도움을 줄 수 있다.

한편, 컴퓨터를 활용하여 수업정보가 보다 체계적으로 누적되고 관리된다면 수업의 각 요소, 이를테면 비지시비, 과업집중률, Tuckman의 4영역 지수 등에 대한 전국적인 규준이 완성되어 마치 수능고사를 본 수험생이 자신의 성적이 전국적으로 어느 정도에 위치하는지 파악할 수 있는 것처럼, 교사도 수업 직후 자신의 수업이 전국의 교사 중에서 객관적으로 어느 정도에 위치하고 있는지 알 수 있다. 이러한 인식이야말로 교사 자신이 현재의 위치에 안주하지 않고 수업기술 개선을 위해 끊임없는 노력을 다할 것이라는 스스로의 약속을 이끌어낼 수 있는 최선의 방법이다.

따라서 컴퓨터를 활용하여 수업정보를 누적하고 체계적으로 관리하는 것은 수업장학 과학화의 기본 과정이라고 할 수 있다. 이는 수업을 일회

적, 단편적으로 바라보는 것이 아니라 합리적, 미래 지향적, 전체적으로
바라볼 때만 가능하다.

(3) 수업정보의 상호 교환

현대에 이르러서는 정보를 상호 공유하고 교환하는 것이 일상화되고
있다. 이러한 변화는 인터넷이 주도적으로 이끌고 있으며, 요즘에는 인
터넷을 통해 온라인 학습공동체를 형성하는 사례가 증가하고 있다. 사이
버 공간상에서 학습자들간의 사회적 상호작용에 의해 형성되는 온라인
학습공동체는 개인이 느끼는 심리적 공간으로서의 사이버 공간을 다수
가 공유하는 사회적 공간으로 확장시킴으로써 사이버 공간에서의 학습
을 보다 역동적인 활동으로 만들어 줄 수 있다. 동시에 면대면 상황에서
는 경험할 수 없는 새로운 형태의 커뮤니케이션 기회를 제공해 주기도
한다(임정훈, 2001; Pallof & Pratt, 2000).

수업장학에서도 온라인 학습공동체를 형성하여 수업정보의 상호 교환
을 촉진시킬 수 있다. 수업장학을 위한 온라인 학습공동체는 대략 다음
과 같은 특징을 갖고 있다. 첫째, 전통적인 교실에서의 수업장학은 개개
인의 교사가 수업기술 자체를 습득하는 데 초점을 두는 반면 학습공동체
에서의 접근은 '토론하고 공유하는 문화'를 촉진하고 수업장학 자체를
활성화시키는 데 핵심이 있다. 둘째, 학습공동체에서의 장학담당자는 수
업장학활동의 조직자, 촉진자의 역할을 하고 수업자가 보다 주도적이고
적극적인 역할을 한다. 여기서의 장학담당자는 오프라인의 장학사, 교
장, 교감일 수도 있고 온라인에서 수업에 대해 피드백을 해 주는 선배교
사나 동료교사일 수도 있으며, 때로는 후배교사일 수도 있다. 셋째, 공동
체 회원들간의 긴밀한 상호작용이 수업장학활동의 핵심 수단이 된다. 전
통적인 면대면 교실수업에서는 일주일에 1~2번 정도의 피드백도 힘든
일이지만 온라인에서는 수업자의 열린 마음과 의지가 있는 한 많은 사람
들의 의견을 들을 수 있고, 다양한 각도에서 피드백을 받을 수 있다는
장점이 있다. 따라서 온라인 학습공동체를 형성하여 수업정보의 상호 교

환을 촉진시키는 것은 수업의 질을 한 단계 향상시킬 수 있는 효과적인 방안이라고 할 수 있다.

한편, 수업장학 온라인 학습공동체에서는 다음과 같은 활동이 이루어질 수 있다.

- 수업장학 관련 내용 및 개인적인 의사교류를 모두 포괄하는 능동적인 상호작용
- 교사들간에 공동의 수업기술 향상 목표를 달성하기 위해 함께 협력하는 형태의 협동학습 활동
- 교사들간의 다양한 정보와 자원의 교류
- 수업의 기술이나 논제에 대해 공통된 합의에 도달하고자 하는 시도
- 질문 제기나 반론, 동의, 제안 등 사회적 의미의 재구성 활동
- 수업에 대한 비판적인 견해 및 학습자들간의 상호 지지와 격려

가까운 장래에 온라인 학습공동체를 형성하여 수업장학을 실시하는 것이 현실화될 것이다. 이를 위해서는 지금 단계에서부터 요구조사를 통해 필요한 시스템을 설계하고 사이버 장학요원(상담요원)을 체계적으로 양성해야 한다. 뿐만 아니라 온라인과 오프라인에서 유용한 수업장학방안과 모형을 도출하여 온라인과 오프라인의 상호연계를 통해 유기적으로 실행되는 방법을 적극적으로 모색하여야 한다.

실제로 최근 각 시·도 교육청을 중심으로 e-러닝에 기반한 사이버 가정학습이 활성화되고 있는 점을 감안한다면, 사이버 공간에서 교수·학습의 효과를 최대화 할 수 있는 사이버 수업장학의 실시 방안이 구체화되어야 할 것이다.

(4) 수업분석

컴퓨터를 활용하여 수업을 분석하는 데는 현존하는 수업분석 방법(예: 수업언어상호작용 분석법, 수업분위기 분석법, 질의응답 분석법 등)을 컴퓨터

프로그램을 이용하여 분석하는 방법과 발달한 컴퓨터 환경을 고려한 새로운 수업분석 방법의 개발이라는 두 방향으로 응용이 가능하다.

현존하는 수업분석 방법을 컴퓨터 프로그램을 이용하여 분석하기 위해서는 각 수업분석 방법에서 자동화할 수 있는 요인들을 찾아내는 것이 가장 중요하다. 만약 오늘 수업한 분석 결과가 적어도 일주일 후에나 생성되고 자료화될 수 있다면 이미 수업자는 그 수업상황의 절반 정도를 잊고 있는 상황일 것이다. 따라서 동일한 일을 반복한다거나 계산과정이 복잡하여 분석 결과를 도출하는 데 많은 시간을 필요로 하는 경우에 우선하여 컴퓨터 프로그램을 개발할 필요가 있다. 이를 위해서는 각 수업분석 방법의 진행과정을 상세화하고 구체적으로 어느 과정에서 컴퓨터의 도입이 필요한지 등을 면밀히 검토해야 한다. 또한 사용자의 편의성을 증진시킬 수 있는 방향으로 개발해야 한다. 여기서 한 가지 고려할 점은 각 수업분석 방법을 하나의 컴퓨터 프로그램으로 개발한다는 생각보다는 작은 단위로 쪼개어 사용자의 필요에 따라 편리하게 사용되도록 지원하여야 하며, 자료가 원활히 서로 공유될 수 있게 설계되어야 한다는 점이다. 예를 들어 단위 수업시간 중에 처음에는 Flanders 수업분석법을 중간에는 자리이동분석법을, 마지막에는 질의응답분석법을 투입한다고 했을 때 이러한 과정이 자연스럽게 진행될 수 있어야 하며, 각 분석에서 생성된 자료가 하나의 데이터베이스 파일에 누적될 수 있어야 한다는 것이다.

한편, 기존의 수업분석 방법과는 별개로 발달한 컴퓨터 환경을 고려한 새로운 수업분석방법의 개발이 절실히 요청된다. 지금까지 마이크로티칭, Flanders의 언어상호작용분석법, Tuckman의 수업분위기분석법, 자리이동분석법, 질의응답분석법 등 다양한 수업분석 방법들이 '과학적'이라는 칭송을 받으며 수업장학의 현장에 활용되어 온 것이 사실이다. 하지만 이러한 수업분석 방법들은 대부분 1990년대 이전에 구안된 방법들로, 컴퓨터가 본격적으로 교육현장에 도입되기 시작한 1990년대 이후에 만들어진 수업분석 방법은 매우 드물다. 5층 건물을 지을 때와 100층 건물을 지을 때의 공법이 달라야 하는 것처럼, 수업분석을 보다 빠르고 편리하고 정확하게 하려면 첨단 수업분석 방법이 개발되어야 한다. 다행히 최근에는 컴퓨터의 하드웨어 및 소프트웨어가 급속도로 발전하여 1990년대 이전의 기술로는 분석하기 힘들었던 요소들이 현재의 기술로 개발 가능한 영역이 많다. 마치 최근 의료계에서 극미세기술을 이용하여 1990년 이전에는 치료하기 힘들었던 난치병을 치료할 수 있는 것과 비슷한 맥락이다. 따라서 지금부터라도 수업을 분석하는 데 있어 컴퓨터를 활용한 새로운 분석방법이 많이 개발되어야 한다. 이를 위해서는 수업장학 전문가와 컴퓨터 전문가가 긴밀히 협력해야 한다. 또한 수업장학 전공자들은 현재의 수업분석 방법에 안주하려는 생각보다는 첨단기술의 변화를 예의주시하면서 새로운 분석방법을 구안하려는 최선의 노력을 경주해야 한다.

현재까지 수업분석용 컴퓨터 프로그램의 개발은 극히 미약한 실정이다. 국내에서 개발된 수업분석 프로그램은 2004년 변영계와 김경현이 개발한 '수업분석 ver 3.2'가 보고되고 있으며, 외국에서 작성된 프로그램 또한 DOS 환경에서 제작된 것이어서 교사가 손쉽게 작동하고 활용할 수 있는 범위를 넘어서고 있는 것이 사실이다. 현장에서는 수업분석용 컴퓨터 프로그램의 개발을 애타게 기다리고 있지만 수업장학 전문가들은 이에 대한 필요성을 크게 느끼지 못하고 있는 것 같다. 보다 빠르고 편리하면서도 정확하게 수업을 분석해 주는 우수한 컴퓨터 프로그램의 개발을 기대한다.

(5) 수업능력 개발

수업장학에 컴퓨터를 활용하면 교사의 수업능력을 효과적으로 향상시킬 수 있다. 하지만 지금까지 개발된 교육용 소프트웨어는 대부분 학생들을 대상으로 개발되었고 교사의 수업능력을 개선하기 위해 개발된 프로그램은 드물다. 일부 개발된 프로그램들도 교사의 수업을 보조하기 위한 목적으로 제작된 것이 대부분이며, 교사의 수업능력을 개선하는 데 초점을 맞추어 개발된 프로그램은 찾아보기 힘들다.

이제는 교사의 수업능력을 개선하기 위한 컴퓨터 프로그램 개발에 관심을 기울일 때가 되었다. NASA의 조종사들이 컴퓨터 시뮬레이션을 통해 조종기술을 습득하거나, 장교들이 컴퓨터 전략 시뮬레이션 프로그램으로 유사시의 작전 수행능력을 높인다는 것은 이미 알려진 사실이다. 교사의 수업능력을 개선하기 위한 시뮬레이션 프로그램이나 개인교수형 프로그램의 개발이 불가능한 것이 아니라면 지금부터라도 프로그램 개발에 박차를 가해야 한다.

개발 가능한 컴퓨터 프로그램의 유형은 여러 가지가 있지만 그중에서도 개인교수형과 시뮬레이션형이 가장 효과적이다. 개인교수형 프로그램은 교사의 수업능력이 각 요소별로 제시되어, 스스로 반복하여 연습하는 과정을 통해 자연스럽게 수업기술을 향상시킬 수 있는 장점이 있다. 시뮬레이션형 프로그램은 컴퓨터상에서 마치 교실수입에서 직접 수업을 하는 환경을 조성하여 수업상황에 알맞은 교수능력을 개발시킬 수 있는 장점이 있다. 개인교수형 프로그램의 예로는 주의집중 훈련 프로그램, 발문 연습 프로그램, 수업분위기 향상 프로그램, 교사의 수업 스타일 개선 프로그램 등을 들 수 있으며, 수업기술의 각 요소들을 체계적으로 향상시킬 수 있다. 시뮬레이션형 프로그램의 예로는 질의응답분석 시뮬레이션 프로그램, 수업전략짜기 프로그램, 가상(virtual)학습 지도(指導) 시뮬레이션 프로그램 등을 들 수 있으며, 수업상황을 제시하고 상황에 따라 즉흥적인 수업능력을 향상시킬 수 있다.

이상으로 컴퓨터를 활용하여 교사의 수업능력을 개발하는 방안에 대해 언급하였다. 중요한 것은 교사도 학습의 대상으로 바라보고 이들의 학습을 효과적으로 지원하기 위한 방안의 마련과 구체적인 수업능력을 향상시킬 수 있는 프로그램의 개발이다.

3) 첨단 테크놀러지와의 동행

지금까지 컴퓨터의 활용을 통한 수업장학의 과학화 방안에 대해 언급하였다. 여기서는 수업장학의 과학화를 앞당기기 위해 첨단 테크놀러지를 활용하여 수업장학을 활성화하는 방안에 대해 다루고자 한다.

첨단기술은 우리 생활의 많은 부분을 변화시켜 놓았다. 약 8,000만km
나 떨어진 화성의 모습을 생생한 컬러사진으로 전송해 오는가 하면, 생
명공학 기술의 발달로 난치병이 정복될 날이 얼마 남지 않았다. 학교현
장의 경우도 예외가 아니어서 초고속 인터넷을 활용하여 수업을 진행하
기도 하고, 고도로 지능적인 CAT(computer assisted testing)를 통해 학생의
학습능력을 신속하고 정확하게 예측하고 있다. 하지만 불행히도 학교현
장의 수업장학에서는 첨단 테크놀러지의 적용이 극히 미약하다. 그 결과
현재의 수업장학은 빈약하고 느리며 고전적인 방법을 답습하고 있다는

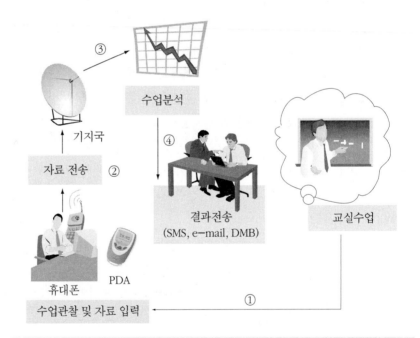

〈참조〉 ① 관찰자료를 휴대폰, PDA, 컴퓨터를 이용하여 입력
② 자료를 통신 서비스 기지국에 전송
③ 기지국에서는 수업장학 시스템을 통해 수업 분석(데이터베이스에 저장)
④ 분석 결과를 SMS, e-mail, DMB를 통해서 전송

[그림 13-5] 반도체기술과 수업장학의 연계

비판을 면하기 어려운 처지에 놓여 있다(Ingersoll, 2003). 이러한 원인은 수업장학의 질을 개선하기 위해 첨단 테크놀러지와 동행하려는 끊임없는 노력이 부족한 데서 기인하고 있다.

첨단 테크놀러지와 동행한다는 의미는 첨단 테크놀러지를 수업장학의 과정과 적극적으로 연계하여 수업장학을 고도화시키려는 노력을 말한다. 여기서 첨단 테크놀러지의 의미는 컴퓨터를 포함한 모든 첨단 기술을 말하며, 반도체기술, 인공지능기술, 바이오기술, 나노(nano)기술 등이 포함된다. 따라서 여기서는 다소 이상적일 수 있으나, 첨단 테크놀러지와 수업장학이 연계될 수 있는 미래의 모습을 그려보고자 한다.

첫째, 반도체기술과 수업장학의 연계가 가능하다. 예를 들어 수업관찰 데이터가 관찰자의 휴대폰이나 PDA를 통해 수업장학 시스템에 진달되고, 그 결과는 곧바로 시스템에 의해 분석되어 관찰자에게 휴대폰의 문자 메시지(Short Message Service: SMS)로 전송되거나 e-mail 또는 WiBRo 기기로 전달될 수 있다. 따라서 관찰자는 소형 통신기기나 인터넷을 통해서 그 결과를 곧바로 통보받을 수 있다. 이러한 기술은 현재의 기술로도 충분히 구현이 가능하므로 수업장학 관련자의 실행의지에 달려 있다고 할 수 있다.

둘째, 인공지능기술과 수업장학의 연계가 가능하다. 흔히 교실수업을 분석할 때 교사의 언어를 분류하거나, 몸짓이나 수업형태를 유형화하여 일정한 시간 간격으로 분석하는 과정을 거친다. 인공지능기술을 이용하면 이들 중 상당한 부분을 자동으로 분석할 수 있다. 예를 들어 교사의 수업언어를 인식하여 교사가 강의를 하고 있는지, 질문을 하고 있는지 혹은 학생을 비평하고 있는지를 인식할 수 있다. 나아가 교사의 표정이나 제스처를 인식하여 습관적으로 취하는 교사의 수업행동까지도 분석할 수 있다. 따라서 수업장학 전공자들은 인공지능기술이 어느 정도의 수준까지 발전되어 왔는지를 예의주시하고 수업장학과 동행하려는 노력을 게을리 하지 말아야 한다.

셋째, 바이오기술과 수업장학의 연계가 가능하다. 즉, 발달된 바이오기술을 이용하여 인간의 생체를 인식한 다음, 교사가 수업중에 구사하는 말의 속도나 억양, 분위기 등을 분석하여 수업정보를 제시하는 것이 가능하다. 예를 들어, 최근에 개발된 의약 캡슐이 인간의 인체를 돌면서 건강정보를 전송하듯이, 교사의 수업중 말의 속도, 억양, 감정 등의 수업정보가 자동으로 분석되어 수업의 내용적인 요소뿐만 아니라 형태적인 요소도 분석할 수 있다는 것이다. 따라서 바이오기술과 수업장학이 긴밀하게 연계될 수만 있다면 수업장학의 과학화는 획기적으로 발전할 것이다. 이를 위해서 수업장학 전공자들은 수업분석의 범위를 내적으로만 한정할 것이 아니라 그 범위를 확장하여 다각적인 각도에서 바라보는 관점을 가져야 한다.

마지막으로, 나노기술과 수업장학의 연계가 가능하다. 요즘은 어디를 가든 소형화 바람이 거세게 몰아치고 있다. 수업장학과 관련하여 소형화 기술은 폭넓게 활용될 수 있다. 1970~1990년대에는 주로 녹음기나 녹화기를 사용하여 수업의 일화를 기록하였지만 최근의 소형화 기술은 학생들이 눈치채지 못할 정도의 소형 디지털 녹음기와 캠코더의 개발 수준에까지 이르고 있다. 이러한 소형화 기술을 수업장학에 활용한다면 이동의 편리성뿐만 아니라 관찰의 신뢰성을 높이는 데 크게 기여할 수 있을 것이다.

수업장학 전공자들은 현재의 모습에 안주하지 말고 미래의 비전을 함께 생각하면서 보다 편리하고 정확하면서도 고도의 과학적인 정보를 제공해 줄 수 있는 수업장학이 가능하도록 최선의 노력을 경주해야 한다.

2. 수업장학의 민주화

1) 수업장학의 민주화

교사들은 가르치는 일의 전문가로 자주성과 존엄성이 인식될 때 수업장학에 적극적으로 참여한다. 전문가 집단은 어느 직종의 사람들보다 자기존엄성을 강조하고 협동적인 노력을 통해서 자기의 문제를 해결하려고 노력한다. 이처럼 교사들은 가르치는 일을 보다 능률적이고 효과적으로 할 수 있는 잠재적 가능성을 지니고 있으며, 그 잠재력을 스스로 혹은 협동적으로 키워가려는 욕망과 자질을 지니고 있다. 따라서 교사가 속해 있는 체제나 조직은 각 교사들이 무한한 잠재력을 성장시킬 수 있는 여건과 분위기를 조성해야 한다. 이를 위해서는 무엇보다도 수업장학의 민주화가 달성되어야 한다.

수업장학의 민주화는 공급자중심에서 수요자중심으로의 인식 변화를 의미한다. 즉, 장학자중심에서 교실수업을 직접 담당하고 있는 교사의 자율성과 책무성을 강화하자는 관점이다. 이는 교사를 수단시하지 않고 목적시하는 것으로서 교사존중사상, 인간존중사상이 반영되어 있다. 궁극적으로 교사의 능력을 최대한 계발하여 그들의 자아실현을 도와주려는 것이며, 그렇게 되면 학생의 학습은 저절로 향상된다는 생각이다.

민주주의는 시대정신으로 정착한지 이미 오래 되었다. 하지만 이제는 진정한 마음으로, 그리고 몸으로 민주주의를 실천해야 할 단계에 있다. 한 때 미국에서도 협동장학, 민주장학의 시대가 있어서 수평적인 장학이 유행처럼 번진 적이 있었으나, 그때도 말로만 민주화를 부르짖었지 마음과 몸으로는 교사를 수단시했던 것이다. 교사를 기분 좋게 해 주어서 일 잘하게 하자는 생각이었다.

수업장학에 있어서 진정한 민주화는 교사의 자율성을 인정하고 자기장학이 시스템적으로 가능하도록 지원하며, 그에 따라 교사 스스로 책임을 지게 하는 것이다. 이를 위해서는 교사의 자기장학을 강화하고 장학을 관리와 감독의 관점으로 바라보기보다는 자기장학을 지원하는 체제로 전환하려는 노력이 필요하다. 또한 장학에 대한 교사의 책무성을 강화하여야 한다.

2) 자기장학의 강화

교사의 수업기술을 개선하기 위해 많은 연구가 이루어져 왔으나, 최근

들어 자기장학이 수업기술을 개선하는 데 효과적인 방법임을 뒷받침하는 연구가 증가하고 있다. 대표적인 연구를 보면 다음과 같다. 손대성(1994)은 교사들의 자기장학에 대한 인식을 조사한 결과 90% 이상의 교사들이 수업개선을 위해 자기장학이 필요함을 인식하고 있었으며, 자기장학의 수행에 있어서도 인적, 물적 지원이 필요하다고 하였다. 주영기(1995)는 대다수의 교사들이 자기장학이 수업기술을 향상시키는 데 효과적인 방법임을 인식하고 있으나, 이를 수행하기 위한 지원도구가 부족하며 다양한 자기장학의 모델 개발이 요구되고 있음을 제시하였다. 최자윤(1996)은 초등교사의 장학형태를 연구한 결과 교사들은 교내자율장학과 임상장학보다는 자기장학과 동료장학을 선호하고 있으며, 자기장학의 방법으로는 자신의 수업을 녹음 또는 녹화하는 방법과 일반연수 및 각종 발표회에 참여하는 방법 순으로 선호하고 있음을 밝혔다. 최근 오춘선(2001)의 초등교사의 자기장학 실태와 저해요인 분석 연구에서도 학교현장에서 자기장학의 수행이 점차로 증가하고 있음을 보고하고 있다. 또한 대다수의 교사들이 수업기술개선을 위해 자기장학이 효과적인 방법임을 인식하고 있으나, 이를 수행하기 위한 자기장학의 모델 및 지원도구가 부족함을 밝히고 있다.

이처럼 교사들은 주로 교장, 교감, 장학사에 의해 이루어진 연구수업 형태의 임상장학 및 교내자율 연수보다는 자기장학에 의한 수업기술 개선방법을 점점 선호하고 있는 추세이다. 그 방법에 있어서는 녹음 및 녹화에 의한 방법을 가장 선호하고 있으며, 자기장학을 효과적으로 수행할 수 있는 모델 및 도구의 개발을 요구하고 있다. 또한 자기장학이 수업개선에 미치는 효과를 양적으로 밝히는 연구가 활발히 수행되었는데, 이미 1970년대에 Fuller와 Manning(1973)은 수업녹음에 의한 자기장학의 방법을 수행한 교사집단이 그렇지 않은 집단보다 수업효능감이 50% 이상 높음을 보고하였다. 임상장학이 활발히 수행되었던 1980년대에도 Knoff(1988)는 임상장학을 수행함에 있어서 교사의 자기장학이 충분히 이루어진 후에 임상장학을 실시한 집단이 그렇지 않은 집단에 비해 학생 성적이 평균 20% 이상 높음을 제시하였다. 변상호(1992)는 교사의 자기장학행위와 교사의 전문성과의 관계 연구에서 자기장학행위 변인과 교사의 전문성과는 매우 높은 상관을 보였는데, 그중에서 가장 높은 상관을 보이는 것은 교과활동이며 다음으로 조직관리, 자원관리 등의 순으로 나타났음을 제시하는 등 자기장학이 교사의 교과 수업전문성을 향상시킨다고 하였다. 황정대(1993)는 자기장학이 수업개선 및 학업성취에 미치는 영향에서 자기장학의 수행은 교사의 수업개선에 기여하며, 구체적으로 수업기술개선에 효과가 있는 것으로 보고하고 있다. 이병익(2001)도 교사의 자기장학이 교수행위의 역동성, 개별성, 명료성, 창의성 등의 교수행동에 긍정적인 영향을 미치고 있음을 밝혔으며, 이재춘(2003)의 장학담당자의 수업장학에 대한 교사들의 기대와 만족도 차이에 관한 연구에서도 수업기술은 자기장학에 의해서 더욱 효과를 높일 수 있고, 자기장학을 수행한 교사들이 그렇지 않은 교사에 비해 높은 수업만족도를 갖고 있음을 보고하였다.

이와 같이 자기장학은 교사의 수업기술과 전문성을 향상시키는 데 효과가 매우 높음을 알 수 있다. 수업장학의 민주화는 자율성의 토대 위에서 이루어진다고 볼 때, 학교현장에서 교사의 자기장학을 강화하는 것이 곧 수업장학의 민주화를 달성하는 지름길이라고 할 수 있다. 이를 위해서는 교사가 자기장학을 심도 있고 편리하게 수행하기 위한 다양한 프로그램의 개발과 지원체제가 마련되어야 한다. 또한 교사가 자기장학을 수행하는 데 있어서 이를 긍정적으로 바라보고 기다릴 수 있는 인내심이 필요하다. 말로만 수업장학의 민주화를 부르짖을 것이 아니라 실제 행동으로 교사의 자율성을 인정하고 목적시하려는 장학진의 노력이 필요하다. 그러나 자기장학의 강화가 곧 장학에 있어서 무조건적인 방임을 의미하지는 않는다. 장학담당자는 어느 교사가 어떤 면에서 장학이 필요한지를 면밀히 검토하고, 스스로의 자율 의지에 의해 수업기술을 향상시킬 수 있는 수업장학의 방법을 제시하여야 한다. 뿐만 아니라 자기장학을 수행할 수 있는 여건과 분위기를 조성하고 신뢰로운 인간관계를 형성하

도록 노력하여야 한다. 진정한 수업장학의 민주화는 교사의 자율 의지에
의한 자기장학의 활성화에 의해서만 이루어질 수 있다는 것을 깊이 인식
하고 이를 위한 노력을 아끼지 말아야 한다.

3) 지원체제로의 전이

여기서는 수업장학의 민주화를 위해 장학을 관리·감독의 관점으로
바라보기보다는 자기장학을 총체적으로 지원하는 체제로의 전이가 필요
함을 언급하고자 한다.

교사의 자기장학을 효과적으로 지원하기 위해서는 일시적, 단편적인
지원이 아니라 탄력적이고도 총체적이며 구체적인 지원이 필요하다
(Janas, 2001). 말하자면 교사에게 수업장학의 운영권을 확대하거나, 교사
별로 특색 있는 수업장학의 운영을 지원하거나, 수업전문가와 상호연계
를 지원하거나, 인터넷을 통한 사이버 지원을 강화하는 등의 총체적이며
구체적인 지원이 필요한 것이다.

우리나라의 경우 교사의 수업장학을 독려하기 위해 지원이 없었던 것
은 아니었으나, 문제는 자기장학의 성공과 실패를 단지 교사 개인의 문
제로만 치부해 버리고 이를 지원하려는 적극적인 노력이 결여되었다는
점을 들 수 있다. 예를 들어 말로만 교사의 수업장학을 지원을 한다고
할 뿐 전문가의 질 높은 상담을 받을 수 있는 원격지원 시스템 등을 통
한 종합적인 지원은 부족하였다. 이로 인해 자기장학의 과정에서 인터넷
을 통한 상시적이고 즉시적인 지원을 받지 못함으로써 자기장학을 수행
하기 위한 지속적인 동기 유지가 사실상 힘들다는 문제점이 발견되었다
(김경현, 2004).

실제로 미국에서도 1930년대를 전후하여 민주적 장학시기에는 단순히
진보주의의 교육원리에 따라 교사와 학생, 그리고 장학담당자와 교사 간
의 원만한 인간관계 형성을 통한 교육활동의 개선과 장려에 역점을 두는
인간관계중심의 장학(supervision as human relations)을 강조하였다. 1940년

대 이후에는 결과보다는 과정을 중시하고 장학담당자와 그 대상자 간의 협동적이고 민주적인 관계의 형성을 통해 교장이나 장학담당자들이 교실 수업을 관찰하거나 시범수업 등을 통해 교사들의 수업이 개선되도록 도 와주는 보다 전문적이고 현대적인 형태의 장학이 진행되었다. 이에 따라 장학활동이 체계적인 훈련과정을 통해 양성되고, 그들을 훈련시키기 위 한 교재들이 본격적으로 개발되었으며, 교육전문 단체를 설립하거나 전 문지를 발간하는 등의 노력이 뒤따랐다(Marks, Stoops, & King-Stoops, 1985). 하지만 미국의 경우에 있어서도 교사의 스스로에 의한 장학을 독 려하기 위한 총체적이면서도 구체적인 지원은 부족하였다. 뿐만 아니라 자기장학의 성공과 실패를 교사 개인의 관심과 의욕 부족으로만 치부해 버림으로씨 진정한 의미에시의 교사 지원과는 다소 거리가 있었다.

이처럼 우리나라뿐만 아니라 미국에서도 아직까지는 교사의 수업장학 을 총체적으로 지원하려는 방향으로 접근하지 못하고 있는 실정이다. 수 업장학의 민주화를 이루기 위해서는 수업장학을 관리 · 감독의 관점으로 바라보기보다는 교사의 자기장학을 지원하는 체제로의 전이가 시급하다. 이를 위해서는 전술한 바와 같이 일시적, 단편적, 홍보성의 지원이 아니 라 탄력적이고도 총체적이며 구체적인 지원이 필요하다.

여기에서는 〈표 13-2〉와 같이 교사의 수업장학을 총체적으로 지원하 기 위한 방안으로 ① 교사에게 수업장학 운영 자율권 확대, ② 교사별 특색 있는 수업장학 운영 지원, ③ 수업전문가와 상호 연계, ④ 사이버 지원 강화 방안을 제시하였다.

4) 교사의 책무성 강화

민주적인 장학은 교사의 자율적인 권위를 중요하게 생각한다. 교사는 전문직에 종사하는 사람이고, 전문직의 특성 중 하나가 자율성을 중요시 하는 것이므로 교사를 도와주는 일은 자율적인 권위를 존중하는 바탕 위 에서 이루어진다. 하지만 대부분의 경우에서 그러하듯이 전문성이 존중

표 13-2 ▪ 수업장학의 총체적 지원

영역	내용
1. 교사에게 수업장학 운영 재량권 확대	• 일정 주기로 이웃 학교, 타지역의 우수한 수업을 참관할 수 있도록 시간적 배려 • 교사 개인의 장기간(1~3년)의 계획에 의한 수업장학 허용(교내 수업연구 면제) • 대학원, 교육전문기관에 수학(修學)할 때는 장학을 수행하고 있는 것으로 간주 • 현행 장학 운영틀을 유지하는 범위 내에서 교사들의 적성과 능력에 따라 자기장학, 동료장학 등을 선택하여 운영할 수 있게 함
2. 교사별 특색 있는수업장학 운영 지원	• 개인별 수업기술 개선사례 홍보 및 일반화 • 1인 1수업 전문기술 습득 지원(행·재정적 지원) • 수업장학 전문 연구교사제 도입(연구비 지원) • 교원연수기관 위탁교육 지원 • 수업분석중심의 장학 지원(프로그램, 기기 대여 등)
3. 수업전문가와 상호 연계	• 수업전문가가 주축이 되어 마이크로티칭 수행 • 수업전문가에 의한 수업분석 지원 • 수업전문가에 의한 수업장학 도제제도 추진 • 퇴직교사의 활용(수업전문 교사) • 교대, 사대 교수의 현장 순환근무 확대
4. 사이버 지원 강화	• 수업장학 인터넷 커뮤니티 활성화 • 메일, 채팅, 게시판을 통한 상담활동 지원 • 수업분석 인터넷 프로그램 제공 • 사이버상에서 수업토론 활성화 지원 • 인터넷을 통한 모범수업사례 동영상의 지속적 제공

될수록 그에 따른 책임 역시 교사의 의무라고 할 수 있다.

교사는 자신에 대해서, 학생에 대해서, 교원에 대해서, 국가 교육에 대해서 책임을 질 수 있어야 한다.

(1) 자신에 대한 책무성

수업장학에 있어 자신에 대한 책무는 교원의 전문성과 관련이 깊으며,

자아존중에 대한 확고한 신념과 수업기술 개선을 위한 부단한 자기연찬으로 요약할 수 있다. 이는 조정기(1999)가 국내외 학자들이 정의한 전문성의 개념을 요약하면서 첫째, 고도로 전문화된 지식과 기술, 그리고 이론적 행위를 필요로 하고, 둘째, 그러한 직업에 봉사하기 위해서는 장기간에 걸친 집중적인 수련을 거쳐야 하며, 셋째, 공공으로부터 신뢰를 받을 수 있는 행동을 유지하기 위해서 계속적인 연구와 노력을 해야 한다고 한 것과 그 맥락이 동일하다.

수업에 있어 자아존중에 대한 확고한 신념은 수업에 대한 자신감으로부터 시작되며, 이는 고도로 전문화된 교육 전반에 대한 식견을 갖출 때 가능하다. 교사 스스로 전문성을 갖추지 않으면 독자적인 수업 진행보다는 외부로부터 관리 · 감독 · 지도를 받게 될 가능성이 커지므로 수업에 대한 전문성을 확보하는 것이 무엇보다도 중요하다고 할 수 있다.

또한 교사에게는 수업기술 개선을 위한 부단한 자기연찬의 의무가 있다. 프로축구 선수들이 기술을 향상시키기 위해 끊임없이 개인훈련이나 합숙훈련 또는 국내외 경기를 비디오를 통해 분석하면서 축구 기술을 연마하기 위해 끊임없이 노력해야 하듯이 교사도 부단한 연구를 통해 수업기술을 향상시켜야 한다.

교사는 개인으로서의 존재뿐만 아니라 공인으로서의 책무성을 지닌 존재이므로 자기계발을 위해 맡은 바 소임을 다하여야 한다. 자신에 대한 책임과 의무를 다할 수 있는 바탕 위에서만 수업장학의 민주화는 달성될 수 있다.

(2) 학생에 대한 책무성

학생의 전인적인 발달이야말로 수업장학의 궁극적인 목적이며, 이러한 목적 달성을 위해 교사는 정열과 노력을 바쳐야 할 의무가 있다. 이를 위해 교사는 학생에 대한 지도력을 높이기 위해 노력해야 한다. 그저 막연하게 학생들에게 헌신하는 것만으로는 충분하지 않다. 학생들에게 가장 유익한 경험을 제공하기 위하여 교사는 학생의 필요와 요구를 수렴하기 위한 장치를 마련하도록 노력해야 하며, 수업장학에 있어 학생들의 현재와 미래의 요구에 항상 최우선 순위를 두어야 한다.

수업장학의 궁극적인 목적을 학생의 전인적인 발달에 두었을 때 학생에 대한 교사의 책무성은 아무리 강조해도 지나치지 않다. 큰 밑그림 없이 수업장학을 무작정 추진하다 보면 자칫 교사의 필요에 의해서만 장학이 추진되는 오류를 범할 수 있다. 이러한 점을 항상 경계하면서 학생의 전인적인 발달에 중점을 둔 수업장학의 실천이 절실히 요구된다.

(3) 교원에 대한 책무성

교원에 대한 책무성은 교사 개인의 전문성 신장과 관련이 있으며, 교사는 적어도 하나 이상의 수업기술에 대해 전문성을 갖고 있어야 할 책임과 의무가 있음을 나타낸다. 예를 들어 중등학교에서 각 교과마다 전문성을 갖고 수업에 임하듯이, 교사 개개인이 각각의 수업기술에 대해 전문적인 식견을 가질 수 있을 때 교원 모두의 전문성이 신장될 수 있음을 의미한다.

하지만 개인이 가지고 있는 수업기술을 동료교사와 공유하지 않고 혼자만의 수업에 적용하려는 것은 그간 교직사회에서 습득한 수업 전문지식을 다시 교직사회에 환원하지 않은 일로서 매우 경계해야 한다. 동료교원과 서로 마음의 벽을 허물고 열린 마음으로 수업기술을 적극적으로 나누어야 한다. 이를 위해서는 전 교원을 대상으로 한 활발한 수업정보 교류 체제(system)가 마련되어야 한다. 장학담당자는 어느 교사가 우수한 수업기술을 가지고 있는지를 항상 예의주시하고 전 교원에게 고루 전파될 수 있도록 노력해야 한다. 아울러 교사에게는 자신의 수업기술을 동료교사들과 함께 공유하고 최선의 수업기술을 연마할 수 있도록 끊임없이 노력해야 할 책임이 있다.

(4) 국가 교육에 대한 책무성

국가 교육에 대한 책무성은 우리나라의 전반적인 교육의 발전과 관련

된 교사의 의무를 말한다. 이와 관련되는 예로는 지역 또는 시·도교육
청의 수업장학을 기획하거나, 국가 교육과정을 수립하는 일에 참여하는
경우를 들 수 있다. 교사는 국가 수준의 교육정책을 입안하거나 계획을
세울 때 교육현장의 의견이 정확하고 충분히 반영이 될 수 있도록 노력
해야 한다. 이를 위해서는 현장교사로서의 전문성뿐만 아니라 교육전문
가로서의 전문성도 동시에 겸비해야 한다. 그 내용에 있어서도 교수-학
습지도뿐만 아니라 교육정책, 교육과정 개발, 자료개발 및 정보제공면
등에서의 이론적 지식체계를 확립하는 데까지 확장되어야 한다.

교육 전반에 대해 끊임없이 연구하고 현장의 사례를 수집하여 그러한
사례가 일반화되어 다시 교육현장에 적용될 수 있도록 하는 것이 국가
교육에 대한 교사의 책무다. 일부 교수나 연구자들만이 아니라 현장 교
육에 열과 성의를 다하고 있는 교사들이 함께 움직일 때 질 높은 국가 교
육이 달성될 수 있다.

이상으로 수업장학의 민주화를 위해 필요한 교사의 책무성으로 자신
에 대해서, 학생에 대해서, 교원에 대해서, 국가 교육에 대해 언급하였
다. 이러한 네 요소가 동시에 하나의 축으로 능동적으로 움직여야 교사
의 자율성이 보장될 수 있으며, 수업장학에 있어서 진정한 민주화가 달
성될 수 있을 것이다.

3. 수업장학의 전문화

1) 수업장학의 전문화

미래의 장학은 어떤 모습으로 전개될 것인가? 이러한 질문은 미래의
교육과 학교가 어떻게 변할 것인가와 깊은 연관이 있다. 컴퓨터의 발달
과 함께 시작된 정보화 시대는 이제 지식·정보에 기반을 둔 사회를 탄

생시켰다. 지식기반 사회는 이전 사회와는 다른 형태의 교육과 학교를 요구하고 있다. 학교 건물 안에 학생들을 모아 놓고 제한된 공간 속에서 교사가 학생들을 직접 가르치는 교수-학습방식에서, 이제는 지식기반 사회에서 정보통신의 발달로 가상공간에서 모든 사람을 대상으로 한 평생학습의 방식으로 전환되고 있다.

교수-학습의 방식이 바뀜에 따라 지식기반 사회에서의 수업장학은 종래 교실수업개선 중심의 장학과 그 개념과 성격이 다를 것이라고 예상할 수 있다. 우선 교실이 가상공간으로, 교사중심의 수업은 교사와 학생 간의 협력수업 혹은 학습자 주도의 수업으로 바뀌게 될 것이다. 이에 따라 종래 장학담당자와 교사 사이에 이루어지는 대면적 장학은 인터넷이라는 가상공간 속에서 이루어지거나, 교사들이 직접 학생들과의 협력학습을 통해 주도적으로 장학을 해나가는 사이버 장학형태로 전환될 것이다. 엄밀히 말해서 이렇게 행해지는 장학은 우리가 지금까지 알고 있었던 장학의 개념적 경계를 뛰어넘는 것으로, Glickman(2002)이 말한 것처럼 장학이라는 개념을 쓸 필요가 없게 되거나 Sergiovanni(1992)의 예견처럼 장학이 더 이상 필요하지 않은 시대로의 이행이 멀지 않았을지도 모른다. 하지만 '장학이 더 이상 필요하지 않은 시대'라는 의미는, 미래에는 교육과 학교가 더 이상 존재할 필요가 없다는 것보다는, 급속도로 발전하는 미래의 교육과 학교에 알맞은 보다 더 전문적인 장학이 요구된다는 의미로 받아들이는 것이 더욱 타당할 것이다.

장학뿐만 아니라 세상의 모든 일이 점점 더 복잡해지면서 보다 더 전문화 추세에 있다. 특히 우리나라에서는 장학직을 교육전문직으로 규정해 놓고서도 그에 합당한 인적 구성, 양성체제, 그리고 역할 정립을 제대로 갖추지 못하고 있으니 안타까운 일이다.

그러나 장학의 전문화는 하나의 당위로 받아들여지고 있음을 직시하여 이를 구체적으로 어떻게 실현할 것인가를 생각해 보도록 하자. 또한 곧 다가올 사이버 학급에서 이루어지는 교수-학습에 대해서 장학을 어떻게 효과적으로 수행할 것인가에 대한 방안도 수업장학의 전문화 차원에서 논의되어야 한다. 장학을 전문화하는 세계적인 물결은 교육계는 물론이고 모든 면에 이미 깊숙이 스며들고 있다.

미래의 전문적인 장학, 즉 장학의 전문화를 위해 필요한 요소가 많으나 여기서는 장학 역할의 분화 및 통합, 장학진의 전문적 양성, 사이버 수업의 장학 등의 세 측면에 초점을 맞추어 살펴보기로 한다.

[그림 13-6] 수업장학의 전문화 영역

2) 장학 역할의 분화 및 통합

하나의 조직이 얼마나 전문화되었는지 알기 위해 그 조직에 속하고 있는 하위 조직별 역할 분화의 정도가 어떠하며, 분화된 역할들 중 공통적인 속성을 가진 일들에 대한 통합된 정도가 어느 정도인지 알아보는 것은 매우 의미있는 일이다. 전문화된 사회일수록 그 역할이 분화되고 통합되는 경향을 갖고 있기 때문이다. 수업장학의 경우도 예외가 아니어서 장학 역할의 분화 및 통합 정도가 수업장학 전문화의 수준을 결정짓는 잣대가 될 수 있다. 하지만 수업장학의 측면만을 놓고 본다면 불행히도 우리나라에서는 수업장학의 역할분화 및 통합의 수준은 그리 높지 않다. 수업장학의 전문화를 추구하는 세계적 추세에 맞추어 우리의 장학도 이제 보다 미래지향적이고 선진적인 장학이 되어야 한다.

지금까지 우리나라의 장학은 각 조직 수준별(교육인적자원부, 시·도교육청, 지역교육청, 학교, 교사양성기관)로 그 역할이 뚜렷이 정립되지 않고 있고, 그 일에 있어서도 중복되어 추진되는 경우가 많았다. 이는 장학이 아직 전문화되어 있지 않음을 의미하는데, 미래지향적이며 전문화된 수업장학을 위해서는 각 조직 수준별로 장학의 강조점을 달리하고 궁극적으로 교사의 교실수업개선에 도움을 줄 수 있는 방향으로 초점을 맞추어야 할 것이다. 주삼환(2003)은 그 이유와 근거를 다음의 몇 가지로 설명하고 있다.

첫째, 교육인적자원부, 시·도교육청, 지역교육청, 학교, 교사양성기관별로 장학의 강조점과 기능을 달리하고 접근을 달리하면, 적은 장학인력으로도 현재보다 훨씬 전문화될 수 있다. 특히 현재 시·도교육청과 지역교육청의 장학이 교육인적자원부와 학교 사이의 중간 역할만 하고 있는데, 앞으로 교육자치제가 제대로 되면 지역교육청 수준의 장학이 주도적 핵심적인 역할을 해야 할 것이다.

둘째, 교사양성기관의 장학적 역할을 강조하고 타 기관과 협조해야 하며, 장학에 관한 이론연구기술의 원천으로서 계속 뒷받침하는 역할을 해야 한다. 직전교육 중에 있는 학생을 위한 학생장학과 기성교사에 대한 장학을 체계적으로 연결시킬 필요가 있다.

셋째, 교내장학을 강화하고 학교장에 의한 장학의 전문성을 높여야 한다. 학교장의 능력과 교사의 구성상 교내장학에 맡겨도 좋다고 판단되는 학교에 대해서는 지역교육청 또는 시·도교육청 장학에서 제외하고, 대신 그 여력을 장학을 필요로 하는 다른 학교의 장학에 집중하면 전문화면에서 도움이 될 것이다. 교내장학에 일임해도 좋을 만큼 역량을 갖춘 학교를 차차 늘려간다든지, 돌아가면서 이런 교내자율장학의 학교를 지정하여 재정적인 지원을 강화한다면 장학력은 집중되고 더 전문화될 수 있을 것이다.

마지막으로, 장학조직 수준별로 달리하는 여러 측면의 다양한 장학접근으로 교사에게 미치는 장학력을 신장시켜야 한다.

그렇다면 교실수업개선에 실질적인 도움을 줄 수 있는 장학조직 수준별 역할은 무엇일까? 이러한 물음에 대한 하나의 해법을 제시하면 〈표 13-3〉과 같다.

표 13-3 ▪ 장학조직 수준별 역할

전략	교사양성기관	지역교육청	시·도교육청	교육인적자원부
• 교내장학의 활성화 • 수업장학 실천 • 자기장학 실천 • 수업장학 우수 현장 사례 수집	• 수업장학 이론연구 • 학교현장과의 연계 모색 • 마이크로티칭을 통한 직전교육 활성화 • 현직교사 재교육	• 수업장학 지역도움센터 운영 • 학교간 지역장학 협력 • 교사능력 프로그램 개발 • 수업장학 사례 일반화	• 특수교육 장학 • 장학기술 개발 • 질적 관리 • 연수체제 확립(장학요원 양성) • 수업연구대회 • 전문교과 장학자료 개발	• 장학목표 및 방향 설정 • 미래 수업장학 방향 수립 • 장학자료 개발 • 수업분석 프로그램 개발 및 배포

　우선 학교 수준의 장학에서는 교내장학 활성화의 역할이 가장 중요하다. 교내장학은 최근에 급속히 이루어지고 있는 시대·사회적인 변화 속에서 학교중심 경영과 함께 강조되고 있는 장학으로서, 장학담당자와 수업자의 일대일의 대면적인 관계 속에서 수업관찰계획 수립, 수업관찰, 관찰결과에 대한 협의의 과정을 거쳐 수업자의 수업 전반의 문제점을 해결하고 수업기술 향상을 위한 체계적인 지도·조언이 일어나는 장학이다. 따라서 교사의 수업기술개선에 실질적으로 기여하기 위해서는 학교단위의 교내장학이 절실히 요구된다. 이러한 교내장학의 활성화의 바탕 위에서 자기장학을 실천하거나, 수업장학의 우수한 사례를 수집하는 것 또한 학교단위에서 집중적으로 행해져야 할 역할이라고 할 수 있다. 학교는 수업장학이 실천적으로 이루어지는 공간으로서 맡은 바 역할을 충실히 수행하여야 한다.

　교사양성기관은 직전교육(pre-service)을 효과적으로 수행하는 역할과 학교현장과의 긴밀한 연계를 통한 예비교사의 사전 수업기술능력 개발 및 인성 함양에 주력할 필요가 있다. 이를 위해서는 마이크로티칭, 학교

방문, 참관실습 등의 방법을 통해 실제 교실현장을 이해하는 데 초점이 맞추어져야 한다. 또한 수업장학의 이론에 대한 연구가 활발히 진행되어, 일선현장에 연구결과를 투입하고 그 결과가 다시 피드백되어 교사의 수업기술 향상을 위한 새로운 이론을 창출해야 한다.

지역교육청은 인근 학교의 수업장학을 통합하는 역할을 해야 한다. 몇 개의 학교를 연결하여 수업을 상호 지원·협력하게 하거나, 지역별 수업장학도움센터를 설치하여 학교단위에서 해결하기 힘든 영역을 지원하는 활동으로 그 역할이 정립되어야 한다. 그 결과로 학교단위의 수업장학 사례를 분석하여 일반화하고, 교사능력을 계발하기 위한 프로그램 개발 등이 실질적으로 가시화될 수 있다. 무엇보다도 지역교육청은 학교단위의 지역 수업장학센터로서의 역할이 요구된다.

시·도교육청은 학교단위, 교원양성기관, 지역교육청에서 개별적으로 추진하기에는 그 범위가 협소하거나 다소 큰 범위, 예를 들면 특수교육·영재교육·평생교육·전문교과 등에 관한 수업장학 자료를 개발하는 데 주력할 필요가 있다. 또한 수업연구대회나 수업장학 연수체제를 확립하여 수업장학이 활성화될 수 있는 방안을 강구해야 한다. 이를 위해서는 학교-교원양성기관-지역교육청의 요구사항을 수시로 파악하고 우수한 인적 자원을 발굴하여 자료개발 및 연수에 적극 활용될 수 있도록 노력하는 것이 중요하다.

교육인적자원부는 교사의 수업기술 향상을 위해 국가적으로 요구되는 전략적인 장학목표 수립 및 방향의 제시에 그 역할이 맞추어져야 한다. 또한 미래의 학교의 모습에 대한 비전 제시를 통해 수업장학이 나아가야 할 방향을 수립하는 것이 중요한 역할이다. 아울러 교원양성기관이나 시·도교육청 단위에서 개발하기 힘든 대규모 프로젝트, 예를 들면 수업장학 컴퓨터 프로그램 개발, 사이버 수업장학 시스템 등을 개발·배포하여 교육현장에도 실질적으로 기여할 수 있는 역할을 수행하여야 한다.

이상으로 장학조직별 수업장학의 역할에 대해서 살펴보았다. 역할의 분화 못지 않게 중요한 것은 분화된 역할들 중 공통적인 속성을 가진 일들에 대한 통합이 중요하다. 문제는 이러한 일을 누가 어떻게 하는가가 중요한데, 이를 위해서는 각 조직별 연계기구를 조직하여 공통적인 일을 추출하고, 그 일에 가장 적합한 조직에서 추진하는 것이 옳다. 우리나라의 상황을 볼 때 시·도교육청이 통합을 주관하는 역할을 담당하는 것이 가장 효율적이다. 왜냐하면 학교단위, 교원양성기관, 지역교육청은 주로 실행의 성격이 강하고 교육인적자원부는 거시적인 관점에서 일을 추진하므로 이 둘의 중간적 위치에 있는 시·도교육청이 주축이 되어 각 조직별 연계를 담당하고 통합하는 역할을 수행한다면 수업장학을 보다 전문화하여 추진할 수 있을 것이다.

3) 장학진의 전문적 양성

장학을 보는 입장은 시대와 사회 변화에 따라 다양하게 전개되어 왔다. 앞에서도 설명한 바와 같이 오늘날의 장학은 주로 학교 교실수업개선을 통한 교육의 질 향상에 초점을 두고 있다. 이러한 학교 교실수업개선 활동의 중심에 있는 사람은 누구일까?

그에 대한 답은 아마도 현장교사와 장학을 담당하고 있는 장학진[2]일 것이다. 교사는 교육을 담당하는 주체로, 그 중에서도 학교 수업이라는 적지 않은 시간을 통해 학생들의 성장 발달에 직접적으로 영향을 주고 있는 전문성을 가진 존재이며, 장학진은 이를 뒷받침하고 지도·조언할 수 있는 전문인력이라고 할 수 있다. 하지만 수업장학의 전문성 신장을 위한 교사의 역할에 대해서는 앞서 언급하였으므로, 여기에서는 교사의 전문적 교육활동을 지원하고 교육의 질 개선에 견인차 역할을 할 수 있는 장학진의 전문적인 양성을 통한 수업장학의 전문성 확보와, 나아가 수업장학의 고도화를 실현하는 방안에 대해 언급하고자 한다.

---

[2] 여기에서 장학진의 의미는 교육전문직, 즉 장학사와 교육연구사를 말한다.

'그 나라의 어린이를 보면 그 나라 미래의 모습을 예견할 수 있다'고 한다. 그만큼 초기 교육이 중요하다는 것을 의미하며, 이는 수업장학에 있어서도 크게 다르지 않다. 즉, 수업장학을 담당하는 장학진의 전문적인 양성이야말로 미래의 수업장학 성패를 가늠할 수 있는 중요한 잣대인 것이다. 이와 관련하여 현재 우리나라에서 이루어지고 있는 장학진의 양성은 선발단계에서부터 현직 연수의 과정에 이르기까지 많은 문제점을 안고 있다. 따라서 여기에서는 이러한 문제점을 되짚어 보고 전문성 신장을 위한 바람직한 장학진의 양성체제에 대해 설명하고자 한다.

먼저 장학진의 자격에 있어서 가장 큰 문제점은 교육공무원법에 제시된 장학진의 자격조건은 최저 결정기준에 불과하며, 실제로는 임용과정에서 능력보다는 경력을 중시하는 경우다. 동 자격기준에는 장학직과 연구직이 분리되어 있지 않고, 또한 교육경력이 없는 일반행정직도 일정한 연한이 차면 교육전문직이 될 수 있도록 하여 교육전문직의 전문성을 경시하는 소지가 있다[3](김정미, 2000). 이는 수업에 대해 전문적인 식견이나 수업장학에 대한 전문성이 없더라도 일정 요건만을 갖추면 장학진으로 발탁될 수 있다는 것을 의미한다. 또한 평정기준[4]에 있어서도 수업 및 수업장학에 대한 전문적인 요소보다는 교사로서의 일반적인 사명감과 업무처리에 국한되어 있어서 장학에 대한 전문적인 식견과 열정을 갖춘 장학진을 선발하기에는 무리가 있다.

이와 관련하여 주삼환(2003)은 장학진의 모집기준을 다음과 같이 제시하였다. ① 학부에서 교사교육과정을 전공하여 교사자격증을 소지하고, ② 적어도 7년 이상의 교사경력을 갖고, ③ 전공교과 또는 교육학을 전공하여 석사학위를 가진 교원 중에서 공개 선발한다. ④ 교육감의 추천

---

3) 동 기준에 의하면 '행정고등고시 합격자로서 4년 이상의 교육경력이나 교육행정경력 또는 교육연구경력이 있는 자'와 '박사학위를 소지한 자'를 장학관 교육연구관의 자격 기준에 포함시키고 있다.

4) 교육공무원법(법률 제6211호 일부 개정 2000.1.28)

표 13-4 ▪ 장학진의 자격기준

직명	자격기준
장학관 교육연구관	① 대학·사범대학·교육대학 졸업자로서 7년 이상의 교육경력이나 2년 이상의 교육경력을 포함한 7년 이상의 교육행정경력 또는 교육연구경력이 있는 자 ② 2년제 교육대학 또는 전문대학 졸업자로서 9년 이상의 교육경력이나 2년 이상의 교육경력을 포함한 9년 이상의 교육행정경력 또는 교육연구경력이 있는 자 ③ 행정고등고시 합격자로서 4년 이상의 교육경력이나 교육행정경력 또는 교육연구경력이 있는 자 ④ 2년 이상의 장학사 교육연구사의 경력이 있는 자 ⑤ 11년 이상의 교육경력이나 2년 이상의 교육경력을 포함한 11년 이상의 교육연구경력이 있는 자 ⑥ 박사학위를 소지한 자
장학사 교육연구사	① 대학, 사범대학, 교육대학 졸업자로서 5년 이상의 교육경력이나 2년 이상의 교육경력을 포함한 5년 이상의 교육행정경력 또는 교육연구경력이 있는 자 ② 9년 이상의 교육경력이나 2년 이상의 교육경력을 포함한 9년 이상의 교육행정경력 또는 교육연구경력이 있는 자

을 받은 경우는 특별전형을 고려할 수 있다. 이러한 자격기준은 비교적 높은 수준이다. 이러한 높은 수준의 교육을 받기 위해서는 연령이 낮아야 하며, 또 높은 교육을 받은 인적 자원이 오랫동안 장학진에서 능력을 발휘하기 위해서는 젊은 교원을 전문적으로 양성하는 것이 유리하다. 그래서 영국의 과거 HMI(칙임시학관) 공개채용기준인 ⑤ 35~45세의 연령 범위가 적당하다.

주삼환의 제안은 이전보다 객관적인 근거를 제시했다는 점에서는 의미가 있으나, 장학에 대한 전문적인 식견과 열정을 갖춘 장학진을 선발할 수 있는 구체적인 자격기준은 제시하지 못하고 있다. 이러한 원인은 무엇보다도 학교현장에서 교사의 수업을 평가하는 시스템을 갖추지 못한 데 있으며, 학교현장에서 수업장학이 활성화되고 있지 못하다는 것을

표 13-5 ▪ 평정요소에 따른 평정기준

평정 사항	평정요소	평정기준	평정 대상	비고
자질 및 태도	교육자로 서의 품성	• 국민교육철학 • 겨레의 스승으로서 자각 · 긍지 • 교육애의 발양 • 자기수양 및 품위 유지	장학사 연구사	
	사명의식	• 지시, 명령수행, 지도 및 확인 • 준법성 • 협동성 • 학교 일선 애로사항 해결 노력 • 대인관계 • 창안 제출 • 개선의 적극성 • 상하 인화 • 협조관계		
근무 실적 및 근무 수행	교육지도 관리	• 국가시책 • 학교 및 교육과정 운영지도 • 교육조건 조성	장학사 연구사	
		• 교원파악 및 인사관리의 공정성	장학사	• 연구사 : 연구 학교의 계획, 방법, 성과
		• 계획처리의 합리성, 정확성 및 신속성	장학사 연구사	• 장학사 : 원 리 및 방법 의 연구 • 연구사 : 교 육 전 반 에 걸 친 연구 실 적 (방 법 공헌도)

반증하는 결과이기도 하다. 따라서 지금부터라도 학교현장의 수업장학을 활성화하는 데 주력할 필요가 있으며, 동시에 교사의 수업능력과 열정을 객관적으로 평가할 수 있는 평가모형 개발이 절실히 요구된다. 아래에서부터의 이러한 작은 움직임이 모여서 하나의 새로운 규준을 만들고, 그에 따른 결과가 장학진의 자격기준에 충분히 반영될 때 수업장학의 전문화를 이룰 수 있다.

아울러 장학진에 입문해서도 수업장학과 관련하여 장기적이고 전문적인 연수가 이루어지는 것이 바람직하다. 하지만 종래의 연수는 주로 장기적인 계획에 따라 일관되게 진행되었다기보다는 일회적인 성격이 강하고, 그 내용에 있어서도 장학행정에 대한 업무처리와 교육현안 및 소양교육에 치중된 경향이 많았다.

이에 장학진을 체계적으로 양성하는 직전교육 프로그램을 운영함과 동시에 임용 후 전문성 축적을 위해 새로운 교과내용 및 교육이론, 장학협의기술, 수업분석기술, 수업기술 개선방안 등 장학능력을 계발하기 위한 현직교육 프로그램이 필요하다. 장학진의 임용 후에도 끊임없이 연구하려는 자세와 교실수업의 개선을 위한 지속적인 노력이 요구되는 것이다.

다행히 근래에 와서 일부 시·도교육청에서 장학진을 위한 전문적인 연수과정을 개설하고, 특히 그 내용에 있어서 수업장학에 중점을 둔 연수를 실시하고 있는 것은 바람직한 모습이라고 할 수 있다.

장학의 궁극적인 목적은 수업을 통해서 교원을 학생의 바람직한 발달을 위해 봉사하는 교육전문가로 만드는 것인 만큼 장학진의 연수도 수업전문성 향상에 초점이 맞추어져야 한다. 중요한 것은 이러한 현직교육이 일정 기간 지속되어야 하며, 주기적으로 재충전되어야 한다는 것이다. 또한 이를 위한 유능한 교수진의 확보와 내실 있는 교육내용의 지속적인 연구와 개발이 필요하다. 장학진의 전문적인 양성이야말로 수업장학 고도화의 첫걸음이다.

표 13-6 ▪ 2004년 J교육청 장학진 직무연수과정 예시(61시간)

차시 일	1 09:00~ 09:50	2 10:00~ 10:50	3 11:00~ 11:50	4 13:00~ 13:50	5 14:00~ 14:50	6 15:00~ 15:50	7 16:00~ 16:50
1일차	연수안내 개강식	초등교육의 방향		과제평가	교육청 현안과제		분임토의
2일차	학교 및 학급 교육과정 편성·운영			교내 자율장학			분임토의
3일차	수업분석기법(2)			분임토의	사회과 수업장학의 실제		
4일차	분임토의	사례발표	수학과 수업장학의 실제			성인병 예방과 건강생활	
5일차	재택연수						
6일차	분임토의	과학과 수업장학의 실제			영어과 수업장학의 실제		
7일차	분임발표	유치원 수업장학		수업분석기법(1)			
8일차	수업장학의 실제						
9일차	리더십과 의사결정	영미문화와 생활영어		특수학급 수업장학			총괄평가
10일차	전통음악의 이해	사례발표 수료식					

4) 사이버 수업의 장학

사이버 수업이란 정보통신기술을 기반으로 생성되는 가상의 공간에서 교수–학습을 전개해 나갈 수 있도록 구성된 새로운 방식의 교육패러다임이다. 특히 사이버 수업은 지금까지 전통적인 교육을 지배해 왔던 교수자중심의 교육에서 벗어나 학습자중심의 교육을 가능하게 한다는 점에서 21세기 지식기반사회, 열린교육사회, 평생교육사회에 적합한 교육체제로 주목받고 있다. 실제로 교육인적자원부(2004)의 사이버 가정학습체제 추진 로드맵에 따르면, 2008년까지 전국의 초·중·고등학교에 10,000여 개 이상의 사이버 학급 운영을 계획하고 있다. 이러한 점을 생각해 본다면 교사가 일반 교실수업과 아울러 사이버 학급의 수업도 담당할 날이 머지 않은 것으로 예상할 수 있다.

　사이버 학습시대에 요구되는 교사와 학습자의 역할과 능력에는 어떠한 것이 있을까? 학자들은 대체로 다음 네 가지의 역할과 능력을 들고 있다. 첫째, 박인우(2003)는 사이버 학습시대에 교사의 주요 역할은 학생들에게 정보를 전달하는 것이 아니라 학생 개개인의 지식을 형성하는 데 도움을 주는 것으로 보았다. 다시 말해, 학생은 교사의 강의나 교과서 혹은 웹사이트 등을 통해 지식을 습득하는 것이 아니라 이러한 경로를 통해 경험과 사실을 받아들이고, 학습은 교사의 안내와 학습지의 부단한 자기 노력에 의해 형성된다는 것이다. 둘째, 사이버 학습시대에도 여전히 중요한 것은 충실한 기초 기능 학습의 강화다(이희수, 2001). 기초 기능이 부실한 사람에게서 스스로 생각하고 배우는 활동을 기대하기는 어려울 뿐 아니라 기초가 튼튼해야 평생학습도 가능하다는 것이다. 따라서 학교는 교과지식을 가르치는 것도 물론 중요하지만 학습자로 하여금 평생 동안 학습하고자 하는 동기와 태도, 또 이를 가능하게 하는 기초 능력을 갖출 수 있도록 평생학습인으로서의 자질 배양에도 주력해야 할 것이다. 셋째, 어떠한 사실을 아는 것에 머무르는 것이 아니라 새로운 상황에 당면했을 때 새로운 아이디어를 개발하고 이를 적용하여 주어진 문제나 과제를 창의적으로 해결할 수 있는 문제해결력이 요구된다(강숙희 외, 2001). 즉, 사이버 학습시대의 교육이 추구해야 할 역할은 학생들에게 사회의 구성원으로서 요구되는 기본적인 능력, 지식, 태도를 길러주는 것 외에도 스스로 문제를 정의하고 해결방법을 찾는 등 문제를 창의적으로 해결할 수 있는 능력을 길러주는 것이라고 할 수 있다. 이는 곧 학습자가 자신에게 주어진 지식을 소비하는 것이 아니라 학생 스스로의 노력과 경험을 통해 의미를 창출해내는 능동적인 지식생산자가 되어야 함을 의미한다. 마지막으로, 자신에게 필요한 정보를 비판적으로 사고할 수 있는 능력이 필요하다. 이러한 비판적인 사고력은 다른 사람의 의견을 수렴할 때 고도의 자기 주체성을 갖고 유의미하게 수용하며, 사회문화적으로 폭넓은 가치관을 습득하고자 하는 스스로의 노력으로 길러지게 된다. 덧붙여, 사이버 학습시대에서는 무엇보다도 다양한 사실과 자료들로부터 유의미한 정보를 추출하고 이러한 정보에 기반하여 새로운 지식을 창출하며, 나아가 이들 정보를 체계적으로 관리할 수 있는 능력을 가져야 한다.

이러한 변화에 걸맞게 교사 및 그들을 지원하는 장학담당자들의 역할 변화가 요구되고 있다. 즉, 지금까지는 오프라인의 교실수업개선에만 중점을 두어 수업장학을 실시하였다면 앞으로는 사이버 수업에서 일어날 수 있는 상황을 예측하고 그에 알맞은 사이버 수업의 장학을 수행하여야 한다.

사이버 수업에서 교사의 역할을 살펴보면, 교사는 사이버 학급의 운영자로서 해당 학급에서 학습자에게 필요한 안내를 제공하고, 학습활동을 지원하는 촉진자로서의 역할을 한다. 교사의 역할을 보다 구체적으로 설명하면 교과전문가, 학습자원의 통로, 학습과정에 대한 피드백 제공, 개인적 문제에 대한 격려 또는 도움 제공, 학습자 평가 등의 역할을 담당한다(김경현 외, 2004). 이 밖에 동료교사들간의 정보교류와 긍정적인 인간관계를 유지시키기 위한 교사간의 상호작용을 활발히 지원할 수 있는 방안도 필요하다. 이처럼 사이버 수업에서 요구되는 교사의 역할은 일반 교실수업에서 요구되는 기본적인 역할과 함께 사이버 수업에서 요구되는 또 다른 역할과 지원을 필요로 한다(예를 들면, 상호작용 지원도구, 문제은행 DB, 실시간 수업 프로그램 등).

최근에는 전통적인 면대면 교실수업에서의 부족한 커뮤니티 활동을 보완해 주면서 동시에 면대면 교실수업이 갖고 있는 집합적 교육의 유용성을 함께 활용함으로써 학습효과를 극대화할 수 있는 '혼합형 학습(blended learning)'의 필요성이 강하게 대두되고 있다. 즉, 온라인으로 이루어지는 사이버 학습에서 수행하기 어려운 학습 내용들을 온라인으로 보완함으로써 가장 바람직한 학습효과를 도출해내고자 하는 움직임이 활발히 이루어지고 있는 것이다. 따라서 이러한 수업의 형태를 지원해 줄 수 있는 장학 방법이 속히 개발되어야 한다.

사이버 수업에서의 교사의 새로운 역할에 따라 사이버 수업장학에서 장학담당자가 고려할 점을 요약하면 다음과 같다.

- 담당교과(주제)에 대한 사이버 교사의 자질과 경험의 기준 설정
- 사이버 수업의 수업기술에 관련한 연수(피드백 기술, 공감대 형성, 동기유발, 모니터링 기법, 사이버 평가 등)
- 사이버 수업에서 활용 가능한 다양한 자원들에 대한 안내(주제 전문가, 사이트 안내, 관련 인적 자원 등)
- 학습자 관리에 관련한 내용(수준별, 진도별, 교과별 등)
- 사이버 수업에서 활용 가능한 수준별 · 맞춤형 컨텐츠의 개발 및 제공
- 사이버 수업에서의 수업분석 방법
- 교실수업과의 연계 방안
- 학습자 의견수렴 방법
- 온라인에서 학습자의 수행사항 평가 및 관리
- 온라인에서 학습자의 상호작용 촉진 방법
- 온라인에서 학습자와의 친밀한 관계 형성의 방법

이상으로 수업장학의 전문성을 위한 방안으로 사이버 수업장학의 필요성 및 역할에 대해 언급해 보았다. 수업장학의 고도화는 수업장학의 미래와 직결되어 있으므로, 미래교육에 있어서 한층 활발히 전개될 사이버 학습에 대해 연구하고 그에 대한 장학을 어떻게 효과적으로 수행할 것인가에 대해 수업장학 전공자들의 진일보한 관심과 노력이 요구된다.

요 약

1. 수업장학의 고도화는 수업장학을 높은 수준으로 향상시키거나, 이를 위한 전략적 방법을 뜻하고 있으며, 함의하는 문맥적 의미를 보면 수업장학의 미래, 즉 교육의 미래와 직결되어 있다. 수업장학의 고도화는 수업장학의 과학화, 수업장학의 민주화, 수업장학의 전문화로의 이행을 의미한다.

2. 수업장학의 과학화는 수업장학의 내용 및 방법을 합리적인 사고체제로 보고 이 과정에서 첨단 테크놀러지를 이용하여 수업장학의 효율성을 높이려는 의도를 담고 있다.

3. 수업장학의 민주화는 공급자중심에서 수요자중심으로의 인식 변화를 의미한다. 즉, 장학자중심에서 교실수업을 직접 담당하고 있는 교사의 자율성과 책무성을 강화하자는 관점이다.

4. 수업장학의 전문화는 날로 복잡해지고 고등사고능력을 요구하는 미래의 교실수업을 가정해 볼 때 장학을 고도의 전문성을 가진 영역으로 보고 장학인력의 전문성 제고, 역할의 분화 및 통합적인 관점에서 수업장학을 바라본다는 의미를 담고 있다.

5. 수업장학에서의 컴퓨터의 활용 영역은 수업의 일화 기록, 수업정보의 누적 및 관리, 수업정보의 상호교환, 수업분석, 수업능력 개발의 5개 영역으로 나눌 수 있다.

6. 첨단 테크놀러지와 동행한다는 의미는 첨단 테크놀러지를 수업장학의 과정과 적극적으로 연계하여 수업장학을 고도화시키려는 노력을 담고 있다. 여기서 첨단 테크놀러지의 의미는 컴퓨터를 포함한 모든 첨단기술을 말하며 반도체기술, 인공지능기술, 바이오기술, 나노기술 등이 포함된다.

7. 전문직의 특성 중 하나가 자율성을 중요시하는 것이므로 교사를 도와주는 일은 자율적인 권위를 존중하는 바탕 위에서 이루어진다. 하지만 전문성이 존중될수록 그에 따른 책임을 지는 것 역시 교사의 의무라고 할 수 있다. 교사는 자신에 대해서, 학생에 대해서, 교원에 대해서, 국가교육에 대해서 책임을 질 수 있어야 한다.

8. 미래의 전문적인 장학, 즉 장학의 전문화를 위해서는 ① 장학 역할의 분화 및 통합, ② 장학진의 전문적 양성, ③ 사이버 수업의 장학 등이 필요하다.

연습문제

1. 수업장학의 과학화에 대한 설명으로 옳지 않은 것은?

    ① 첨단 테크놀러지는 수업장학의 과학화를 위한 촉매제로서의 역할을 한다.

    ② 수업장학의 내용 및 방법을 합리적인 사고체제로 본다.

    ③ 전산화는 수업장학의 필요충분조건이다.

    ④ 컴퓨터 활용(전산화)을 기반으로 하고 있다.

2. 수업장학 온라인 학습공동체에서 주로 이루어지는 활동이라고 보기 어려운 것은?

    ① 수업장학 관련 내용 및 개인적인 의사교류 모두를 포괄하는 능동적인 상호작용

    ② 교사의 수업을 직접 참관하고 피드백을 제시하는 활동

    ③ 교사들간에 공동의 수업기술 향상 목표를 달성하기 위해 함께 협력하는 형태의 협동학습활동

    ④ 질문 제기나 반론, 동의, 제안 등 사회적 의미의 재구성활동

3. 다음은 수업장학의 민주화에 대한 설명이다. 옳지 않은 것은?

    ① 장학진의 인적 구성, 양성체제에 알맞은 역할 규정을 새롭게 하자는 의미를 담고 있다.

    ② 공급자중심에서 수요자중심으로의 인식 변화를 의미한다.

    ③ 장학자중심에서 교실수업을 직접 담당하고 있는 교사의 자율성과 책무성을 강화하자는 관점이다.

    ④ 교사존중사상, 인간존중사상이 그 배경이다.

4. 장학 수준별 역할에서 교육인적자원부의 역할로 바람직하지 않은 것은?

① 국가적으로 요구되는 전략적인 장학목표 수립 및 방향 제시

② 미래의 학교의 모습에 대한 비전을 제시하여 수업장학이 나아
가야 할 방향을 제시

③ 교원양성기관이나 시·도교육청단위에서 개발하는 대규모 수업
장학 프로젝트를 수행

④ 직전교육(pre-service)을 효과적으로 수행하는 역할을 담당

5. 사이버 수업에서 교사의 새로운 역할에 따라 사이버 수업장학에서
장학담당자가 고려해야 할 점으로 타당하지 않은 것은?

① 담당교과(주제)에 대한 사이버 교사의 자질과 경험의 기준을 설
정함

② 교실수업 협의회 전략계획 수립

③ 사이버 수업의 수업기술에 관련한 연수(피드백 기술, 공감대 형
성, 동기유발, 모니터링 기법, 사이버 평가 등)

④ 교실수업과 사이버 수업의 연계 방안

6. 다음은 수업장학의 민주화를 위한 교사의 책무성 강화를 언급한 것
이다. 주로 어디에 초점을 맞춘 설명인가?

> • 한 사람이 여러 가지 일을 모두 잘 하기는 힘들듯이 교사는 적어도
> 하나 이상의 수업기술에 대해 전문성을 갖고 있어야 할 책임과 의무
> 가 있다.
> • 장학담당자는 어느 교사가 우수한 수업기술을 가지고 있는지를 항
> 상 예의주시하고, 전 교원에게 고루 전파될 수 있도록 최선의 노력
> 을 다해야 한다.

① 자신에 대한 책무성   ② 학생에 대한 책무성

③ 교원에 대한 책무성   ④ 국가 교육에 대한 책무성

※ 다음 설명을 읽고, 맞으면 ○, 틀리면 ×를 하시오(7~9).

7. 수업장학의 전문화를 위한 장학조직 수준별 구성은 단위학교, 교사양
   성기관, 지역교육청, 시·도교육청, 교육인적자원부로 나눌 수 있다.

   ··· (   )

8. 초임교사의 수업이력이 요인별, 지수별, 월별·연도별로 체계적으로
   관리되어 표나 그래프로 제시된다면 수업기술을 향상시키는 데 큰
   도움을 줄 수 있다.   ·· (   )

9. 수업장학의 과학화를 위한 수업능력 컴퓨터 프로그램에서 시뮬레이
   션형 프로그램은 교사의 수업능력이 각 요소별로 제시되어 스스로
   반복하여 연습하는 과정을 통해 자연스럽게 수업기술을 향상시킬
   수 있는 장점이 있다. ·· (   )

※ 다음의 질문에 대하여 간략하게 답하시오(10~12).

10. 수업장학에서 컴퓨터의 활용 영역을 4개 이상 제시하시오.

11. 수업장학이 첨단 테크놀러지와 동행한다는 의미가 무엇인지 설명
    하시오.

12. 수업장학의 전문화를 달성하기 위한 세 영역에는 어떠한 것이 있
    는지 제시하시오.

제 14 장

컴퓨터보조 자기장학

수업자가 자기가 하고 있는 수업의 참모습을 거울을 들여다보듯이
그대로를 볼 수 있는 방법이 있다면, 그보다 더 좋은 수업장학은 없다.

여기에서는 미래 수업장학의 한 방법으로 주목받고 있는 컴퓨터보조 자기장학(computer assisted self supervision: CASS)에 대해 다루고자 한다. 컴퓨터보조 자기장학이란 컴퓨터를 중심으로 한 인적, 물적 환경의 총체적인 지원을 통해 교사의 자기장학을 능동적으로 지원하는 장학방법이다. 컴퓨터보조 자기장학은 정보 획득 → 자기장학 계획 → 컴퓨터보조 자기장학 수행 → 결과 협의의 4단계로 이루어져 있으며, 전(全) 과정은 환류의 과정을 따르고 있다.

이 장학기법은 최근 주목받는 장학의 한 방법으로서 ① 인터넷을 활용하여 언제 어디서나 질 높은 전문가의 지원을 받을 수 있으며, ② 자기장학을 효과적으로 수행하기 위한 수업관찰, 분석도구의 개발 및 활용으로 쉽고 편리하게 수업을 관찰하고 분석할 수 있고, ③ 모범수업에 대한 일정한 가이드라인을 제시함으로써 실천적인 자기장학을 가능하게 한다.

이 장에서는 컴퓨터보조 자기장학의 모형과 그에 따른 구체적인 활동을 소개하였다. 이는 기존의 수업장학과는 다소 다른 개념으로, 컴퓨터를 중심으로 한 총체적인 수업 지원에 초점을 두고 있으며, 이를 잘 활용하면 수업장학의 효율성과 질적 향상을 꾀할 수 있다.

이 장의 학습목표는 다음과 같다.

1. 컴퓨터를 활용한 수업분석의 필요성을 설명할 수 있다.
2. 자기장학에 컴퓨터를 활용해야 하는 이유를 설명할 수 있다.
3. 컴퓨터보조 자기장학과 전통적인 수업장학과의 차이점을 설명할 수 있다.
4. 컴퓨터보조 자기장학의 장점을 네 가지 이상 설명할 수 있다.
5. 컴퓨터보조 자기장학의 4단계 모형을 제시할 수 있다.

1. 컴퓨터보조 자기장학의 개념

'내일 일기예보가 일주일 후에나 나온다면 어떻게 될까?'라는 물음은 컴퓨터를 활용한 수업장학의 필요성을 잘 말해주는 예가 될 수 있다. 내일의 일기예보가 일주일 후에는 별 의미를 가질 수 없듯이, 수업자가 수업(수업연구 혹은 연구수업)을 마치고 나면 자신의 수업이 어떠했는지, 무엇이 부족한지, 잘된 점은 무엇인지 등을 가급적 빨리 알고 싶어하며, 즉시 피드백이 제공되기를 바란다.

만약 그 결과가 일주일 후에나 나온다면 이미 수업자는 그 수업상황의 절반 정도를 잊고 있을 것이며, 느끼는 의미 또한 반감될 수밖에 없는 것이 자명하다. 또한 컴퓨터를 활용하여 수업을 분석하고 여기서 생성된 정보를 기반으로 하여 "선생님의 수업은 주로 강의→질문→학생 답변→답변에 대한 칭찬의 순서로 이루어지고 있습니다"라든지 "선생님의 수업은 온화성이 20점, 창의성이 25점, 치밀성이 21점, 활기성이 23점입니다"라고 하는 피드백은 수업자의 수업기술개선 요소를 분명히 하여 수업기술을 구체적으로 개선할 수 있는 방법이 될 수 있다.

컴퓨터를 활용한 분석은 교육계뿐만 아니라 스포츠계에서도 널리 사용되고 있다. 일례로 2002년 월드컵 4강의 축구 위업을 달성한 히딩크 감독의 비디오 분석관이었던 '압신 고트비'가 상대팀의 경기내용을 개인부문과 전술부문으로 나눠 비디오 테이프에 담은 후, 이를 분석하고 자료화하여 우리 팀을 16강으로 이끈 것은 세계 유명 언론이 인정한 사실이다. 더욱 발전적인 예로, 요즘 TV 축구 중계를 보다 보면 볼 점유율, 슈팅 수, 코너킥 수 등의 기초 통계와 공수패턴 비교, 패스 흐름도, 볼 점유율 변화 등의 전문 통계 정보를 자막이나 그래픽 화면을 통해서 내보내는 것을 어렵지 않게 볼 수 있다. 사실, 경기 내내 TV 축구 중계에 관심을 갖고 지켜 본 사람이라면 이러한 정보가 없더라도 뻔히 파악할 수 있는 상황이지만, 그래픽이 곁들인 과학적인 통계자료를 제시하면 자신이 보는 생각과의 객관적인 일치도를 높일 수 있을 뿐만 아니라 자신이 모르는 새로운 관점에서 전체를 파악할 수 있어 축구를 보는 또 다른 재미를 느끼게 되는 것이다.

마찬가지로 학교현장의 수업에서도 컴퓨터를 활용하여 수업정보를 편리하게 수집하고, 컴퓨터를 활용한 분석을 통해 수업을 다양한 각도에서 분석한다면 자신의 수업기술을 한 단계 향상시킬 수 있을 뿐만 아니라 수업에 재미를 느끼게 되어, 수업을 한다는 것이 어렵고 힘든 것이 아니라 보람과 기쁨을 안겨다 주는 일이 될 것이다.

하지만 컴퓨터를 활용하여 체계적이고 신속한 수업분석을 실시할 수 있음에도 불구하고 지금까지 현장에서는 이러한 방법이 활발히 사용되지 않고 있다. 수업 전 별다른 관점 없이 수업을 관찰하는 참관 교사들, 수업 중 제공된 체크리스트에 별다른 생각 없이 표기하거나, 수업 자체보다는 교실 환경구성에 더 많은 관심을 보이는 교사들, 수업연구를 마치고 나서 이루어지는 수업 협의회에서는 참석한 선생님의 수업참관 소

기초 통계자료

공수 패턴 비교   패스 흐름도   볼 점유율 변화

전문 통계자료

[그림 14-1] TV 축구 중계에서 방송되는 다양한 기초 및 전문 통계 분석자료의 예

감을 듣고 그동안의 수고를 치하하는 순서, 그리고 새로운 교육이론 등에 관한 소개로 끝맺음을 하는 일상적인 모습은 10년 전이나 지금이나 본질적으로 별반 달라진 것이 없는 듯 하다.

　교육현장에서 컴퓨터를 활용한 장학의 방법이 적극적으로 도입되고 있지 않은 것은 첫째, 데이터 수집과 분석 및 통계처리를 위한 관찰자의 시간과 노력을 너무 많이 필요로 하기 때문이다. 앞에서도 언급한 것처럼, 오늘 수업에 대한 피드백이 적어도 일주일 후에나 생성되고 자료화될 수 있는 등 수업분석의 비효율성과 관련한 많은 문제점이 산적해 있는 것이 우리의 현실이다. 이러한 원인은 주로 자료를 수작업으로 처리해 발생되는 문제로, 컴퓨터를 활용하면 손쉽게 해결이 가능하다. 둘째, 수업을 과학적으로 분석하기 위한 의지의 부족으로, 교육 분야에 종시하고 있는 사람들의 인식의 문제에 기인하고 있다. 이를테면, 축구 경기를 분석하기 위해 '스포츠 기록 분석연구센터'나 '스포츠 기록 과학 대학원'을 세워 과학적인 정보수집에 노력을 아끼지 않는 것처럼, 수업을 과학적으로 분석하기 위해 필요한 모든 노력을 아끼지 말아야 한다.

　지금까지 컴퓨터를 활용한 수업분석의 필요성과 현황에 대해 여러 사

[그림 14-2] 스포츠 기록 분석을 위해 설립된 국내의 한 대학원 홈페이지

레를 통해서 알아보았다. 이러한 필요성에 의해 대두된 수업장학의 방법
이 '컴퓨터보조 자기장학'으로, 컴퓨터보조 자기장학이란 컴퓨터를 중심
으로 한 인적, 물적 환경의 총체적인 지원을 통해 교사의 자기장학을 능
동적으로 지원하는 장학방법이다. 한편 컴퓨터보조 자기장학과 전통적인
장학을 비교하면 〈표 14-1〉과 같다.

표에서와 같이 전통적인 자기장학은 교사 스스로의 계획과 절차에 의
한 수업개선 활동을 말하며, 주로 오프라인을 기반으로 수업참관과 연수
활동을 통해 이루어진다. 따라서 자기장학의 성공과 실패는 교사 개인의
문제일 뿐이며 교장, 교감, 장학사는 감독의 입장에서 소극적인 지원을
하고 있다. 이에 반해 컴퓨터보조 자기장학은 수업분석의 객관화와 과학
화를 바탕으로 온라인, 오프라인을 병행하여 인터넷 상담(메일, 채팅), 면
대면 상담 등을 통해 교사의 자기장학을 적극적으로 지원하는 체제를 따
르고 있다. 지원 인력에 있어서도 사이버장학요원을 통한 수업분석, 수
업상담, 수업이력 관리, 수업동영상 제공 등이 종합적으로 제공되며 면
대면을 통한 교장, 교감, 장학사의 조언도 함께 지원된다.

한편, 방법적인 면과 관련하여 컴퓨터보조 자기장학은 이론적으로 접
근하는 것이 아니라 자기장학의 각 과정에서 자신의 문제점을 발견하고
해결 가능한 실천적인 방법을 마련하는 것이 주요한 내용이다. 이 과정

표 14-1 ▸ 컴퓨터보조 자기장학과 전통적 자기장학의 비교

분류	컴퓨터보조 자기장학	전통적인 자기장학
기반	온라인/오프라인	오프라인
교사 지원	적극적 지원	소극적 지원
문제 인식	교사지원 시스템의 문제	교사 개인의 문제
지원 형태	수업동영상 제공/동영상 강의/연수	수업 참관/연수
수업 분석	컴퓨터 프로그램을 통한 분석	수작업에 의한 분석
상담 형태	인터넷 상담(메일, 채팅)/면대면 상담	면대면 상담
운영 형태	홈페이지 운영/커뮤니티 운영	오프라인에서 운영
지원 인력	사이버장학요원/교장, 교감, 장학사	교장, 교감, 장학사

에서 컴퓨터를 무작정 활용하는 것이 아니라 수업기술 향상과의 관련성
을 밝혀내는 데 주요한 관심이 있으며, 컴퓨터를 활용했을 때 기존의 방
법보다 더욱 효과적인지를 중요하게 생각한다. 즉, 컴퓨터라는 유용한
자원을 자기장학의 목적과 수행방법에 알맞게 효과적으로 접목하는 데
주요한 관심이 있으며, 이론적 접근이 아니라 실천적, 처방적인 접근을
통해 교사의 자기장학 수행을 지원하는 데 목적이 있다.

[그림 14-3]은 컴퓨터보조 자기장학의 개념을 도식화한 것이다.

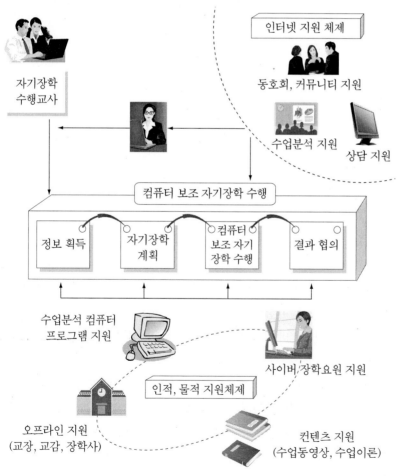

[그림 14-3] 컴퓨터보조 자기장학의 개념

2. 컴퓨터보조 자기장학의 장점

학교현장에서 교사의 수업기술개선을 위해 학교단위의 수업장학보다는 교사 스스로 자신의 수업모습을 되돌아보고 수정하는 자기장학의 방법이 더욱 효과가 있다는 것이 여러 연구에서 입증되었다. 하지만 실제로 최근 학교현장에서 자기장학을 수행하는 교사의 비율은 불과 20% 미만에 그치고 있는 것으로 나타나고 있다(고영미, 2002; 문현정, 2001; 배미향, 2002). 이러한 결과는 실제 학교현장에서 자기장학을 수행하는 데 여러 가지 걸림돌이 있음을 암시하고 있는데, 이에 대해 살펴보면 대략 다음 세 가지의 원인으로 분석된다.

첫째, 자기장학을 교사 개인의 문제로만 인식하는 경향이다. 대체로 자기장학은 장학담당자의 도움 없이 스스로 자신의 전문성 향상을 위해 노력할 수 있는 의지와 능력을 갖춘 교사들이 주 대상이지만, 자기장학의 과정에서 전문가의 긍정적인 개입은 자기장학의 질적 완성도를 높인다는 점을 생각해 볼 때, 자기장학의 성공과 실패를 교사 개인의 탓으로만 돌리기에는 한계가 있다.

둘째, 자기장학을 수행하기 위한 적절한 수업관찰 및 분석도구가 부족하다. 자기장학을 해야 한다는 당위성만을 강조한 나머지 구체적인 실천방법을 제공하지 않은 것이다. 예를 들어, 서울에서 부산까지 두 시간 안에 가야 한다는 당위성만을 제시했을 뿐 이를 실현하기 위한 고속열차, 비행기 등의 방법적인 도구를 마련하지 않은 결과이기도 하다. 수업분석과 관련한 예를 든다면, 교사의 언어적 수업행동을 분석하기 위해 Flanders 언어상호작용분석법이 효과적이지만 현실적으로 Flanders의 수업분석 방법의 사용을 위해서는 최소 3~4일이 소요된다. 따라서 이 과정이 계속해서 반복되다 보면 자기장학의 수행의지가 점점 줄어들게 되고, 결국 자기장학을 시도하지도 않는 악순환의 과정이 반복된다. 이러한 상황은 정도의 차이는 있지만 비단 Flanders 언어상호작용분석법뿐만 아니라 다른 수업분석 방법에서도 유사한 결과가 보고되고 있음을 주목할 필요가 있다.

셋째, 자기장학의 수행과정에서 지속적인 내적 동기부여 방안이 마련되지 못하고 있는 점을 들 수 있다. 자기장학의 과정에서 장학담당자와 지속적인 상담을 받을 수 있는 경우는 문제되지 않지만, 그렇지 못한 경우 스스로 동기를 부여하고 유지하기란 성인으로서도 힘든 일이다. 따라서 성공적인 자기장학의 수행과 지원을 위해서는 수업자의 내적 동기부여 방안이 요구된다고 할 수 있다.

이러한 문제를 해결하기 위한 대안으로 컴퓨터보조 자기장학을 도입할 수 있다.

첫째, 전문가의 지원과 관련하여 컴퓨터보조 자기장학은 인터넷 동영상, 메일, 게시판, 채팅, 커뮤니티 등의 기능을 이용하면 익명성을 보장받을 수 있을 뿐만 아니라, 언제 어디서나 질 높은 전문가의 지원을 받을 수 있는 통로가 존재한다. 또한 다른 사람의 수업사례를 관찰하거나 분석하면서 자신의 수업을 체계적으로 개선시킬 수도 있다. 이와 관련하여 컴퓨터보조 자기장학은 인터넷과 연계하여 교사를 지원하는 시스템으로서 교사의 자기장학을 효과적으로 지원할 수 있는 장점이 있다.

둘째, 자기장학을 수행하기 위한 분석도구의 지원과 관련하여 컴퓨터보조 자기장학은 자기장학의 각 과정에 있어서 효과성과 효율성을 높이기 위한 컴퓨터 프로그램 개발 등의 실천방안 마련을 주요한 내용으로 하고 있다. 자기장학의 수행에 따른 컴퓨터 수업입력, 관찰 및 분석 프로그램을 적극적으로 개발하고, 개발된 프로그램을 자기장학과 연계하여 교사의 자기장학을 지원할 수 있다는 장점이 있다.

셋째, 지속적인 내적 동기유발과 관련하여 컴퓨터보조 자기장학은 컴퓨터를 활용한 수업분석 후 수업자의 이력을 체계적으로 관리하여 누적적인 표 또는 그래프로 수업자의 수업개선 정도를 양적으로 제시하고 있다. 예를 들어, 8~12월까지의 수업분석지수를 표와 그래프의 통계적 방법으로 제시하여 교사의 수업개선 정도를 스스로 확인할 수 있도록 하고 있어 지속적인 동기유발에 도움을 줄 수 있다.

　지금까지 학교현장에서의 자기장학 수행의 문제점과 그 원인을 진단해 봄으로써 컴퓨터보조 자기장학의 장점에 대해 살펴보았다. 컴퓨터보조 자기장학의 장점을 요약하면 다음과 같다.
　첫째, 인터넷을 활용하여 언제 어디서나 질 높은 전문가의 지원을 받을 수 있다.
　둘째, 자기장학을 효과적으로 수행하기 위한 수업관찰, 분석도구의 개발 및 활용으로 쉽고 편리하게 수업을 관찰하고 분석할 수 있다.
　셋째, 자기장학의 수행에 있어서 지속적인 동기부여가 가능하고 효율적인 지원이 가능하다.
　마지막으로, 모범수업에 대한 일정한 가이드라인을 제시함으로써 실천적인 자기장학이 가능하게 한다.

3. 컴퓨터보조 자기장학의 모형

　컴퓨터보조 자기장학모형이란 컴퓨터보조 자기장학의 개념과 특성을 기초로 교육현장에서 효과적으로 적용할 수 있는 장학의 방법을 통합적으로 체계화시켜 프로그램화한 것을 의미한다. 자기장학과 관련한 모형은 여러 학자들에 의해 정립되었지만(이윤식, 1999; 주삼환, 2003; Glatthorn, 1984; Knoff, 1988; Snippe, 1992), 컴퓨터보조 자기장학의 모형에 대해 언급한 사례는 거의 없다. 하지만 학교현장에서 컴퓨터의 활용이 점차 늘어나고 있으며, 컴퓨터를 이용한 수업분석 도구의 개발과 이를 활용한 자기장학이 활성화되고 있음을 감안하면 컴퓨터보조 자기장학의 모형 개발에 관심을 가져야 할 것이다.
　필자가 제시한 컴퓨터보조 자기장학의 모형은 [그림 14-4]와 같다. 그

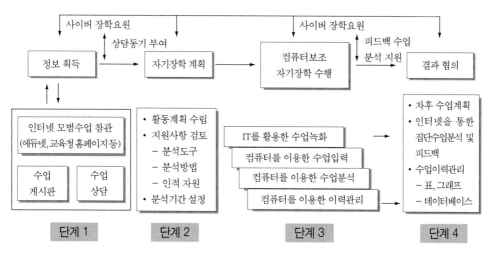

[그림 14-4] 컴퓨터보조 자기장학의 4단계 모형

림에서와 같이 컴퓨터보조 자기장학은 정보 획득 → 자기장학 계획 → 컴퓨터보조 자기장학 수행 → 결과 협의의 4단계 과정을 따르고 있다. 정보 획득 단계는 인터넷 모범수업의 참관이나 수업게시판 또는 수업상담을 통해서 컴퓨터보조 자기장학의 기초 토대를 마련하는 단계이며, 단계 2 자기장학의 계획 단계는 교사 지원시스템을 활용하여 자신의 속도에 알맞게 자기장학을 계획하는 단계다. 단계 3은 사이버 장학요원의 지원을 받아 컴퓨터를 이용한 수업녹화, 수업입력, 수업분석, 정보관리를 하는 단계이며, 동시에 자기장학의 수행 단계이다. 마지막 결과 협의 단계는 자기장학의 결과를 체계적으로 분석, 관리하고 차후 자기장학을 계획하는 단계다.

1) 단계 1: 정보 획득

수업개선은 교사 자신의 수업형태, 수업기술, 수업과정에 대한 정보를 획득하는 데에서부터 시작되며, 이 과정에서 자신의 수업 문제점을 발견하고 개선점을 도출하려는 노력이 필요하다. 수업 문제점 발견과 개선점의 도출은 임상장학에 의한 전문가의 조언을 받는 것이 효과적이지만, 수업자와 장학담당자와의 원만한 신뢰형성과정이 부족하고, 상하관계가 여전히 중요시되는 우리나라 교육 현실을 감안한다면 임상장학의 방법보다는 자기장학의 방법이 효과적인 대안이라고 할 수 있다.

특히, 초임교사에게는 컴퓨터보조 자기장학을 통해서 수업의 문제점과 개선점을 작은 단위부터 하나씩 해결하게 하고 임상장학을 통해서 종합적인 교수기술을 습득하게 하는 것이 바람직하다. 하지만 전통적인 자기장학의 방법으로는 교사 스스로의 노력만으로 수업 문제점을 발견하기란 상당히 힘든 일이다. 더구나 수업에 대한 일정 수준 이상의 전문적 식견을 필요로 하므로, 질 높은 다양한 형태의 수업자료와 모범적인 수업사례의 제공 및 연수가 필수적으로 요구된다고 할 수 있다.

이러한 점을 고려해 볼 때 우리나라 교육현장에서 실행되는 전통적인 자기장학은 다음 두 가지의 문제점을 안고 있다. 첫째, 질 높은 연수 및 교육자료의 부재다. 학교현장에서는 주로 동학년 단위의 연구수업 또는 교육청이나 학교에서 제공되는 연수에 의존하고 있으며, 그것도 1년에 평균 5~6번 정도만이 제공되고 있을 뿐이다. 자료의 제공에 있어서도 녹음 또는 녹화된 오디오 자료, 비디오 자료 및 텍스트 위주의 연수물에 의존하고 있다. 따라서 자기장학이 효과를 거둘 수 있기 위해서는 질 높은 연수 및 교육자료의 개발이 요구된다. 둘째, 자기장학을 수행하는 교사에 대한 적극적인 지원이 부족하다. 즉, 수업개선을 위한 자기장학을 교사 개인의 책임으로만 국한하여 이를 체계적으로 지원하지 않는다는 점이다. 자기장학을 수행하려는 교사들을 개인적인 관점이 아니라 교육의 질 향상의 관점에서 바라보아야 하며, 이를 위해 자기장학을 적극적으로 지원해 주는 교사 지원체제의 구축이 요구된다.

이러한 수업장학의 문제점은 자기장학 수행을 위한 교사 지원체제의 구축과 질 높은 연수 및 자료의 개발을 통해서 극복이 가능하다. 정보 획득 단계는 이를 위한 기초 토대로서의 역할을 수행하는 과정이다. 컴퓨터보조 자기장학을 통한 정보 획득 및 수업 문제점의 발견은 첫째, 인터넷 모범수업 참관, 둘째, 수업게시판의 활용, 셋째, 수업상담의 활성화를 통해 가능하다. 이에 대해 보다 자세히 알아보도록 하자.

먼저, 인터넷을 통해 모범 수업을 관찰하는 과정이다. 이 과정을 통해 타인의 모범적인 수업을 참관하고 분석하여 바람직한 수업형태, 수업전개, 교육방법, 평가 등 수업에 대한 전문적 식견을 쌓을 수 있다. 최근 에듀넷(www.edunet.net)과 시·도교육청의 홈페이지를 통해 모범수업 동영상이 제공되고 있으며, 학교단위의 교수학습도움센터에서도 모범수업 동영상이 지원되는 사례가 증가하고 있다. 인터넷을 통한 수업동영상의 지원은 짧은 시간에 다수의 모범수업 참관이 가능하므로 자기장학을 수행하는 교사를 효율적으로 지원할 수 있다. 컴퓨터보조 자기장학을 수행하려는 교사는 인터넷의 지식 검색 또는 사이트 안내를 통해 모범수업 동영상의 위치를 확인하고, 자신만의 지식정보 사이트 맵을 구성하게 된다. 한편, 인터넷 모범수업 동영상의 참관은 멀티미디어와 인터넷 환경에 익숙한 초임교사들에게 효과적인 지원체제로, 수업게시판 및 수업상담과 연결되어 수업전문성을 체계적으로 향상시켜 줄 수 있다. 그리고 인터넷 수업 동영상의 데이터는 향후 수업입력, 관찰 및 분석을 위한 훈련자료로서의 역할도 한다. 따라서 인터넷을 통한 모범수업 동영상의 참관은 교사의 수업전문성 향상과 교사 자신의 수업 문제점 발견의 주요한 과정이라고 할 수 있다.

둘째, 수업게시판의 활용은 인터넷의 게시판이나 자료실 등을 통해 수업이론, 교수방법 및 교육과정에 대한 이해를 높이는 과정이다. 자기장학을 수행하는 교사는 수업게시판의 활용을 통해 수업기술 향상에 필요한 최신 정보를 수집할 수 있고 동료교사와 정보도 교환할 수 있다. 수업게시판을 능동적으로 활용하는 형태로 인터넷 커뮤니티가 있다. 컴퓨터보조 자기장학을 위한 커뮤니티는 자기장학을 수행하는 교사들을 대상으로 구성되며, 각종 지원활동(대상별, 영역별, 주제별, 개인별 등)을 통해 공통적인 목표 달성을 위해 공동으로 노력하는 체제이다. 최근 구축된 공공기관 및 상업용 홈페이지의 대부분은 커뮤니티 기능을 제공하고 있으며, 메뉴를 사용자가 스스로 생성하고 관리하는 체제를 따르고 있다. 따라서 컴퓨터보조 자기장학에서 커뮤니티 기능을 이용하여 필요와 용도에 적합한 다양한 수업게시판을 생성하고 활용할 수 있다. 효과적인 커뮤니티의 조직과 운영절차는 [그림 14-5]와 같다.

셋째, 수업상담은 문제점 발견 단계의 핵심적인 기능을 수행하는 과정이다. 인터넷 모범수업의 참관이나 수업게시판의 활용을 통해 수업지식을 습득한 교사는 사이버 장학요원의 도움을 받아 자신의 수업문제점을 본격적으로 발견하게 된다. 사이버 장학요원은 자기장학을 수행하는 교사들을 대상으로 체계적인 수업상담을 지원하며, 수업자의 수업과 비교되거나 모범이 될 만한 수업을 제시하여 자기장학의 목표를 명확히 하는 역할을 수행한다. 사이버 장학요원은 인터넷을 통한 자원(自願) 교원으로 구성되며, 시 · 도교육청에서 임명된 교원일 수도 있다. 시 · 도교육청에서 임명된 교원은 수업전문성에 대한 일정한 검증과정을 거치므로 질적으로 우수한 장학을 수행할 수 있다. 한편, 자원으로 사이버 장학요원의 역할을 수행하는 교원은 교사의 요구와 수준을 효과적으로 반영할 수 있는 장점이 있다. 사이버 장학요원의 자격은 정해진 기준은 없으나, 성인 학습자의 특성과 지도 원리에 대한 이해가 있으며 인성적, 전문적 수업 전문성을 갖춘 교직경력 10년 이상의 교원이 권장된다. 한편, 자기장학을 수행하는 교사는 사이버 장학요원과의 상담을 통해 수업정보를 획득하게 되고 수업 문제점 및 개선점을 발견하게 된다. 이 단계를 거치면 비로소 자기장학을 계획하는 단계 2로 나아가게 된다.

커뮤니티 조직		계획 수립		지원활동		활동 평가
• 모집 • 조직 구성 • 규정 • 역할 정립 • 자원 인사	▷	• 요구 조사 • 목표 수립 • 지원계획 • 운영계획 • 실행계획	▷	• 대상별(초임 · 10년 미만 · 20년 미만 · 20년 초과 등) 지원 • 영역 · 주제별 지원 • 개인별 지원	▷	• 상담활동 • 지식관리 • 사례홍보 • 발표회 • 정보교환

[그림 14-5] 인터넷 커뮤니티 조직을 통한 자기장학 지원

2) 단계 2 : 컴퓨터보조 자기장학 계획

단계 1의 정보 획득 및 수업개선점 발견에 기초하여 교사 스스로 자기
장학의 목표 또는 연구과제를 설정하는 단계다. 또한 이를 달성하기 위
한 수단, 방법 및 일정을 포함한 구체적인 활동계획을 수립한다. 여기에
는 자기장학 지원시스템의 분석도구, 분석방법, 인적 자원 및 지원사항
에 대한 검토가 포함된다.

컴퓨터보조 자기장학 계획을 수립할 때 가장 먼저 고려해야 할 것은
목표 및 연구과제를 설정하는 일이다. 단계 1의 수업개선점 발견을 기초
로 하여 목표 및 연구과제가 명확하고 구체적으로 설정될 수 있도록 한
다. 또한 한 번에 여러 개의 과제를 정하기보다는 한 번에 한두 개 정도
의 목표만을 설정하고, 행동적인 목표를 설정하여 목표 달성의 가능성을
높이도록 한다. 특히, 설정된 목표 및 연구과제가 현존하는 수업분석방
법을 통해 달성 가능한 것인가에 대한 검토가 선행되어야 한다.

다음으로 목표 달성을 위한 수단, 방법 및 일정을 포함한 구체적인 활
동계획을 수립한다. 여기서는 자기장학 시스템분석 도구, 분석 방법, 인
적 자원 및 지원사항이 중요한 검토 대상이 된다. 시스템분석 도구 및 방
법의 선택은 자기장학 수행의 성패 여부를 결정짓는 중요한 역할을 하므
로 혼자의 생각보다는 전문가의 조언 및 인적 자원의 지원이 필요하다.
인적 자원의 지원형태는 튜터(tutor), 관리자(line manager), 멘토(mentor; 개
인의 자기장학 학습을 촉진하는 사람), 동료학습자(fellow learner) 등이 있다.

자기장학의 계획을 수립한 후에는 사이버 장학요원과의 협의를 통해
자기장학의 계획을 보완하고 발전시키며, 성공적인 자기장학을 위하여
요구되는 지원사항을 확보하도록 노력한다.

> **멘토링이란?** 그리스 신화에서 유래했다. 멘토는 오디세우스가 트로이 전쟁
> 에 나가면서 아들을 맡긴 선생의 이름. 그는 10년 넘게 오디세우스 아들의 선
> 생 · 친구 · 부모의 역할을 했다. 이로부터 **멘토**는 상담자 · 후원자 · 교사 등
> 선배를, **멘티**는 제자 · 학생 등 후배의 의미로 사용되고 있다.

3) 단계 3 : 컴퓨터보조 자기장학 수행

컴퓨터보조 자기장학의 수행 단계는 컴퓨터보조 자기장학의 핵심적인 단계로서 IT를 활용한 수업녹화, 컴퓨터를 활용한 수업입력, 컴퓨터를 활용한 정보관리, 컴퓨터를 활용한 수업분석 활동으로 나누어진다. 임상장학과 연계되는 경우에 있어서는 관찰전 협의회에서 약속된 관찰내용, 관찰기록방법(서술식 기록, 컴퓨터 분석, 약어·부호사용 기록, 체크리스트 기록, 녹음기·녹화기 사용), 관찰시기, 시간, 관찰장소, 관찰위치 등이 주요한 수행 활동이 된다. 반면 스스로의 계획에 의한 자기장학의 수행에 있어서는 녹음 및 녹화자료에 의해 스스로 컴퓨터를 활용하여 수업을 분석하고 인터넷을 통해 자문을 요구하는 활동이 전개된다.

[그림 14-6]은 단계 3의 주요 내용을 도식화한 것이다.

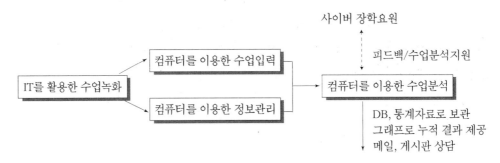

[그림 14-6] 컴퓨터보조 자기장학 수행(단계 3)의 세부 모형

컴퓨터보조 자기장학 수행 단계의 활동은 다음과 같다.

첫째, IT를 활용한 수업녹화를 수행하는 과정이다. 수업녹화를 위해서는 비디오 녹화, 음성녹음을 활용한 방법 등이 주로 사용되고 있다. 최근에는 교사의 움직임을 자동으로 따라가면서 촬영하는 카메라 시스템 및 음성인식 시스템이 개발되어 있으나, 고가의 구입비용이 들어 학교현장에서 사용하기에는 어려움이 있다.

수업녹화의 간편한 형태로 컴퓨터 부착 캠코더의 사용도 권장할 만하다. 컴퓨터 부착 캠코더는 가격이 저렴하고 설치하기도 쉬울 뿐만 아니라 IT 기술의 발전에 따라 끊임없이 첨단 기능이 추가되고 있어서 향후 교실수업의 녹화방법으로 활발히 사용될 것으로 전망된다. 비디오 녹화를 위해서는 비디오카메라, 녹화기, TV 모니터의 세 가지만 있으면 가능하다. 최근에는 비디오카메라와 녹화기의 기능을 합한 간편한 캠코더가 대중화되어 수업의 관찰 및 기록에 유용하게 쓰이고 있다. 또한 디지털 캠코더의 발달은 녹화된 자료를 컴퓨터와 연결하여 수업분석의 자동화를 보다 편리하게 실현하고 있다. 캠코더 수업녹화는 필요한 경우마다 재생시켜 볼 수 있으며, 녹화한 것을 반영구적으로 보관할 수 있다. 또한 촬영, 편집, 재생 및 이동이 간편하며 특수조명이 없더라도 수업 촬영이 가능하다. 그리고 간단한 연수를 통해 누구나 쉽게 활용할 수 있으며 특히, 컴퓨터보조 자기장학에서는 수업 녹화자료를 디지털화하여 인터넷 게시판, 자료실, 커뮤니티에 탑재하여 사이버 장학요원과의 원격 수업분석이 가능하다는 장점이 있다.

한편, 1970년대 초부터 수업의 관찰기록 방법으로 녹음이 많이 사용되어 왔다. 녹음기는 앞의 비디오 녹화에 비하면 훨씬 간편하고 작동하기가 편리하기 때문에 수업자가 개인적으로 활용하기에 유용하다는 장점이 있다. 최근에는 소형 녹음기 및 디지털 녹음기의 발전으로 수업 녹음을 더욱 편리하게 할 수 있고, 녹음 결과를 인터넷을 통해 공유하고 원격 수업분석도 가능하다. 수업녹화의 방법은 음성녹음 방법에 비해 수업에 관련한 정보를 보다 풍부하게 제공하는 장점이 있지만 실행하기에는 다소 불편이 따른다. 반면 음성녹음 방법은 소형 디지털 녹음기의 개발로 교사가 주머니에 휴대하여 한 번의 버튼 작동만으로도 수업 녹음이 가능하다는 장점이 있다. 또한 학생이 눈치채지 못하게 수업상황을 녹음할 수 있으므로 비디오 녹화에 비해 수업을 보다 실제적으로 반영할 수 있는 방법이라고 할 수 있다.

둘째, 컴퓨터를 이용한 수업입력 과정이다. 여기서는 수업녹화를 바탕으로 수업상황을 일정한 분류체계에 따라 디지털화하는 일이 수반된다. 컴퓨터를 이용한 수업입력은 전통적인 수작업에 의한 수업입력 방법을 대체하는 것으로, 노트북 컴퓨터 하나만으로도 수업상황의 입력이 가능하다는 장점이 있다. 하지만 이러한 장점을 살리기 위해서는 양화가 가능하도록 다양한 수업분석법의 구안과 이에 따른 컴퓨터 입력도구의 개발이 전제된다.

양화 가능한 수업분석법은 Flanders, Tuckman, Kearsley 등에 의해 다수 개발되었으나, 컴퓨터 수업입력 도구의 개발은 국내외를 막론하고 극히 미약한 수준이다. 컴퓨터를 이용한 데이터 입력은 향후 수업분석에서 중요한 역할을 한다는 점을 고려해 볼 때 수업분석 방법의 종류에 따른 다양한 수업입력 컴퓨터 프로그램의 개발이 시급하다고 하겠다. 현재까지 개발된 수업입력 프로그램으로는 변영계와 김경현(2004)이 개발한 수업분석 ver 3.2 컴퓨터 프로그램이 현장에서 주로 쓰이고 있다. 이 프로그램은 Flanders 언어상호작용분석법과 Tuckman의 수업분위기분석법, 자리이동분석법, 과업집중분석법을 중심으로 컴퓨터 수업입력 기능을 제공하고 있다. [그림 14-7]은 Flanders 언어상호작용분석법과 Tuckman의 수업분위기분석법을 컴퓨터를 활용하여 분석한 예다.

Flanders 분석법 입력 화면   Tuckman 분석법 입력 화면

[그림 14-7] 컴퓨터를 이용한 수업입력의 예 1 : '수업분석 ver 3.2'

셋째, 컴퓨터를 활용한 정보관리 활동이다. 여기서는 수업정보를 컴퓨터를 활용하여 체계적으로 관리하는 활동이 이루어진다. 이 과정에서는 교사의 수업활동이 각 요소별로 수치화되어 관리되기도 하고 데이터베이스의 형태로 관리되기도 한다. 데이터베이스 형태로 저장된 관리 자료는 약간의 조작에 의해 일별, 주별, 월별, 분기별, 연도별 수업개선 상황에 대해 도표 또는 그래프로 결과 제시가 가능하다. 이러한 자료는 초임교사의 수업개선과정을 일화의 형태로 저장할 수 있을 뿐만 아니라 향후 자기장학을 수행하려는 후배교사에게 모범적인 실천자료로도 활용 가능하다.

마지막으로, 컴퓨터를 활용한 수업분석 활동으로 도출된 수업정보를 바탕으로, 실제로 수업을 분석하는 활동이 이루어진다. 이 단계에서 컴퓨터가 효율적으로 활용될 수 있다. 주로 양적인 분석방법에 의존한 수업분석에 있어서 컴퓨터를 활용하지 않는 경우는 활용하는 경우에 비해 평균 10배 이상의 노력이 필요한 것으로 알려져 있다. 하지만 앞서 언급하였던 수업입력 도구와 마찬가지로 지금까지 수업분석 도구의 개발은

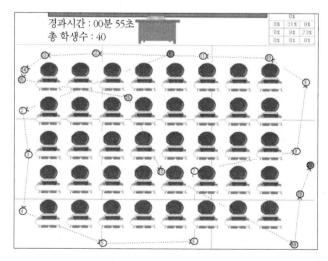

[그림 14-8] 컴퓨터를 이용한 수업입력의 예 2 : '수업분석 ver 3.2'

국내외를 막론하고 극히 미약한 수준이다. 컴퓨터를 이용한 수업분석이 컴퓨터보조 자기장학의 인프라 역할을 하는 점을 고려해 볼 때 수업분석 방법의 종류에 따른 다양한 수업분석 컴퓨터 프로그램의 개발이 시급하다고 하겠다. 컴퓨터를 활용한 수업분석 결과는 사이버 장학요원에게 게시판 또는 메일 등을 통해 전달되어 차후 수업상담의 기초자료로서 역할을 한다. [그림 14-8]은 자리이동분석법을 컴퓨터를 활용하여 관찰하고 분석한 예다.

4) 단계 4 : 결과협의

컴퓨터보조 자기장학의 결과협의 단계에서는 우선 교사가 실천한 자기장학의 과정과 결과에 따라서 교사 스스로 분석하고 반성해 보는 활동이 이루어진다. 그리고 교사와 사이버 장학요원과의 협의를 통하여 자기장학활동의 과정과 결과에 대한 서로의 이해를 높이고 교사의 계속적인 노력을 유도한다. 이 과정에는 컴퓨터보조 자기장학을 통하여 얻어진 정보를 일반화하거나 동료교사에게 전파하기 위한 노력과 자기발전을 위한 반성 및 평가도 포함된다. 또한 차후 수업계획을 통해 현재의 수업기술에 대해 더욱 심도 깊은 성찰을 하거나 새로운 수업기술개선을 위해 노력할 수 있다. 결과 협의는 수업상황에 대한 최상의 기억 유지를 고려하여 가급적 수업 당일에 하는 것이 바람직하다. 컴퓨터보조 자기장학에서는 컴퓨터에 의한 수업분석 방법에 의하기 때문에 수업 후 곧바로 수업분석자료에 의한 결과 협의가 가능하다는 장점이 있다.

한편, 이 단계에서는 수업결과에 대해 사이버 장학요원과의 피드백과정이 중시된다. 교사의 수업행동에 대한 피드백의 유형별 효과에 대한 연구(유상귀, 1993)를 보면, 수업행동에 대한 피드백을 받은 교사가 피드백을 받지 않은 교사보다 수업행동이 크게 개선되었으며, 피드백의 유형별로는 동료교사 피드백이나 상담 피드백이 순수한 학생평정 피드백보다 수업행동의 개선을 위해 효과적인 방법임을 밝히고 있다. 특히 경험이 부족한 초임교사들에게는 정확한 정보와 논평의 제공이 의미있는 효과가 있다고 한다. 이러한 점을 고려해 볼 때, 이 단계에서는 사이버 장학요원과의 신뢰감 형성을 기반으로 하여 수업결과에 대해 구체적이고 실천적인 상담형태의 피드백과정이 중요하다고 할 수 있다.

컴퓨터보조 자기장학의 4단계 모형에서 중요한 것은 컴퓨터보조 자기장학의 전 과정은 환류의 과정을 따른다는 점이다. 즉, 단계마다의 결과가 각 단계에 영향을 미치기도 하고 반대로 영향을 받기도 하며, 건너뛰기도 한다. 따라서 교사 자신의 수준에 보조를 맞추어 단계를 진행하는 데 있어 유연성을 기할 필요가 있다. 이 과정에서 사이버 장학요원은 적절한 피드백과 수업에 대한 질 높은 정보 제공 및 상담을 통해 각 단계에서 요구되는 목표 달성에 조력하는 역할을 수행한다.

요 약

1. 컴퓨터보조 자기장학은 컴퓨터를 중심으로 한 인적, 물적 환경의 총체적인 지원을 통해 교사의 자기장학을 능동적으로 지원하는 장학 방법이다.

2. 컴퓨터보조 자기장학은 최근 주목을 받고 있는 장학 방법으로서 ① 인터넷을 활용하여 언제 어디서나 질 높은 전문가의 지원을 받을 수 있으며, ② 자기장학을 효과적으로 수행하기 위한 수업관찰, 분석 도구의 개발 및 활용으로 쉽고 편리하게 수업을 관찰하고 분석할 수 있고, ③ 모범수업에 대한 일정한 가이드라인을 제시함으로써 실천적인 자기장학을 가능하게 한다. 또한, ④ 자기장학의 수행과정에 있어서 지속적인 동기부여 및 지원이 가능하다.

3. 컴퓨터보조 자기장학모형은 컴퓨터보조 자기장학의 개념과 특성을 기초로 교육현장에서 효과적으로 적용할 수 있는 장학의 방법을 통합적으로 체계화시켜 프로그램화한 것을 의미한다.

4. 컴퓨터보조 자기장학은 정보 획득 → 자기장학 계획 → 컴퓨터보조 자기장학 수행 → 결과 협의의 4단계 과정을 따르고 있다.

5. 컴퓨터보조 자기장학의 전 과정은 환류의 과정을 따르고 있다. 즉, 단계마다의 결과가 각 단계에 영향을 미치기도 하고 반대로 영향을 받기도 하며 건너뛰기도 한다. 따라서 교사 자신의 자기장학 수준에 보조를 맞추어 단계 진행에 있어 유연성을 기할 필요가 있다. 이 과정에서 사이버장학요원은 적절한 피드백과 수업에 대한 질 높은 정보 제공 및 상담을 통해 각 단계에서 요구되는 목표 달성에 조력하는 역할을 수행한다.

연습문제

1. 다음은 컴퓨터보조 자기장학에 대한 설명이다. 옳지 않은 것은?

   ① 주로 교사를 대상으로 하며, 이론적인 성격보다는 자기장학의 효과성과 효율성을 높이기 위한 방법적인(실천적인) 성격이 강하다.

   ② 컴퓨터를 중심으로 한 인적, 물적 환경의 총체적인 지원을 통해 교사의 자기장학을 능동적으로 지원하는 장학방법이다.

   ③ 컴퓨터를 활용한 수업분석결과는 사이버 장학요원에게 인터넷 게시판 또는 메일 등을 통해 전달되어 차후 수업상담의 기초 자료로서의 역할을 한다.

   ④ 면대면 상담을 위주로 하며, 오프라인에서의 수업참관 및 연수를 가장 중요시한다.

2. 컴퓨터보조 자기장학의 장점이라고 볼 수 없는 것은?

   ① 교사의 자율성을 최대한 존중하므로 장학을 교사 개인의 문제로 인식하며 소극적인 지원을 한다.

   ② 인터넷을 활용하여 언제 어디서나 질 높은 전문가의 지원을 받을 수 있다.

   ③ 자기장학을 효과적으로 수행하기 위한 수업관찰, 분석 도구의 개발 및 활용으로 쉽고 편리하게 수업을 관찰하고 분석할 수 있다.

   ④ 모범수업에 대한 일정한 가이드라인을 제시함으로써 실천적인 자기장학을 가능하게 한다.

3. 컴퓨터보조 자기장학의 4단계 과정을 가장 바르게 나타낸 것은?

   ① 자기장학 계획 → 자기장학 수행 → 정보 획득 → 결과협의

   ② 자기장학 계획 → 정보 획득 → 자기장학 수행 → 결과협의

   ③ 정보 획득 → 자기장학 계획 → 자기장학 수행 → 결과협의

   ④ 정보 획득 → 자기장학 계획 → 연수 → 자기장학 수행

4. 컴퓨터보조 자기장학에서 IT를 활용한 수업녹화, 컴퓨터를 활용한
   수업입력, 컴퓨터를 활용한 정보관리, 컴퓨터를 활용한 수업분석 활
   동이 일어나는 단계는?
   ① 단계 1   ② 단계 2   ③ 단계 3   ④ 단계 4

※ 다음은 컴퓨터보조 자기장학에 대한 설명이다. 맞으면 ○, 틀리면
   ×를 하시오(5~6).

5. 컴퓨터보조 자기장학의 전 과정은 환류의 과정을 따른다. 즉, 단계
   마다의 결과가 각 단계에 영향을 미치기도 하고 반대로 영향을 받
   기도 하며, 건너뛰기도 한다. ⋯⋯⋯⋯⋯⋯⋯⋯⋯⋯⋯⋯⋯⋯⋯⋯⋯ ( )

6. 컴퓨터보조 자기장학의 단계 1은 정보 획득단계로, 주로 수업개선
   점 발견에 기초하여 교사 스스로 자기장학의 목표 또는 연구과제를
   설정하는 단계이다. 또한 이를 달성하기 위한 수단, 방법 및 일정을
   포함한 구체적인 활동계획을 수립하는 단계다.
   ⋯⋯⋯⋯⋯⋯⋯⋯⋯⋯⋯⋯⋯⋯⋯⋯⋯⋯⋯⋯⋯⋯⋯⋯⋯⋯⋯⋯⋯⋯ ( )

※ 다음의 질문에 대하여 간략하게 답하시오(7~9).

7. 컴퓨터보조 자기장학에서 사이버 장학요원의 역할에 대해 설명하
   시오.

8. 컴퓨터보조 자기장학의 단계 2에서, 시스템 분석도구 및 방법의 선
   택은 자기장학의 수행의 성패 여부를 결정짓는 중요한 역할을 한다.
   따라서 혼자의 생각보다는 전문가의 조언 및 인적 자원의 지원이
   필요하다. 여기서 필요한 인적 자원의 형태를 세 가지 이상 제시하
   시오.

9. 컴퓨터를 활용한 수업분석 활동의 필요성에 대해 설명하시오.

부록 1

컴퓨터를 활용한 '수업분석 ver 3.2' 프로그램 사용자 설명서

컴퓨터를 활용한 '수업분석 ver 3.2' 프로그램 사용자 설명서(요약)

※ 본 프로그램을 저작권자의 동의 없이 무단으로 복제하는 것은 법으로 금지되어 있습니다.

※ 프로그램 업데이트 및 사용 설명에 관한 정보는 에듀슈가(www.edusugar.com) 사이트를 통해 제공되고 있습니다.

※ 본 사용자 설명서는 ver 3.2 beta를 기준으로 설명되었습니다. 최신판에 대한 사용자 설명서는 에듀슈가 사이트를 참조해 주시기 바랍니다.

프로그램 설치 방법

1. 에듀슈가 사이트(www.edusugar.com→수업분석 연구실→다운로드)에서 해당 파일을 실행하면 자동으로 설치된다.

2. 파일을 실행하면 다음 그림과 같은 화면이 나타난다. 이때 만약 다른 프로그램을 실행 중이라면 현재 실행하고 있는 응용 프로그램을 모두 종료한 후, 그림의 [다음] 버튼을 누른다. 설치를 취소하려면 [취소] 버튼을 누른다.

3. 설치할 폴더를 변경하고 싶으면 [찾아보기] 항목을 선택하여 자신의 임의
   대로 폴더를 설정할 수 있다. 반면 프로그램 자체에서 설정한 폴더에 설치
   하려면 다음 그림과 같이 설치 아이콘을 실행하면 다음 설치 단계로 진행
   된다. 기본 설치 폴더는 'C:₩Program Files₩수업분석'이다. 가능한 한 기
   본 설치 폴더에 설치하기를 권한다.

4. 설치가 끝난 후 간혹 아래 그림과 같은 메시지 창이 나타나는 경우가 있는
   데, 이는 기존에 수업분석 프로그램이 한 번 이상 설치가 된 경우이므로 굳
   이 시스템 재시작을 하지 않아도 프로그램을 사용하는 데는 지장이 없다.

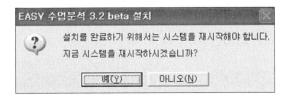

5. '시작-프로그램-수업분석-Easy 수업분석 Ver 3.2 beta'를 실행하거나, 바
   탕화면의 Easy 수업분석 3.2 아이콘을 실행하면 프로그램을 시작할 수 있
   다. 여기서 원하는 분석법을 선택하여 실행한다.
   본 설명서는 플랜더즈 분석법을 중심으로 요약하여 설명하였다. 자세한 설
   명은 프로그램의 도움말을 참조하기 바란다.

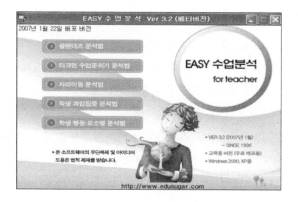

I. Flanders 언어상호작용분석법

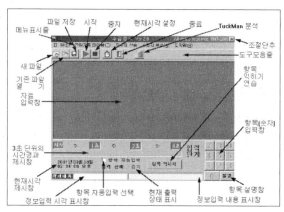

〈전체 메뉴 구성〉

- 조절단추 : 전체 프로그램을 종료하는 기능
- 메뉴표시줄 : 프로그램의 전반에 걸친 메뉴가 포함되어 있다(파일, 관찰기 록테이블, 지수의 산출, 수업의 분석, 도움말 메뉴).
- 도구모음줄 : 자주 쓰이는 기능(새파일, 열기, 저장, 시작, 중지, 시각설정, 종 료, Tuckman 분석)을 모아 둔 도구모음줄

〈도구모음줄 아이콘 설명〉

<u>새파일</u> : 새로운 파일로 자료의 내용을 저장한다(확장자는 'sps' 임).

<u>열기</u> : 기존의 'sps' 파일을 불러온다.

<u>저장</u> : 현재 파일의 내용을 저장한다(확장자는 'sps' 임).

<u>시작</u> : 3초 단위로 수업을 분석한다.

<u>중지</u> : 내용 수정, 열람 등을 위해 수업분석 프로그램을 잠시 중지시킨다.

<u>현재시각 설정</u> : 수업자의 수업 시각과 컴퓨터의 현재 시각을 일치시키는 과정

<u>종료</u> : 수업분석 프로그램을 종료한다.

<u>Tuckman 분석</u> : Tuckman의 수업분위기분석 프로그램을 실행한다.

- 자료입력창 : 숫자키 버튼의 입력이 되는 곳(키보드의 숫자 및 항목설정창의 버튼을 통해 자료를 입력할 수 있다)
- 3초 단위의 시간경과 제시창 : 3초의 시간 흐름을 시각적으로 보여준다.
- 현재시각 제시창 : 자신이 사용하는 컴퓨터의 현재 시각을 보여준다.
- 항목 익히기 버튼 : 수업분석 프로그램을 사용하기 전 플랜더즈 언어상호 작용 분류항목을 쉽게 익힐 수 있는 메뉴로 가는 버튼
- 입력단계 보여주기 : 숫자키를 몇 번 입력하였는지를 보여주는 창
- 숫자 입력버튼 : 각 항목들을 입력할 수 있는 숫자버튼(마우스와 키보드의 숫자버튼 사용가능)
- 항목설명 버튼 : 플랜더즈 언어상호작용 분류항목에 대한 세부 설명을 볼 수 있는 버튼
- 정보 입력시각 표시창 : 플랜더즈 입력항목을 입력한 시각을 표시하는 기능
- 정보 입력내용 표시창 : 플랜더즈 입력에 있어서 수업상황과 관련된 각종 입력 기록을 표시해 주는 기능
- 항목자동입력 선택 : 3초 단위로 항목이 자동입력되는 기능

1. 수업 관련 정보 입력

1) 프로그램을 시작하기에 앞서 수업에 관련된 정보를 입력하는 메뉴다.

2) 메뉴표시줄, 파일의 수업 관련 정보를 선택하거나 입력창에서 오른쪽 마우
스를 클릭하여 수업 관련 정보를 선택하면 그림과 같은 메뉴가 나타난다.

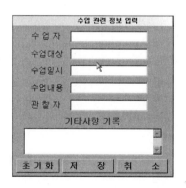

3) 수업자는 수업을 하는 교사, 수업대상은 수업을 받는 학년반, 수업일시는
수업하는 날짜와 시간, 수업내용은 교과와 학습문제 등을 기입한다. 관찰
자는 현재 수업을 관찰하며, 이 프로그램을 사용하는 본인의 이름을 기록
하면 된다. 기타 사항 기록에는 그 외 여러 가지 수업과 관련된 참고사항
을 기록한다.

4) 초기화 버튼은 기입력된 수업 관련 정보 입력내용을 빈 공백상태로 만드
는 것이고, 저장버튼을 입력하면 입력내용이 저장된다. 취소버튼은 창의
입력내용을 취소하고 창을 닫는 버튼이다. 여기서 알아둘 것은 초기화 버
튼을 누른다고 해서 기존 파일의 내용은 삭제되지 않는다는 점이다. 초기
화 버튼은 화면상의 텍스트를 지우는 역할만을 수행한다.

2. 프로그램 시작

오른쪽 그림과 같이 도구모음줄의 시작버튼을
누르거나 메뉴표시줄의 [파일의 시작] 버튼을 누
르면 항목 입력이 시작되고 3초 단위의 시각

(time)표시창이 활성화되며, 사용자는 키보드 혹은 항목(숫자) 입력 버튼을 이용
하여 수업내용을 관찰 기록할 수 있다.

3. 항목(내용) 입력 및 수정

수업분석 프로그램에서 항목을 입력하기 위한 방법에는
오른쪽 그림과 같이 항목(숫자) 입력창을 이용하여 마우스
로 입력하는 방법과 키보드의 숫자키를 누르는 두 가지 방
법이 있다. 여기서 숫자 외의 다른 문자 및 특수문자는 자
동으로 입력되지 않는다.

1) 마우스 오른쪽 버튼의 활용

① 자료입력창의 빈 공간에서 항목을 선택하지 않고 마우스 오른쪽 버튼을 누르는 경우

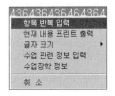

▶ 위의 그림과 같은 메뉴가 나타나게 된다. 각 항목 설명은 다음과 같다.

　항목반복입력 : • 항목 입력 도중 연속으로 계속되는 항목 입력시 편리하

게 사용할 수 있다. 반드시 입력할 항목과 반복 횟수를 함께 선택하여야 한
다. 자동입력 항목은 텍스트박스에서 커서가 위치한 곳에서부터 삽입된다.

- 반복할 항목의 갯수는 10번(30초)~100번(5분)까지 선택할 수 있다.
- 입력항목 및 반복입력 항목의 개수를 선택 후 [입력] 버튼을 누르면 자
  료입력창에 자동으로 항목이 입력된다.
- 만약 둘 중 어느 한 항목이라도 입력하지 않으면 정상적인 입력이 되
  지 않는다. [취소] 버튼을 누르면 반복 입력하지 않고 이전 화면으로 돌
  아간다.

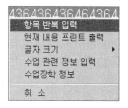

현재 내용 프린트 출력 : 전체 메뉴의 내용이 프린트로 출력된다. 이때 반드
시 프린트 설정이 되어 있어야 한다. 프린트 설정은 [시작]-[설정]-[프린
트] 메뉴를 선택하여 적당한 드라이브를 선택하도록 한다.

글자크기 : 자료입력창에 나타나는 글자크기를 조절할 수 있다.

수업 관련 정보 입력 : 앞서 설명한 수업 관련 정보를 입력할 수 있는 메뉴
가 나타나게 된다. 메뉴 또는 도구모음줄을 이용해도 되지만 마우스 오른
쪽 버튼을 활용하면 한결 편리하게 입력할 수 있다.

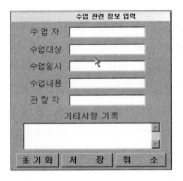

② 자료입력창에서 항목을 선택한 후 오른쪽 버튼을 누르는 경우

▶ 아래 그림과 같은 메뉴가 나타나게 된다.

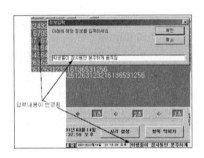

▶ 정보 입력 : 항목이 입력된 시각에 수업상황에서 특기할 만한 정보를 입력
할 수 있다. 그림과 같은 대화상자가 나타나는데, 하단의 입력공간에 특기
사항을 입력하면 선택 영역이 파란색으로 표시되며, 입력단계 보여주기
창에 그 내용이 제시된다.

여기서 입력된 자료는 [파일저장] 버튼을 누르면 자동으로 저장이 되며, 불
러오기를 했을 때 그 항목이 자동으로 반영된다. 입력 항목 중 파란색으로
설정된 항목은 정보 입력이 있는 곳이므로 마우스 또는 키보드의 방향키
를 이용하여 해당 영역을 클릭하면 화면 하단의 정보 입력내용 보기창에
그 내용이 나타난다.

자료 삭제 – 선택 영역 정보만 삭제 : 선택 영역의 자료는 삭제되지 않으나,
파란색으로 활성화된 선택 영역의 정보가 삭제되게 된다.

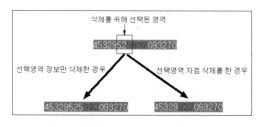

삭제를 위해 선택된 영역

선택영역 정보만 삭제한 경우   선택영역 자료 삭제를 한 경우

〈자료 삭제의 예〉

자료 삭제 – 선택 영역 자료 삭제 : 선택 영역 자료가 삭제된다(위 그림 참조).
현재 내용 프린트 출력 : 선택된 영역의 자료만 프린트로 출력되게 된다.
취소 : 이전 상태로 되돌아가게 된다.

2) 자료의 수정 및 삭제

- **자료의 수정** : 수정할 위치에 커서를 위치시키고 키보드의 [delete] 또는 [Insert] 키를 눌러서 자료를 수정하거나, 항목을 입력하여 추가 또는 수정할 수 있다.
- **자료의 삭제** : 삭제할 위치에 커서를 위치시키고 키보드의 [delete] 키를 눌러서 자료를 삭제할 수 있다. 이어져 있는 여러 자료를 삭제를 할 경우에는 마우스로 영역을 선택한 다음 [delete] 키를 눌러 자료를 삭제할 수 있다.

4. 항목 자동입력

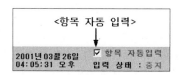

<항목 자동 입력>

2001년 03월 26일
04:05:31 오후   ☑ 항목 자동입력
              입력 상태 : 중지

플랜더즈 분석법에 의한 측정은 3초 단위로 데이터를 입력하게 되어 있다. 그러나 만약 교사가 3분 정도 계속해서 강의를 하였다면 '5번 항목(강의)'을 무려 60번 동안 지속적으로 입력해 주어야 하는 불편함이 발생하게 된다.

위와 같은 경우 주메뉴 하단의 [항목 자동입력]이라는 체크 버튼을 선택하면 해당되는 항목을 한 번만 항목을 입력해 주면 다른 항목을 입력하기 전까지 그 항목이 자동으로 입력된다.

항목 자동입력을 체크하지 않으면 다시 수동입력으로 전환된다.

☞ 항목 자동입력 기능은 커서가 텍스트의 마지막에 있을 경우에만 작동하게 된다. 커서가 텍스트의 중간에 위치하게 되면 다음과 같은 대화상자가 나타나는데, 여기서 자동입력 여부를 선택하면 된다. 아래 그림에서 [예] 버튼을 누르면 커서를 자동으로 텍스트의 마지막에 위치시키고 자동입력 측정을 시작하게 되고 [아니오] 버튼을 누르면 수동입력 상태가 된다.

II. 수업분위기분석법

1. 메뉴표시줄, 수업의 분석 메뉴의 수업분위기분석(Tuckman 방식)을 클릭한다. 또는 도구모음의 Tuckman의 수업분위기분석을 선택해도 동일한 기능을 수행한다.
2. Tuckman의 수업분위기분석 항목 입력이라는 입력창이 나타나는데, 여기서 28개의 형용사 항목 중 수업을 관찰 후 해당되는 항목을 선택한다.

3. 입력을 마쳤으면 위의 [분석결과 보기]라는 버튼을 클릭하면 Tuckman의
   수업분위기 종합도라는 그림이 표시된다. 수업의 분위기를 창의성, 활기성,
   온화성, 치밀성의 네 가지 영역으로 나누어 결과가 시각적으로 제시된다.

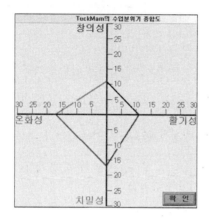

III. 자리이동분석법

1. 첫 화면 구성

수업이 진행될 교실 장면과 함께 왼쪽에는 메뉴 아이콘, 오른쪽 상단에는 데
이터 표시창으로 구성되어 있다.

2. 메뉴 설명

 선택 : 개체를 선택하여 이동, 삭제, 복사할 수 있다.

자동 그리기 : 개체를 자동으로 40개까지 생성한다.

 수동 그리기 : 개체를 수동으로 한 개씩 그릴 수 있다.

초기화 : 작업공간에 입력된 내용을 작업 전 상태로 되돌린다.

저장 : 작업한 내용을 데이터베이스에 저장한다.

 출력 : 작업한 내용을 화면에 나타난 내용 그대로 출력한다.

수업진행(녹화) : 버튼을 누르면 경과 시간이 표시되면서 교사의 움직임을 표시할 수 있다.

일시정지 : 작업을 일시 정지하며 경과 시간도 멈추게 된다.

정지 : 작업이 정지된다.

3. 활용 방법

1) 위 메뉴의 자동그리기 또는 수동그리기를 이용하여 수업이 진행될 교실의 학생 좌석과 같이 개체를 배치한다. 개체를 그릴 때는 수동그리기를 선택한 후 마우스 오른쪽 버튼을 누른 상태로 드래그해서 놓으면 된다. 하나의 개체가 존재하면 개체를 선택하고 오른쪽 버튼을 눌러 복사를 선택한 후 다시 오른쪽 버튼을 누르고 붙여넣기를 할 수도 있다.

2) 자리 배치가 끝나면 학생들의 속성을 입력한다. 개체를 선택하고 오른쪽 버튼을 눌러 학생 속성 지정을 선택하면 이름과 성별을 입력할 수 있다.

3) 자리 배치가 끝나고 수업이 시작되면 수업진행 버튼을 눌러 교사가 이동하는 대로 클릭한다. 이때 프로그램의 우측 상단 표를 참고하여 교사가 해당 영역을 벗어날 때에만 클릭하도록 한다. 예를 들어 교단 영역에서 교사가 한두 발 움직이는 것은 교사의 이동으로 간주하지 않으므로 클릭할 필요가 없다. 순서대로 교사의 움직임이 번호로 표시되며, 교사가 이동하는 시간과 장소에 따라 오른쪽 상단에 실시간으로 데이터값이 나타난다. 아래 그림의 우측 상단의 표는 교사가 10개 영역에 어느 정도 머물렀는지에 대한 백분율을 나타낸다.

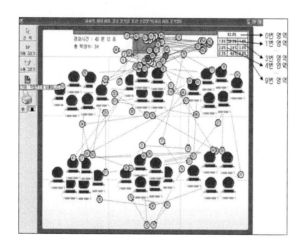

4) 자리이동분석이 모두 끝나면 작업을 정지하고 출력 버튼을 눌러 데이터를 인쇄한다.

IV. 과업집중분석법

1. 첫 화면 구성

관찰하고자 하는 학생 집단 테이블과 함께 화면 좌측에는 메뉴 아이콘, 상단에는 수업자와 관찰자 이름을 입력하는 메뉴로 구성되어 있다. 관찰하고자 하는 학생 집단은 수업 전에 수업자와 관찰자가 상호 협의하여 선정한다.

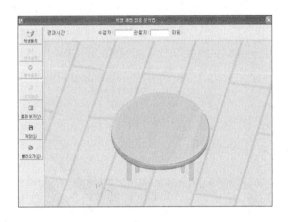

2. 활용 방법

1) 화면 왼쪽 메뉴의 학생배치를 선택하고 테이블에 수업 상황과 맞게 학생을 배치한다.

• 개체 그리기 방법: 화면 좌측의 '학생 배치' 메뉴를 선택하고 화면의 빈 공간에 마우스를 드래그하면 학생 개체가 생성된다. 마우스 포인트가 십자모양(+)일 때만 개체를 그릴 수 있다.

• 개체의 이동: 개체에 마우스를 가져가면 포인터가 손 모양으로 변한다. 이때 왼쪽 버튼을 누른 상태로 개체를 드래그하면 원하는 곳으로 이동시킬 수 있다.

• 개체의 속성: 개체를 선택한 후 오른쪽 버튼을 누르면 남학생과 여학생을 지정하거나 삭제할 수 있으며 이름을 입력할 수 있다.

2) 학생 배치를 성공적으로 끝냈으면 '분석시작' 버튼을 눌러서 분석을 실행한다. 이 과정에서 다음 그림과 같은 화면이 나타나는데, 이때 '예(Y)'를 누르면 분석이 시작된다. '예(Y)'의 의미는 앞 단계에서 배치한 학생의 위치(또는 정보)를 분석 중에 임의적으로 움직이지 않도록 고정하는 것을 말한다. 따라

서 '예(Y)' 버튼을 누른 후에는 학생 배치와 정보를 수정할 수 없으며, 이 경우에는 과업집중분석 프로그램을 종료한 후에 다시 실행해야만 한다.

3) 분석할 때는 각각의 학생에 대해 시계방향 혹은 반시계방향으로 계속적으로 해당 항목(총 7항목)을 선택하며, 가급적 모든 학생의 행동이 고루 입력되게 하는 것이 원칙이나, 특이한 행동이 발생한 경우에는 그 학생의 행동을 우선적으로 입력하도록 한다.

4) 수업이 끝나고 '결과 보기' 버튼을 누르면 다음과 같이 학생 과업집중분석 결과표가 제시된다.

〈과업집중분석 결과(4분 단위)〉

	행동	4	8	12	16	20	24	28	32	36	40	합계	%	%
과업집중	혼자 과업 중	14	6	6	0	0	0	0	2	15	0	43	4.60	
	친구와 과업 중	45	11	32	0	17	7	0	6	70	14	202	21.65	59.29
	교사와 과업 중	44	27	25	0	43	9	8	14	111	27	308	33.04	
비과업집중	친구와 잡담, 장난	38	16	15	0	18	4	4	14	77	10	196	21.00	
	공상	18	15	8	0	25	3	4	4	44	6	127	13.61	38.36
	자리 이탈	11	5	4	0	2	0	0	0	13	0	35	3.75	
기타	기타	5	3	4	0	2	0	0	0	8	0	22	2.35	2.35

〈과업집중분석 결과(1분 단위)〉

구분	행동	0	1	2	3	4	5	6	7	8	9	10	11	12	13	14	15	16	17	18	19	20	21	22	23	24	25	26	27	28	29	30	31	32	33	34	35	36	37	38	39	40	합계	%	%
과업집중 중	혼자 과업 중	3	3	5	3	0	0	0	2	4	2	2	2	0	0	0	0	0	0	0	0	0	0	0	0	0	0	0	0	0	1	1	0	0	0	15	0	0	0	0	0	0	43	4.60	59.29
	친구와 과업 중	3	6	19	15	2	1	0	4	6	2	11	15	4	0	0	0	0	0	3	7	7	5	2	0	0	0	0	0	0	1	1	0	4	4	62	2	4	5	3	2	4	202	21.65	
	교사와 과업 중	16	13	6	5	4	5	3	9	10	1	11	12	1	0	0	0	0	2	10	19	12	5	4	0	0	0	4	4	0	4	4	0	6	6	91	4	10	6	0	9	12	308	33.04	
비과업 집중 중	친구와 잡담, 장난	14	10	6	6	2	2	1	6	7	1	6	7	1	0	0	0	0	0	3	8	7	3	1	0	0	0	2	2	0	4	4	0	6	6	60	5	6	4	3	1	2	196	21.00	38.36
	공상	2	4	6	4	2	2	1	5	7	2	3	3	0	0	0	0	0	1	5	11	8	2	1	1	0	0	0	2	0	1	1	0	2	2	40	1	1	3	3	0	0	127	13.61	
	자리 이탈	1	1	3	4	2	2	1	1	1	0	2	2	0	0	0	0	0	0	1	1	0	0	0	0	0	0	0	0	0	0	0	0	0	0	11	1	1	0	0	0	0	35	3.75	
기타	기타	2	0	1	1	1	0	0	0	2	2	1	1	0	0	0	0	0	0	0	1	1	0	0	0	0	0	0	0	0	0	0	0	0	0	8	0	0	0	0	0	0	22	2.35	2.35

5) 결과 제시의 초기 시간 간격은 4분으로 고정되어 있다. 이를 변경하려면 다음 그림과 같이 맨 하단의 '시간' 항목에서 변경할 시간을 입력하면 된다 (예를 들어 다음 그림에서 시간을 '4'에서 '1'로 수정 입력하고 '갱신' 버튼을 누르면 1분 단위로 수업분석 결과를 보여 준다).

V. 학생 행동요소별 분석법

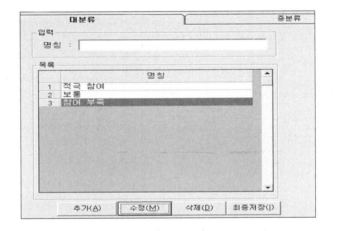

1. 이 분석을 수행하기 위해서는 먼저 화면 좌측 메뉴의 '분석항목' 메뉴를 선택하고 대분류와 중분류 순으로 입력한다. 대분류와 중분류 입력을 마친 후 반드시 '최종저장'을 눌러야 입력 내용이 반영된다. 중분류 입력은 아래 그림과 같이 대분류, 번호, 중분류의 명을 차례대로 입력해야 하는데, 번호는 1번부터 차례대로 증가시켜 입력해야 한다.

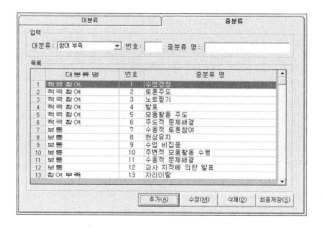

2. 수입관찰과 분석과정은 과업집중분석법과 동일하다.

3. '결과 보기' 메뉴를 선택하여 분석 결과를 본다. 결과에 따라 여러 가지 지
   수를 산출하거나 수업계획에 비추어 결과를 다양한 방법으로 해석할 수 있
   으며, 필요한 항목에 따라서는 인터뷰나 심층 면담의 분석 방법이 병행될
   수도 있다.

⟨전체 요소 분석 종합표⟩

행동		4분	8분	12분	16분	20분	24분	28분	32분	36분	40분	40분 초과	합계	%
과업 집중	혼자 과업 중	3	0	0	0	2	0	1	1	0	0	0	7	8.8
	친구와 과업 중	1	1	3	0	4	5	6	2	0	0	0	22	28.2
	교사와 과업 중	4	6	1	10	0	0	3	0	5	5	5	39	48.4
비과업 집중	친구와 잡담, 장난	0	0	0	0	0	0	1	2	1	1	2	7	8.8
	공상	2	0	1	2	0	1	1	0	0	0	0	7	8.8
	자리 이탈	0	0	1	0	0	0	0	1	0	0	0	2	2.4
기타		0	0	0	0	0	0	0	0	0	0	0	0	0.0
합계		10	7	6	12	6	6	12	6	6	6	7	84	100

⟨개인 요소 분석 종합표⟩

행동		김승은	%	김윤호	%	박준혁	%	문기서	%	문희권	%	이솔	%
과업 집중	혼자 과업 중	1		2		0		1		1		2	
	친구와 과업 중	6	92.9	4	100	4	92.9	1	50.0	2	50.0	5	100
	교사와 과업 중	6		8		9		5		4		7	
비과 업집 중	친구와 잡담,장난	1		0		1		1		4		0	
	공상	0	7.1	0	0.0	0	7.1	6	50.0	1	50.0	0	0.0
	자리 이탈	0		0		0		0		2		0	
기타	기타	0	0.0	0	0.0	0	0.0	0	0.0	0	0.0	0	0.0

부록 2

수업분석 컴퓨터 프로그램을 활용한 수업분석 사례

수업분석 컴퓨터 프로그램을 활용한 수업분석 사례[1]

Ⅰ. 과업집중분석법

⟨3모둠 과업집중 요약표⟩

행동		4분	8분	12분	16분	20분	24분	28분	32분	36분	40분	40분 초과	합계	%
과업 집중	혼자 과업 중	3	0	0	0	2	0	1	1	0	0	0	7	8.8
	친구와 과업 중	1	1	3	0	4	5	6	2	0	0	0	22	28.2
	교사와 과업 중	4	6	1	10	0	0	3	0	5	5	5	39	48.4
비과업 집중	친구와 잡담, 장난	0	0	0	0	0	0	1	2	1	1	2	7	8.8
	공상	2	0	1	2	0	1	1	0	0	0	0	7	8.8
	자리 이탈	0	0	1	0	0	0	0	1	0	0	0	2	2.4
기타		0	0	0	0	0	0	0	0	0	0	0	0	0.0
합계		10	7	6	12	6	6	12	6	6	6	7	84	100

---

1) 본 자료는 2007년 경기도 금파초등학교 이옥자 선생님의 명품수업실기 자료를 바탕으로 수정·보완한 자료입니다.

〈3모둠 개인별 과업집중 요약표〉

행동		김승은	%	김윤호	%	박준혁	%	문기서	%	문희권	%	이솔	%
과업집중	혼자 과업 중	1		2		0		1		1		2	
	친구와 과업 중	6	92.9	4	100	4	92.9	1	50.0	2	50.0	5	100
	교사와 과업 중	6		8		9		5		4		7	
비과업집중	친구와 잡담,장난	1		0		1		1		4		0	
	공상	0	7.1	0	0.0	0	7.1	6	50.0	1	50.0	0	0.0
	자리 이탈	0		0		0		0		2		0	
기타	기타	0	0.0	0	0.0	0	0.0	0	0.0	0	0.0	0	0.0

〈4모둠 과업집중 요약표〉

행동		4분	8분	12분	16분	20분	24분	28분	32분	36분	40분	합계	%
과업집중	혼자 과업 중	0	0	0	0	0	0	0	0	0	0	0	0.0
	친구와 과업 중	0	0	0	0	6	12	0	6	0	0	24	31.2
	교사와 과업 중	5	6	12	6	0	0	6	0	12	6	53	68.8
비과업집중	친구와 잡담, 장난	0	0	0	0	0	0	0	0	0	0	0	0.0
	공상	0	0	0	0	0	0	0	0	0	0	0	0.0
	자리 이탈	0	0	0	0	0	0	0	0	0	0	0	0.0
기타		0	0	0	0	0	0	0	0	0	0	0	0.0
합계		5	6	12	6	6	12	6	6	12	6	77	100

〈4모둠 개인별 과업집중 요약표〉

행동		박상연	%	황주아	%	양위석	%	김수응	%	김준호	%	김도경	%
과업집중	혼자 과업 중	0		0		0		0		0		0	
	친구와 과업 중	4	100	4	100	4	100	4	100	4	100	4	100
	교사와 과업 중	9		9		9		9		9		9	
비과업집중	친구와 잡담,장난	0		0		0		0		0		0	
	공상	0	0.0	0	0.0	0	0.0	0	0.0	0	0.0	0	0.0
	자리 이탈	0		0		0		0		0		0	
기타	기타	0	0.0	0	0.0	0	0.0	0	0.0	0	0.0	0	0.0

〈6모둠 과업집중 요약표〉

	행동	4분	8분	12분	16분	20분	24분	28분	32분	36분	40분	합계	%
과업 집중	혼자 과업 중	0	0	0	0	0	0	0	0	0	0	0	0.0
	친구와 과업 중	0	0	0	0	4	5	4	4	0	0	17	34.0
	교사와 과업 중	4	4	5	5	0	0	0	0	4	4	26	52.0
비과 업집 중	친구와 잡담, 장	0	1	0	0	0	0	0	0	0	0	1	2.0
	공상	0	0	0	0	0	0	1	1	0	0	2	4.0
	자리 이탈	0	0	0	0	0	0	0	0	0	0	0	0.0
	기타	1	0	0	0	0	0	0	0	1	1	4	8.0
	합계	5	5	5	5	5	5	5	5	5	5	50	100

〈6모둠 개인별 과업집중 요약표〉

	행동	정현우	%	신관식	%	김채영	%	신경욱	%	윤성경	%
과업 집중	혼자 과업 중	0	90	0	60	0	100	0	90	0	90
	친구와 과업 중	3		3		4		3		4	
	교사와 과업 중	6		3		6		6		5	
비과 업집 중	친구와 잡담,장난	0	0.0	1	30	0	0.0	0	0.0	0	0.0
	공상	0		2		0		0		0	
	자리 이탈	0		0		0		0		0	
기타	기타	1	10	1	10	0	0.0	1	10	1	10

〈전체 과업집중 분석표(전체 모둠 합계)〉

	행동	1모둠	%	2모둠	%	3모둠	%	4모둠	%	5모둠	%	6모둠	%	전체		%
과업 집중	혼자 과업 중	0	88.3	0	78	0	80	0	90	0	88.3	0	86	0	0%	85
	친구와 과업 중	20		15		20		22		21		17		115	34%	
	교사와 과업 중	33		24		28		32		32		26		175	51%	
비과 업집 중	친구와 잡담, 장난	1	11.7	6	22	5	20	3	10	3	10	1	6	19	6%	13
	공상	6		5		6		3		3		2		25	7%	
	자리 이탈	0		0		1		0		0		0		1	0%	
	기타	0	0.0	0	0.0	0	0.0	0	0.0	1	1.7	4		5	2%	2
	합계	60	100	50	100	60	100	60	100	60	100	50	100	340	100	100

결과 분석 및 수업 개선 계획

1. 결과 해석 및 분석

• 이 수업의 과업집중도는 85.3%로 대체로 우수한 편이다. 비과업집중 행동은 총 13.2%로 그중 잡담이나 장난이 6% 공상이 7%를 차지하고 있다.

• 3모둠의 경우, 수업 초기 8분 동안의 수업집중도(교사와 과업 중)가 상대적으로 낮게 나타났다.

• 2모둠과 3모둠에서는 다른 모둠에 비해 비과업집중 행동이 상대적으로 많이 관찰되어 교사의 순회지도 및 학생 간 자리 배치 등에 대한 고려가 요망된다.

• 문기서(3모둠), 문희권(3모둠), 신관식(6모둠) 학생은 과업집중도에서 60% 이하를 보였으며, 이는 잡담이나 장난을 친 것으로 나타났다.

• 비과업집중으로 나온 시간의 대부분은 교사가 설명할 때보다 모둠별 활동을 할 때 많은 것으로 나타났다.

2. 수업 개선 계획

• 대체로 과업집중도가 높지만 모둠 활동에서 장난이나 잡담이 많아, 모둠 활동을 할 경우 개인별 책무를 골고루 돌아가게 해서 누구나 열심히 할 수 있도록 계획을 세우도록 한다.

• 특수학생이나 부진학생의 경우 무엇을 해야 할 것인지에 대한 안내 부족으로 공상을 하거나 장난을 치는 경우가 많으므로 이 학생들에게 맞는 수업 자료를 준비하도록 한다.

• 특별히 집중을 잘하지 못하는 모둠은 자리 재배치를 고려해야 한다.

• 소수의 집중을 잘하지 못하는 학생은 교사와 가까운 곳으로 자리를 재배치하여 교사가 수시로 예의주시 하도록 한다.

• 교사 설명 시에 특정 모둠의 경우 집중률이 떨어지는데(3모둠), 전체 설명 시 교사에 대한 주의 집중도를 높일 수 있는 전략을 고안하도록 한다.

Ⅱ. 자리이동분석법

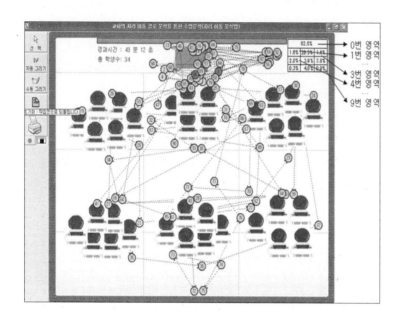

〈영역별(10개 영역) 교사의 체류 시간 백분율〉

62.5% (0번 영역) (교단)		
1.6% (1번 영역) (1모둠)	20.3% (2번 영역) (2모둠)	1.6% (3번 영역) (3모둠)
2.0% (4번 영역) (6모둠 앞 4명)	3.9% (5번 영역) (5모둠 앞 4명)	3.8% (6번 영역) (4모둠 앞 3명)
0.3% (7번 영역) (6모둠 뒤 2명)	4.0% (8번 영역) (5모둠 뒤 2명)	0% (9번 영역) (4모둠 뒤 2명)

결과 분석 및 수업 개선 계획

1. 결과 해석 및 분석

- 0번 영역(교단)에서 교사가 머문 시간은 전체 시간의 62.5%로 이 수업이 토론 중심의 수업의 상황임을 감안한다면 상당히 높은 비율이다. 교사가 0번 영역에서 보낸 시간을 사후 분석해 본 결과(비디오 분석), 주로 컴퓨터와 칠판 등의 자료 활용으로 인한 것으로 나타났다.

- 7번 영역과 9번 영역 모두에서 교사가 머문 시간은 불과 0.3%에 지나지 않아 상대적으로 교사의 관심에서 소외된 영역이다.

- 교사가 이동한 총 95회 중, 이동 경로별 교사가 머문 시간을 분석한 결과 24번에서 머문 시간(3번 영역의 우측 상단 학생에게 머문 시간)이 무려 7분 정도가 나왔다. 다른 학생은 평균 1분 이내이다.

2. 수업 개선 계획

- 교사가 0번 영역에 보낸 시간은 주로 컴퓨터와 칠판 등의 자료 활용으로 인한 것으로 나타났는데, 본 수업과 같은 토론식 및 협동식 수업에서는 교사보다는 학생들이 실제로 활동하는 시간을 많이 할애할 수 있도록 수업 전략을 바꾸어 나가야 한다.

- 교사의 편파적인 이동으로 인해 다른 학생에 대해서는 학습이 정상적으로 이루어졌는지에 대한 정보를 얻기 어렵다. 이 수업의 경우, 교사가 이동한 총 95회 중, 이동 경로별 교사가 머문 시간을 분석한 결과 24번에서 머문 시간(3번 영역의 우측 상단 학생에게 머문 시간)이 무려 7분 정도가 나왔다. 한 학생에게 과도하게 머문 이유를 분석하여 차후 수업에 반영하도록 한다.

- 수업 중 교사의 자리 이동은 수업 주제나 학습 조직 구조에 따라 다양한 형태로 나타나나, 본 수업과 같은 토론식 및 협동식 수업에서는 교사가 각 모둠별로 고루 움직이면서 학생을 지도를 하는 것이 바람직하므로, 향후 수업에서는 수업 전에 자리 이동에 대한 설계를 추가하도록 한다.

- 강의식 수업이라 하더라도, 일반적으로 교사의 움직임은 학급 통제와 학생의 주의력에 영향을 주게 되므로 골고루 이동하도록 관심을 가지도록 한다.

Ⅲ. 수업분위기분석법

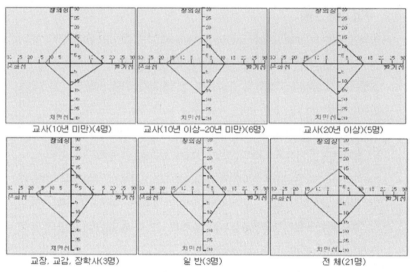

| 교사(10년 미만)(4명) | 교사(10년 이상-20년 미만)(6명) | 교사(20년 이상)(5명) |

| 교장, 교감, 장학사(3명) | 일 반(3명) | 전 체(21명) |

〈수업분위기분석 결과 종합〉

결과 분석 및 수업 개선 계획

1. 결과 해석 및 분석

• 수업분위기 관찰은 관리자 3명, 교사 경력 10년 미만 4명, 10년 이상 20
년 미만 6명, 20년 이상 5명, 일반(학부모) 3명으로 모두 21명이 관찰 기
록하였다.

• 수업 전(前) 교사에 대한 인터뷰 결과, 이 수업은 창의적인 수업분위기가
가장 높을 것으로 예상했지만 실제로는 온화성이 가장 높은 것으로 나타났
다. 이는 교사가 창의적인 수업분위기를 적절히 조성하는 데 여러 가지 어
려움이 있었던 것으로 판단된다.

• 전체 결과(총 21명)를 보면, 4가지 영역이 모두 비슷한 결과가 나왔으나 온
화성, 치밀성의 비율이 상대적으로 높게 나왔다.

- 관찰자에 따라 창의성, 치밀성은 비슷하게 나왔지만, 온화성, 활기성은 교사 경력에 따라 다소 다른 결과가 나왔다.

2. 수업 개선 계획

- 창의성 있는 수업분위기를 조장하기 위해 새로운 활동을 유지하거나 증가 시키거나 감소해야 할 것들을 조사하여 분석하도록 한다. 특히 창의적인 수업분위기 조성이나 학생들의 창의성을 향상시키기 위해 전문가에게 조언을 받거나 관련 서적을 탐독하여 3개월 후에 다시 수업해 보도록 한다.
- 대부분의 수업분위기는 4개 영역에서 골고루 나온 편이나 그중 점수가 낮은 활기성과 창의성에 더욱 관심을 가지고 노력하도록 한다.
- 10년 미만의 교사는 다른 참여자와 비교하여 그래프가 다소 상이한데, 이에 대한 이유를 분석해서 최근 경향에 따른 수업을 진행하는 데 전념하도록 한다.
- 창의성(3개월)→활기성(3개월)→치밀성(2개월)→온화성(2개월)의 순으로 수업 분위기 조성 능력을 향상시켜 나간다.

Ⅳ. 플랜더즈 언어상호작용 분석법

(시간선에 의한 분류기록표)

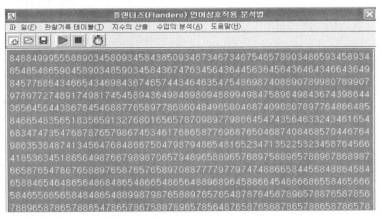

분류항목	1	2	3	4	5	6	7	8	9	10	계
빈도	3	54	28	77	260	74	39	63	65	176	839
백분율	.36%	6.44%	3.34%	9.18%	30.99%	8.82%	4.65%	7.51%	7.75%	20.98%	100%

[백분율 행렬표의 산출]

〈빈도에 따른 행렬표〉

행/열	1	2	3	4	5	6	7	8	9	10	계
1	2	0	0	0	0	1	0	0	0	0	3
2	0	35	0	4	7	4	0	0	2	2	54
3	0	1	15	5	3	2	0	1	1	0	28
4	0	2	2	39	0	1	0	22	11	0	77
5	0	2	3	10	231	9	1	2	1	1	260
6	0	5	1	2	5	43	3	6	5	4	74
7	0	0	1	0	1	4	32	1	0	0	39
8	0	4	4	9	7	5	2	31	0	1	63
9	1	5	2	6	5	1	0	0	45	0	65
10	0	0	0	2	1	4	1	0	0	168	176
계	3	54	28	77	260	74	39	63	65	176	839

〈빈도에 따른 백분율 행렬표〉

행/열	1	2	3	4	5	6	7	8	9	10	계
1	0.24	0.00	0.00	0.00	0.00	0.12	0.00	0.00	0.00	0.00	0.36
2	0.00	4.17	0.00	0.48	0.83	0.48	0.00	0.00	0.24	0.24	6.44
3	0.00	0.12	1.79	0.60	0.36	0.24	0.00	0.12	0.12	0.00	3.34
4	0.00	0.24	0.24	4.65	0.00	0.12	0.00	2.62	1.31	0.00	9.18
5	0.00	0.24	0.36	1.19	27.53	1.07	0.12	0.24	0.12	0.12	30.99
6	0.00	0.60	0.12	0.24	0.60	5.13	0.36	0.72	0.60	0.48	8.82
7	0.00	0.60	0.12	0.00	0.12	0.48	3.81	0.12	0.00	0.00	4.65
8	0.00	0.48	0.48	1.07	0.83	0.60	0.24	3.69	0.00	0.12	7.51
9	0.12	0.60	0.24	0.72	0.60	0.12	0.00	0.00	5.36	0.00	7.75
10	0.00	0.00	0.00	0.24	0.12	0.48	0.12	0.00	0.00	20.02	20.98
계	0.36	6.44	3.34	9.18	30.99	8.82	4.65	7.51	7.75	20.98	100

〈수업분석 전체 결과 및 규칙〉

♣ 수업의 주흐름: 4(질문) → 8(단순 대답)

♣ 수업의 부흐름: 4(질문) → 9(주도적 대답) → 4(질문)

♣ 플랜더즈 분석 지수

- 비지시비: 30.23%
- 계속적 비지시비: 39.26%
- 학생의 발언비: 19.31%
- 8행 및 9행의 교사질문비: 55.56%
- 학생질문 및 넓은 답변비: 50.78%

- 수정 비지시비: 42.93%
- 교사의 질문비: 22.85%
- 8행 및 9행의 비지시비: 66.67%
- 계속적 강의 및 질문비: 32.18%
- 악순환비: 10.25%

결과 분석 및 수업 개선 계획

1. 결과 해석 및 분석

- 수업의 주 흐름은 4(질문)→8(단순 대답)로 본 수업은 주로 교사의 질문에 대한 학생의 단순 대답으로 운영되었다.

- 수업의 부 흐름은 4(질문)→9(주도적 대답)→4(질문)로 교사의 질문에 학생이 자발적인 반응을 하고 다시 교사는 질문을 하는 식으로 이어지는 수업을 운영하였다.

- 5번 강의가 260회 30.99%로 가장 높으며, 침묵, 혼란의 비율은 20.98%로 총 수업의 1/5 정도가 수업과는 무관한 활동으로 이루어졌다.

- 전반적으로 지시적 발언의 비율이 높게 나타났다. 일반적으로 비지시비가 50% 이상이어야 비지시적인 영향의 수입이라 할 수 있는데 본 수업은 30% 정도로 나타났다.

2. 수업 개선 계획

- 수업의 주 흐름이 4(질문)→9(주도적 답변)→2(칭찬)→5(강의)로 이루어지도록 노력한다. 학생의 단순 답변보다는 주도적 답변이 많이 활성화될 수 있도록 발문 기법 및 수업 전략을 수정하도록 한다.

- 수업 중 칭찬이나 긍정적인 반응을 해야겠다는 생각으로 수업에 임했으나, 모둠 활동이 많고 강의가 많은 관계로 지시적 발언의 비율이 많이 나왔다. 여러 가지 수업에 있어서 교사의 발언이 비지시적 경향이 높도록 평소 꾸준히 노력하도록 한다.

- 전체적으로 교사의 언어비가 대부분 차지하고 있어 앞으로 구조화된 교사의 언어 사용 계획을 세우고 학생들의 발언비를 높일 수 있는 사고력 촉진의 발문 계획을 세우도록 한다.

- 2개월 후에 다시 수업을 하여, 수업의 주 흐름이 4→9→2→5에 근접하도록 하고, 지시비는 15% 이내로 나오도록 한다.

|참|고|문|헌|

강영삼(1982). 징학행징, 현대교육행정학. 서울: 교육출판사, 352-73.

고영미(2002). 교사의 전문성 신장을 위한 자기장학 활동에 관한 연구. 경원대학교 대학원 석사학위논문.

고영희 외(1984). 초등교육 내실화를 위한 수업장학 모델 개발. 한국교육개발원.

교육인적자원부(2004). 사이버가정학습체제 추진 방안 자료집.

김경현(2004). 컴퓨터보조 자기장학이 초임교사의 교수기술과 교수효능감 향상에 미치는 효과. 한국교원교육연구, 21(1), 53-85.

_____ · 변영계(2003). 사이버학습의 이론과 실제, 서울: 학지사.

_____ · 이재무(2004). 컴퓨터보조 자기장학이 Flanders 주요 수업언어지수 향상에 미치는 효과. 정보교육학회논문지, 8(1), 113-123.

_____ · 정미경(2004). 사이버 교원 연수의 운영 실태 분석. 한국교원교육연구, 21(3), 135-161.

김남순(1994). 교육행정 및 경영의 이론과 실제. 서울: 교육과학사.

김만수(2001). 수업장학에 대한 교사들의 인식에 관한 연구. 교육연구, 2(1), 89-132.

김명오(2004). 교내장학의 운영실태와 발전방향에 대한 초등교사의 인식연구. 경인교육대학교 교육대학원 석사학위논문.

김성준(1993). 초등자연과 수업형태분석 및 활용효과. 초등과학교육, 12(1), 37-48.

김원곤(2000). 초등교사의 자기장학 행위가 수업 개선에 미치는 효과 연구. 건국대학교 대학원 박사학위논문.

김정미(2000). 장학의 영역과 교육전문직의 역할 제고. 연세교육연구, 13(1), 149-170.

김종서(1969). 수업형태분석. 교육과학(3), 중앙교육연구소.

_____ · 김영찬(1970). 수업형태 분석법. 서울: 배영사.

김지균(1995). 미술수업 분석에 관한 연구. 사랑미술교육논문집, 3(1), 231-244.

김진희(2001). 주제별 교육학 용어사전. 서울: 지구문화사.

김학주(1997). 초등교사의 자기장학 행위와 교사의 전문성과의 관계 연구. 경원대학교 대학원 석사학위논문.

김호권(1970). 완전학습의 원리. 서울: 배영사.

김홍원(1983). 수업장학의 개념과 기능. 교육개발, 5(2). 한국교육개발원, 56-59.

노종희 · 한만길(1982). 교원 현직교육의 발전방향과 과제. 한국교육개발원.

문은식 · 김충회(2003). 부모의 학습지원행동과 초 · 중등학생의 학업동기 및 학업성취도와의 관계. 교육심리연구, 17(2), 271-288.

문현정(2001). 초등학교 교사의 자기장학에 관한 인식 조사. 인천교육대학교 교육대학원 석사학위논문.

박성익(1987). 수업방법 탐구. 서울: 교육과학사.

박은혜 · 김명순(2002). 유치원 자율장학에 대한 유아교사들의 인식 및 요구. 교육과학연구, 33(1), 171-185.

박외식(2000). Flanders 언어상호작용 분석법을 통한 수업장학이 교사의 수업 기술 및 수업분위기에 미치는 효과. 부산대학교 교육대학원 석사학위논문.

방순동(1971). 교사의 특성이 수업형태에 끼치는 영향. 교육학연구, 9(1), 65-82.

배미향(2002). 초등학교 교사의 자기장학에 관한 인식조사. 한국외국어대학교 교육대학원 석사학위논문.

배선웅(1997). 교감 중심의 수업장학이 수업자의 수업 분위기 조성 기술에 미치는 효과. 부산대학교 교육대학원 석사학위논문.

변상호(1992). 초등교사의 자기장학 행위와 교사의 전문성과의 관계. 한국교원대학교 대학원 석사학위논문.

변영계(1969). 교사의 자질별 교사-학생 언어적 상호작용에 대한 분석적 연구.

_____(1983). 수업개혁과 수업장학에 대한 토론. 초 · 증등학교의 질개선을 위한 세미나 보고서. 한국교육개발원, 117-122.

_____(1984a). 수업장학의 절차모형 구안. 한국교육, 11(1), 91-103.

_____(1984b). 학습지도. 서울: 배영사.

_____(1990). 수업자의 수업기술 향상을 위한 수업장학 기법의 구안. 교육학 연구, 6(1), 241-263.

_____ · 김경헌(2003). e-러닝 컨텐츠 설계 방법론. 서울: 학지사.

손대성(1994). 자기장학을 통한 수업개선에 관한 연구. 경성대학교 대학원 석사학위논문.

송종규 · 이윤식(2002). 인문고 교사들의 사이버 장학에 대한 인식 연구. 한국교원교육연구, 19(1), 215-244.

신중식 · 강영삼 외(1991). 현대 교육행정학. 서울: 교육출판사.

오은경(1987). 장학이론. 서울: 이화여대출판부.

오춘선(2001). 초등교사의 자기장학 실태와 저해요인 분석. 전남대학교 대학원 석사학위논문.

유상귀(1993). 교사의 수업행동에 대한 피드백의 유형별 효과. 한국교원대학교 대학원 석사학위논문.

유혜령(1997). 마이크로티칭. 서울: 문음사.

윤기옥(2001). 교내장학의 동향과 발전방향 탐색. 교육논총, 18(1), 285-307.

윤정일 외(1983). 징학행징제도 개선 연구. 한국교육개발원.

_____ 외(1994). **교육행정학 원론**. 서울: 학지사.

이맹희(1995). 자기장학 모형적용이 교사의 전문성 신장에 미치는 영향. 영남대학교 대학원 석사학위논문.

이병익(2001). 체육교사의 자기수업장학이 교수행동에 미치는 영향. 용인대학교논문집, 19(1), 23-47.

이병진(1996). 교직생애주기에 따른 교원연수체계에 관한 연구. 교육학연구, 34(1), 315-345.

이상수(1990). 수업장학의이론과 실제에 관한 교사, 학교행정가, 장학사의 지각 분석. 부산대학교 대학원 석사학위논문.

이성진 외(1988). 교직 적격자 선발을 위한 평가도구 개발에 관한 연구. 서울대학교 사범대학.

이윤식(1993). 장학론 논고: 교내자율장학론. 서울: 과학과 예술.

_____(1999). 장학론. 서울: 교육과학사.

이정복(1984). 교수원리의 도출을 위한 수업모형의 분석. 교육발전, 3(1), 1-17.

이재춘(2003). 장학담당자의 수업장학에 대한 교사들의 기대와 만족도 차이에 관한 연구. 한국교원대학교 대학원 석사학위논문.

이칭찬(1992). **교육방법 및 교육공학**. 서울: 문음사.

이희수(2001). 학습사회에서 학습경제로의 전환 논리와 그 의미. 평생교육학연구, 7(1), 211-238.

임정훈(2001). 가상교육, 사이버교육에 관한 개념적 고찰. 교육공학연구, 17(3), 165-194.

장두기 · 김인식(1999). 수업자의 성격특성과 학업성취와의 관계. 교육이론과 실천, 9(1), 15-35.

장이권(1989). 임상장학의 이론과 실제. 서울: 형설출판사.

전인옥(1996). 교사의 교육신념과 자아효능감이 유아의 자아효능감에 미치는 영향. 한국방송대학교
　　논문집, 22(1), 493-528.

정미경·김경현(2004). 교실 수업 지원 체제로서의 사이버학습 프로그램 개발과 효과 분석. 교육
　　심리연구, 18(3), 329-250.

정범모·이성진(1978). 학업성취의 요인. 서울: 교육과학사.

정지동(2001). 사이버 장학의 환경과 실태에 관한 조사 연구. 홍익대학교 대학원 박사학위논문.

조병래(2001). 중등교원의 교내 자율장학에 관한 요구분석. 동아대학교 교육대학원 석사학위논문.

조병효(1894). 임상장학의 모형에 관한 소고. 부산교육학연구 제1집. 한국교육회 익산지회, 21-36.

조병효(1991). 현대장학론. 서울: 교육과학사.

조정기(1999). 교사의 전문성과 교직과정 개선안 연구. 교육과학연구, 4, 199-218.

주삼환(1982a). 임상장학의 적용 가능성. 새교육, 35(1), 26-37.

　　　(1982b). 장학론. 서울: 학연사.

　　　·신익현(1993). 인간자원 장학론. 서울: 배영사.

　　　역(1994). 장학론-임상장학의 방법-. 서울: 학연사.

　　　(2003). 장학의 이론과 기법. 서울: 학지사.

주영기(1995). 자기장학의 실태와 개선방안에 관한 연구. 경희대학교 교육대학원 석사학위논문.

최대섭(2003). 수업장학에 대한 초등학교 교원들의 인식연구. 동아대학교 대학원 석사학위논문.

최자윤(1996). 초등교사의 자기장학 형태 연구. 목포대학교 대학원 석사학위논문.

한국교육행정학회(1995). 장학론. 서울: 도서출판 하우.

허경철(1988). 학교 학습 탐구. 서울: 교육과학사.

허병기(1997). 장학의 본질이탈: 개념적 혼란과 실천적 오류. 교육학연구, 35(3), 181-212.

현경실(1999). 초등학교 음악수업의 실태조사. 음악교육연구, 18(1), 51-79.

황정규(1992). 교수의 측정·평가: 과제와 방향. 교육학연구, 30(3), 1-10.

황정대(1993). 자기장학이 수업개선 및 학업성취에 미치는 영향. 영남대학교 대학원 석사학위논문.

Acheson, K. A., & Gall, M. D. (1987). *Techniques in the clinical supervision of teacher.* New
　　York: Longman Inc.

Alfonso, R. J., Firth, G. R., & Neville, R. F. (1975). *Instructional supervision: A behavior system.*
　　Boston: Allyn & Bacon, Inc.

Amidon, E., & Hunter, E. (1967). *Improving teaching: The analysis of classroom verbal interaction*. New York: Holt, Rinehart, and Winston.

Anderson, L. W., & Burns, R. B. (1989). *Research in classrooms*. New York: Pergamon Press.

Ashton, T. (1987). Teacher efficacy: A motivational paradigm for effective teacher education. *Journal of Teacher Education, 35*(1), 28-32.

Bandura, A., Grusec, J. E., & Menlove, F. L. (1996). Observational learning as a function of symbolization and incentive set. *Child Development, 37*.

Berliner, D. (1984). The half-full class: A review of research on teaching. In Hosford, P. L. (Ed.), *Using what we know about teaching*. Virginia: ASCD.

Bush, R. N., & Book, J. C. (1982). *Institutionalization of educational change*. Menlo Park, CA: U. S. Department of Education.

Calhoun, E. F. (2002). Action research for school improvement. *Educational Leadership, 59*(6), 18-24.

Carroll, J. B. (1963). A model of school learning. *Teachers College Record, 64*, 723-733.

Costa, L. (1995). Teacher collaboration: A comparison of four strategies. *Alberta Journal of Education Research, 45*(4), 407-420.

Cogan, M. L. (1973). *Clinical supervision*. Boston: Houghton Mifflin Co.

Coleman, J., Campbell, J., Wood, A., Weinfeld, F., & York, R. (1966). *Equality of educational opportunity*. Washington: U. S. Department of Health, Education, and Welfare, office of Education.

Dewitt, W. (1977). Instructional supervision. *Educational Leadership, 34*(8), 589-593.

Dull, L. W. (1981). *Supervision: School leadership handbook*. Columbus, Ohio: Charles E. Merill Publishing.

Dunkin, M. J., & Biddle, B. J. (1974). *The study of teaching*. New York: Holt, Rinehart, and Winston.

Fraser, B. J., & Fisher, D. L. (1982). Predicting student's outcomes from their perceptions of classroom environment. *American Educational Research Journal, 19*(1), 498-518.

Fuller, F. F., & Manning, B. A. (1973). Self-confrontation reviewed: A conceptualization for video playback in teacher education. *Review of Educational Research, 43*(3), 469-528.

Feiman-Nemser, S. (1983). *Learning to teach*. In L. S. Shulman & G. Sykes (eds.), Handbook of teaching and policy. New York: Longman.

Flanders. N. A. (1960). *Teacher influence, pupil attitudes, and achievement.* (Cooperative Research Project No. 397). Minneapolis: University of Minnesota.

Gage, N. L. (1963). Paradigms for research on teaching. In N. L. Gage (Ed). *Handbook of research on teaching* (pp. 94−141). Chicago: Rand McNally.

Gibson, S., & Dembo, M. H. (1984). Teacher efficacy: A construct validation. *Journal of Educational Psychology, 76*(4), 562−582.

Goldhammer, R. (1969). *Clinical supervision.* N.Y.: Holt, Reinhart and Winston, Inc.

Glatthorn, A. A. (1984). *Differentiated supervision.* Alexandria, VA: Association for Supervision and Curriculum Development.

Glickman, C. D. (2002). *The courage to lead. Educational Leadership, 59*(8), 41−44.

Harris, A. (2002). *School improvement: What's in it for school?* NY: Routledge Falmer.

Harris, B. H. (1975). *Supervision behavior in education.* N.J.: Prentice−Hall Inc.

Hawk, P. P. (1984). *Making difference−reflections and thoughts of first year teachers.* Greenville, NC: East Carolina University.

Heinich, R., Molenda, M., & Russel, J. D. (1994). *Instructional media and the new technologies of instruction.* NY: Macmillan.

Hyman, R. T. (1975). *School administrator's handbook of teacher supervision and evaluation methods.* London: Prentice−Hall Inc.

Hudson, S. D., & McWhorter, P. (1995). Goingback/looking in: A teacher educator and a high school teacher explore beginning teaching together. *English Journal, 84*(2), 46−54.

Huling−Austin, L. (1992). Research on learning to teach: Implications for teacher induction and mentoring programs. *Journal of Teacher Education, 43*(3), 178−180.

Ingersoll, R. (2003). *Who controls teacher's work: Power and accountability in America's school.* Cambridge, MA: Harversity Press.

Janas, M. (2001). Getting a clear view. *Journal of Staff Development, 22*(2), 32−54.

Joyce, B., & Showers, B. (1982). The coaching of teaching. *Educational Leadership. 40*(1), 4−11.

Katz, L. G. (1972). Developmental stages of preschool teacher. *The Elementary School Journal, 73*(1), 50−54.

Knoff, H. M. (1988). Clinical supervision, consultation, and counseling: A comparative analysis for supervisors and other educational leaders. *Journal of Curriculum and Supervisor,*

3(3), 240−252.

Krey, D. K., Netzer, L. A., & Eye, G. G. (1977). Assumption supporting structive in clinical supervision. *Contemporary Education, 49*(1), 16−23.

Lambert, L. (1989). The end of aera of staff development. *Educational Leadership,* 78−81.

Lieberman, A. (1995). Practices that support teacher development: Transforming conceptions of professional learning. *Phi Delta Kappan, 76*(1), 591−596.

Marks, J. R., Stoops, E., & King−Stoops (1985). *Handbook of educational supervision: A guide for the practitioner.* Boston: Allyn & Bacon Inc.

Martin, D. J. (2000). *Elementary science methods: A constructivist approach, Belmont.* CA: Wardsworth.

Madus, G. F., Airasian, P. W., & Kellaghan, T. (1980). *School effectiveness: A reassessment of the evidence.* New York: McGrow−Hill Co.

Medley, D. (1977). *Teacher competences and teacher effectiveness: A review of process− product rsesearch.* Washington, D. C.: American Association of College for Teacher Education.

Myrick, R. D., & Sabella, R. A. (1995). Cyberspace: New place for counselor supervision. *Elementary School Guidance and Counseling, 30*(1), 35−44.

Neubert, G. A., & Brantton, E. C. (1987). Team coaching: Staff development side by side. *Educational Leadership,* 29−23.

Ormrod, J. E. (2000). *Euducational Psychology.* Columbus, Oh: Merill/Prentice−Hall.

Pallof, R. M., & Pratt, K. (2000). *Building learning communities in cyberspace: Effective strategistes for the online classroom.* John Wiley & Sons International Rights, Inc.

Porter, A., & Brophy, J. (1988). Synthesis of research on good teaching. *Educational Leardership, 45*(8), 74−85.

Protheroe, N. (2002). Improving instruction through teacher observation. *Prinicipal, 82*(1), 48−51.

Robertson, E. (1987). Teaching and related activities. In M. J. Dunkin (Ed.), *International encyclopedia of teaching and teacher education* (pp. 15−18). Oxford: Pergamon.

Rosenshine, B. V., & Furst, N. (1973). The use of direct observation to study teaching. In R. M. W. Travers (Ed.), *Second handbook of research on teaching* (pp. 122−183). Chicago: Rand McNally.

_____ (1976). Classroom instruction. In Gage (Ed.), *The psychology of Teaching methods*. Chicago: University of Chicago Press.

_____ (1980). Direct instruction. In P. Peterson & A. Liberman (Eds.), *Time to learn*. Washington, D.C.: National Institute of Education.

Schoon, K., & Boone, W. (1998). Self-efficacy and alternative conceptions of science of pre-service elementary teachers. *Science Education, 82*(5), 553-568.

Schunk, D. H. (1984). Self-efficacy perspective on achievement behavior. *Educational Psychologist, 19*(1), 48-58.

Sergiovanni, T. J. (1992). Moral leadership: *Getting to be heart of school improvement*. San Francisco, CA: Jossey-Bass.

Sergiovanni, T. J., & Starratt, R. J. (1979). *Supervision human perspectives* (2nd ed.). N.Y : McGraw-Hall, Inc.

_____ (1982). *Supervision of teaching: 1982 ASCD year book*. Virginia: ASCD.

Shank, G. (1994). Shaping research in educational psychology. *Contemporary Educational Psychology, 19*, 340-359.

Shuma, K. Y. (1973). Changes effected by a clinical supervisory relationship which emphasizes a helping relationship and conference formal made congruent with the establishment and maintenance of this helping relationship. *Doctoral Dissertation*, University of Pittsburgh.

Simbo, F. K. (1989). The effects of microteaching on student teachers' performanced in the actual teaching practice classroom. *Educational Research, 31*(3), 195-200.

Skrak, N. D. (1973). The application of immediate secondary reinforcement to classroom teaching observations in supervision. *Doctoral Dissertation*. University of Pittsburgh.

Snippe, J. (1992). *Effect of instructional supervision on pupils' achievement*. American Educational Research Association.

Smyth, W. J. (1985). Developing a critical practice of clinical supervision. *Journal of Curriculum Studies, 17*(2), 1-15.

Solomon, D., & Kendall, A. J. (1976). Final report: *Individual characteristics and childern's performance in varied educational settings*. Spencer Foundation Project.

Sullivan, C. G. (1980). *Clinical supervision: A state of the art review*. Virginia: ASCD.

Shapiro, L. T., & Nunez, W. J. (2001). Strategic planning synergy. *Planning for Higher*

Education, 30(1), 27–34.

Siens, C. M., & Ebmeier, H. (1996). Developmental supervision and the reflective thinking of teachers. *Journal of Curriculum and Supervision, 11*(4), 299–319.

Tuckman, B. W. (1976). Feedback and the change process. *Phi Delta Kappan, 57*(5), 341–344.

Wragg, E. C. (2000). *An introduction to classroom observation.* London: Routledge.

Walberg, H., & Fowler, W. (1987). Expenditure and size efficiency for public districts. *Educational Researcher, 16,* 5–13.

Weil, M. L., & Murphy, J. (1982). Instruction processes. In H. E. Mitzel (Ed.), *Encyclopedia of educational research* (5th ed.) (pp. 890–917). New York: The Free Press.

Yoloye, A. E. (1977). *Observational techniques.* New York: Longman, Inc.

Zahorik, J. A. (1968). Classroom feedback behavior of teacher. *The Journal of Educational Research, 62.*

|찾|아|보|기|

내 용

저 자 소 개 ....

▷변영계

- 부산사범, 경남대학교 졸업
- 서울대학교 교육대학원, 미국 피츠버그 대학교에서 교육과정 및 수업장학을 전공하여 철학박사 학위 받음
- 초·중·고교 교사 역임
- 미국 플로리다 주립대학교와 일본 동경대학에서 교육공학 분야 연구
- 서울대학교 사범대학 부설 교육행정연수원 전인강사
- 한국교육개발원(KEDI) 책임연구원, 교육방송부장
- 미국 인디애나 주립대학교 객원교수
- 교육부 교육과정 심의위원, 전국대학평가위원 역임
- 한국교육학회 부회장 역임
- 부산대학교 사범대학 교육학과 교수

〈저서〉
- 교수·학습이론의 이해(학지사, 2004)
- 수업설계(공저, 학지사, 2003)
- 학습기술(공저, 학지사, 2003)
- 협동학습의 이론과 실제(공저, 학지사, 1999)
- 교육방법 및 교육공학(공저, 학지사, 1996)
- 학습지도(배영사, 1985)
- 수업설계(배영사, 1974)

▷김경현

- 부산교육대학교, 부산대학교 졸업
- 교육공학 박사(부산대학교)
- 교육부 제7차 교육과정 장학지도요원 역임
- 한국교육공학회, 한국교원교육연구회, 열린교육학회, 성인교육학회, 한국교육심리학회 회원
- 상명대학교 겸임 교수
- 부산교대, 부산대, 홍익대, 덕성여대 강사 역임
- 한국교육학술정보원(KERIS) 선임연구원

〈저서〉
- 즐거운 컴퓨터(교과서 및 교사용지도서)(부산광역시교육청, 2001)
- e-러닝 컨텐츠 설계 방법론(공저, 학지사, 2003)
- 사이버학습의 이론과 설계(공저, 학지사, 2004)

〈논문〉
- 컴퓨터보조 자기장학이 초임교사의 교수기술과 교수효능감 향상에 미치는 효과(2004)
- 컴퓨터보조 자기장학이 Flanders 주요 수업언어지수 향상에 미치는 효과(2004)
- 교실수업지원체제로서의 사이버학습 프로그램 개발과 효과 분석(2004)
- 학교 교수학습도움센터 모형개발 연구(2003) 外 다수

수업장학과 수업분석

2005년 3월 2일 1판 1쇄 발행
2015년 1월 20일 1판 11쇄 발행

지은이 • 변영계 · 김경현
펴낸이 • 김진환
펴낸곳 • (주) **학지사**
　　　　　121-838 서울시 마포구 양화로 15길 20 마인드월드빌딩
대표전화 • 02)330-5114　　　팩스 • 02)324-2345
등록번호 • 제313-2006-000265호

홈페이지 • http://www.hakjisa.co.kr
커뮤니티 • http://cafe.naver.com/hakjisa

ISBN 978-89-5891-052-7 93370

정가 18,000원